NF文庫
ノンフィクション

新装解説版

名将宮崎繁三郎

ビルマ戦線 伝説の不敗指揮官

豊田 穣

潮書房光人新社

本書では百戦不敗と謳われた日本陸軍の宮崎繁三郎中将について描かれています。

宮崎は勇猛でありながら、インパール作戦においては敵軍の司令官も賛辞を惜しまない戦闘を行なった戦術家でもありました。

突撃は行なうが、玉砕のための作戦はやらない、将兵たちの命を重んじる将軍。

つねに勝利を見すえながら戦った智勇の上に仁徳を兼ね備えたまさに「名将」の生涯を綴ります。

名将宮崎繁三郎——目次

第一部

第二部

第三部

名将宮崎繁三郎

ビルマ戦線 伝説の不敗指揮官

満洲の原ビルマの峯と戦いて心安けくほほえめる君

穣

第一部

小猿と将軍

「ふむ、あれがサンジャックの町か……。敵の砲兵陣地はどこやろうか？」

第三十一歩兵団長の宮崎繁三郎少将（宮崎支隊長）は、丘の上に登ると、一番前に出て木陰から双眼鏡で、前方を偵察した。

支隊長が敵から見えるところに出たので、副官や尖兵の小隊長が驚いた。この支隊長はいつも先頭で前進する。しかも肩には途中の民家でビルマ人にもらった、チビという名前の小猿をのせている。宮崎は五尺二寸（約百五十七センチ）ほどの小兵であるが、猿を肩にのせているので目立つ。たまりかねた小隊長が、

「支隊長閣下、われわれが先に出ます」といっても、

「なに、心配することあないよ。弾というもんはやね、当たるもんには当たるが、当

たらへんもんには当たらへんのやで……」と岐阜弁でいって、宮崎は笑っている。

「しかし、支隊長閣下にもしものことがありますと……」と副官が心配するので、

「そんなら姿勢を低くすればええやろ」と宮崎は木の根に腰をおろして、戦闘の指揮をとった。

三月八日（昭和十九年）にインパール作戦がはじまってから、もう二週間が経過している。ビルマ方面軍（司令官河辺正三中将）に属する第十五軍司令官・牟田口廉也中将は、

「天長節（四月二十九日）までには、インパールを陥としてみせます」と中央にも報告していたが、まず食糧、つぎに弾薬の不足と英軍の空襲、そしてジャングルの悪路のために、遅々として前進がはかどらず、インパール、コヒマをめざす隷下の三個師団は、二十二日現在、やっとビルマからインド国境を越えて、アラカン山系に迫ったところであった。

ビルマ作戦の中でも、悪戦苦闘で知られるインパール作戦は、わがアジア防衛圏の拡大、インド独立の支援と、連合軍が蔣介石を援助しているビルマ・ルートを遮断するために立案されたもので、その目標は、インドの東端にあるアッサム州の要衝インパールを攻略して、インド進入の足がかりを作ることと、その百キロ北のコヒマをお

さえて、英軍の増援と補給の道を断つことであった。

このために牟田口司令官は、北から第三十一師団（烈）、第十五師団（祭）、第三十三師団（弓）を配して、第三十一師団（長・佐藤幸徳中将）にはコヒマの攻略を、第十五師団（長・山内正文中将）と第三十三師団（長・柳田元三中将）にはインパールの攻略を命じた。

宮崎歩兵団の属する第三十一師団司令部は、つぎのようにコヒマ攻撃部署をさだめた。

右突進隊（長・歩兵第百三十八連隊第三大隊長柴崎兵一少佐）はチンドウィン河の上流、タマンティで渡河して西に向かい、バケケズミをへて、コヒマとその西北五十キロのディマプールの中間のプリヘマに出て、英軍の補給ルートを遮断する。（編制＝同大隊、同連隊速射砲一分隊、山砲兵第三十一連隊第三中隊、工兵第三十一連隊第一中隊の一小隊、師団無線一分隊、野戦病院など）

中突進隊（長・歩兵第百三十八連隊長鳥飼恒男大佐）はそのやや下流のマウンカンで渡河、バケケズミの南十キロのゼッサミをへて、コヒマに突入する。（編制＝同連隊〈第三大隊欠〉、歩兵第百二十四連隊の速射砲中隊、山砲兵第三十一連隊第一大隊、工兵第三十一連隊第一中隊〈一小隊欠〉、師団無線一分隊、野戦病院など）

左突進隊（長・第三十一歩兵団長宮崎繁三郎少将）は、一番南のホマリンとメザリの間で渡河し、補給基地のウクルルをへてコヒマに向かう。（編制＝歩兵第五十八連隊〈長・福永転大佐〉、山砲兵第三十一連隊第二大隊、工兵第三十一連隊第二中隊、師団無線一分隊、兵器勤務隊、経理勤務班、野戦病院、病馬廠、防疫給水部の各一部）

このような任務をおびて、各突進隊は三月十五日、それぞれチンドウィン河を渡河して、コヒマ方面に向かった。（第三十三師団は、三月八日にチンドウィン河を渡河しているので、この日をインパール作戦開始の日としている）

左突進隊の指揮官・宮崎少将は、その兵力をつぎのように三つの猛進隊に分け、まず第一目標のウクルルに向かった。

右猛進隊（長・森本徳治少佐）＝歩兵第五十八連隊第一大隊基幹

中猛進隊（長・長家義照少佐）＝同第二大隊基幹、歩兵団司令部同行

左猛進隊（長・福永転大佐）＝歩兵第五十八連隊（第一、第二大隊欠）、山砲兵第二大隊、工兵一中隊基幹

ホマリン渡河後、宮崎の左突進隊は、北の方から右、中、左の順で猛進隊がウクルルをめざした。各猛進隊は英軍の抵抗を排除しつつ、三月十八日、ビルマ・インド国

境を突破し、宮崎の直率する中猛進隊は二十一日、ウクルルに突入した。左猛進隊は十八日朝、ウクルルの南東十キロの高地で頑強な敵に遭遇し、南十五キロのサンジャックからの敵の逆襲もあって、ウクルル突入が遅れたが、十九日、この高地を占領、二十二日、ウクルルに突入した。右猛進隊も同日、ウクルルに入った。ウクルルは三十一師団と十五師団の補給基地がおかれるところで、前線で食糧、弾薬などが不足したときは、ここで補給することになっていた。

これでコヒマまで六十キロのところまできたので、将兵の士気は上がったが、ここで宮崎は、意気盛んのあまりに勇み足（？）を演じることになる。

中猛進隊がウクルルに突入したとき、ここには一個大隊の英軍がいたが、サンジャックの方に退却した。これを知った宮崎は、敵の重要基地であるサンジャックの攻撃を、長家少佐の率いる中猛進隊に命じた。長家少佐は、なおもサンジャックに逃走をつづける敵を追撃し、二十二日にはサンジャックの夜襲を行なった。敵は頑強で、なかなかサンジャックは陥ちない。二十三日も福永連隊長の率いる左猛進隊が加わったので、宮崎は中と左の猛進隊を合わせて、サンジャックの攻撃を行なわせた。

ここに問題が起こった。というのは、ウクルルは三十一師団の戦闘地域であるが、サンジャックは、十五師団の右突進隊（長・第六十連隊長松村弘大佐）の戦闘地域になっており、同連隊第三大隊（長・福島銀市少佐）が、サンジャック攻略の任務をおびていた。

　厳密にいえば、宮崎のサンジャック攻撃は自分の任務ではなく、ほかの部隊の仕事を横取りしたことになる。しかし、闘志盛んな宮崎は、敵が逃走するのを追撃しない法はないというので、サンジャックを攻撃、占領しようとした。

　二十三日、サンジャックに迫った福島少佐は、サンジャックの砲多数を持つ敵に対し、宮崎少将の部隊が二十二日から攻撃を行なっていることを知った。なおも偵察をつづけると、サンジャックの敵は兵力約四百、迫撃砲などの火砲約十門を持っていることがわかった。

　宮崎の部隊は、二十四日もサンジャックを攻撃したが、まだ陥ちない。福島大隊の方もジャングルにさえぎられて、前進が遅れていた。二十五日、宮崎は肝心のコヒマ突入が遅れることを考慮して、森本の右猛進隊にコヒマとインパールの中間、コヒマ寄りのトヘマをへてコヒマに突進するように命令した。

　同じ二十五日、福島は宮崎にサンジャック攻撃に協力したいといってきたが、宮崎は、「ご厚意は感謝するが、この陣地は五八《ゴハチ》（第五十八連隊）の軍旗の名誉にかけてかならず攻略するから、協力は固くご辞退する」といって、これを断わった。

福島は大いに不満で、二十六日未明、サンジャックまで二百メートルのところに進出して攻撃を開始したが、敵の猛射を浴びて、釘づけとなった。一方、宮崎の方も勇ましいことを言ったものの、二十六日午前の段階ではサンジャックは陥ちない。

そこへ、福島から再度、「サンジャック攻撃に参加したい」という申し入れがあった。そこで宮崎は、「もし二十七日の朝までに攻略ができなかった場合は、協力をお願いする」と返事して、部下を督励した。

福島少佐からこれらの事実の報告を受けた松村連隊長は、「宮崎支隊の意思に関係なく、二十七日払暁、サンジャックに突入すべし」という命令を下した。もともとサンジャックは松村連隊の作戦地域なのであるから、当然のことであろう。

ところが、二十六日夜、福島が攻撃の準備をしていると、サンジャックの敵陣地の方で、多くの照明弾が炸裂し、あたりは昼のように明るくなり、猛烈な銃砲声が聞こえた。その射撃音は四、五十分もつづき、これがやんだとき、敵は退却していた。

宮崎の部隊は、その夜サンジャックに突入し、福島大隊は翌二十七日、朝四時半に突入した。

陣地付近の樹木はすべて砲弾で焼きはらわれて、丸坊主になっていた。陣地には英軍の迫撃砲や小銃など多数と、弾薬食糧が大量に残されていたので、その後、宮崎の部隊は、この英軍給与を活用することにした。

「どうだ、ついにわが宮崎部隊は、十五師団の応援を仰ぐことなく、要衝サンジャックを攻略できたではないか」と英軍の元司令部に入った宮崎は、満面に笑みを浮かべながら、チビの頭をなでていたが、副官や大隊長たちは、少し心配していた。

また福島大隊長や十五師団の司令部は、宮崎が五十八連隊独力でサンジャックを占領したようにいうなら、それには不満があるとして、福島大隊もサンジャックの攻略に参加したことを、あらためて師団司令部に報告した。

日本陸軍きっての名将といわれる宮崎には、このような童心に似たところがあった。もし、この戦いが敗戦になると、彼の行為は他部隊の縄張りを冒したというので、問題となるところであったろうが、攻略に成功したので、そのような問題は起きなかった。しかし、この攻撃のために福永大佐の五十八連隊は、五百名の死傷者を出したのであった。

また、サンジャックの攻略は成功しても、肝心のコヒマ突入が遅れるならば、せっかくの手柄も大いに割り引きされるところであるが、宮崎支隊の森本大隊は、四月四日、コヒマに迫り、島之江大隊が五日、突入したので、宮崎支隊の任務は果たされたのであり、宮崎はこれらを計算して、サンジャックの食糧、弾薬を分捕ったことにな

った。(サンジャックの激戦については、後述する)

この後、宮崎は五十八連隊とともに、コヒマ南方のアラズラ高地を守備して、反撃してくる英軍と激戦を交えるが、食糧、弾薬の不足にもめげず、一歩も退かぬばかりか、ほとんどこの高地を占領して英印軍主力のインパール増援を阻止し、〝日本軍に宮崎部隊あり〟と英軍の心胆を寒からしめた。

また宮崎は、つねに部下に軍紀の厳正を強く指示し、占領地においても、決して住民に暴行を加えることなく、食糧を徴発するときも、かならず応分の代価を払うことを命令した。このため、ビルマ人は非常に日本軍に好意をいだき、宮崎の部隊が駐屯したところを、後に退却のために通過した部隊は、いずれも優遇されたという。

宮崎はもちろん作戦の名手、実戦の名指揮官であったが、またみだりに部下を殺さず、餓死者を最小限におさえたことでも有名である。師団命令によるコヒマからの苦しい退却の途中も、部下の面倒をよくみて、負傷者を戦友が担いで後退させることにしたので、死傷者を最小限に止めることができたという。

宮崎はビルマ戦線で一躍有名になったのではない。その戦歴をみると、すでに大隊長のとき、満州で功績を上げ、中国大陸でも活躍し、ノモンハンでは他の連隊がみな苦戦して、連隊長が自決したりしている中で、宮崎の歩兵十六連隊だけは、勝っていた。もともと名将の素質を豊富に抱いており、それがビルマの敗戦の中で、ただひとり宮崎だけが、光ることになったものといえよう。

豪気の血筋

宮崎繁三郎は明治二十五年一月四日、岐阜県厚見郡北島村四十二番戸に宮崎専松の三男として生まれた。

繁三郎が生まれたとき、すでに父はこの世の人ではなかった。この前年、二十四年十月二十八日の濃尾大地震で、家が倒壊したとき、父専松はいったんは外に出たが、奥の間で病臥していた祖母を助けにいって、家の下敷きになって祖母とともに死んだのである。長男の善之助は七歳(数え、以下同じ)、次男の広継は四歳であったので、父の顔を覚えていたが、繁三郎は父の顔を知らずに育った。

繁三郎の母・ときは、まもなく専松の弟・松治郎と結婚したので、繁三郎はこの叔父を父として育った。ときは松治郎との間に、わきゑ、新四郎、えつ、正之助の四人の子供をもうけたので、繁三郎は七人兄弟の三番目となった。

宮崎家は、このへん一帯の島村と総称された地区の旧家で、昔から代々名主格の家柄であり、父の専松も村長で、若いが頭のいい人だと人望を集めていた。母のときは、若いときから評判のしっかり者で、気丈で負けん気の女性として、また養蚕、機織《はた》り、裁縫、なんでもこいの農村の〝才女〟であった。

筆者は九月末（昭和六十年）、岐阜市北島一一四八番地（旧厚見郡北島村四十二番戸）の宮崎繁三郎の生家を訪れたが、当主の定一さん（善之助の長女むら子さんの夫）とむら子さんの話では、ときおばあさんは、孫には非常に優しかったが、母（善之助の妻まさのさん）には、きつかったという。

また北島の四キロほど北西の小西郷《こさいごう》に住む繁三郎の妹わきゑさん（九十二歳）の話では、

「母は、なんでもできる人だった。大勢の作男や下女を使って、耕作、養蚕、機織りなどを指揮し、自分も機織りや裁縫では人に引けをとらぬ腕前だった」という。

現存の写真でも、ときさんは、口許の引き締まった、幕末の勤皇の志士の妻といった感じの面影がある。

繁三郎の生家・宮崎家は、今も昔の名主格の家系を偲ばせる広い敷地に、一段と高く母屋があり、長屋門といって、門の両側に部屋が二つずつついている。この門と、その奥の大きな土蔵が江戸時代の建物で、母屋は濃尾地震のときに倒壊したので、繁三郎は門の脇の部屋や土蔵で育てられた。母屋の再建が遅れたので、繁三郎は小学校から中学校にかけて、よく土蔵の庇《ひさし》の下で勉強をしたという。

宮崎家は江戸時代からの豪農であるが、その先祖は武士であった時代もあったらしい。定一さんと繁三郎の長男・繁樹さんの努力で、宮崎家の家系はかなり古くまでたどることができる。それによると、平安時代(?)に天皇の皇子が日向の守となって、宮崎に行き宮崎姓を名乗ったのが、宮崎一族の発祥であるという。そのずっと後の子孫である宮崎泰満という人が、信虎(武田信玄の父?)につかえて甲斐の国にいたが、信濃の国座光寺村の東島に移り、やがて美濃の国の長良川の右岸の島地区に移ったといわれる。

現在の宮崎家の先祖は、東美濃の古い守護大名・土岐家の一族であるという。この土岐家の家来の宮崎氏が室町時代(?)に井の口(岐阜)の北方の大桑城におり、斎藤道三の謀叛によって、土岐氏が没落すると、西の本巣郡に住むようになったという。それで同郡の文殊村の善永寺の過去帳に、宮崎家の祖先の名前が出ているのである。

繁三郎は、繁樹が祖先について尋ねると、

「祖先は手力男命だ」といっていたそうだが、その根拠はよくわからない。先の善永寺の過去帳で宮崎家の初代となっているのは宮崎重武で、室町時代の文安元年（一四四四）に没している。岐阜市の地図をひろげてみると、市街の北を流れる長良川に東から長良橋、金華橋、忠節橋と三つの橋がかかっている。この今の長良川の本流のほかに、江戸時代にはその北に長良古川《こせん》が流れていた。

今はほとんど痕跡をとどめないが、江戸時代にはこの二つの川に挟まれた中洲を島といった。長良川が増水すると、よく冠水して住民を苦しめたが、住民はよく頑張って農業にいそしみ、多くの富裕な大百姓が増えるようになった。この島地区の西の方にあるのが北島で、ほかに西島、東島、島田、西中島などの地名が見える。東の方の忠節橋の北の一帯を早田といい、早田と北島の中間にも近島《ごんのしま》という地名がある。

北島には宮崎という姓が非常に多い。おそらく武士の宮崎家から出たり、明治に農家が苗字をもらうときに、庄屋、名主の姓をもらったので、同じ姓が増えたものであろう。

その中でも繁三郎の出た宮崎家は、〝中屋敷〟と呼ばれた旧家で、昔から一段と高いところに大きな屋敷があった。繁三郎は〝中屋敷の繁さ〟と呼ばれた。彼が少年のころは、門の前に小舟がおいてあり、洪水のときはこれで学校に通ったという。このように水に備える設備は、長良川や木曽川の下流になると、いっそうはっきりして、母屋の隣りに〝水屋〟という土蔵式の家を高いところに作り、軒に舟をつってておくのが普通であった。

定一さんが調べたところによると、宮崎家の祖先は、天正年間、織田信長が大坂の石山本願寺を攻めたとき、その家臣として従軍したというから、平時は農業を営み、合戦があると武器を持って参加したものらしい。しかし、徳川の時代になると、合戦もないので、農業に専念していたのであろう。したがって宮崎家の代々の当主は、武士の血を濃く引いており、それが繁三郎や兄広継にも伝わったのは偶然ではあるまい。

宮崎家の初代重武からかぞえて十代目と十一代目は善衛門を名乗り、十二代目は善衛、十三代目が善吾で、その長男が繁三郎の父専松である。繁樹さんがわきゑさんから聞いたところによると、十二代目の善衛は非常に胆の太い人で、九十歳まで生きたが、死ぬ少し前に、「わしが死ぬときは、大夕立で雷が鳴るぞ」といっていたが、実際にそうなったという。

この人は大酒飲みだが芯の強い人で、十一月の死ぬ日の昼ごろまで畑で仕事をしていて、「ちょっと具合が悪い」といって自宅に帰り、ふんどしを自分で洗濯して、その夕方に死んだので、村でも有名になったという。豪気で胆が太いのは、宮崎家の血筋であったらしい。

繁三郎の父専松は慶応三年（一八六七）生まれで、母のときは元治元年（一八六四）の生まれであるから、ときは姉さん女房である。

明治十五年（一八八二）、専松の父善吾が死んだとき、祖父善衛は、まだ存命中であったが、高齢のために専松が家督を相続した。この年の十二月十九日に、近島村の旧家藤井林次郎の娘ときが宮崎家に嫁にきた。専松十五歳、とき十八歳である。ときの母は北島村の出身である。

ときは若いときから美人で、しかも働き者で村の評判になっていた。畑でできた野菜などを籠に入れ、天秤棒でかついで家に運んだ。あるとき、村の若い衆が冗談に通せんぼうをしたところ、怒ったときは天秤棒を持って、追い回したという。若いときから男まさりで、その気の強い性格は、繁三郎にも受け継がれているとみてよかろう。

明治二十一年十一月、豪気であった祖父の善衛が没したとき、その妻ちせは病臥していた。濃尾地震のとき、専松がかついで外に出ようとして、梁の下敷きになった祖母は、このちせである。この地震は、ちょうど秋の刈り入れの忙しい時期に発生し、朝食をとり終わったばかりの午前七時ごろに、ぐらぐらっときた。（筆者の墨俣の本家では、祖母が朝食中に大揺れがきたので、子供を抱いて外に出ようとして、味噌汁の中に手を突っこみ、大火傷をしたと父が話していた）

この地震は、関東大震災に劣らぬ大地震で、東北以外では人体に感じたという。死者七千二百人、全壊家屋八万を数えた。本巣郡の北にある根尾村には、この地震のときにできた落差六メートルの断層が残っている。

生家訪問

岐阜駅からタクシーで北島に向かい、忠節橋を渡って国道三〇三号線を西にたどると、左手に宮崎繁三郎の生家のある北島の村落が見えてくる。このあたりは、まだ農村の面影が色濃く残っている。

大体、島の地区は岐阜市に野菜を供給する農作地帯で、芋や豆の畑が多いが水田も多く、黄一色に実った稲が重そうに穂をたれている。このへんの農家は、平均して裕福らしく、宮崎家のほかにも大きな家が多い。ちょうど近くで、料理屋かと思われるような立派な家が新築中であった。

春日神社を前にした一段と高いところに、宮崎家があり、ここから東へ二百メートルほどのところに、繁三郎たちが通った島小学校がある。もちろん、今は鉄筋コンクリートで、昔の木造の校舎は写真で偲ぶほかはない。

繁三郎将軍の長兄善之助の一人娘であるむら子さんは、叔父繁三郎によく似ていて、小柄で丸顔、童顔で終始笑みを絶やさぬ女性である。

その夫の定一さんは岐阜県の名門岐阜中学校で繁三郎の後輩であり、東京高師を卒業後、岐阜女子師範学校、岐阜高校の教諭を勤め、その後、郡上北高校、稲葉高校などの校長として教育畑を歩き、現在は東海女子短大の教授である。

むら子さんの思い出では、繁三郎は身長が陸軍士官学校の規定すれすれの上、やや近眼であったので、「おれは度胸で検眼をパスした」と豪語していたが、実際は検眼表の文字を暗記していたらしいという。

「叔父は非常に私を可愛がってくれました。満州や中国大陸から指輪などのお土産をよく買ってくれました。そこにある壺も、大陸で買ってきたものです」と、彼女は棚の上の中国ふうの壺をしめした。

定一さんが繁三郎から聞いた話では、繁三郎は、中学の上級生のとき、下駄ばきで岐阜から飛驒の高山まで百余キロを単独踏破して、帰りは下呂のあたりから山を越えて郡上八幡に出て、長良川沿いに岐阜に帰ったという。いかにも明治の中学生らしい質実剛健な豪気さであるが、繁三郎には少年時代から、みずから困難に立ち向かう、独立自営の精神が満ちていたと思われる。

繁三郎の母ときが気丈な女だった話は前にも出たが、ときは非常な働き者であった反面、その負けん気から近所づき合いは派手で、人に負けるようなことは大嫌いであったという。

この近所では、親戚に子供が生まれると、こちらが餅、するめ、白味噌などを引き出物と一緒に届ける習慣があった。専松の叔父定右衛門の家では十四人の子供がつぎつぎに生まれたので、お祝いを届ける方も大変であったが、勝気なときは義理を欠かすことはなかったという。

また、ときは、七人の子供のうち次男と三男は軍人で、軍から住まいが与えられたが、ほかの分家した子供たちには、それぞれ立派な家を建ててやった。大正の終わりごろは、このへんでも養蚕が盛んで、生糸がアメリカへ高く売れたので、二階建ての家がつぎつぎに建ったが、ときが分家のために建てたのも立派な二階家であった。二度目の夫の松治郎は村の収入役を勤め、温和な人柄であったので、ときが農業や家計を一手に切り回した。このときの頑張りは、結果からみると成功であった。というのは、昭和に入ると、大戦の反動で世界的な不況の嵐が日本に吹き荒び、銀行や会社がつぎつぎに倒産した。

北島の隣りの近島に藤井製糸という大きな会社があった。女工が五百人もおり、盆踊りのときは壮観であった。藤井製糸に預けると利息がいいというので、みなが金を預け、多い人は数千円にのぼった。それが岐阜の蘇原銀行が取り付け騒ぎで倒れると、藤井も借財を抱えて倒産した。それで北島でも損をした農家が多くでたが、宮崎家では、ときが分家の建築で金を使った後なので、預ける金もなく、損害はなかったという。

宮崎家には繁三郎の珍しい書が残っている。客座敷の長押《なげし》に「諸法無我」という額がかかっている。仏法を含めてすべての法は無我に帰一する、という意味らしく、繁三郎の好きな言葉らしい。定一さんの話では、学が深いことで有名であった善永寺の和尚が、戦後にこの書をみて、

「そうか、繁三郎さんはここまできてござったか」と感心したそうであるから、繁三郎は禅の修業もそうとうやっていたらしい。

定一さんの兄、宮崎舜市氏も陸軍士官で、陸士四十期であるから、繁三郎より十四期後輩である。その舜市氏が、陸軍広しといえども、各階級で感状をもらったのは、宮崎繁三郎だけだといったそうであるから、繁三郎の名将ぶりは、陸軍ではシナ事変のころからすでに知られていたらしい。

宮崎繁三郎は、昭和四十年八月三十日、東京医科歯科大学付属病院で死んだが、そのお通夜には、ビルマ作戦で多くの損害を出して、その強引な指揮官ぶりで非難ごう

ごうたる牟田口廉也中将が顔をみせた。繁三郎の知人たちは異様な表情を示したが、牟田口が帰ると、いっせいに牟田口批判の声がふき出したという。

牟田口は、繁三郎が所属した三十一師団にたいして無謀な食糧抜きの作戦を押しつけて、ついに短気な佐藤師団長が、抗命をおかして撤退する事件が起こった。しかし、最前線で悪戦苦闘していた宮崎は、一言の不平もいわず、黙々と戦闘に従事し、いよいよ撤退と決まると、もっとも困難な殿軍を引き受けて、被害を最小に局限したのである。通夜に現われた牟田口をみて、棺の中の繁三郎は何を考えていたであろうか。

北島の宮崎家を辞した筆者は、北西四キロの小西郷の田中家に向かった。田中家には、九十二歳になる繁三郎の妹わきゑさんが健在である。小柄であるが、非常に元気がよく、耳が少し遠いほかは健康であるというから、この人も北島の母から、人一倍強いバイタリティーを受け継いでいるらしい。

わきゑさんは、日清戦争がはじまった明治二十七年九月、ときと松治郎の最初の子供として生まれた。大正元年、十八歳のとき、小西郷の大地主である田中家の長男畦一のところに嫁いできた。田中家は近在に鳴り響いた豪農でもあり、わきゑさんはじり貧だというが、いま残っている屋敷の土地だけでも三百坪は下らず、わきゑさんがきたころは、大勢の人を使っていたという。

繁三郎より二つ下のわきゑさんは、

「兄は小柄ではあったが、非常に負けん気が強く、春日神社の境内で友だちと相撲をとっても、勝つまではやめないので、大きな相手が根気負けをしていました」と懐かしそうに子供のころを語った。

繁三郎は左利きであったが、運動神経はよく、境内では相撲のほかに、一本ベースという野球をやっていた。わきゑさんが見ていると、よく球拾いに使われていた。たまに打たせてもらってもアウトなので、兄たちを「情けない奴じゃなあ」と嘆かせていた。

筆者が定一さんのところから借りてきた島小学校の卒業写真帖（大正十五年のもの）を見せると、懐かしそうに見入り、

「この校舎は、私が小学校一年生のとき（明治三十三年）に建ったものです。それまでは寺子屋のようなものが各地にあり、兄たちはそこで勉強していたものです」と、木造平屋の校舎を眺めていた。

大正十五年は定一さんが卒業した年で、記念写真を見ると校長の寺沢新作先生は詰襟で、隣りの校医はフロックコートを着ている。男の先生は全部が洋服であるが、女の先生と男女の卒業生は全部和服である。

わきゑさんの話では、繁三郎は勉強がよくできて、小学校ではまず一番であったという。名門岐阜中学校に進むが、当時は進学する者も少なく、繁三郎はとくに準備教育を受けることもなく、一度でパスしたという。

岐中（岐阜中学校）は明治五年の創立で、京都一中と並んで、日本でももっとも古い中学校とされている。繁三郎は第三十四回卒業生に当たるが、当時の学生は、五学年まで合わせて三百名ほどであった。

わきゑさんの中学校時代の繁三郎兄にたいする印象は、いつも二人の兄のお古を着ていたことだという。服も靴もすべてお古ばかりだが、繁三郎はいっこうに気にせず、帽子なども半分破れたものを、平気でかぶっていたという。

運動には熱心で、剣道の寒稽古なども熱心にやった。冬でも足袋、靴下ははかぬというスパルタ式で自分を鍛えていたが、剣道のときは足の裏が凍えたといっていたそうである。背は低いが体はがっしりと頑丈で、とくに腰の肉が張っていたので、ある運動会の障害物競争で、梯子くぐりがあったが、「どうもおれは尻の肉が張っているので、穴をくぐるのが苦手じゃわい」とぼやいていたという。

ほかの家では中学生くらいの年ごろの少年は、よく家の農業の手伝いなどをやらせられていたが、宮崎家は母ときが大勢の人を使っていたので、繁三郎も勉強専一にはげむことができたらしい。わきゑさんの話では、宮崎家では多くの子供たちに、それぞれお守り役がつけられて、それも身分の低い者は悪いことを教えるというので、品の悪い者は雇わなかったという。

「そのお守りの少女が、私が結婚して、この家にきても、よく挨拶に来てくれましたでなも……」とわきゑさんは、裕福な宮崎家の少女時代を懐かしんでいた。

「繁さは頑張り屋で、習字が思うように書けないときは、この手が悪いんじゃ、と自分で自分の手をつねっていなさったがなも」と兄の思い出がつづく。例の飛騨の旅行については、

「あのときは、兄は無銭旅行だというので、汽車に乗らずに岐阜と高山の間を往復しましたでなも。宿屋に泊まる金を節約して、神社の拝殿に泊まったところ、朝起きてみると、いつのまにか下の土の上に落ちていた、ということでなも。また紋付は女のようで嫌だと、いつも筒袖で通しましたわ。兄が陸士に合格したときは、それまで家に飼っていた馬に乗って、岐阜駅までとことこと乗っていきました。兄は帽子を取ると、頭の真ん中がすこし尖っていて、『こういう頭の格好（ビリケンに似ている？）をしている者は、慈悲深いんじゃ』といって、自慢していました。兄が陸士にいって間もなく、私はこの家にお嫁にきましたので、東京に面会にいくこともありませんで

した」

わきゑさんは、そこでいったん言葉を切ったが、やがて遠いところを見るような表情とともに、また兄の思い出を語りはじめた。

「二人が小学校に通っていたとき、私が当時はやっていたおこり（マラリア）にかかって、発熱したとき、兄がおぶって家まで運んでくれたことがありました。兄は勤勉で、よく蔵の庇の下でおそくまで勉強していました。蛇がくるので、煙草の脂《やに》を棒の先につけてくっつけると、蛇が黄色になって逃げていった、といっていました。広さ（広継）の友だちは大勢きたが、繁さは全然友だちを連れてこなかったわなも、お母さんが忙しいといってなも。それで広さの友だちがくると、繁さが菓子を買いにいかされて、学校の近くの石八という菓子屋にいきました」

「子供のときは、家の前の春日神社でよく遊びましたわ。野球もしたが、繁さは凧作りの名人でなも、新聞紙四枚くらいの大きな凧を作って、竹の骨を折りまげて、なんやらの皮を弓のように張って、『こうやると、おれのは上にいってからよう鳴るんや』といってなも……境内にいってほかの子供と競争していましたがなも」

筆者は、この虻《あぶ》凧の競技を見たことがある。大垣に住む従兄弟がこの凧作りが得意で、大きな凧を作って、大垣城の近くの競技によく出ていたのを思い出す。はるか上空に揚がった凧が、虻のようにうなりながら、左右に飛ぶ姿を審査員が見て、採点して優劣を決めるのである。よその県では隣りの凧と糸を切り合う喧嘩凧もあったようであるが、このへんではなかったようである。

「そうそう、兄が中学校の四年生のとき、天皇様（大正天皇、当時は東宮であった）が岐阜にみえてなも、兄が学校を代表して天皇様の前で作文を読むことになりましたでなも。それが兄は鼻をくんくんと鳴らす癖がありましたもんで、心配して名古屋の病院にみてもらいにいったことがありました」とわきゑさんの回想は尽きない。

岐阜中学時代

わきゑさんのいっそうの長寿を念願して、田中家を辞すると、私はタクシーで岐阜高校に向かった。

尻毛《しっけ》橋で伊自良《いじら》川を渡るとき、左前方に斎藤道三がいた鷺山が、そして前方に金華山と、その頂上の岐阜城が遠望された。忠節橋にかかると、それがますます近くなってくる。この長良川の水と、金華山の翠《みどり》の取り合わせは、私が郷里の中でももっとも誇りとしている風景である。

風土が人を作る、というが、桜島の噴煙なくして大西郷は生まれないし、岩手山と北上川があって、石川啄木や米内光政が出てきたのである。岐阜県からは多くの将軍、提督は出ていないが、その中で陸軍きっての名将といわれる宮崎繁三郎が出たのは、彼が朝な夕なに親しんだ、この山河の影響が大きいと思われる。

かつて織田信長は、稲葉山（金華山）を根拠地として、天下に号令した。この山を仰いで育った繁三郎は、中学校のときに、軍事演習で関ヶ原付近で行軍を行なっている。戦国諸将の駆け引きが、やがて彼の頭の中で、戦略、戦術として育っていったに違いない。

忠節橋を渡って間もなく、右に入った大縄場《なわば》というところに、現在の岐阜高校がある。戦前、私たちが柔道の試合にいったりした岐阜中学校（岐阜一中）は、もっと東の京町の方にあった。

校長の富成侑彦先生がおられて、明治四十四年に岐阜中学校を卒業した宮崎繁三郎について、話をしてくださった。といっても、五年間全般を通じての概評という形しか残っているものはない。繁三郎は操行は優良で、卒業成績は八番だという。同級生には大橋忠一がいる。大橋は東大卒業後、外交官となり、松岡洋右が外相のときの次官（戦後、衆議院議員）なので、私には懐かしい名前である。

数年前に作られた『岐阜高校百年史』があるので、繁三郎が在校した明治三十九年から四十四年までの分をコピーしてもらった。

繁三郎が岐阜中学校に入学した明治三十九年は、日露戦争に勝った翌年で、日本はまだ戦勝気分の中にあり、岐阜県でも陸軍の連隊を大垣か岐阜に誘致する話が出ていた。その反面、社会主義が盛んになり、一方、厭世観やニヒリズムもひそんでいた。四年前に一高の秀才・藤村操が「人生不可解なり」といって、華厳の滝に飛び込んでから、自殺する者もいた。この年の二月に岡山の山陽高女生・松岡千代が自殺している。岐阜でも二月には、岐阜高女生が汽車に飛び込んで自殺未遂をおかす事件があった。

これより先、県庁に近い岐阜県立病院が火事を出した。岐阜中学生三百名が、体操教師で陸軍大尉の岡田守明の指導で、現場に駆けつけ、消火に従事し、岐阜日日新聞に、「病院の火事、五号病棟への延焼を喰い止めたのは、岐阜中学生の努力による」という記事が出た。その一方、「中学生の待合遊び」という記事も出て物議をかもした。

繁三郎が入学する直前の三月七日、岐阜県は公立中学校の授業料規則を定めた。これは岐阜に商業学校ができたので、あらためて規定したものである。これによると、月謝は一円二十銭である。(私が昭和七年、本巣中学校に入学したときは月五円で、校友会費が五十銭、修学旅行の積み立て金もそのくらいで、三年間積み立てて、四年生の春に旅行に行ったと記憶している)

宮崎家は豪農で、食うには困らなかったが、現金収入はそれほど多くはないので、長男の善之助は小学校のみで農業を継ぎ、広継と繁三郎は中学校にやってもらった。しかし、当時の新聞によると、制帽が一円四十銭くらいしたというから、制服は五円くらいはしたはずで、母のときも楽ではなかったと思われる。ただし、この規則では一家二名以上在学するときは、一名は全額、他は半額となっているから、繁三郎が一年生のとき、広継は五年生であったから、その一年間は恩典にあずかったわけである。

この年の一月、政府は、戦勝の気運に乗って陸軍記念日を定め、三月十日(奉天入城の日)には、その第一回の行事として京町小学校の東の農事試験場跡で、凱旋軍人歓迎会が催された。またこの月、政府は海軍記念日を五月二十七日(日本海海戦の日)に定めている。

四月、繁三郎は入学したが、この月、政府は高等小学校の英語の授業を廃止した。

国粋主義のしからしむるところで、この年三月の岐阜高女規則では、一学年に裁縫が一週間十五時間、国語が三時間、数学が二時間あるのに英語はない。中学校はもちろん英語はあったが。

この四月、岐阜中学の校友会である華陽会では、基本金百円を作り、これを複利で運用することになった。第一期（九十六年四ヵ月）で十万一千円となったときは、そのうち十万円の利息をこの会の事業に利用し、残りの千円をまた複利で運用し、同様に第二期には百一万円、第三期には千十万円、第四期一億百万円となったときは、創立五百年の記念式典を挙げると同時に、岐阜中学校付属の大学を創設する計画であったという。

これは、当時の校長・林八蔵の夢想的な計画であるが、当時は第一期満期の九十六年後、紀元二〇〇二年を目標に、先生、生徒ともに真面目に努力していたらしい。この基本金百円の捻出方法は、職員の寄付十八円余、生徒の寄付二十六円余、華陽会前年度経費の残金五十円となっていた。

華陽会規則では在校生のほか、新たに卒業生をすべて通常会員とし、職員は特別会員、前職員は名誉会員とした。通常会員は入会費二十銭と毎月十二銭の会費を払い、特別会員は全部で四十円を年会費として納める。

華陽会にはつぎの部があった。雑誌部、講談部、剣道部、柔道部、野球部、庭球部。このうち雑誌部は『華陽』という機関誌を発行して、情報、意見などを載せる。講談部は弁論部で、明治以来の流行である弁論を修業して、対校試合などに出た。当時の岐阜中学は庭球部の全盛時代で、全国でも優勝している。

五月二十八日、中学校では創立記念日を十一月四日と定め、運動会を開くことを定めた。五月、岐阜高女は初の園遊会を開いた。岐阜日日新聞は、「海老茶の袴がへって紫がふえた」と書いた。これは世間が贅沢になった証拠だと、百年史は書いている。

六月九日、文部省は文部大臣訓令を発して学生、生徒の思想の健全を要求し、同十八日、岐阜県も知事が岐阜県訓令を出した。

〔文部大臣訓令〕第一号（大臣は牧野伸顕）

学生生徒の本分は常に健全なる思想を有し、確実なる目的を持し、刻苦精励他日の大成を期するにあるは固より言をまたず。ことに戦後の国家は将来の国民に期待する所ますます多く、今日の学生生徒たる者はその責任一層の重きを加えたるを以て、各々学業に励み、一意専心その目的を完うするの覚悟なかるべからず。

然るに、近年、青年子女の間に往々意気消沈し風紀頽廃せる傾向あるは、本大臣の憂慮に耐えざる所なり。現に修学中の者にして、あるいは小成に安んじ奢侈に流れ、あるいは空想に煩悶して処世の本務を閑却するものあり。甚だしきは放縦淫靡にして、操行をみだりてんとして恥じざる者なきにあらず。（中略）

社会の一部の風潮、ようやく軽薄に流れんとする兆しあるに際し、青年子女に対する誘惑は日にますます多きを加えんとす。就中《なかんずく》、近時発刊の文書図画を見るに、あるいは危激の言論を掲げ、あるいは厭世の思想を説き、あるいは陋劣の情態を描き、教育上有害にして断じて取るべからざるもの少なしとせず。（中略）

また、頃者《けいしゃ》（このごろ）極端なる思想を鼓吹する者、往々各所に出没し、種々の手段により教員生徒を誘惑せんとする者ありと聞く。もしそれ建国の大本を蔑視し社会の秩序を紊乱するが如き危険思想、教育界に伝播し、わが教育界を根底を動かすことあらば、国家将来のため最も寒心すべきなり。殊に教育に当たる者宜しく留意戒心して驕激の僻見を斥け流毒を未然に防ぐの容易なかるべからず。（後略）

ここで厭世の思想とは藤村操の自殺事件を指し、社会主義とは幸徳秋水らが発行する「平民新聞」などを指している。

これにつづく岐阜県訓令は、文部大臣訓令を徹底させるよう県下の学校長や職員に指示したものである。

要するに、この大臣訓令は、日露戦争の戦勝におごって、国民の間にデカダンスや放逸の気風があふれてきているのをみて、かたや厭世観や軟弱な痴情文化を取り締まり、かたやヨーロッパより影響しつつある社会主義の流行を防衛しようというもので、これが明治四十一年の戊申詔書につながり、社会主義への恐怖は、秋水らを処刑する大逆事件（明治四十三年）にいたるのである。

この訓令によって林校長は、全校生徒に、「岐中健児は質実剛健たるべし。対校競技によって、志操の錬磨を計るべし」と強調し、職員に市内巡視簿や要注意生徒の「養護録」などを作成させ、また以前に規定された岐阜中学生のいる家庭や下宿は表札を掲げることを励行させた。

八月十日の岐阜日日新聞は、岐阜中学が風紀矯正のために、つぎの訓育八方針を定めたことを載せている。

一、聖勅（教育勅語）を遵守すること
二、良心に忠実なること
三、志操を堅固にすること

四、正直にして勤勉なること
五、独立自重の気風を養うこと
六、校則、師命を守り、規律を貴ぶこと
七、公徳を重んじ、公共心を養うこと
八、演劇、寄席、飲食店、球戯場に立ち入ることを禁ず

この夏、岐阜中学では林校長が、二十二名の生徒を引率して、文部省主催、陸軍省後援の満韓地方修学旅行に出発し、約一ヵ月、同地方を回った。

これは日露戦争の戦勝で日本の勢力範囲となったこの地方に、青少年の進出を願う政府の方針によって、文部省が陸軍省の御用船を借り、鉄道院に話をつけて運賃を無料にしてもらって、計画した全国的な国策旅行である。

岐阜県では、中学生徒六十五人、職員十三人、医師三人、小学校職員十四人の計九十五名が参加して、将来、大日本帝国の一部となるべき地区を見て回った。

八月一日、穂積駅が開設された。俗称は長良駅で、筆者の少年時代から馴染みの深い駅である。

このころ、林校長は、生徒の風紀対策に校歌を作りたいという談話を発表している。

校長の主唱する「競技志操錬磨」によって、野球の試合が盛んで、岐阜師範がライバルであった。

八月二十六日、岐阜中学では、体操（兵式）のある日は生徒が登校時、ゲートルを着用することを決めた。まもなく毎日着用となる。また九月以降、柔剣道を準正課とすることを決める。これらは軍国主義の傾向の現われであろう。

十月八、九日、岐阜中学四、五年生、実弾射撃を実施。

同十二日、関ヶ原戦役三百年祭記念の行事として、全校生徒五百名が修学旅行を行なった。まず汽車で関ヶ原に行き、午前十一時着、記念式典に参加したが、雨が降りしきった。「石田三成の涙雨だ」と、生徒はうらめしそうに秋雨をながめる。午後、垂井まで約六キロを行軍、ここで一泊、翌日は岐阜まで二十一キロを強行軍した。（この演習は岐阜地方の恒例らしく、筆者が中学校五年生のときも県下中学生の合同演習で、岐阜から関ヶ原までの追撃退却戦が行なわれ、筆者は大きな肉刺《まめ》を作った）

この秋は、柳ヶ瀬がようやく未来の盛り場らしくなり、弥生町、小柳町に人家が並んだ。中学校の寄宿舎ではカルタ、ピンポン、茶話会が流行する。

この年七月、岐阜県知事は小倉久にかわり、十一月には薄定吉にかわる。このときの知事の事務引き継ぎ演説書に、中学校のことが出ている。

岐阜中学校。

本校校舎は明治十二年の建築で、元県立農学校であったが、明治十九年、これを廃したので、岐阜中学校が入った。

この校舎は明治二十四年の濃尾地震でおおむね倒壊したため、全部の改築を企て、明治三十二年より改築にかかった。

校長のほか職員は教諭十四、助教諭二、教諭心得六、助教諭心得一、書記二、嘱託教員四となっている。

この年末、権現山（金華山の南）で野球部と柔道部の乱闘事件があり、処分が行なわれた。

明治四十年。

二月、前年末、陸士の試験を受けた兄の広継に合格の通知が入ったので、宮崎家は湧いた。一年生であった繁三郎も、日露戦争後の軍国的な風潮もあって、陸士志願を決める。実際には宮崎家でも中学校まではともかく、高等学校、大学と子供を進学させる余裕はなかったので、官費の師範学校か軍人の学校と、親も子供も考えていた。

二月二十一日、文部省は小学校令を改正、尋常小学六年までを義務制とした。中等学校入学資格は尋常小学校卒業となった。それまでは高等小学校を出て中学校へ入っていたが、これで高等小学校の性格が変わっていく。

三月九日、中学校では昼飯持参を決める。従来は寄宿制が原則であったが、繁三郎のような通学生が増えてきたので、このような規定ができたらしい。

三月十七日、岐阜日日新聞は、「岐阜中学寄宿生五十四名乱闘、短艇空しく校庭に横たわる」と報じた。

懸案の六十八連隊誘致は、岐阜市の東郊・長森と場所も決まったが、問題は市がその土地を、市民の大小の寄付によって買収して軍に献納すると決めたことである。大小合わせて十万円が必要である。大の方は渡辺甚吉（織物）、桑原善吉（材木）ら〃五人衆〃に頼むことになったが、これが難航である。〃織甚〃と呼ばれる渡辺は、「税金ならともかく、そんな巨額の寄付はできない。このさい東京移住を考えたい」と言い出す始末で、岐阜市会も紛糾した。

また以前から問題となっていた、日露戦争記念碑の建設の場所ももめていた。これも市民の寄付によるものであるが、場所は岐阜公園が有力であった。

しかし、当時の岐阜公園は草ばかりの空地で、個人名義になっていたのを、市が千五百円で買い取る話がこじれて、裁判沙汰になっていた（この解決は明治四十四年になる)。このために一応、場所は伊奈波神社の境内と決まったが、寄付金でもめる。ほかにも赤十字や武徳殿への寄付問題もあった。

兵営が長森と決まると、さっそく岐阜と長森を結ぶ電車の計画も出てきた。

四月、繁三郎は二年生に進級する。まもなく上加納の瑞龍寺境内と、西野町の元師範学校宿舎を、静修館、誠之舎と名づけて、岐阜中学の寄宿所として、四十名を収容することになった。

ところが、市内の下宿は月五円程度であったのに、これらの寄宿所は五円七十銭をとったので、物議をかもした。

六月十二日、県は各学校に、トラホーム患者の報告を指示している。トラホームは徴兵検査のときにも高い率を示し、当時の国民病であった。

八月、中学校では蒲郡で二週間の水泳合宿を行なう。長良川できたえた繁三郎も、勇躍参加した。小学生のころから繁三郎は水泳が得意で、あるとき、走っている船の下にもぐったところ、背中が船底に張りついて、しばらく出られなくなって朋輩を驚かせたことがある。

このころの中学生の水泳は競技用ではなく、観海流、水府流などの持続を主とする日本式泳法であった。

九月、岐阜高女では、リボンと金の指輪を禁止した。

同八日、中学校五年生は、大津、京都、奈良へ三泊の修学旅行に行く。

同九日、二、三年生は伊勢参宮。繁三郎も参加する。

同十九日、中学校に日露戦争の戦利品、軍刀、歩兵銃など十四点が陸軍から送られる。

十一月三日の岐阜日日新聞に、「岐中生徒、野村某、修学旅行中に酒楼に入りたるかどで退校処分」の記事出る。


明治四十一年。

一月早々、岐阜日日新聞は、岐中生の風紀について、非難している。当時、中学生がたまり場にしていたのは、西野町の県庁横の焼きいも屋で、ここの〝おだいさ〟と呼ばれるおばあさんが人気者で、とくに柔道部の暴れ者が、ここに屯して、練習で減った腹の補給にはげんでいた。新聞は彼らの言動を、〝目にあまるもの〟と非難している。

二月六日、中学校全校生徒で雪合戦。

このころ、新設の岐阜商業と中学校の喧嘩が目立つようになってきた。中学校の硬派は、商業生の軟派が盛り場で女学生に声をかけたりすると、「軟弱だ。日本精神を入れてやる」と称して殴った。日露戦争の余波で〝蛮カラ〟の横行する時代であった。

二月九日の岐阜日日新聞は、「岐中の柔道部、庭球部が五年生送別会として、十数名が美殿町の酒楼で遊興したため、全員五日間の停学」と報じた。

十日、「岐商生十名、岐中生三名、夜八時、金神社《こがね》（柳ヶ瀬の南百メートル）で決闘」、十一日、「瑞龍寺（金華山の南麓）でも決闘」という記事が出た。

スパルタ式教育をめざす林校長は、以前から冬の暖炉使用を制限していたが、さらにこれを進めて燃料を減らした（明治四十二年には完全に暖房は廃止される）。このために二月十六日付新聞は、「生徒控所で腰掛けを壊して、ストーブにくべた三名は四日間の停学。また先の乱闘事件の参加者のうち、二名退学、六名無期停学」と報じている。

しかし、これにも懲りず、三月二十一日には、「八間道（伊奈波神社前の広い道）で岐中生と商業生の乱闘事件」が出ている。これらをふくめて岐中での生徒処分は、この三学期だけで四十名にのぼった。

これについて、薄県知事は、「元気旺盛でよろしい」と軍国時代の教育者らしいことを言っている。また岐阜市会では（中学校の卒業生が多いために？）、中学校と対立するなら商業を廃止すべきだ、という迷論も出た。

三月一日、それまで大津で訓練していた歩兵第六十八連隊の先遣隊が長森の兵舎に入り、七日には、連隊本部、第一、第二大隊が移駐してきた。軍人は国家の干城であるという当時の風潮と、軍隊がくれば店や遊廓が繁盛するという計算もあって、市民は大歓迎をした。

当日は雨であったが、それにもめげず繁三郎ら生徒は、沿道に並んで「六十八連隊の歌」をうたった。

待ちに待ちたる連隊は
今度新たにおかれたり
その連隊の武士《もののふ》を
迎える今日の嬉しさよ
営舎の脇にそびえるは
世にも聞こえし金華山

峯の松風自ずから
武勇の昔語るなり

かかる山をば仰ぎつつ
御国のために朝夕に
武を練り鍛ふる武士を
迎える今日の嬉しさよ

雨中あまりの歓迎ぶりに怒った者もいた。それは日露戦争後、大いに羽振りをきかせていた在郷軍人の一群である。

「戦争は三年前に終わっているが、実際に祖国の勝利をもたらしたのは、われわれ当時の軍人である。それを新兵の多い今の軍隊を、こんなに歓迎するとは何事か！」というわけである。

しかし、沿道に並んで日の丸の旗を振る芸者や遊廓の娼妓たちは、威張りちらす在郷軍人より若い新兵さんに揚がってもらおう、と懸命の歓迎ぶりであったという。

六十八連隊は名古屋に司令部をおく第三師団の管下で、歩兵第六連隊（名古屋）、第三十四連隊（静岡）、第十八連隊（豊橋）とともに、国軍の根幹として多くの戦歴持つが、とくに昭和十二年七月七日、シナ事変の勃発と同時に上海方面に出征し、江湾鎮方面におけるクリーク地帯の激戦を勝ち抜いて南京に前進し、武漢攻略作戦では大別山の大作戦を行ない、その後、終戦まで華中にあり、不敗の連隊として誇りを保った。

三月二十九日、中学校の卒業式、繁三郎は三年生に進級する。

四月一日、名古屋に第八高等学校が設立される。従来、岐中から官立の大学に進むものは一高、三高を受ける者が多かったが、八高も近くにあるコースとして、秀才のめざすところとなる。

八高は数学が難しいとされ、一高が官僚、政治家、三高が学者、文芸家志望の受験者が多いのに比べて、八高はエンジニア志望が多いといわれるようになる。

四月から中学校では補習科をおくことになった。これは主として五年卒業後、浪人として受験勉強をする生徒のために、おかれたものである。

同じころ、中学校では唱歌の授業をはじめた。教師は女学校の音楽教師伊藤栄治（松栄堂の主人）である。

明治五年の学制発布以来、唱歌は中学校の教科に入っていたが、必須ではなかったので、岐中ではこれを課していなかった。

しかし、近時の生徒の乱脈ぶりに頭を痛めた林校長は、生徒の「心情を煥発させるために」唱歌を課することにしたのである。

五月十日、六十八連隊の第一回軍旗祭に、岐中生も参加した。

七月の読売新聞によれば、近ごろ、東京の若い者の気風はきわめて堕落、頽廃し、夜の日比谷公園ではほたる見物と称して、大勢の男女が野合状態となり、毎夜、密行巡査十数人がこの醜行の取り締まりを行なった、と出ているが、その享楽的な気分は、岐阜でも同じで軟派が横行していた。

七月二十日、明治の元勲、伊藤博文（韓国統監）が取り巻きとともに岐阜へきて、鵜飼を見物した。県知事、岐阜市長をはじめ、県下の政友会の幹部連は大はしゃぎで、遊船十二隻をつらねて豪遊した。伊藤は翌年十月二十六日、ハルビン駅で暗殺されるが、その運命を知っていたであろうか。

伊藤は自由党の党首板垣退助と親交があった。明治十五年春、板垣は金華山の麓の中教院で演説中、壮士に刺され、「板垣死すとも自由は死せず」と叫んだといって有名になるが、その前から伊藤は板垣の懐柔を企み、三井の金で板垣を洋行させる話を進め、板垣は傷が癒えると、この秋、ヨーロッパに旅立つのである。

岐阜の名物鵜飼は、このころから盛んであったとみえ、八月十四日には、遊船が転覆して十人が死亡したという記事が出ている。

鵜飼と同じく、岐阜の名所といわれる金津の遊廓(鏡部屋があるという浅野屋は、岐阜へきた名士のかならず訪れる店といわれた)は、八月二十一日、創立二十周年を祝い、長良川の河原で三日間、大花火大会を行なった。長良川の花火はこのころから有名で、とくに戦後は、岐阜日日新聞と中日新聞の競争となり、七月の終わりから八月の初めにかけて、毎年七十万人の見物客が河原を埋めるようになる。

九月二十九日、文部省は「学生生徒の風紀取り締まり強化」を訓令、「同人雑誌の編集、観劇、読書傾向の統制」を指示した。岐中の「華陽」は明治四十年には年三回発行したが、林校長は雑誌の発行には熱心ではなく、四十一年には一回発行されただけであった。

そして十月十三日には、戊申詔書が発布される。この詔書の意図は、日露戦争後、日本の文化が非常に進んだことを認めるとともに、国民の風潮が軽佻浮薄に走りつつあることを戒め、国家的見地から国民的道義の高揚を説いたものである。こういう詔書を出さなければならないほど、戦後の気風は退廃していたともいえる。

この秋、岐阜公園内に大日本武徳会岐阜支部がおかれ、十一月二十三日、第一回演武大会が開かれた。

明治四十二年。

一月、中学校ではこの年より教室その他すべての暖炉を廃止することになった。すべてということが職員室までを意味したかどうかはわからないが、林校長の質実剛健主義の一つの現われとみられよう。

一月九日、また文部大臣訓令が出た。

「近来、学校において催す運動会、講演会において、当日の興を添えんがために種々の工夫をめぐらし、その結果、多数の時間を空費するのみならず、ややもすれば生徒にして脂粉を施し仮装をなし、往々演劇興業に近きものを見る。しかしてこれらは単に都会にかぎらず、地方においてもその例なきに非ず。かくの如きは学校の風紀を緩くし浮薄の弊風を助長するの虞《おそれ》なしとせず。故に自今、学校職員をして右等の行為なきよう十分注意を加えしめらるべく指導監督せらるべし」

要するに、会を面白くするあまり芸人のような真似をするなという、やはり生徒の行き過ぎを戒める、質実剛健主義の現われであろうか。

二月三日、中学校の授業料が月一円五十銭に上がる。このころ、中学校の北、京町小学校の東の元農事試験場跡に県知事官舎ができた。

二月十二日、林岐中校長が文部省から選奨として表彰された披露式が行なわれた。その校長は岐阜日日新聞では、「単に謡曲に熱心なるのみ」と悪評であったが、その質実剛健主義は文部省には好評であったのであろう。

三月十六日、日本赤十字総裁閑院宮載仁王が来岐した。当時、赤十字は寄付を募集していたので、これとの関連であろう。岐中講堂で職員の拝謁を受け、後、中学生の中隊訓練、器械体操を見て、講堂東に〝お手植えの松〟が植えられた。

四月八日、始業式。文部省選奨で意気のあがる林校長は、「礼儀の尊重」「労働の神聖」を説いて、新たにつぎの改革を行なった。

一、三年以上としていた柔道、剣道の準正課を三年以下にも課すること

二、生徒は毎日、教室の掃除を行なうべきこと

三、生徒は毎日、長良川の河原の砂利を運動場に運んで敷くこと（これは太平洋戦争のころには正課となる）

四月発行の「華陽」第四十六号の巻頭に、林は、「わが校の理想」と題して、まず先に発表した華陽会の基金につき、自画自賛した後、岐中は日本で一番歴史の古い中学校であると大いに誇り、生徒の自覚を求めた。しかし、まもなく実際に日本最古の

中学校は、京都一中であるとなり、岐中はこれに並ぶ歴史を持つ、と改訂される。

この「華陽」には、中島義孝生徒の、「林校長閣下に呈す」と題する雑誌の不調を訴える論文と、高橋隆三の「講談部改革論」が載っている。林は、これら文化的あるいは政治的事業に熱心でなかったので、それを衝いたものである。

四月から岐中にアメリカ人宣教師マカルピンがきて、授業を行なう。

五月十三日、岐中五年生は日野村の射撃場で実弾射撃訓練を行なう。

五月十九日、マカルピンの紹介でバラツキ氏が来校、演説（日本語）を行なう。

五月三十日、マカルピン夫人のオルガン演奏。世界漫遊者というウイリアムスの講演あり。

五月二十七日、岐中の南、道路の向かい側、梅ヶ枝町に岐阜訓盲院ができる。

このころ、斐太中学校で依田喜一郎校長の排斥運動が起きる。依田は林の後に岐中校長となる男である。

七月、岐中健児に朗報。庭球部の日比野、末松組は、大阪毎日新聞主催の浜寺の全国大会で優勝して岐阜県運動界のために、万丈の気を吐いた。

七月末、長良川で遊船会社と鵜匠六十八名の大乱闘事件があった。一方、公認寄宿舎にいる岐中生と岐商生の乱闘事件も後を絶たなかった。岐中では寄宿舎の増築が急務とされた。

八月二日、岐阜師範学校の学友会雑誌第二十六号が、警察によって差し押さえとなった。その中のトルストイ論を社会主義だとしての処分であった。トルストイが社会主義とは不思議な判断であるが、文部省訓令に忠実なる当局の態度の現われであろうか。

九月十五日、東宮（後の大正天皇）が岐阜へ二度目の行啓をされた。さきに三十六年に来るという話のときは、特製の鵜飼遊船を造って待っていたが、実行されず、今回は殿下の巡幸のために、神田通りの大門町から美江寺にいたる新道が造られた。以後、この道はお成り道と呼ばれる。またこの日のために、岐阜で最初のゴム輪のついた四人引きの人力車が用意された。

九月一日以降、岐中では校長が東宮の来岐について、生徒に告諭し、以後、毎日のように大掃除が行なわれた。

同十五日、午後四時すぎ、東宮岐阜駅着、人力車で宿舎の西別院へ向かう。

同十六日、午前八時、人力車で西別院から県庁へ向かう。高等官は門内で、判任官以下は門外で出迎える。八時五分、東宮、県庁着。薄知事が拝謁名簿を奉呈、県下の大要を言上した。八時三十分、美江寺新道（お成り道）をへて岐阜商業に向かう。つづいて歩兵第六十八連隊、師範学校、物産館、岐阜高女を視察、高女では生徒が紋付きにたすきをかけて、体操を御覧に入れた。午後五時、西別院に帰る。夜は六時から師範、岐中、商業、市内小学生が各地に集合し、六時半から提灯行列を行ない、権現山に登り、万歳を唱えた。

同十七日、東宮は午前の汽車で大垣に向かう。

午後、岐阜に戻って名和昆虫研究所を視察、三時五分、長良川河畔にいたり、川岸の玉井町から緑町、材木町と古い町並みを見学して、三時二十六分、岐阜中学校着、生徒の授業を参観した。

宮崎繁三郎が生徒を代表して、御前で作文を朗読したのは、このときである。授業は生理、図画、兵式体操で、生徒の成績品を供覧に出した。殿下の方からは、陸軍少将の正装の写真を下賜され、学校の方からは、生徒の成績品のうち、殿下の思し召しにかなった作品二十五点を献上した。

東宮は午後四時九分、別院に帰り、翌十八日午前七時五十分の汽車で福井県に向かった。

岐中ではこの日、御写真奉戴式を挙行、成績品優秀者に賞品を授与、以後、行啓記念として、毎年、この日に生徒の文芸作品の選奨を行なうこととなり、また記念のために校旗を制定作製し、華陽会付属記念文庫を作った。岐阜県教育会でも、これを記念して、県教育会図書館を物産館の中に作り、十月十三日、これを開催した。十月二十六日、伊藤博文がハルビンで射殺され、十一月四日、伊藤の国葬が行なわれた。

明治四十三年。

繁三郎は五年生となる。

一月、金華山に模擬城を造ることが決まる。鎌倉時代からこの山の頂上には、砦のような城があり、戦国時代には堅固な城として、斎藤氏が固めていた。藤吉郎秀吉がここに籠る斎藤氏を攻めたときも、その守りはなかなか固かった。しかし、慶長五年（一六〇〇）、関ヶ原合戦のときここに籠った織田秀信（信長の孫）が西軍であったため、落城のときこの城は焼けてしまった。以後、山頂には城がなかったが、信長もいたことがあった天下の名城を再現したいというのが、岐阜市民の願いであった。

それと同時に岐阜駅の改良、拡張論も盛んになってきた。県庁の所在地で、東海道線の要地であるのに、電灯もない三等駅では情けないというのである。

一月三十日、名古屋の八高主催の弁論大会があり、一等は岐阜師範の伊藤恭一（のち代議士)、二等は岐中の中島義孝であった。

岐阜に市電を作る案が可決されたので、電車の通るところの拡張がはじまった。

二月二十日、笠松の地区で木曾川にかかる橋梁の完工式が行なわれ、群衆が殺到し、十数名の死者を出した。

岐中の志願者は年々増えて、この年は百三十名採用のところへ、三百三十三名が押しかけた。

四月八日、岐中に新寄宿舎落成。

同十三日、伊奈波神社の境内に、懸案の忠魂碑ができて除幕式挙行。

同十五日、金華山に古城碑ができる。

五月十五日、金華山の模擬城完成、登山者でにぎわう。

同十九日、ハレー彗星が地球に接近。各地でこの彗星が地球に衝突するとか、彗星の尻尾に地球の空気が吸い込まれて、人類は滅亡するなどというデマが飛び、全財産を蕩尽する人も出た。

六月一日、大逆事件の幸徳秋水ら逮捕。多くが処刑されたが、これが当局のでっち上げであったことがわかるのは戦後（太平洋戦争後）のことである。

八月二十二日、日韓併合条約調印。

九月十五日、文部省は全国の校長を東京に集め、社会主義に関する注意をあたえている。

ところが、岐阜ではそれを笑うように、神田町に、「平民主義の店」という雑貨店ができて、警察を驚かせた。

十二月二十四日、文部省は高等小学校における農業、商業の教科を重視し、実習農場の設置や商業道徳の涵養を訓令。中学校でも農園を造ることになった。

年末、繁三郎は兄につづくべく陸士を受験。

明治四十四年。

一月、大逆事件の判決出る。死刑、幸徳秋水、妻の菅野スガをふくむ十三名。各国の社会主義者から海外の日本公館に抗議が殺到した。日本では徳富芦花が、一高で「謀叛論」を講演、政府の処断に抗議した。このために一高校長の新渡戸稲造の譴責問題が起きるほど政府も神経を尖らせていた。新聞や国民には真相は知らされず、このときは大きな反応はなかった。

一月、岐中では、四年生が修学旅行の復活ほか六ヵ条を校長に提出して、校長から訓示を受けた。このほか新聞には、体操教師藤島俊が、勧工場（デパート）のクジ引き問題で引責辞職をして生徒の間に留任運動があったという記事のほか、中学校答案焼き捨て事件などの記事が載っているが、詳細は不明である。

二月四日、衆議院で、天皇の南北朝問題について、質問があり、現行の教科書には、南朝が正朝となっているが、今の天皇の系統は北朝ではないか、ということが提議された。それまで頼山陽の『日本外史』などでは、南朝が正しく、北朝を推した足利尊氏は逆賊のように書いてあった。

しかし、いまの天皇が北朝である以上、これを認めざるを得ない。文部省はあわてて現行の教科書を使用禁止とし、あらためて北朝を認める教科書の製作を考えた。

雪の新発田

明治四十四年二月十一日、紀元節、北島の宮崎家に一通の電報が舞いこんできた。

「リクシゴ　ウカク　イインテウ」

陸軍士官学校の生徒採用委員長からの合格通知である。これで兄の広継についで、二人目の陸士合格である。宮崎家は湧いた。

「一軒で二人も陸軍士官が出るとは、めでたい」と養父の松治郎も大喜びである。ひとり母のときは、仏間に入ると、灯明を上げて亡き夫に告げた。

「あんた、繁三郎も陸士に合格しましたよ。これで宮崎家は長男の善之助が継ぎますから、下の二人はお国に捧げることになるのです。あなたは若くして死んで、さぞ残念だったやろうけど、子供たちは、みな立派に成人していますよ」

そう報告する気丈なときの目にも白く光るものがあった。

祭日なので繁三郎は家にいた。父や兄に祝福され、東京の部隊で陸士最後の仕上げをやっている広継に報告の手紙を書きかけた繁三郎は、ふと母のいないのに気づいて、家の中を捜した。

やっと仏間で母の姿を発見した繁三郎は、母の頰に光るものを見てはっとした。兄が合格したときは、そういうことはなかったのである。やはり二人の息子を国に捧げるということは、母親として大問題なのだな……そう考えながら、

「お母さん、長い間、お世話になりました」と母の前で頭を下げた。

「これからやぞ、繁三郎、お前は広継とともにこの宮崎家を代表して、陸軍に入るのやで……決して家の名を辱しめないように……。しっかりやるんだぞ」

早くも厳格な母に戻ったときは、そう息子を訓戒することを忘れなかった。

宮崎の家では、ときが指揮して、女たちに赤飯を焚かせるのにおおわらわであった

が、岐阜市では、市電の開通で大騒ぎであった。美濃電気鉄道は、この日、岐阜駅前—今小町（市役所の前）間と、岐阜（柳ヶ瀬）—上有知（美濃町）間の二路線の同時開通を祝った。

市内線は花電車も出て初乗り希望の長い列ができたが、美濃町線は停電と脱線の連続で、前途多難を思わせた。最初の電車には、市長や県庁の幹部連が乗り、柳ヶ瀬から美濃町に向かったが、いっこうに進まない。それでも一台目の電車はどうにか美濃町について、開通式に間に合ったが、二台目の電車に乗った芸者連は、長い停電と脱線に悩まされ、四時間かかって美濃町についたときには、式はとっくに終わっており、「なんや、お前んたは……？　えらい電車を楽しんどったなあ」と市会議員に冷やかされ、ぷんぷんする始末であった。

当時の電鉄法規では「軍隊、学生の行軍、民間の葬列」の場合は電車を止めて待つべし、となっていた。運賃は市内二銭（現在は百円）、柳ヶ瀬—美濃町三十銭プラス税一銭であった。

三月十日、陸軍記念日に岐中では初めてある将軍がきて、日露戦争の奉天の会戦について講演を行なった。これ以後、毎年、この日に講演が行なわれることになる。

三月二十九日、卒業式をすませた繁三郎は、しばらく岐阜にいた。このころの陸軍士官学校は予科、本科の区別がなく、試験に合格すると、その年の十二月に隊付となって、ある連隊に所属して初年兵の教育からはじめるようになっていた。予科ができて今までの士官学校が本科となるのは、大正九年八月の陸軍士官学校令改正からである。

余談であるが、予科ができてから、一般の中学校出身者には、不愉快なこともあった。それはすでに陸軍幼年学校出身者が一足先に入校していたことである。彼らは中学校卒業者のために毛布、衣服、兵器などを受け取っていて、これを整備していた。それはいいのだが、幼年学校出身者は特権階級として威張る。彼らは中学校の一年または二年で幼年学校に入校し、三年間の教育を受ける。軍事教練よりもむしろ一般の中学校と同じ授業や体育が多いが、もちろん、軍隊式生活には十分慣れている。彼らは彼らだけで団結し、中学校出身者を差別する傾向があった。

新入生徒は幼年学校出身者も含めて、いくつかの区隊に編入され、それぞれに上級生の取締生徒がついて指導し、ときには落度のあった者にはビンタ（鉄拳）の制裁があった。取締生徒は原則として幼年学校出身者で、靴や銃器の検査があるときは、事前に幼年学校出身者に知らせる。だから手入れが悪いといって、ビンタを喰らうのは、いつも中学校出身者で、ときには幼年学校出身者が上級生のような顔をして、中学校出身者にビンタを喰らわせることもあった。

当然、中学校出身者は抵抗を感じて反抗する。この対立のとき、取締生徒は幼年学校出身者であっても、区隊長や中隊長には、中学校出身者もいる。そこで幼年学校出身者に厳しい注意をあたえるが、やはり幼年学校出身者の優越感はなかなか解けなかった。

しかし、半年もすると、学課や訓練が厳しいので、そのような反目も徐々に解けていくことが多かった。それに似た差別は、陸軍士官学校を卒業して将校になってからもあった。それは気分的なものだけではなく、人事や昇進の面でもちがいがあった。

中学校出身者の繁三郎は、そのような内部的混乱に超然としていた。

——おれは陸軍士官になるために陸士に入校したのだ。幼年学校であろうと、中学校であろうと、御奉公に二つはないはずだ……。

そう己れに言い聞かせて、対立に巻き込まれることなく課業と訓練にはげんだ。この雑音に迷わされずに本分を尽くす、という生き方は、繁三郎の終生変わらぬ生きざまであった。

後年、彼が連隊長としてノモンハンで戦ったとき、ほかの連隊では、関東軍司令部が戦車を少ししか応援にくれないとか、飛行機を支援に出してもらいたい、と苦情を述べたが、ひとり宮崎繁三郎は、与えられた歩兵第十六連隊の二個大隊で、ソ連軍の大部隊を相手に、一歩も退かずこれを撃退し、ノモンハンで唯一といわれる歩兵部隊の勝利を飾る。

ビルマにおいても然りである。第三十一師団長の佐藤中将は、補給もなしに戦争はできない、と軍司令官の命にそむいて、撤退を決めるが、宮崎支隊長は、一言も不平を言うことなく、コヒマを陥《おと》し、付近の陣地で長時間の持久戦を戦い抜き、その師団長命による後退のときも、できるだけ兵を損じることなく、名将としての勇名を轟かせるのである。

ただし、陸軍部内では宮崎にたいする期待は薄かった。それは受験勉強をあまり熱心にやらなかったので、陸士の入校成績がよくなかったからである。

この年（明治四十四年）十二月、繁三郎たちは士官候補生として隊付となって、実施部隊で訓練を受けることになる。このとき兵科と原隊が決まるが、どちらも生徒にとっては大問題である。大体、入校成績が優秀な者ほど、近衛師団、第一師団（いずれも司令部は東京）、ついで第二師団（仙台）、第三師団（名古屋）、第四師団（大阪）と東京に近いところから配属の隊が決まる。

このときの連隊がその候補生の原隊で、後に卒業後もその隊に見習士官として配属され、その後もこの隊の隊付将校、あるいは中隊長、大隊長として勤務することが多い。原隊と縁が切れるのは、たとえば陸軍大学校（陸海軍は大学といわずに大学校という）を卒業して参謀となり、参謀本部に勤めたり、軍や師団付の参謀となったりするときからである。

＊

第一師団は東京、埼玉、神奈川、千葉、山梨が所管で、その管区から、兵士を徴兵する。東京（歩兵第一、第三連隊）、佐倉（歩兵第五十七連隊）というように部隊があるが、第二師団になると、仙台（歩兵第四連隊）は都会の勤務であるが、新潟県の新発田（歩兵第十六連隊）のように、まだ鉄道の通じていない辺鄙《へんぴ》なところもある。そして、繁三郎の配属された連隊がこの新発田であったことは、やはり、彼の入校成績があまり芳しくなかったということであろう。

兵科と原隊の決定は、太平洋戦争のころまでも生徒たちの大問題であったとみえて、昭和十六年三月、広島の幼年学校を卒業して、市ヶ谷の陸軍士官学校に入校した村上兵衛氏は、その著書『桜と剣――わが三代のグルメット』（光人社刊）の中で、予科士官学校に入校して一年もすると、生徒たちの間で兵科と原隊の決定が大きな問題となることを書いている。太平洋戦争がはじまってからでも、バタと呼ばれる歩兵は人気があったらしい。

日露戦争後わずか数年の繁三郎のころには、二〇三高地の歩兵の突撃が生々しいので、当然、歩兵が人気があったと思われる。また師団長や軍司令官の大部分が歩兵出身であったので、歩兵は軍の主兵と呼ばれた。

『桜と剣』には岸田国士（陸士卒業後、作家となる）が作ったといわれる、「歩兵志願の歌」の一部が載っている。

「浜田（島根県、歩兵第二十一連隊）か鯖江（福井県、歩兵第三十六連隊）か村松（新潟県、歩兵第三十連隊）か、飛ばされそうで気にかかる」

歩兵とならんで志願者の多い騎兵の歌も出ている。

今度は己《おれ》だ己は騎兵
御馬の好きな己だもの
速歩進め前足旋回
ハイハイドウドウおっと危ない
前脚つかんですまし顔

「砲兵志願の歌」

大した気炎を吐く奴だ
言わしておけばつけ上がる
承知の通りこの方は
砲兵志願の剛の者
三千六百曳光弾
近し遠しは言いあいた

一番人気がなかったのは輜重《しちょう》兵である。

海軍では、砲術、水雷、通信、運用、航海となっていて、後に飛行科が入り、それから機関、主計、医務となっていた。航海までは明治のころにあったが、飛行科はできるのが遅かったので、上級者も少なく軽視され、太平洋戦争ではアメリカの空軍に圧倒された。また補給を担当する重要な任務を持つ主計科が、砲術、水雷に較べると、ずっと後になっている。

陸軍の序列は歩、騎、砲、工、航空、輜重となっていて、これも重要な補給の担当者はラストである。

日露戦争のころでも補給は重要であって、ロシアの浦塩《ウラジオ》艦隊のために、常陸丸などの輸送船を撃沈されて、満州の日本軍は苦境に立ったはずであるが、輜重を軽んじる風潮はいっこうに改まらず、ガダルカナル、アッツ、サイパン、フィリピンなどで、飯や弾のない苦戦を強いられたのである。

繁三郎は、やはり当時の流れに従って、歩兵を志願し、そのとおりになった。しかし、明治四十四年十二月、隊付が発表されると、新発田なので、近衛の歩兵第一連隊や、第一師団の歩兵第一連隊に配属と決まった同級生に比べて、自分の入校成績が悪かったことを知らされた。

しかし、粘り強い繁三郎は、

——おれは立身出世をするために陸軍に入ったのではない。心身を鍛えて国家、国民の用に立てば、それでよいのだ……。

といっこうに気にもかけず、雪の深い新発田に赴任した。

当時、汽車は新津までしか行っておらす、三十キロ北東の新発田までは、歩くか人力車、あるいは馬車に乗らなければならなかった。

しかし、初の実施部隊の洗礼が新発田であったことは、繁三郎に多くのものを与えてくれた。新発田の歩兵十六連隊は、熊本の第六師団とならんで、明治から昭和の終戦まで精強をもって鳴る第二師団の中核で、四連隊（仙台）、二十九連隊（若松）とその精鋭を競う部隊であった。

参考までに、二十番までの連隊を記すとつぎのとおりである。

一＝東京、二＝水戸、三＝東京、四＝仙台、五＝青森、六＝名古屋、七＝金沢、八＝大阪、九＝京都、十＝岡山、十一＝広島、十二＝丸亀、十三＝熊本、十四＝小倉、十五＝高崎、十六＝新発田、十七＝秋田、十八＝豊橋、十九＝敦賀、二十＝福知山

ここで、繁三郎と縁の深い新発田の歴史をふり返ってみたい。

新発田は越後の古い町で、鎌倉時代からここに館（城）があり、代々、佐々木氏が領主として、北越一円の土地を領していた。戦国時代には土地の名をとって新発田氏といっていた。新発田城最後の城主・新発田重家は、上杉謙信より十五歳年下で、高田に近い春日山城に本拠を持つ謙信の部将として、数々の合戦に参加して手柄をたてた。永禄四年（一五六一）、謙信が小田原を攻めたときは、十六歳の初陣として、この殿軍を勤めた。この年、謙信は信州の川中島に宿敵武田信玄と決戦を行なうが、このときも重家は出陣している。

その後も重家は、謙信のもとで北越の支配を勤め、新潟港の運営をまかされ、運上（手数料）を謙信に納めたりしていた。しかし、天正六年（一五七八）、謙信が春日山城で急死すると、重家の運命も一変した。

謙信の後を継いだ景勝は重家と合わず、天正十年、二人は越後平野を血に染めて戦うことになった。重家は陸奥の芦名氏や織田信長らと結んで、景勝を包囲する作戦をたてたが、謙信以来の名将を多く持つ景勝の兵力や戦術に圧されて、新潟をはじめ赤谷、五十公野などの城もつぎつぎに落ち、敗北は明らかとなってきた。信長の死後、秀吉が和睦を勧告するが、重家は聞かずに戦いをつづけ、天正十五年（一五八七）十一月、ついに新発田城も落城し、四十一歳の重家は討ち死にし、新発田家は断絶してしまう。この長い越後の内乱を天正の乱と呼ぶ。

新発田城はしばらくの間、空城となるが、慶長三年（一五九八）、秀吉の部将であった溝口秀勝が六万石に封ぜられて新発田城の城主となる。秀勝は尾張の溝口村の出身で、はじめは丹羽長秀の家人として、若狭の高浜の城主となっていたが、天正十一年、柴田勝家を攻めた功により、秀吉から加賀の大聖寺四万四千石に封ぜられる。それまでは定勝といっていたが、この後は秀吉の一字をもらって秀勝と名乗るようになるのである。

文禄の役で秀吉が朝鮮に兵を出すと、秀勝は肥前名護屋で留守役を勤めた。そして、慶長三年の新発田入城となるのである。まもなく天下分け目の関ヶ原の戦いとなるが、秀勝は家康の側について、重家の宿敵景勝と戦うべく阿賀野川方面に出陣して景勝を牽制し、戦後その功により、新発田の本領安堵を許される。秀勝は慶長十五年、六十三歳で新発田城で死去する。

新発田藩兵は大坂夏の陣にも出陣して、大坂城を攻め、その後も幕末までここに領主として在城した。その途中、この藩がもっとも誇りとしているのは、元禄の忠臣蔵で知られる堀部安兵衛である。中山安兵衛は新発田藩馬廻役の家に生まれ、元禄七年(一六九四)、江戸において高田の馬場の仇討ち事件で、浅野内匠頭の家臣堀部弥兵衛と知り合い、その婿となって浅野家に仕えるようになる。

元禄十四年三月、内匠頭が江戸城内で刃傷事件を起こしたとき、浅野の浪士たちが仇討ちを企んでいるという話を聞いて、新発田藩主溝口重雄は使いを出して安兵衛に新発田藩に復帰するようにすすめたが、安兵衛はこれを断わって、翌十五年十二月、吉良邸に討ち入り、翌十六年二月、切腹する。今も新発田市の大手町五丁目には、堀部安兵衛誕生の地という碑が建っている。

明治になって戊辰の役のとき、新発田藩は、はじめ米沢や会津の奥羽列藩同盟に加わっていたが、越後の松ヶ崎に官軍が上陸すると、これに味方することとなり、総督の宮も一時新発田に本営をおくことになり、藩兵は米沢攻めに加わって庄内まで進軍し、会津落城の後はこの守備を勤めたりした。

溝口時代の新発田城は、本丸の北に古丸という地名が残っているだけで、全部なくなっている。江戸時代の城はすべて溝口氏の築城にかかるが、明治維新のときにかなり破損したので、現存するのは三階櫓の土台の石垣（この城には天守閣はなく三階の櫓がその代わりとされていた。石垣は非常に美しいという評判があった）、六万石の威容を残す表門（重要文化財）、隅櫓（同）、政庁の門（現在、清水園通用門）などが残るのみである。

維新後の版籍奉還、廃藩置県により、明治四年十二月、新発田城は、陸軍東京鎮台の歩兵八番大隊が入ることになった。明治七年には、第一軍管東京鎮台歩兵第三連隊（高崎）第二大隊が駐屯することになり、西南の役には南海警備に出動した。そして明治十七年六月二十五日、軍管の改定によって、新発田に第二軍管（仙台）の管轄下として歩兵第十六連隊がおかれることになった（本丸と二之丸を使用）。一時は高田の十三師団の下に入ったこともあるが、爾来六十年の波瀾にとんだ十六連隊のこれが最初である。

十六連隊は、日清戦争、日露戦争、シベリア出兵、満州事変、シナ事変、ノモンハン、そして太平洋戦争ではジャワ、ガダルカナル、雲南、ビルマと転戦した。日露戦争後に連隊副官国分習也少佐がつくった十六連隊の連隊歌があり、繁三郎が入隊したときは隊員はこれをうたっていた。

（前略）過ぎし二十七年の
五月半ばの空くらく
朝鮮半島殺気みつ
増荒猛夫は腕さすり
剣を研ぎてはやりつつ
待つ間ほどなく来し秋の
紅葉とがるる末つかた
菖蒲《あやめ》の城を勇ましく（新発田城は菖蒲城と呼ばれた）
かしまたちせる連隊は
睦月の末に山東の
栄城湾に上陸し
飛雲をおかして進軍す（後略）

また、太平洋戦争後、戦犯となり、マニラ郊外で刑死する本間雅晴中将が、大正時代、十六連隊の中隊長時代に作った連隊歌も残っている。

一、東に高き飯豊《いいで》山

西には清き加治《かじ》の水
下越の平野にそそり立つ
菖蒲の城は此処にあり（後略）

日清戦争のとき、十六連隊は連隊長福島庸智大佐に率いられて山東半島にわたり、威海衛攻略に従事した。連隊歌にある栄城湾は、このとき十六連隊が上陸したところで、明治二十八年二月十二日、連隊は威海衛を攻略している。

つづいて講和条約で台湾が日本の領土になったが、反乱する部隊があったので、第二師団が近衛師団を増援することとなって台湾に上陸し、反乱部隊を鎮圧した。

日露戦争では、十六連隊は、黒木大将の第一軍のもとで、第二師団に所属して朝鮮に向かった。連隊長は谷山隆英大佐である。

まず、平壌の西の鎮南浦に上陸、鴨緑江の北岸にある九連城の激戦でロシア軍を破り、以後、石門嶺、弓張嶺の大夜襲、黒英台の激戦と勝利をおさめ、三十八年三月十日、奉天会戦の日、葛布街の戦闘で、谷山連隊長は腕に負傷したが、よく指揮をつづけ、十六日、無事、鉄嶺を占領、停戦を迎えた。

このように、十六連隊はすでに歴戦の精鋭であったので、宮崎士官候補生が入隊したときも非常に気合が入っていた。北越の新発田はその日も雪であった。岐阜県で育った繁三郎に雪はそれほど珍しくはなかったが、もう三尺ほど積もっており、北島よりははるかに雪が深いようである。

繁三郎が入隊したときの連隊長は天野芳蔵大佐で、新発田に司令部をおく歩兵第十五旅団長は河内礼蔵少将であった。

小柄ではあるが元気旺盛の宮崎候補生が入隊すると、天野連隊長は、おもむろに候補生たちにこう聞いた。

「入隊おめでとう。候補生を隊付にした目的は何か?」

「はい、実施部隊において将校たるべき戦闘訓練を受け、かつ軍隊の日常生活に習熟することであります」

繁三郎は、不動の姿勢でどこか余裕のある態度で、こう答えた。

この下級者のときからどこかに余裕を保ち、ときに笑みをさえ浮かべるというのが、繁三郎の終生変わらぬ人生の態度であった。それが下級者のときは上官をばかにしているようにみられがちで、点数もよくなく出世も遅いが、上級になるにしたがって、彼の特大の肝っ玉の発露である冷静な判断と的確な処理がものをいって、やがて百戦不敗の名将の真価を発揮していくのである。

「うむ、それはそのとおりじゃが、連隊というところは、それだけではない。諸君はいずれ連隊付の将校となって、将校団の一員となる。将校団とは何かわかるか？」

「はい、陸軍の全将校を一団とし、先輩、後輩ともに和合の中に切磋琢磨する団体であります」

「うむ、ふだんは命令で上から下までの戦闘即応の形を推進演錬するが、将校団の内部では上と下は親子のように睦み合い、日本陸軍の精神的な団結という、よき伝統を継ぐべきものだ。もちろん、兵営の生活にも慣れ、将来、諸君が部下とする下士官兵の生活の実際を体験すること、また武道、銃剣術など下士官兵とともに訓練にはげみ、いっそうの上達を期することは当然であるが、先にわしが言った将校団の後輩として、和合団結という陸軍精神を継ぐということを忘れないようにしろ」

天野連隊長は、太い髭をひねりながら、新前の候補生にそう訓示した。

その日から繁三郎たちは、兵士とともに兵営内で起居し、日々の訓練に従事することになった。いわゆる内務班生活であり、野外の訓練以外のときは、兵舎の各居住室で上等兵以下新兵にいたるまでが、一緒に生活するが、当然ながら古兵が威張るのである。

ここで不思議なのは、候補生の階級章である。二等兵は肩章の赤地に星一つ、一等兵は二つ、上等兵は三つ、新兵はなしで、〝赤ベタ〟と呼ばれるが、候補生もやはり

〝赤ベタ〟なのである。それでは候補生は二等兵より下かというと、中隊長の話では、「候補生は、上等兵以下には敬礼しなくともよい。もちろん、新兵や二等兵には敬礼をするな」という。それでは上等兵より階級が上かというと、そうでもないらしい。

そのため、新発田の町で外出中、候補生が敬礼をしないといって、よその部隊の上等兵から文句をつけられたという事態も発生した。ところが、兵士たちにも候補生の本当の階級というものがよくわからないらしく、その上等兵もつれの上等兵に耳打ちをされると、けげんそうな顔をして立ち去ってしまった。

新発田の冬はきびしかったが、若い宮崎候補生にとって、毎日の訓練も内務班の生活も、これが帝国の陸軍将校になる道かと思うと、まったく辛いこともなく、たまの外出に城跡を散歩したり、中隊長や連隊長の家を訪問して、汁粉やすき焼きの御馳走にあずかり、軍歌を怒鳴り、踊りまくったりするのも、楽しかった。よき青春のはじまりともいえよう。

明治四十五年が明けてしばらくたつと、越後の雪も解けはじめ、東の方にそびえる海抜二千メートルを越える飯豊《いいで》山や大日岳の峯にも霞がたなびくようになる。そして、日本有数といわれる加治川堤の桜が咲きはじめる。こうなると中隊長といえども演習の帰りには、中隊の先頭を加治川の方向に向けたくなる。といって、堤に出ている赤や白の幔幕を張った茶店で一杯というわけにもいかない。

〽万朶の桜か襟の色、花は吉野に嵐吹く
大和男子《やまとおのこ》と生まれなば、散兵線の花と散れ

と半ばやけになりながら、芸者らしい女をつれて花の下をそぞろ歩きしている成金らしい男を横目で見ながら、花のトンネルの下を行軍していくのである。

明治四十五年六月一日、繁三郎は初めて上等兵の階級をもらった。肩章に、突然、星が三つに増えたが、そのそばに金色の小さな星が一つついている。これが将校の卵の士官候補生の印である。

階級としては、上等兵の上、伍長の下である。だから、上等兵と会うと、向こうから敬礼するはずである。しかし、候補生のいない部隊の上等兵は、金の星の意味がわからないから同等だと考えて、率先して敬礼する気配に乏しい。気鋭の候補生が注意をして、文句をいう上等兵をぶん殴るというような事件が、全国でときどき起きた。

繁三郎はそんなことはしなかった。活気はあるが、階級にものをいわせて、下級の者に気勢を張るというようなてらう気持が彼にはない。満州にいけば満人と親しくなる。ビルマにいけばビルマ人と対等につき合う。それが宮崎式である。

さて、まもなく明治天皇が崩御され、大正元年になると、街かどで上等兵と顔を合わせても、どちらが敬礼するかという問題もなくなってくる。この年、八月一日、繁三郎たちは伍長に進級、同九月三日、軍曹に進級した。肩章は金筋に星が二つである。

そして、同十二月一日、繁三郎は隊付勤務を終わり、陸軍士官学校に入校、東京の市ヶ谷に帰ってきた。

陸軍士官学校二十六期生である。ここで陸軍士官学校の歴史に簡単に触れておこう。陸士の歴史は、明治元年、京都に兵学校を設けたときにはじまる。

同九月、沼津にも兵学校ができた。

明治二年一月、兵学校を兵学所と改める。

同九月、兵学所を大阪に移し、大阪兵学寮とし、陸海軍士官の養成所とする。

同十二月、大阪兵学寮を陸軍兵学寮と改め、青年学舎と幼年学舎に分ける。これが陸軍士官学校と幼年学校のはじまりである。

明治三年五月、兵部省が海軍を創建する。

同十月、海軍操練所を海軍兵学寮と改称する。

明治四年十月、陸軍兵学寮を東京に移す。

明治七年十月、東京・市ヶ谷に陸軍士官学校を創設することを決める。

明治八年二月、陸軍士官学校に第一期士官生徒百五十八名が入校。一期生には木越安綱（中将、陸相）、石本新六（同）らがいる。

同十二月、第二期士官生徒入校。二期生には、大迫尚道（大将、第四師団長、軍事参議官）、田村怡与蔵（中将、参謀次長、陸軍の組織者といわれる）、伊地知幸介（乃木第三軍の参謀長）がいる。

明治十年五月、第三期士官生徒入校。上原勇作（元帥、参謀総長）、秋山好古（大将、日露戦争時の騎兵旅団長）がいる。

明治二十一年十一月、第一期士官候補生入校。第一期士官候補生には鈴木荘六（大将、参謀総長）、白川義則（大将、陸相）、宇垣一成（大将、陸相）がいる。

明治二十二年、第十一期士官生徒卒業。これで士官生徒は終わりである。ここに陸軍と海軍の卒業の期の違いが出てくる。海軍兵学校では、明治六年卒業の一期生から終戦時在校中の七十八期生まで一貫している。しかし、陸軍は士官学校の創設が海軍より少し遅い上に、士官生徒から士官候補生に切り換えたので、期の数が海軍兵学校よりときによって十数期ほど少ない。

陸軍は試験に合格しても、隊付の期間があるので、卒業年次でいくと、海兵三十二期（明治三十七年十一月、卒業）の山本五十六に相当する陸軍士官学校の期は、板垣征四郎の十六期である。下って筆者たちの時代になると、六十八期生徒の筆者たちと同時入校は陸士五十三期である。

繁三郎の同期には、後にノモンハンやビルマで一緒に戦うことになる将軍が大勢いた。

まずノモンハンでは、最初から最後まで苦戦する第二十三師団で、開戦早々に東捜索隊を率いて敵陣に挺身し、重囲の中に玉砕した東八百蔵中佐、参謀長大内孜《つとむ》（昭和十四年七月、戦死）、同師団の中核として、悪戦苦闘した歩兵第六十四連隊長山県武光（十四年八月、自決）、戦車第三連隊長吉丸清武（十四年七月、戦死）、この三人はいずれも大佐で戦死し、少将に進級している。

ビルマ戦線では、多くの同期の将軍が上級指揮官として戦っている。田副《たぞえ》登（第五飛行師団長）、柳田元三（第三十三師団長）、中永太郎（ビルマ方面軍参謀長）で、いずれも当時、中将である。

さて、宮崎は、ここで二年間みっちり訓練を受け、大正三年十二月二十五日、七百三十七名中二百三十番という成績で士官学校を卒業し、陸軍少尉に任官して、ふたたび懐かしの新発田十六連隊に帰ってきた。すでにヨーロッパでは、ドイツ、オーストリアにたいする英、仏、露の大戦がはじまっていた。日本は神尾光臣中将の率いる部隊を、青島に送った。

折柄、十六連隊は連隊長伊藤祐武大佐に率いられて、南満州の警備についていた。新品少尉の繁三郎は、早速、雪の満州勤務を志願したが、連隊は翌四年五月には帰還するというので、留守隊指揮官村井多一郎中佐のもとで、残留部隊とともに訓練に従事して、年を越すことになった。

満州警備は各連隊が輪番で行なうもので、日露戦争の賠償の一つとして、満鉄（長春〜旅順間）の経営権をロシアからもらい、その両側五キロの行政権を中国から譲渡されたので、その沿線の鉄道の警備と、日ごとに増えていく邦人の生命財産を守るためのものであり、大正八年に関東軍ができるまでは、この警備がつづいていた。

大正四年五月二十八日、十六連隊の満州派遣隊は、新発田に帰ってきた。繁三郎はあらためて大陸帰りの兵士を入れた部隊の小隊長として、毎日の訓練に従っていたところ、大正六年の夏、連隊旗手を命じられた。

連隊旗手というのは、連隊の中で一番優秀な少尉が任じられるのが普通である。しかも、それは任官したての少尉であることが多かった。繁三郎のように任官してから二年半もたってから、旗手を命じられるのは、いささか証文の出し遅れの感じがあるが、中隊長や連隊長がどこか見所があると考えたのではないか。

さて、連隊旗手の任務は、いささか事務的である。もちろん、実戦のときには連隊長のそばにあって、軍旗をまもり、敵に取られるおそれがあるときは、連隊長の許可を得て、これを焼くなり、土中に埋めるなどして、連隊の恥を未然に防ぐ重要な任務である。平時でも、公式な検閲や閲兵式などのときには、連隊の先頭にあって、軍旗を捧持する。

しかし、日常は連隊本部の連隊副官室にあって、副官の事務を手伝うのが主な仕事であった。本部には副官のほかに連隊の事務を取り扱う将校や下士官がいた。もちろん、彼らの中には歴戦の将校もいたが、人事係の曹長から進級したような、事務に老練な者が多かった。また、機密書類の管理や将校集会所の委員として、宴会の準備をしたり、ラッパ手の教育も旗手の役目である。要するに、実戦を除けば儀式のときの飾り物で、事務屋兼雑務屋なのである。

繁三郎は例によって、黙々と任務にはげんだが、困ったことが二つあった。その一つは、閲兵式のときの、軍旗の捧持である。連隊では大体、秋に検閲がある。ときには特命検閲といって、宮様や陸軍大将のような偉い人がくる。閲兵式のときは、普通、師団長が来て、一装といういい服を着て、整列している部隊を馬上で見て回る。

このとき旗手は連隊長のそばにいて、軍旗を持っている。軍旗は天皇以外に敬礼する必要はないので、連隊長の号令で、連隊は師団長に敬礼するが、旗手はただ軍旗の旗竿の根本を帯の下の穴に入れて、右四十五度に傾けているだけである。それはいいが、長い間、不動の姿勢を取りつづけるので、大陸から吹いてくる砂埃が目に入る。風の強い日には、軍旗と一緒に吹き飛ばされそうになる。

繁三郎より五期上で、〝戦争の天才〟といわれた石原莞爾は、やはり会津若松の二十六連隊付で、少尉のときに連隊旗手をやらされ、風の強い日の検閲のときに、台の上から軍旗もろともに転げ落ちたという。

しかし、傲岸な石原は、むっくり起き上がると、にこりともせずに、ふたたび軍旗を手にすると台の上に上って、師団長の検閲を受けるべく、立っていたので、連隊長はもちろん、師団長もその人とも思わぬ態度に、

――こやつ只者ではないぞ……。

と注目したという。

小柄ではあるががっしりした体格で、重心の低い繁三郎は、いくら風が強くても、台の上から転げ落ちるようなことはなかった。しかし、中学生時代からの癖で、埃が目や鼻に入るのを、くんくんと鼻を鳴らせて防いでいると、そばにいる連隊長が、眉をしかめるので困っていた。

もう一つ、ラッパ手の訓練も苦手であった。ラッパの訓練には経験のある下士官が

担当するが、旗手も担当将校であるから、ラッパ手に文句をいうには、自分も吹いてみせる必要があると、繁三郎は考えていた。自分の前任の少尉は、非常にラッパがうまかったと下士官がいうので、負けん気の繁三郎はむきになって、ラッパの練習をしたが、なかなか鳴らない。こんなことなら、岐中のときにもっとラッパでも勉強しておけばよかったと後悔したが、追いつかない。

それでも下士官まかせはよくない、と責任感の強い繁三郎はラッパを吹きつづけたが、翌七年七月、中尉に進級して、連隊旗手を御免になるまでに、馬の屁のような音が出ただけであった。

大陸の風景

大正七年七月、第十三代の連隊長として浅野丈夫大佐が着任する。その翌八月、全国的に波及した米騒動のため、第三中隊は新潟に派遣された。

繁三郎は第四中隊付となり、中隊は九月に入ると、天津駐屯軍として大陸に渡った。繁三郎初の大陸勤務で、この後、彼はしばしば、満州、中国で活躍することになる。

この駐屯軍は、明治三十三年の北清事変の結果、北京の公使館と在留邦人保護のために、日本が駐屯の権利を得たもので、後には天津租界をめぐる英国と国民政府のいざこざに立ち会ったり、また芦溝橋の一発の銃声でシナ事変がはじまるとき、宋哲元軍と戦って事変を大きくすることになる。

この事変勃発のとき、支那派遣軍（駐屯軍）の連隊長で拡大を進めるのが牟田口大佐で、後のビルマ軍の第十五軍司令官である。

神ならぬ身の、後年の、そんなことは露とも知らない繁三郎は、北京を訪れて、すっかりこの大陸の澄み切った青空が気に入ってしまった。

「ええなあ……広くて、どこまでも澄んでいる……。同じ内陸でも、近くに山が迫っていて、一坪か二坪の土地を先祖伝来のおれの土地だと争っている岐阜県とはえらい違いではないか……」

大陸が好きになった繁三郎は、

――大体、おれには大陸的なものが向いているのだ。人間、悠々と生きるべきだなあ……。

天壇の軒にかかる白い雲が行き来するのを眺めながら、繁三郎はそう考えた。立身出世主義に反発する彼は、ここに大陸主義ともいうべき人生観を確立しつつあった。

このころ、ヨーロッパの大戦はドイツの敗北によって終結に向かっていたが、米騒動の鎮圧に手を焼く寺内内閣は、国民の目を海外にそらせるためと、かねての念願である大陸進出を計って、大正七年八月二日、シベリア出兵を発動した。

大正八年八月、繁三郎の第四中隊は新発田に帰着してきたが、ここでシベリア出兵がすでにはじまっていることを知った。

この出兵の原因は、オーストリア軍の一部としてロシアに派遣されてロシア軍の捕虜となっていたチェコ軍が、ロシア革命によってロマノフ王朝が崩壊しはじめたのを見て、連合軍に入ろうと試み、連合軍はこれをシベリアを横断してウラジオストクに輸送して、さらに、日本や米英の援助によってヨーロッパ戦線に加入させようとしたことにはじまり、またこれをいい口実として、列強がシベリアに出兵を考えたものである。

列強は、それぞれ相手の兵力について牽制し合ったが、結局、地理的に近い日本が、一番多くの兵力を派遣することになった。

大正七年八月、浦塩《ウラジオ》派遣軍（司令官大井成元大将）が編成され、当時、関東都督府陸軍部の下にあった、第七師団（旭川）の一部をザバイカル州に、新たに第十二師団（小倉）を沿海州、黒龍江州に配置、その後、第七師団は第三師団（名古屋）をへて第五師団（広島）に交替し、さらに第十二師団は第十四師団（宇都宮）に交替した。

ところが、ロシア革命が成功して赤軍が勢力を得てくると、パルチザンも活動をはじめ、後には尼港事件（九年五月）が勃発して、第十四師団の一個大隊が全滅することとなる。そこで陸軍は、当時、第十六連隊が所属していた第十三師団（高田）をシベリアに派遣することにした。

その第一陣は新発田に司令部をおく歩兵第十五旅団（旅団長小田切政純少将）で、その隷下の十六連隊と三十連隊（村松）が、八年九月、シベリアに赴くことになった。十六連隊の先遣隊は伊吹中佐の率いる歩兵一中隊と機関銃二梃で、守備地区は沿海州と満州の国境の東、ハバロフスク―ウラジオストク鉄道の沿線にあるニコリスクとスパスカヤの町である。

九月二十日、この先遣隊は、ウラジオストクに上陸し、第三師団の歩兵六十八連隊（岐阜）から守備区域の申し送りをうけ、白衛軍から兵営などを借りる契約を行ない、連隊主力の受け入れ準備をすすめた。

この先遣隊の将校の中には、後日、太平洋戦争開始直前、「日米和平了解案」で暗躍する岩畔豪雄少尉（三十期）も入っていた。連隊主力は、十月十日、ニコリスクに到着し、周辺の鉄道の守備にあたった。

この大正八年秋、沿海州南部は、治安が非常に悪かった。とくにニコリスク東方のイワノフカ、スパスカヤ東方のヤコブレフカがよくなかった。

十一月十八日、ヤコブレフカ―スパスカヤの電信が不通となったので、ヤコブレフカ守備隊員が、この修理に赴いたところ、七十名の匪賊（パルチザン）に包囲されて、六名が死傷し、衣類を剝ぎ取られて雪の中に裸で放置される事件が起こった。そこでヤコブレフカ中隊の主力が出動して、この匪賊を撃退した。

シベリア警備は、このような小競り合いの連続で、十二月二十一日朝、ヤコブレフカ方面の電線が切断されたので、中野中隊長は富樫特務曹長以下四十五名を派遣した。午後一時半にいたって三方から敵の攻撃を受け、苦戦したが、岩畔少尉の救援隊が到着して、この敵を撃退した。

この日の夜、中隊長は岩畔少尉と相談して、敵の夜襲に備えていた。果たせるかな、午後八時、砲を有する数百の敵が来襲したが、待ちかまえていた中野中隊は、勇戦してよくこれを撃退した。

このような一進一退は九年春、宮崎中尉が到着するまで、ずうっとつづいていた。

大正九年に入ると、ニコリスク東方のイワノフカ方面が危うくなってきた。一月十六日、東方のタラフソカで電線が切られたので、館野中尉の率いる第十一中隊と木村少尉の小隊が派遣された。

しかし、正午になっても敵が現われないので、木村小隊を尖兵として、館野中隊はイワノフカに帰投することになった。途中、百数十名の敵と遭遇して、これと激戦の末、撃退したが、木村少尉は頭部に敵弾を受けて戦死した。

四月に入ると、スパスカヤで激戦が起こった。スパスカヤは、ウラジオストクに近い重要な軍事基地で、日本軍の十六連隊主力の兵営を、革命軍（赤軍）が包囲する形になっていた。

革命軍の兵力は歩兵二千、騎兵百、鉄道隊百五十、飛行隊二百、飛行機二十一機、野砲六門、機関銃二十門を擁して、意気あたるべからざるものがあり、いまにも日本軍を撃滅するというような傲岸な態度をしめした。

おごる赤軍は軍紀が弛緩し、スパスカヤの街の邦人の店で無銭飲食や婦女暴行などをはたらいていた。

日本軍はウラジオストクの革命政府にたいし、シベリアの政権が安定し、満州、朝鮮に対する脅威が除去されたならば撤退する、と停戦交渉をはじめていた。

しかし、その途中、四月五日朝、赤軍は、重砲一門、野砲五門を貨車に積みこんだ。

午前六時四十分、ニコリスク駐屯中の小田切部隊長から、スパスカヤの浅野連隊長に、

「軍命令により革命軍の武装解除を行なうべし」という命令が発信された。連隊長はただちに各隊長を本部に集めて、一斉に敵の武装解除を行なうとともに、重砲と貨車を逃がさぬように、監視させることにした。

午前七時半、スパスカヤ駅の近くにきていた岩畔小隊長が、革命軍に集合を命じ、「武装を解除せよ」と命令したところ、革命軍が反抗したので、「撃て」の号令を発し、駅の付近で激戦がはじまった。

敵は貨車に積んだ野砲で、盛んに第一中隊を砲撃する。連隊長は、岩畔にこの野砲の捕獲を命令した。岩畔は四名の兵を率いて貨車にいたり、四門の砲を捕獲し、盛んに砲撃している敵の装甲車を撃った。しばらくすると、味方の狙撃砲弾（？）が敵の機関車に命中して、蒸気が爆発状態になったので、敵は逃走し、駅方面の戦闘は終わった。

このとき、第八中隊は追撃して、敵の大隊長ルシーノフ以下二十八名を捕虜とした。

この日から、スパスカヤでは全面戦闘となり、第二大隊長中野少佐の指揮する第七中隊も駅に進入、敵の貨車を攻撃、宮崎中尉の属する第四中隊（長・木村大尉）も、中野隊に協力して敵の装甲車を破壊した。中野少佐の第二大隊は、この後、追撃に移り、飛行場格納庫まで進出し、高射砲陣地を占領した。

安藤少佐の第一大隊は、市内のわが兵営のすぐ近くにある敵主力兵営の攻撃を命じられ、敵を飛行場の方に駆逐し、午後一時、この残敵を掃討して降服せしめた。

打田大尉の第六中隊は、飛行場と格納庫の占領を命じられて前進したが、敵は旧将校集会所にこもって頑強に抵抗したので、連隊長は狙撃砲二門を増援し、午前九時、同中隊は飛行場と飛行隊兵舎、格納庫を占領した。

夕刻、敵の捕虜の訊問で状況が判明したが、敵の兵力は約三千八百、遺棄死体は四百、捕虜五百三十であった。敵の兵営は、壁の厚さが一メートルもある堅固なものであったが、わが方は寡兵でよくこれを制したのであった。

敵は、なおもスパスカヤ付近に二千、五千という兵力を集中して、わが方をうかがい、七日、八日にわたるも激戦がつづいた。

八日朝、飛行場を警備していた打田大尉の第六中隊は、有力な敵（ニコリスクから逃げてきた）の逆襲をうけた。丘陵地帯で激戦が行なわれ、敵はなかなか士気旺盛で、「ウラー、ウラー（万歳）」の喊声もすさまじく突撃してくる。斎藤少尉は敵兵と格闘して、その剣先が帽子の庇を突き刺すほどであった。

中隊は、弾薬が欠乏して、「天皇陛下万歳、第六中隊万歳」を唱え、いよいよ、最後の銃剣突撃に移ろうとした。そのとき、第一、第二大隊の増援隊が到着して、射撃をはじめたので、敵はひるみ、後退した。

この日の敵は約千名、砲三門、機関銃若干で、その遺棄死体は三百を越えた。

この戦闘で、孤軍奮闘よく二時間の間、敵襲を持ちこたえた打田大尉の第六中隊は、中野大隊長から賞詞をもらい、旅団長も感状を与えた。

「大隊長賞詞　四月八日、飛行場付近にありて守備に任じありし第六中隊長打田政吉以下九十五名は、午前六時以来、不利な錯雑地において三百名以上の敵に包囲せられ、孤立して交戦すること二時間、彼我相隔たること数十メートルの近距離にて混戦乱闘、我弾薬ほとんど尽き、小隊長三田特務曹長以下死傷者続出し、一時は苦境に陥りたるにもかかわらず勇猛果敢なる行動により敵に大打撃を与え、敵をして死体約二百余を遺棄し潰乱敗走せしめたるは、その功績特に抜群といわざるべからず」


浅野連隊長は、もっとも激戦のあった飛行場南方の高地を屍累山と名づけた。

このようにして四月中旬まで、スパスカヤの攻防をめぐる革命軍との戦闘がつづいたが、十六連隊はよく大勢の敵を防いで、守備を全うした。

繁三郎は五日の駅の激戦から参加して、初めて実戦の味と硝煙の臭いを知ったが、それよりも彼にとって印象的であったのは、シベリア大陸の風景であった。

——どういうことだ？　ここには、なにもないではないか……。

それは彼が二年前に駐屯した天津の風景とは、まったく異質のものであった。華北の空は青く平野は雄大であるが、そこにはどこまでも人間の手が加わっている。都市は大きいし、田野はよく耕されている。

しかし、シベリアにはそのような人の営みがほとんど見られない。ウラジオストクからスパスカヤまで駅の近くには人家が見られるが、まだ雪の残っている田野には、人影も少なく耕地も少ない。無人の丘が起伏し、ところどころに小さな川が流れているが、堤防はなく、雪解けの水は気ままに流れている。

「なんという国だ？　自然そのままではないか。この膨大な土地を所有していながら、帝政ロシアのツァーは、満州を取り、朝鮮、日本をも、その勢力下に入れようとしたのだ……」

繁三郎は、ヨーロッパの帝王のあくなき欲望を憎むよりも国土の広大なのに驚いた。

——それにくらべると、わが祖国日本は、なんと貧しいのだ。日本人の中に大陸雄飛を叫ぶ者もいるが、その意図はわからなくもない……。

そう考えた繁三郎は、あらためて軍人の任務の重要さを思った。

——広大なロシアも、皇帝が国民のことを考えないで逸楽にふけると、このように革命軍に荒らされ、外国の干渉を受けることになる。軍隊は国防を考えて、つねに国家が侵略されないよう、不断の訓練をしておくべきではないか……。

四月八日の戦闘の後もスパスカヤをめぐる戦闘はつづいたが、わが軍は鹵獲した敵の飛行機を使うなどして有利に立ち、五月二日には初年兵八百名をふくむ増援隊も到着したので、敵はついに抵抗をあきらめた。

五月十三日、停戦協定が結ばれた。

十六連隊の新発田帰還は、翌十年五月であるが、連隊長から陸大受験を命じられていた繁三郎は、九年十月、帰国して受験勉強をすることになった。

大正十年十二月、陸大合格、三十六期生である。陸士卒業成績が上から三分の一くらいの繁三郎は、陸大入校は遅い方である。同じ陸士二十六期でも早い者は、三十二期の陸大に入っている。

三十三期に入った同期生では、岡崎清三郎（中将、第二総軍参謀長）、山瀬昌雄（同、第二飛行師団長）、物部長鉾（同、第百四十師団長）らがいる。三十四期は、柳田元三（中将、ビルマ戦の第三十三師団長）、遠藤三郎（同、航空本部総務部長）、和知鷹二（同、南方総軍参謀副長）。三十五期は、影佐禎昭（中将、第三十八師団長）、栗林忠道（同、第百九師団長、硫黄島で玉砕）、吉積正雄（同、軍務局長）らである。

そして、繁三郎と同じ三十六期には、田副登（中将、ビルマ戦の第五飛行師団長）、中永太郎（同、ビルマ戦のビルマ方面軍参謀長）、矢崎堪十（中将、第三百二十一師団長）、小林隆（同、マニラ防衛司令官）らがいる。

ハルビンの生活

陸大在学中に繁三郎は小島秋子と結婚した。秋子は小島米三郎と孝子の三女で、小島家は代々岐阜市の南東で木曾川に面している羽島郡下中屋（現在の各務原市）に住む旧家であり、父米三郎は予備役の陸軍大佐であった。

このころ、秋子は一時、兄の安藤操の家におり、操の妻ふさ子は日露戦争に従軍看護婦として参加した後、島小学校で保健室の先生を勤めていた。同じ学校に繁三郎の弟正之助が訓導をしていたことから、二人の縁談が持ち上がった。岐阜で見合いをした繁三郎は、弟から感想を聞かれ、「甲だ」と答えたという。

このころ、秋子の父米三郎は、岐阜市の北の鵜飼屋（川岸で旅館の並ぶところ）に家を建てて隠居していた。長良川ホテルの少し上流にあるこの家は、いまも残っており、長良川にうつる金華山の翠《みどり》を眺める眺望のよい家で、「とても景色のよいところです」と秋子は、いまもこの家の生活を懐かしんでいる。

大正十二年一月二日、二人は北島の宮崎の本家で結婚式を挙げた。繁三郎三十二歳（数え）、秋子二十三歳であった。秋子は鵜飼屋の父の家で挨拶をした後、花嫁衣装で北島に向かった。

この衣装のことで少しもめた。宮崎の方で、打ち掛けを着ることを希望し、小島の父は、「打ち掛けは高貴な家の者が着るものだ」というので、その必要はない、という意見であったが、結局、打ち掛けを着て秋子は北島に向かった。

馬車で北島に向かう途中、町の人は、「正月早々から嫁入りか？」と驚いたという。繁三郎は陸大の二年生で、正月しか休暇が取れなかったのである。

小島の母孝子は、東京の女子高等師範（現在の御茶の水女子大学）を出た当時の才媛で、九十九歳まで長生きした。また安藤家は、大垣藩の城代家老を勤めた家柄であった。

結婚した二人は東京に住んだ。大正十三年二月九日、長女道子出生。十三年三月、繁三郎は陸軍大尉に進級、同十二月、陸大卒業、原隊の歩兵十六連隊の第七中隊長を命じられて、新発田に着任した。

新発田は、繁三郎がはじめて士官候補生として勤務した懐かしいところであるが、ここで長男繁樹が生まれて（大正十四年十月二十一日）、ますます思い出深い土地となった。新発田は雪の深いところで、繁三郎の兄善之助は、冬に新発田に面会に行き、「岐阜よりまんだ雪の深いところや」と驚いて帰ってきたという。繁三郎が士官候補生として勤務したころは、汽車も通っていなかったが、大正の初めには新津からの鉄道が開通していた。

繁樹が生まれてまもなく、繁三郎は参謀本部の支那班に転勤し、東京の大久保百人町に住むことになった。

昭和二年八月、繁三郎は北京駐在を命じられ、同期生の田中隆吉大尉と一緒に北京に向かった。

田中は異色ある人物の多い二十六期生の中でも、もっともあくの強い男で、陸軍の怪物と言われることになる。島根県出身、西郷隆盛と豊臣秀吉の一字をもらって父が名前をつけたという。

子供のときから体が大きく（大人になってからは五尺九寸、二十五貫あった）暴れ者で、小学生のときに遊廓に上がって停学処分を喰らったという。それでも優等で卒業したが、父はきびしい教育を希望して、広島の幼年学校に入れた。大正三年、砲兵少尉に任官する。

二十六期生は、ある意味では過激なクラスであった。日露戦争直後の陸士には、血の気の多い士官候補生が集まっていた。

大陸雄飛を考える候補生たちは、〝金魚党〟を結成した。生きた金魚を呑んで、大陸進出のために身命を賭することを誓う秘密結社である。二十六期には、この党員が三人いた。

そのうち三村豊と本告辰二は、大正五年の満蒙独立運動に参加して、蒙古の王族をかついで満州と蒙古を袁世凱の支配する中国から独立させて、日本の支配下におこうとした。このとき、三村は独立運動の敵である張作霖の馬車に爆弾を抱いて突撃している。

またもう一人の同志・宮本千代吉は、陸軍士官学校在学中に、大正二年九月五日、外務省政務局長阿部守太郎刺殺事件に加わり、無期懲役に処せられている。その理由は、阿部が外交に陸軍の意見を入れることに反対で、南京事件（南京で中国軍に日本人が殺された）にたいする阿部の態度が軟弱だというのであった。

また二十六期には、国家革新運動に入り、特務機関などで大陸での謀略や工作で活躍した者も多い。二・二六事件のとき、反乱軍に同調して禁固三年に処せられた満井佐吉は、事件当時、陸大教官であった。繁三郎もその一人であるが、和知鷹二（蘭工

作機関長、広東特務機関長)、花谷正(関東軍参謀、奉天特務機関)、影佐禎昭(参謀本部支那課長、汪工作に従事)、雨宮巽(参謀本部支那課、天津特別市特務機関長)らが、大陸で支那工作に活躍した。

さて、田中が幼年学校時代の区隊長は板垣征四郎で、彼はその感化で大陸派となる。田中の原隊は岡山の野砲兵二十三連隊で、大正八年、繁三郎より三年早く陸大に入る。十一年卒業、十二年八月、砲兵大尉、参謀本部付となる。昭和二年八月、支那研究員となり、繁三郎と一緒に北京に向かったのである。

昭和六年九月十八日、満州事変が起こったとき、田中は参謀本部付として上海に駐在していたが、部内では、中国通としてとおっていた。石原莞爾と一緒に満州事変を起こした関東軍高級参謀の板垣征四郎が、田中に奉天に来るように要請した。田中が行くと、

「関東軍はハルビンを占領して、満州を独立させる予定だ。列国の注意を満州からそらすため、上海で事件を起こしてもらいたい」と板垣がいうので、田中は承知して上海に帰り、情婦の川島芳子と共謀して、買収した中国人に日本人僧侶を襲わせ、第一次上海事変を起こすきっかけを作った。

終戦後も、田中は怪物らしく動いている。彼は検事側の証人として東京裁判に登場

し、武藤章や橋本欣五郎の行動を暴露した。自分が戦犯となるのを避けるためともいわれたが、その露骨なやり方は、裁判関係者を顰蹙《ひんしゅく》させた。

北京に着いた繁三郎は、支那研究員として、北京と上海を往復して、中国の内戦と軍閥の分布状況を観察し、情報を集めた。

繁三郎はここで昭和四年八月まで勤務するが、当時、北京の特務機関長は佐々木到一（十八期、のち満州国軍政部最高顧問）、原田熊吉（二十二期、のち中支維新政府顧問、第十六軍司令官、戦後、シンガポールで戦犯処刑）、井上靖（二十六期、のち第五十一歩兵団長）らが勤めていた。

上海は重藤千秋（十八期、のち台湾守備隊司令官）が長く、北京の近くの済南には板垣征四郎大佐がいた。北京駐在の公使は芳沢謙吉が長く、その後に秀才といわれた佐分利貞男が来る。公使館付武官は本庄繁（のち関東軍司令官）から建川美次（のち第四師団長、駐ソ大使）に代わっていく。

繁三郎が北京にいたころは、中国が多くの軍閥の争いで荒廃し、蔣介石の北伐で、昭和二年秋から三年春にかけて北京周辺では蔣介石軍と張作霖軍とが激戦を演じ、三年五月三日、済南事件が勃発した。

特務機関の板垣大佐は、この前月、歩兵第三十三連隊長に転出し、後任の磯谷廉介はまだ着任していなかった。そのかわり済南には、田中内閣が在留邦人保護の名目で行なった第二次山東出兵による日本軍が三千名ほどいた。

一方、蔣介石の国民政府軍も済南に入城しており、三日に衝突が起きた。

最初は双方に若干の死傷者が出た程度であったが、日本政府はその損害を誇大に発表し、八日、総攻撃を行ない、中国の軍民に五千名ほどの損害をあたえた。これが済南事件で、日本軍は山東一帯を占領し、三月末、ようやく妥結したが、北京にいた繁三郎は、中国の内情の複雑さと、兵の用い方の困難さを味わっていた。

国民政府軍はなおも北伐をつづけて、北京をめざし（六月十一日、入城）、張作霖軍は後退した。

このころ、旅順に司令部をおく関東軍では、司令官村岡長太郎中将や、高級参謀の河本大作大佐が、いらいらしていた。

関東軍は、日露戦争の権益である満鉄の利権を拡張して、満州の資源を日本の手に入れようと考えていた。ところが、日本の言うなりになるはずの張作霖が北京で大元帥を名乗り、満州をふくむ全中国を支配するかまえを見せはじめたころから、言うことを聞かなくなってきた。

はじめ関東軍はたかをくっていた。偉そうなことを言っても、張作霖は蔣介石にはかなうまい、と考えていた。しかし、もし張作霖が負けて、山海関から満州に入ってきた場合、しかも軍隊がそれを追って満州に入ってくると、困るのである。張作霖が負けた代わりに、蔣介石が満州を自分の支配下におくと宣言すると、関東軍は蔣介石と交渉しなければならない。それでは、日露戦争以来の兵士の犠牲も、政府、国民の努力も、水の泡である。

そこで河本参謀は、非常手段に訴えることにした。この際、張作霖を消すことにして、村岡司令官の了解を得た。張作霖を奉天に呼び寄せて暗殺し、蔣介石には山海関の北に入らないように警告するのである。（はじめは関東軍が山海関あるいは錦州まで出兵する予定であったが、アメリカから抗議があり、日本の外務省も反対したので、田中首相も関東軍を抑えた）

関東軍の強い要請によって、張作霖は六月三日、北京を出発、

奉天に向かったが、四日午前五時、奉天駅北方の陸橋の上で、河本の命令で工兵の東宮鉄男大尉が仕掛けた爆弾によって、張の列車は吹きとばされ、張はまもなく死んだ。

張の死によって起こる混乱に便乗して、満州を占領するというのが、河本の計画であったが、案に相違して息子の張学良が冷静に対処したので、混乱は起こらなかった。

北京にいた繁三郎は、この張作霖爆殺事件を聞いてひそかに憂えるところがあった。関東軍はこの事件の犯人は、南方軍（蔣介石軍）のスパイの仕業と発表していたが、それを信じる者は多くはなかった。

すでに北京で特務機関のありかたについて知るところのあった繁三郎も、この犯人は関東軍であろうと目星をつけていた。そして、これは問題だと思った。

豪快ではあるが、策を弄することの嫌いな繁三郎は、もともと特殊工作をやることもある特務機関に不向きであった。彼はこの後、ハルビン特務機関員、広東特務機関長、上海特務機関長を歴任するが、これといった特殊工作をやったという事実は見あたらない。そういう秘密工作には向かない人物であった。

陸大当時、彼は妻の秋子に、

「おれは戦闘における戦術や戦《いくさ》の駆け引きなら自信がある」と語ったそうであるが、まさに砲煙弾雨の戦場を往来する野戦の雄たるべく生まれたような人物であった。

策を弄しなかった代わりに、戦後、多くの特務機関員が、民衆の殺害などで処罰されている中で、繁三郎には何のおとがめもなかった。無辜《むこ》の民を殺害するのは、彼の性格としてもっとも忌むところであった。それがビルマ作戦では小猿を愛し、現地住民と親しみ尊敬されて、撤退のときに損害が少なかった所以であろう。

張作霖爆殺のしばらく後、四年八月一日、繁三郎は参謀本部員となり東京に帰ってきた。それまで秋子は岐阜市鷹見町を留守宅としていたが、繁三郎が帰ってくると、四谷区右京町で夫とともに住むことになった。道子も繁樹も学齢に達し、岐阜では金華小学校に通っていたが、こんどは四谷の小学校に通うことになった。

昭和五年三月、繁三郎は陸軍少佐に任じられ、五月から八年三月まで満州のハルビン特務機関勤務を命じられた。こんどは家族同行なので、繁樹たちはハルビンの日本人小学校に通うことになった。

ハルビンの冬は寒かった。町の北を流れる松花江（スンガリー）が凍結して、その上を馬車が走るのを、繁樹たちは面白そうに眺めていた。

しかし、夏のハルビンはけっこう暑く、松花江の岸辺で泳ぐ楽しみもあった。岸の船着場の近くにヨット・クラブがあり、道子や繁樹は父に連れていってもらって、そこでアイスクリームを御馳走になるのが、楽しみの一つであった。子供の教育は秋子の役目で、繁三郎は子煩悩な優しい父親であった。

ハルビンの街は、船着場の広場から南に歓楽街として有名なキタイスカヤ（中国人という意味）街が走っている。ホテル、キャバレー、レストランなどが密集しており、ロシア人が多く、ロシア文字の看板も多い。

ハルビンの特務機関は、中央寺院に近い元フランス領事館で、家族もそこに住んでいた。特務機関長は、沢田茂大佐（のち参謀次長）、その後には、第十七軍司令官としてガダルカナルで苦戦する百武晴吉大佐であった。ここには五千人ほどの在留邦人もいて、総領事館があり、繁三郎の岐阜中学校の同級生である大橋忠一が総領事なので、何かと意思の疎通がよかった。

大橋はこの後、満州国参議などを勤め、昭和十五年八月には、強硬外交で有名な松岡洋右外相の次官となり、戦後は衆議院議員となる。

三年間にわたるハルビンの生活は繁三郎にも、家族たちにも、おおむね快適であったが、ここで満州事変に遭遇したことは、繁三郎にとって忘れられないことであった。とくにその引き金となった中村震太郎大尉が、ハルビンの特務機関を訪れたことは、後から考えて深く印象に残ることであった。

参謀本部第一部の中村大尉は、大興安嶺の偵察を命じられ、五月下旬、旅順に着き、六月初旬、ハルビンに来て、総領事館で護照（通過許可証）をもらい、特務機関に挨拶して、チチハル方面に出発した。

　中村は堅実で緻密な感じの男であった。陸士三十一期の中村は、繁三郎より五期後輩だったが、昭和三年には陸大（四十期）を卒業して、参謀本部の兵站班勤務をへて参謀本部員となっていた。

　新潟出身の中村が新潟訛りを使うのを、新発田に長くいた繁三郎は懐かしく思いながら、何か不吉なものを感じていた。

　この少し前、革新派の実力者として有名な長勇少佐（参謀本部支那班）が北満にきて、興安嶺横断を成し遂げ、大手をふって日本に帰っていったが、豪傑肌の長にくらべると中村は、真面目すぎるところがあるようだ。無事を祈って中村を送り出したが、やはり繁三郎は心配で、沢田茂特務機関長ともそのことを話し合った。

　中村は、チチハルに近い昂々渓の町で、旅館昂栄館の主人、元陸軍特務曹長井杉延太郎と白系ロシア人ロコフおよび蒙古人一名を従者として、六月六日、東支鉄道西線博克図駅（満州里の東三百キロ）を出発して、洮《とう》南（長春の北西二百キロ）に向かった。

　この後、トウアルポートから蘇岳公府に向かい、六月二十五日、東北軍第三団騎兵の追撃を受け、一時は公府東の華南公司に逃げたが、逮捕され、二十七日、第三団長代理関玉衛の手で銃殺された。

このころ、関東軍参謀の板垣征四郎大佐、石原莞爾中佐らは、満州を占領するために事件を起こすことを考えて、興安嶺方面で演習をやることを企画し、七月上旬、洮南に着いた。

ところが、とっくに到着しているはずの中村の一行がまだ着いていないというので、驚いて東京の参謀本部、旅順の関東軍司令部に連絡し、ハルビン、奉天の特務機関にも捜索を依頼した。

この後、七月十日、板垣の一行は昂々渓に着き、旅館昂栄館に入ったが、井杉夫人が、「まだ夫が帰って来ません」というので、板垣たちは演習のために一応、満州里まで行き、七月十五日、ハルビンに帰った。

ハルビンでは、繁三郎が沢田と協力して、中村の行方を追っていた。繁三郎はこのためにチチハルに行って、旅館、呑み屋などに潜入して、金回りのよい男を探した。

繁三郎は、チチハル総領事館にも協力を頼んで捜索したところ、一富士というカフェーの女将が、満人の客から、最近、蘇岳公府の近くで日本人が殺されたという話を聞き込んできた。その日本人の名前は山根だというので、チチハル満鉄公所の佐藤技術員が、洮南に住む山根佐喜蔵という知人を訪ねたところ、山根は無事で、中村と井杉らしい二人が、蘇岳公府の近くで殺害されたらしいことがわかった。

チチハルに帰った佐藤は、なおも一富士の女将を追及した。すると、蒙古商人と結婚している植松菊子（女将の芸者時代の仲間）という女が浮かび上がった。そこで佐藤は、繁三郎と相談して、菊子の夫、王に金をやって、真相を探らせる一方、繁三郎は旅順の関東軍司令部に連絡した。

関東軍は、ただちに若手参謀の片倉衷大尉（三十一期）をチチハルに派遣した。片倉は繁三郎や佐藤と協力して、菊子と王に犯人の確認を頼んだ。

七月末、片倉は繁三郎に後事を頼んで、いったん旅順に帰ったが、菊子がついに犯人の一人であるという白という屯墾兵を発見してつれてきた。

佐藤は菊子に、色じかけで白を誘惑して事実をつかむことを頼んだ。菊子が時計を買ってやるというと、白は喜んでチチハル駅についてきた。繁三郎の連絡で待っていた憲兵隊が白を逮捕した。白の自白や特務機関の調査によると、中村大尉の最期はつぎのとおりである。

中村の一行が、サツライ王府を出発して、蘇岳公府に向かったのは、六月二十五日のことであった。草原がおだやかに起伏する丘陵地帯である。途中、騎馬隊が現われて発砲したので、華南公司に避難した後、ふたたび蘇岳公府に向かった。

その途中、一行は関中佐の第三団の歩哨に発見された。衛兵司令の王大尉は一行を馬賊かと思い、逮捕して、第三団の第一兵舎に連行した。身体検査の結果、拳銃と地図、紙幣、そしてヘロインが発見された。当時、中国ではヘロインは禁止になっていた。

二日間監禁された後、四人は第三団長代理関中佐の訊問を受けた。中村は、「満州の鉄道と開墾を視察にきた」といった。

関は、四人を日本軍のスパイかと怪しんだ、といっているが、じつは高価なヘロインを奪おうと考えたらしい。紙幣が通用しないときは、ヘロインを使おうと中村は考えたのだが、それが彼らの命を奪ったのであろう。

関中佐は四人を罪人扱いにして、縛って鞭で打たせた後、兵舎の近くで銃殺にした。ヘロインを持っていたことが、死刑に該当するとは思えないが、中佐は証拠を湮滅するために、彼らを消したのであろう。団長代理にあるまじき振舞いである。

これらを探知した繁三郎は、これを関東軍司令部に報告した。関東軍は硬化したが、八月一日、軍司令官は菱刈隆から本庄繁大将に代わった。

本庄は陸士九期、真崎甚三郎、荒木貞夫、松井石根と同期、参謀本部支那課長、張

作霖顧問、駐支武官、第十師団長などを歴任した中国通で、温厚ではあるが、やるときにはやると板垣、石原、片倉らが期待した将軍で、それが悲劇のもととなった。

陸軍大将の辞令が出たとき、本庄は東京にいた。八月三日、料亭湖月で関東軍司令官を送る送別の会が開かれた。大陸派の板垣は盛んに、

「閣下、この際、満州問題に関して、大英断をお願いしたいもんです！」と本庄に迫った。関東軍が決起して、張学良（張作霖の息子）の奉天軍を制圧して、満州をわが手に入れるべし、というのである。

「それは結構であるが、この話は参謀総長や陸軍大臣も承知ずみかね？」と本庄が聞くと、「ご迷惑がかかるといけないので、まだお話はしてありません」と板垣がいうので、本庄は腕を組んで考えた。

関東軍の独断で事を起こせば、後はなんとかなるだろう、という見通しらしいが、陛下の軍を勝手に動かして、参謀本部が認めなければ、命令違反で切腹ものである。

すると、同席していた豪傑を自称する真崎台湾軍司令官が、

「おい、本庄、おれだったら、若い者がぜひ頼む、といってきたら、この命はいつでもくれてやろう」と胸を張った。（真崎はこの五年後、二・二六事件の前、青年将校に、決起すればいつでも自分が立つようなことを言い、いざ事件が起きると、取り調

べの法務官に自分は関係がない、命だけは助けてくれ、と泣いて頼んだ、と言われる）

林銑十郎朝鮮軍司令官（八期）も、

「もちろん、私も若い人が国のために立つというのなら、この身は捨てるつもりであります」と言い切った。（林は間もなく満州事変が起こったとき、朝鮮軍の一部を独断で満州に送り、切腹を覚悟で、白装束で京城の官邸で待機していた。これが参謀本部から認められると、英雄扱いとなり、〝越境将軍〟ともてはやされることになる）

関東軍司令部では、新しい司令官がくる前に、すでに行動に移っていた。この際、武力に訴えて満州を制圧すべし、というので、八月初旬、石原は中村ら四人の遺体収容の名目で、三個大隊を装甲列車で洮南に運び、強行捜査を行なう計画を立てた。これで強行偵察という形で威勢を示し、実力行使の機会を狙おうというのである。

ところが、このために満鉄に列車を要求したところ、東京の陸軍省や外務省の知るところとなり、不拡大主義の幣原外相が、この中村事件は外交関係に移すべきだと主張した。杉山陸軍次官も、石原の強行捜査に反対する電報を打ってきた。石原は中央の腰抜けぶりを罵倒し、片倉らと残念がった。

それまで秘密であった中村事件は、八月十七日、記事解禁となり、十九日、大阪朝日はつぎのような社説を載せた。

「支那官憲の暴虐　厳重抗議せよ

満州の奥地を偵察中だった陸軍大尉中村震太郎氏は六月末、行方不明であったが、途中、支那屯墾兵のために銃殺されたことが、十七日、陸軍当局から発表された。

（中略）

吾人はいやしくも帝国軍人たる我が同胞が、かくも無残なる最期を遂げたるに際し、日本国民の名において、支那側の非違を糾弾せざるを得ない。（後略）」

中村事件にたいする批判（これに便乗して満蒙進出の材料とすべしという意見をふくんだ）は、在留邦人の間にも盛り上がった。

八月二十七日、大連歌舞伎座で中村大尉追悼大演説会が催され、熱弁が展開され、片倉も参加した。奉天軍側も、関東軍が証拠をそろえて抗議をするので、九月中旬、責任者の関第三団長代理を奉天に呼んで査問をすることになった。

しかし、その計画が出る前に、満州事変が突発するのである。

満州事変勃発

満州事変を演出して満州国を誕生させ、〝戦争の天才〟といわれた石原莞爾は、かねてから事をかまえて奉天軍を制圧し、満州を日本の手中に入れるべきだと考えていた。それが陸軍参謀としての彼の忠義であった。

強行偵察の企図が外務省の反対によって挫折したとき、彼は、八月十二日付で軍事課長永田鉄山に、「外務省の言い分にかまわず、軍の力によって満蒙を解決すべし」という強硬な意見書を送っている。この時点で、彼は武力解決の腹を固めた。

八月下旬、本庄司令官が旅順の関東軍司令部に着任すると、板垣は中村事件を説明し、

「閣下は、もし満州で事件が突発した際、中央の指令によって事を処理されますか？それとも関東軍本来の任務を重んじ、独断で断行されますか?」と聞いた。

本庄はしばらく思案した後、

「自分は南（次郎）陸相から慎重にやれ、と言われてきた。しかし、突発事件の場合は、自分の独断で事を決するのに躊躇はしない」と答えた。

板垣はこれを石原に話し、

「やはり本庄閣下は菱刈閣下とは違うぞ」と喜び合った。

九月上旬、本庄司令官は、板垣、石原らの参謀を連れて、各地の独立守備隊などを

視察した。もっとも頼みにしているのは、関東軍の中心である満州駐屯第二師団（長、多門二郎中将）である。

満州事変勃発の当日、九月十八日朝、本庄司令官は第二師団駐屯地の陽で、演習の講評という形で、つぎのような決意を示す訓示を多門中将に行なっている。

一、奉天駐屯地司令官が（演習において）事件突発に際し、神速なる決心をもって、断固たる処置に出たるは可なり。いやしくも支那軍隊と戦闘を交えるときは、在奉天駐屯諸隊を統一指揮し、その全戦闘能力を発揮せしめることが必要である。

二、奉天駐屯隊の城壁攻撃に対する演習は適当と認める。陽駐屯隊の市街戦に対する研究は、なお向上の余地あり。

本庄司令官を迎えて、石原らの謀略は進行していった。九月十日、奉天特務機関長の土肥原大佐が上京、金谷参謀総長、二宮次長、南陸相、杉山次官、永田軍事課長らと会見して、「国策遂行のため、満蒙において武力使用も辞せず」という方針を確認した。

いよいよ中央ぐるみの戦争開始である。事件は突発ではなくて計画的であった。

翌十日夜、永田、東條（編成動員課長）、今村参謀本部作戦課長らが料亭に集まり、中村事件を契機として、満蒙問題を武力によって解決すべきことを決議した。

現地の関東軍では、板垣、石原が、決行は九月二十八日と決めて、参加する各部隊と極秘裡に連絡を取っていた。ところが、十四日、これが漏洩する事態が起こった。

この日、独立守備隊の撫順駐屯の中隊長川上大尉は、撫順の駅長、警察署長らを集めて、「撫順中隊は万一のときは奉天飛行場奇襲の任務がある」といったので、これが撫順にいた満鉄理事伍堂卓雄の耳に入った。伍堂は関東軍に企みがあると感じて、奉天総領事林久治郎にこの話を伝えた。林はこの情報を、東京の幣原外相に打電した。

中央では幣原の詰問にたいして、南陸相と金谷参謀総長は、決起のことは否定したが、なだめ役として十五日、建川美次参謀本部第一部長を満州に送ることにした。

これを知った革新派の橋本欣五郎中佐（参謀本部ロシア班長）は、同志の板垣あてに、「バレタタテカワイクマエニヤレ」と打電した。

十五日夕刻、奉天の特務機関事務所に集まっていた板垣、石原、特務機関の花谷少佐（繁三郎の同期生）、独立守備隊の川島、小野両大尉らは、決行か延期かで協議した。一時は延期となったが、十六日朝には石原の強硬意見で、十八日決行と決まった。

そして十八日朝、本庄司令官は陽の第二師団司令部で、多門師団長に強い調子の訓示をあたえた。板垣はこの訓示の席をはずして、安奉線の本渓湖に向かっていた。安東から奉天に向かう建川を出迎えるためである。

　板垣は午後五時十八分、本渓湖発の列車で建川に同車することに成功し、九時五分、奉天下車、特務機関の花谷正少佐が出迎えて、十間房の待合菊文に送りこんだ。独立守備隊が満鉄を爆破する時間、十時二十分まで、ここで建川の酒の相手をするのが花谷の役目である。

　日露戦争が終結する直前、挺身騎兵斥候長として、ロシア軍の奥深く潜入し、ロシア軍は撤退しつつある、という情報をもたらして賞賛された建川中尉の話は、山中峯太郎の「敵中横断三百里」という小説として、ちょうどこのころ「少年倶楽部」に連載中であった。英雄物語の主人公らしく、建川は豪快に呑んだ。彼はうすうすは決起のことを予想していたが、留め男になるかどうか迷っていた。花谷は、ほっとして酒をすすめつつ時間をかせいだ。

　特務機関に戻った板垣は準備を進めた。いま一人の仕掛け人、石原莞爾は、旅順の関東軍司令部にあって、司令官のお目付役である。

　爆破の実施にあたるのは、独立守備隊の第二大隊第三中隊で、中隊長川島大尉が板垣の意を体して、部下百五名を出動させ、奉天駅の北方八キロ（爆破地点柳条溝の北三キロ）に待機、爆破後、近くの奉天軍、北大営を攻撃することになっていた。

爆破部隊は川島の部下の河本中尉で、奉天駅の北東五キロの柳条溝の地点に、五名の部下に爆薬を携帯させて、十時二十分を待っていた。第二大隊長島本中佐には何の連絡もなかった。

予定時刻どおり列車はやってきた。線路に装置した爆薬に中尉は点火を命じた。轟音とともに火薬は爆発したが、予想より弱かったとみえて、線路の片側一メートルほどが飛んだだけで、列車は無事に通過してしまった。予定では列車が転覆して、日本人をふくむ大勢の死傷者が出るはずであった。

河本中尉はがっかりしたが、気をとりなおして、川島中隊長のところと、奉天特務機関で待っていた板垣のところに、「支那兵鉄道を爆破せり、われ応戦中」という伝令を出した。

「やったか！」

板垣は微笑したが、連絡を受けていない島本大隊長は驚いた。寝ていた彼は、はね起きると、「非常呼集」をかけた。

爆音は四キロ南の十間房の建川にも聞こえた。

「何だ？　ありゃ……」

建川は口もとの杯をとめて、眉を寄せた。

「爆竹ですか、それとも奉天軍が夜間演習でもやっとるんですか……」

心の中で、――してやったり……と考えながら、花谷は酒をすすめた。

特務機関にいる板垣は忙しくなってきた。彼は近くにいる歩兵第二十九連隊（会津若松）の連隊長平田大佐と島本大隊長を呼び、

「ただちに奉天城、北大営を攻撃せよ」と関東軍命令を出した。

三年前の河本参謀のときは、張作霖の列車は爆破したが、奉天軍が攻撃してくるのを待っていて、失敗した。そのため、こんどはかまわずに攻撃しようというもので、本庄司令官が追認しなければ、完全に専断の罪で軍法会議行きである。もちろん、旅順では石原が根回しをしているはずであるが。

しかし、満鉄付属地は日本に行政権はあるが、日本軍の作戦地域ではない。日本軍は奉天軍に戦闘を布告していない。この場合、出兵するには、奉天総領事からの治安維持のための出兵要請が必要である。板垣は総領事館に伝令を出した。

林総領事は、知人の葬儀に行っていて不在である。領事の森島守人は、不審を感じて特務機関の事務所に出かけた。

板垣のほか、花谷少佐、東北軍顧問今田大尉（爆薬入手係）、東北軍応聘武官矢崎堪十少佐らがつめかけて、事務所はものものしい雰囲気である。森島が事情を聞くと、

板垣が、

「今夜、奉天軍が満鉄線を爆破したので、関東軍は日本の権益を守るために攻撃命令を発した」と当然のように言った。

「それは困る。外交交渉をやって、それが成功しないときに、総領事が出兵を要請するのが常道じゃないですか？」と森島が詰問したとき、守備隊の方で轟音がした。石原が旅順から運ばせた二十四センチ砲が火を噴いたのである。森島が耳をそばだてていると、板垣は微笑して、

「もう統帥権が発動されたのだ。外交官の交渉する余地はないのだ」といった。

なおも森島が、林総領事と相談してくれ、と正論を述べると、花谷が日本刀を抜いて、

「貴様、軍の統帥権に文句をいうか、ぶった斬るぞ！」と凄味を利かせた。

森島は、それにもめげず、林総領事と板垣に電話をさせ、林は即時停戦を勧告した。

板垣は、

「関東軍司令官から戦闘命令が出ているのだ。外交官の交渉は認めず」と硬い表情で言った。

ここに二十四センチ砲の轟音とともに十五年戦争がはじまったのである。

一方、旅順では本庄と石原の間で、板垣の行動の追認の動きがはじまっていた。すでに九月十九日に入っていた。本庄の机の上には、先ほど着いた奉天特務機関からの電報が載っている。

「十八日夜十時半ごろ、奉天北大営西側において、暴戻なる支那軍隊は満鉄線を爆破、守備兵を襲い、駆けつけたわが守備隊と衝突せりとの報告により、奉天独立守備第二大隊は現地に向かい行動中」

――とうとう始まったか……。

本庄の表情は暗かった。参謀たちの国家百年の大計はわかるが、参謀本部の命令のない出兵は避けたかった。

石原は、ただちに関東軍の全面的戦闘開始を進言したが、本庄は、

「まず軍の主力を奉天に集結して、奉天軍の武装解除を行なってはどうか」と慎重である。

午前零時二十八分、第二電が入った。

「北大営の満鉄線を爆破の後、兵営に遁走中なり。虎石台中隊は十一時すぎ、北大営にある敵、五、六百と交戦中。その一角を占領せるも、敵は機関銃、歩兵砲を増加しつつあり。中隊は目下苦戦中、野田中尉は重傷なり」

この電報で本庄は腹を決めた。彼も日露戦争では中尉として戦いに参加したのである。

「よし、関東軍出動!」

本庄は重々しく石原にそう言った。石原が起案した命令にサインすると、「関東軍命令、第二師団はすみやかに全力を奉天に集中、敵を攻撃制圧せよ」と命令を下した。これで関東軍は、日本歴史の船頭役をかってでたのである。

そのころ、待合菊文の一部屋で目を覚ました建川は、頭を掻いていた。彼が酔って寝ている間に、花谷少佐は消えてしまい、爆発の轟音で気がついたときには、戦闘ははじまっていたのである。

石原は、長春、公主嶺の部隊の出動命令も起案して本庄のサインをもらった。しかし、敵は関東軍と独立守備隊の十倍以上にのぼる。石原はかねての手配どおり、京城(龍山)の朝鮮軍司令官林中将に支援を求めた。

林は参謀総長に奉天応援の許可を求める電報を打つかたわら、至急、飛行機の戦闘偵察二個中隊を奉天に発進せしめ、さらに混成一個旅団を派遣すべく準備中であった。

このようにして、満州事変は満州帝国建国の序曲として、静かに、そして無気味に奏でられつつあった。ここに当惑したのは、ハルビン特務機関長として着任してまもない百武中佐と宮崎少佐である。

神速を誇る関東軍は、石原の作戦計画どおり、十九日、奉天。二十日、南嶺と寛城子（いずれも長春の要地）。二十一日、吉林と営口を占領して、長春以南の満鉄沿線は関東軍の支配下に入った。また二十二日の夜には、林朝鮮軍司令官が独断で満州出兵を断行し、満州はまったく軍の統制下におかれた。

二十日朝、関東軍司令部は奉天駅に近い東拓ビルに移動し、本庄司令官をはじめ、板垣、石原らの参謀たちも集まって作戦を練った。

ところが、長春は満鉄の終点であり、吉林も満鉄が入っているが、長春—ハルビン間は東支鉄道であるから、ハルビンには兵を入れにくい。吉林は早々に関東軍が入城したが、ハルビンは蚊帳の外という形になって、邦人たちが総領事館につめかけて騒ぎだした。

東北軍や満人は、日本軍が奉天を占領したというので、険しい目で日本人を見ている、増援の来る気配はない。繁三郎はもちろん、秋子たちもいつ中国兵が攻めてくるかと心配していた。五千人の邦人も同じ不安な気持であった。

満州事変がはじまって間もなく、ハルビンで爆弾騒ぎが起こった。日本の建物に、爆弾が投げこまれたのである。その夜、キタイスカヤ街の薬屋だという目つきの鋭い日本人が、特務機関の官舎にやってきた。繁三郎は、そっと妻の秋子に、「この男が大杉を殺した甘粕だよ」と教えた。その男が夜になって出ていくので、秋子が窓からのぞいていると、甘粕は事務所の屋根に爆弾を投げつけて、逃げていったという。

（当時、ハルビンには邦人のほか中国人二十四万、ロシア人八万一千、計三十二万六千人の人口があった。このときハルビン特務機関は、百武機関長が関東軍の命令によって謀略を行なっている。

当時、ハルビンでは、関東大震災のときに社会主義者大杉栄を暗殺した元憲兵大尉甘粕正彦や予備中尉吉村宗吉らが、九月二十日夜、中国人街で排日ビラをまいた。また甘粕らは二十一日夜、日本総領事館、朝鮮銀行、日本人経営のハルビン日日新聞などに爆弾を投げた。

これは、日本の謀略部隊がよくやる手で、済南事件のときは、日本のスパイがわざと日本人を殺したという説もある。この策謀の理由はもちろん、北満唯一の日本の、そして満鉄の経済的根拠地であるハルビンに危険な状況を演出して、出兵の理由を求めたものであった。

ハルビン総領事大橋忠一は、居留民の安全を考え、強くハルビンへの出兵を関東軍に要請した。この点、甘粕たちはこの際、満鉄の北方にも日本軍の勢力をひろげようと軍事的に動いていたが、大橋の方は邦人の生命財産を守る義務があった。その点で、出兵に関して関東軍と意見が対立した奉天、吉林、チチハルとは外交官の意見が違っていた）

二十一日、大橋は、つぎの電報を奉天の林総領事に打電している。

「奉天の事件発生後、当地は、危険な状態にあり。万一、当地において事件が発生すれば、わが居留民は自衛力なきをもって、全滅の危機あるにつき、必要の場合には、軍隊の派遣を申請することあり、右軍司令官にも伝達ありたし」

ハルビンを中心とする東支鉄道（ハルビン〜長春間をふくむ）は、帝政ロシアが建設したもので、日露戦争後、満鉄を日本に譲渡した後も、ロシアはこの鉄道沿線に利権を保有し、それはソ連政府にも受け継がれていた。

当時、関東軍司令部に入った情報では、

一、もし日本軍がハルビンに入るならば、ソ連政府は重大な決意を行なうべし。

二、ソ連の満州里領事は、東支沿線の治安を考慮して満州里駐屯の中国軍司令官に三千名の兵力の貸与を申しこんだが、司令官はこれを拒否した。

三、赤軍の一部はすでに満州里を出発したという噂あり。

四、中国の機関紙は、日本軍の寛城子占領は東支鉄道の寛城子駅占領を意味し、ソ連の利権を侵害するものなりとの宣伝をなしつつあり。

となっていた。

このとき、石原らのハルビン出兵に関するソ連の動きに関する状況判断は、

「ソ連は中国において漁夫の利を得ようと狙っているが、関東軍にたいしては慎重で、昭和五年のソ中紛争のときも、日本政府の不干渉主義を確かめた後、出兵している。もちろんハルビン進出は、ソ連との戦争を覚悟すべきであるが、彼に隙をあたえない迅速な軍事行動をとるならば、ソ連は消極的作戦に終始するであろう」

そして、それは結果として当たっていた。当時のソ連政府の対満政策は対外不干渉であったことが、後に判明している。

関東軍司令部はそこまでは知らなかったが、この奉天事件を北満制圧の好機と考えた。本庄司令官は、二十二日午前九時、ハルビン救援の関東軍命令を発し、つぎの報告を中央に送った。

一、第二師団主力（歩兵四個大隊、砲兵二個大隊、騎兵、工兵、各一個中隊）は、昨夕、吉林に達せり。今二十二日、治安を妨害する中国軍を武装解除する予定。

二、朝鮮軍よりの増援軍は昨夜、奉天に到着、同部隊をして奉天付近の警備に任ぜ

しむ。

三、ハルビン付近の形勢はようやく重大なるをもって、軍はなし得るかぎり速やかに、第二師団を長春付近に集結せしめんとす。

これにたいし、参謀本部や陸軍省は慎重主義であった。ソ連を刺激しないよう警戒すべきことはもちろんであるが、関東軍のやり方に、軍中央や西園寺を中心とする重臣、天皇、政府の間に批判が増加しつつあった。

関東軍はハルビンの治安を理由に強く出兵を要請したが、参謀本部では不拡大主義の今村均作戦課長が出兵反対で、ハルビン出兵には天皇の大権による発動が必要であるという理由で阻止された。

こうして、居留民の不安のうちに、ハルビン出兵は見送られ、チチハル占領、錦州進出の後、事件より五ヵ月たって、翌七年二月五日、やっと第二師団がハルビンに入城し、宮崎たちもほっとしたのであった。このとき、繁三郎は居留民と軍の関係をしみじみと考えさせられた。

日本軍のハルビン入城には、事件がともなった。吉林の吉林軍は簡単に日本軍の入城を許したが、ハルビン警備の丁超軍は吉林軍に敵対し、ハルビンは不穏な空気の中にあった。

一月五日、吉林軍は北伐を開始し、二十七日、ハルビンに入城しようとして、丁超軍と衝突し、市内では丁超軍の略奪が行なわれ、日本人一名、朝鮮人三名が虐殺されて、邦人は危機に陥った。また同じ日、関東軍の飛行機が、丁超軍の射撃を受けて不時着し、搭乗員の清水大尉が射殺される事件が起きた。

関東軍司令部は、これを再度のハルビン出兵の好機と判断して、中央にその許可を求めた。このとき、参謀本部作戦課の参謀遠藤三郎少佐（繁三郎の同期生）はこう判断した。

「日ソ衝突の場合、かならずしもわれに有利でなかった。昨冬のチチハル占領のとき、ソ連は干渉しなかった。ソ連の内情もほぼ明らかとなり、いまやハルビンに派兵しても危険はなかろう」

昨年秋には、南陸相が強く派兵に反対したが、その後十二月に交替した荒木陸相は、慎重にソ連の出方を警戒しつつも、すでに（板垣と田中隆吉の策謀によって）上海における日中交戦が近いとの見通しによって、これを煙幕としてハルビンに派兵することへの批判は薄らぐと判断した。

二十七日、本庄司令官は、長春にいた第二師団の歩兵第三旅団（長・長谷部照悟少将）にハルビン方面への出動準備を命じた。

この段階で、ハルビン警備の丁超は、吉林軍とは敵対していたが、日本軍と戦う気持はなかった。丁超は、二十八日夕刻までに長谷部旅団がハルビンに入ることを期待していた。遅れると事態が紛糾する恐れがあった。

関東軍は北鉄（長春〜ハルビン間）を利用して長谷部旅団の緊急輸送を急いだが、二十七日、ハルビンの百武特務機関長が、ハルビンの鉄道管理局長に輸送を依頼したところ、ソ連側が厳正中立の立場をとって、日本軍の輸送を妨害したので応じることができない、といってきた。

急を知った関東軍司令部は、多門師団長に命じて、歩兵第二十九連隊、野砲兵一個中隊、工兵一個中隊、戦車三両を長春に集結させ、ハルビン進出強行のかまえを見せた。

こうなると、丁超軍はソ連の援助を頼んで、日本軍に敵対する姿勢をしめしはじめた。ハルビン特務機関がロシア人から得た情報では、ソ連側は武装したロシア人をぞくぞくとハルビンに送っているという。奉天の関東軍司令部にも、ようやく憂色が漂いはじめていた。石原と板垣は額をつき合わせて、作戦を練った。

本庄軍司令官は、二十九日、匪賊討伐中の第二師団主力に長春集結を命じた。ソ連側は妨害をしたが、三十日には第二師団のハルビンへの輸送に協力することになった。

多門師団長は、ハルビンの五十キロ手前の双城に部隊を集結して、ハルビン特務機関を通じて丁超に、「ハルビン警備の任を辞せよ」と勧告した。

しかし、丁超がこれを蹴って、一月三十日朝、日本軍に攻撃をはじめたので、二月三日、多門師団長は攻撃開始を命令し、四日、ハルビンの病院街方面の敵陣地の攻撃をはじめとして、丁超軍と全面交戦に入り、同日午後、丁超軍（約一万三千）は東方の賓県方面に逃げ、第二師団主力はハルビンに入城した。

「お母さん、日本の兵隊さんが来たよ」

繁樹は姉の道子とともに日の丸を持って、日本兵を迎えるため駅の方に向かった。その姿をみて、――やっと多門さんが来てくれた……と秋子も安心した。

九月に事変が勃発してから五ヵ月目に日本軍の姿を見、ラッパを聞いて、居留民たちも安心したのであった。

そのころ、繁三郎は私服で市民の間に潜入し、丁超軍のスパイが、便衣（私服）で残って反日活動をやっていないか調査を行なっていた。

一方、上海では田中隆吉らの策謀で一月二十八日、上海事変（第一次）が発生し、約千名の特別陸戦隊は苦戦した。海軍はただちに佐世保、横須賀から特別陸戦隊を増援し、軍艦からも陸戦隊を送ったが、十万を超える中国軍に対抗することは難しく、陸軍の派兵を要請した。

二月十三日、第九師団（長・植田謙吉中将）を中心とする陸軍部隊は上海に上陸した。その後も日本軍は苦戦し、爆弾三勇士（二月二十二日）、空閑少佐（停戦後三月二十八日、自決）が捕虜になる事件（二十三日）などが発生する。

四月三十日、ジュネーブの国際連盟総会で停戦が成立したが、その前日の二十九日、上海新公園で行なわれた天長節の祝賀式場で、朝鮮独立党員尹《いん》奉吉が爆弾を投げ、白川上海派遣軍司令官（入院後、死亡）、植田第九師団長、野村（吉三郎）第三艦隊司令長官、重光（葵）駐支公使らが負傷する事件が起きた。

この少し前、昭和七年三月、溥儀を執政とする満州国が成立して、繁三郎たち特務機関の仕事もやりやすくなった。それまでは、ハルビンは満鉄の沿線と違って、日本の行政権がおよばないので、繁三郎たちは敵地で情報活動をやる形となり、不便なことが多かった。しかし、こんどは満州全部が日本の勢力範囲の中に入ったので、関東軍も匪賊討伐くらいしか戦闘はなく、特務機関も難しい任務はなかった。

その新興満州国には、日本からの官吏、商人、企業の会社員、移民などがぞくぞくとやってきたが、繁三郎は軍人、官吏や一旗組の横暴に眉をひそめた。

その中にあって関東軍参謀石原莞爾中佐（陸士二十一期）の言動は目立っていた。

石原は河本大作大佐（張作霖爆殺を指導、予備役となる）の後を受けて、昭和三年十月、関東軍参謀となり、六年九月の満州事変を演出した。その後、溥儀の天津からの脱出を指導し、満州国建国の中心人物となっていた。

この間の動きは一般国民には内密であったが、部内では、その緻密な作戦計画と政治力で〝戦争の天才〟と呼ばれていた。繁三郎も、新京にいったときは会うことがあるが、この五期先輩の参謀（昭和六年十月、関東軍作戦課長）は、満州国建国後は鬱々としているようであった。

石原は、繁三郎が陸大の学生のときの教官であったので、面識があった。

「作戦課長殿、近ごろはお暇のようですな」と声をかけると、

「おう、宮崎君か……。親の心子知らずとはよく言ったものだな……」と石原は苦笑した。

「なるほど、親の心ですか？」

宮崎には、石原のいう親の心という意味がよくわかった。石原が多くの犠牲をはらって満州国をつくったのは、真に満州国民と日本人が一体となった王道楽土をつくり、その資源と民衆の力や支持を背景として、強力な国防国家を築き上げ、ソ連の干渉を排除することにあった。そのためには、満州国が、日満の融合した強力な団結を持つ

国家であることが必要であった。

ところが、満州国ができてみると、事変に関係のない軍人や官吏がやってきて、わがもの顔に特権をふり回し、満人の顰蹙《ひんしゅく》をかっている。商人は暴利と搾取をねらい、一旗組は関東軍の武力を背景として、無辜の民衆を圧迫搾取している。

「これでは君、何のために苦労して満州国をつくったかわからないじゃないか。満州の民衆が、日本人に反感を持ったところから、満州国の弱体化ははじまるんだよ。満州国が弱体になると、ソ連と事があったときに、日本の国防にひびが入る。それではロシア人のいう日露戦争の仇討ちができるかも知れないんだ」

そういうと、石原は腕を組んだ。

「ご心労はよくわかります」

繁三郎もうなずいた。

満州国ができてから、石原は事ごとに関東軍や満州国政府の幹部となっている日本の官僚を批判した。もっと軍紀を粛正せよ、民衆を圧迫するなかれ、民衆を搾取するな……と、事あるごとに石原は苦言を呈した。

しかし、満州は台湾や朝鮮のように、戦勝によって日本の植民地となったのだ、と考えている官僚や一旗組は、弱い民衆を圧迫して利益をむさぼることしか考えていない。石原は自分の理想があまりにも早く崩れたことに、絶望しているようであった。

一方、関東軍の上層部や満州国政府の高官となっている高級官僚たちは、事ごとに直言する石原を煙たく思うようになってきたらしい。

それかあらぬか石原は、建国後まもない七年八月、兵器本部付となり、松岡洋右全権のお供をして、ジュネーブの国際連盟会議に出席することになった。

松岡の任務は、日本の満州国建国を侵略として非難する英、仏やオブザーバーのアメリカに対して論陣を張ることであった。そのためには満州通である軍人が必要だというので、石原が随員を命じられたものである。ただし、どの程度、石原が満州事変の勃発と関係があったのか、松岡は知らされていない。

翌八年二月、松岡の連盟会議場からの退場によって、日本は国際連盟を脱退することになるが、三月の帰国まで、石原は相変わらず奇矯な言動で、松岡に、「陸軍の参謀は面白い奴だな」といわせていた。

松岡も満鉄副総裁として勤務したことがあり、この二人は、どこか気の合うところがあった。いつも人の意表に出て大風呂敷をひろげる、愛国者のポーズを保ち、俗物の利己主義者が大嫌い、押しが強く上級者を物ともせず、鼻っ柱が強く自信家で、人の意見を聞かない……というようなところが似ていた。

彼らの帰国と同じころ、八年三月、繁三郎は足掛け五年にわたったハルビン特務機関の任務を終わって、内地に帰り、歩兵第三十一連隊第二大隊長として、弘前で勤務することになった。

戦術と戦闘の勉強には熱心であるが、天下国家を論じたり、謀略を用いることの苦手な繁三郎は、ハルビン特務機関勤務中、自分の任にあったという仕事には出合わなかった。彼の特務機関としての研究録には、つぎの文章が見える程度である。

「現在の狭隘なる国土において、年々六十余万人を増殖する国民の、不平不満なる生活の資を得しむることは不可能にして、自然の結果として海外に移民するか、経済原料を外に仰いで商工業立国をなすの道を講ぜざれば、立ち行かない境遇にあり」と、石原莞爾と同じような植民地への進出を肯定しながらも、

「武力をもって劣弱国を占領して、植民地を開くの時代は過去の夢と化し、今日においては帰するところは、経済政策をもって他に臨むよりほかはない」と、繁三郎らしい平和政策を打ち出し、

「これも世界のめぼしい市場は、すでに先進国に占有されているので困難、一大決心をもって事にあたるの覚悟が必要である」と結論を出している。

第二部

本領発揮

歩兵第三十一連隊（明治二十九年十一月十六日、創設）は第八師団（弘前）に属し、同じ弘前に連隊本部をおく、勇猛をもって鳴る歴史のある連隊である。

第八師団には第五連隊（青森）、第十七連隊（秋田）と第三十一連隊があるが、このうち五連隊と三十一連隊は、有名な八甲田山の冬期踏破演習で知られる。

日露戦争直前の明治三十五年、陸軍は満州の寒冷地における作戦の準備のため、冬の高山踏破の訓練を行なうことになった。選ばれたのが青森と弘前で、それぞれ二個中隊ほどの兵力を出して、根拠地の連隊から登頂をめざした。

冬の猛吹雪に悩まされ、五連隊の部隊は雪の中に閉じ込められて、二百名あまりが凍死した。一方、三十一連隊の方は事前の準備もよく、慣れた道案内をつけたので、無事に青森にたどりついた。この後、弘前の部隊は、やはり寒冷地に強い、という定評を得た。

陸軍では、裏日本の兵隊は勇敢で服従心が厚く、実戦に強いという定評がある。宮崎繁三郎の原隊が新発田で、つぎが弘前、そして、新発田の連隊長としてノモンハンで勝利をおさめ、最後に、高田の五十八連隊とともにビルマで戦ったことは、彼の武勲と大きな関係があるといってよいであろう。

繁三郎が着任したとき、三十一連隊は、すでに満州に出征（昭和七年四月）して西方面（満州南西部）で戦い、錦州（京奉線＝北京～奉天間の沿線。終戦後、満州引き揚げの胡芦島に近い山海関の北百二十キロ）に本部をおいて、繁三郎が着任する三月までには、朝陽（錦州北西）、義州（同北）、興城（同南西）などの要地を攻め、二月十三日には第八師団長西義一中将が熱河攻略作戦を発動していた。（この作戦の総指揮官は関東軍司令官武藤信義大将であるが、大将の意図は、昭和八年二月二十四日の国際連盟総会で、松岡全権が脱退の演説をするとみて、それまでに満州国の中に入れてはあるが、まだ服従しない軍閥のいる熱河省を討伐占領し、既成事実を作っておこうというのにあった）

それで第二大隊長の宮崎少佐も、錦州到着と同時に、熱河作戦に従事することになった。

一年前に満州国が成立すると、追われた張学良は河北省から長城線を越えて、熱河省に侵入、満州奪回を狙っていた。関東軍は第六（熊本）、第八師団をこの作戦に投入し、四月中旬、いったん長城線の南へ出た後、また後退、五月七日からまた前進して北京に向かった。

国民政府は最初、張学良の雑軍を正面に立てたが、途中から正規の訓練を受けた中央軍を投入し、日本軍も山岳戦で苦戦を味わった。

錦州に到着すると、繁三郎は、ただちに前任の大隊長田辺助友少佐の申しつぎを受けた。第二大隊は義州攻略作戦で手柄を立て、連隊長早川止大佐から賞詞をもらったので、張り切っていた。

すでに三十一連隊の一部は山海関に突入し、占領していたが、宮崎たちの任務は、その南の万里の長城線の古北口から中国河北省に侵入し、北京の北東百キロの密雲をめざすことにあった。

以下、『満州事変史』および『三十一連隊史』によって、熱河作戦の概要と、繁三郎の第二大隊の奮戦ぶりを描いてみたい。

二月十九日、関東軍司令部は、第八師団につぎの命令を下した。

「第八師団は熱河省の南部の要地承徳を占領、古北口より河北省に進入、北京への道路を制すべし」（承徳は熱河省の省都で、人口五万、かつては清時代に皇帝の夏の壮大な離宮があった。東は錦州へ、西は北京に鉄道が通じている）

これによって、西中将はつぎの進路を考えた。まず錦州から北上して要衝の朝陽を占領し、西に進路をとって凌源、平泉をへて承徳に入る。このために西中将は挺進隊を編成し、朝陽に集結せしめた。

挺進隊長＝第十六旅団長川原侃《すなお》少将。歩兵第十七連隊の第一大隊、第三大隊（秋田）。臨時派遣第一戦車隊、八九式戦車十一、九二式装甲車三、トラック七。関東軍野戦自動車隊、トラック百三十二。山砲一個中隊。工兵一個中隊。

総勢千二百名が車両で前進する機動部隊である。川原少将は、四日で承徳に突入する計画を立てた。

二月二十八日、西師団長は承徳への前進命令を下し、三月一日午前四時、川原挺進隊は勇躍して、西に向かった。朝陽—承徳間は約三百キロである。途中、張学良軍の抵抗を排し、凌河を渡って、挺進隊はこの夜、予定どおり、葉柏寿に着いた。一日七十キロの強行軍である。

第二日、川原少将は午前五時、前進を命じた。すでに戦車は戦闘と強行軍のために全部破損していたが、戦車隊長百武大尉は、装甲車、トラックで先頭に立って前進した。

このころ熱河省には、張学良、その部下の孫殿英、湯玉麟、万福麟ら軍閥の軍隊が七個旅団、北支軍五個師団が展開していたが、日本軍が突撃すると、ろくに戦わないで後退していった。

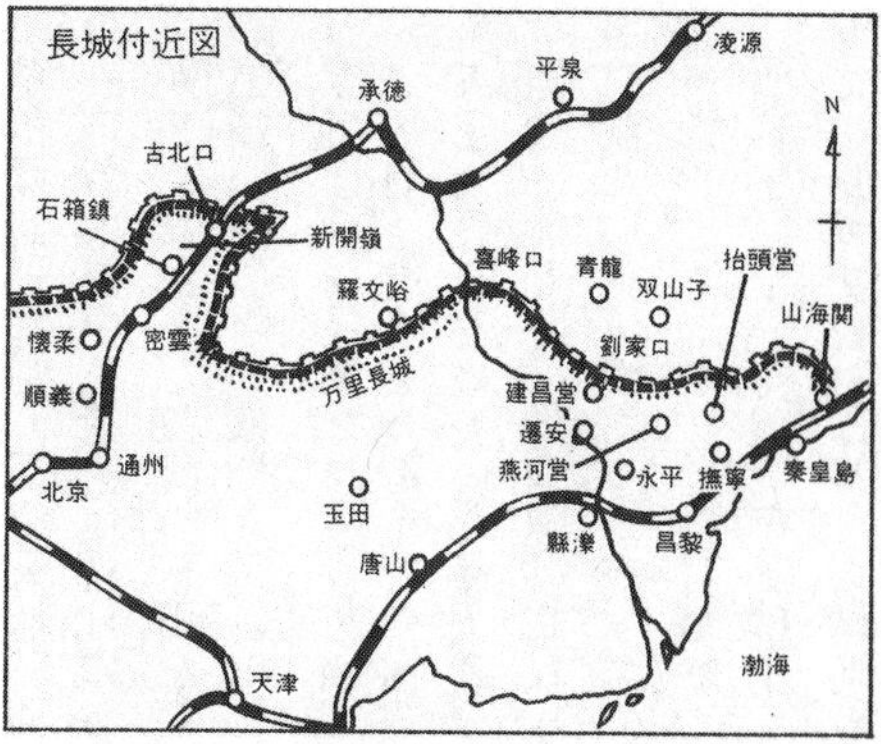

第二日も戦車隊は午前、凌源に突入し、午後は敵の大部隊の中を中央突破して、平泉をめざした。挺進隊の本隊は午後五時、平泉まで四十キロの三十家子に到着、戦車隊はさらに先行して、三月三日午前一時、平泉に突入した。

この間、平泉の北百五十キロにある熱河北部の要衝・赤峯は二日夜、第六師団によって陥落させられていた。川原挺進隊は、二日で百四十キロを踏破し、一日七十キロという記録を作った。

承徳は間近に迫り、突入は時間の問題であるが、戦利品も多いし、川原隊長は、この三日の午前中を補給休養日にあてた。折から桃の節句で、将兵たちは戦利品の饅頭をかじりながら、故郷の秋田をしのんだ。

午後二時、隊長は挺進隊に出発を命じた。午後六時、戦車隊は平泉の三十五キロ西の六溝に到着した。つづいて本隊も到着し、翌四日、承徳をめざすことになった。

この日、蔣介石の命令で熱河省長を勤めていながら脱出して、承徳で第二集団軍、第五軍団長を勤めていた湯玉麟は、資材や妾を多くの車に積み込んで承徳を脱出した。

四日午前五時、挺進隊は将校斥候を先発させ、ついで戦車隊が承徳をめざした。途中、激しい抵抗があったが、すでに承徳の飛行場には日本の飛行隊が入っており、敵軍を爆撃するので、前進ははかどった。すでに承徳には中国兵の姿はなかった。

四日午前十一時、戦車隊は予定より早く承徳に突入し、つづいて挺進隊本隊も入城して、川原少将はかつての清時代の離宮を司令部とした。

このように川原挺進隊は、その電撃的な強行軍で名をなしたが、これに先だって、もう一つの第八師団の第四旅団（長・鈴木美通少将、第三十一連隊、第五連隊基幹）は、二十一日、朝陽およびその北の要衝・北票の攻略にあたり、激戦の後、二十二日、北票に、二十四日、朝陽に入城した。先の川原挺進隊は、この鈴木旅団が攻略した朝陽から出発したものである。このとき三十一連隊は、早川支隊として行動している。

川原挺進隊が承徳に進撃するとき、鈴木旅団は第二陣として、騎兵隊を中心に挺進隊を援護した。三月一日午前五時、川原挺進隊が数百両という車両とともに爆音も勇ましく朝陽を後にすると、鈴木旅団（第三十一連隊を含む）は、その第二挺団として後につづいた。

途中、激戦で荒廃した太平房では川原挺進隊の苦戦をしのび、葉柏寿でも堅固な陣地を見て、三月一日から三日まで毎日三十キロの行軍がつづいた。

三月四日、朝、凌源に入る。この間、田辺少佐の第二大隊は兵站に任じた。凌源から平泉まで、道路には敵が遺棄した人馬の死体や無数の兵器が散乱している。これを整理しつつ、残敵を掃討し、三月十日午前一時、燦々たる月光を浴びながら、三十一連隊は承徳に入城した。この日は満月であった。

承徳入城後、三十一連隊は早川支隊として羅文峪攻略を命じられた。羅文峪は承徳の南八十キロにあり、万里の長城の城門がある。興隆県の要衝で、ここから遵化、玉田を通って天津に行く道が通じている。

第二大隊を兵站に残した早川支隊は、三月十三日、承徳を出発した。この一帯は熱河省の山岳が河北の平野に沈む手前で、峨々たる山が重畳し、とくに野砲隊は前進に苦しんだ。

このころ、東方の喜峰口で混成第十四旅団が苦戦しているという情報があり、この側面の援護に、早く羅文峪を攻めようと焦るが、山岳と敵の執拗な攻撃が、これを阻んだ。羅文峪は、長城にいくつかある城門の一つで、敵はここに陣地を築いて抵抗の姿勢をしめした。

羅文峪の陣地が堅固なことがわかったので、早川支隊長は、その西の双廟から後蔵子に向かって長城線を突破しようと考え、三月十七日、攻撃を開始、午後三時、左翼の第一大隊は長城の一望楼を占領し、高々と日章旗を掲げた。ついで右翼の第三大隊も、長城の三百メートル手前まで進出したが、抵抗はきわめて激しかった。

あくる十八日、早川支隊長は、なんとしても今日中に羅文峪を落とそうと、両大隊に総攻撃を命じた。この日、第三大隊は、無数のトーチカによって頑強に抵抗する敵に肉薄し、手榴弾と銃剣突撃による、肉弾攻撃をくり返した。第一大隊の前面には、敵の援軍が到着し、猛攻をくり返す大隊は、砲兵、歩兵砲ともに弾薬が尽きるまで撃ちつづけた。

夕刻にいたって、早川支隊長はかくなる上は三十一連隊の名誉にかけても、夜襲の肉弾突撃で羅文峪を落とそうと、部隊を長城に近い三叉口に集結させ、夜の更けるのを待った。

ところが、午後八時すぎ、旅団司令部から羅文峪攻撃を止めて、後方に待機すべし、という命令が到着した。

この時点では、列国の熱河作戦に対する批判も厳しく、南京では外交交渉も行なわれていた。関東軍司令部でも、長城の各城門から、天津や北京に進撃するという大作戦は、兵力にかぎりもあり、反対の意見もあった。第八師団司令部も、三十一連隊には、重要な古北口からの関内進入の任務をあたえることが検討されていた。

早川支隊長も命令のとおり、部隊を後退させ、羅文峪方面の敵に、そうとうな威圧をあたえたことを確かめた後、三月二十五日、承徳に帰投した。

長城線突破

早川連隊が羅文峪を攻めている間に、宮崎少佐は承徳に着任、兵站に任じていた第二大隊の田辺助友少佐と交替した。（田辺は繁三郎と同期で、のち第三十六師団参謀長となり中将に進級する）

「おい、宮崎、貴様は実戦は初めてだろう？　このへんの地形は、ただ山岳地帯といっても複雑で、山の気候は激変する。陸大で習った戦術が、実地に通用するかどうか試してみるんだな」

陸大で一期先輩の田辺はそういって、繁三郎の肩を叩いた。

「うむ、宮崎流の戦術をお目にかけるとするか」

陸大を六十四人中二十九位で卒業した繁三郎は、こと戦術に関しては自信を持っていた。陸大を卒業してまもなく、新発田で中隊長を勤めていたころ、

「おれは勉強は苦手だから、陸軍省や参謀本部の偉方にはなれんが、戦術なら自信があるから、実戦では頑張ってみせるぞ」と妻の秋子に言ったことがあった。

いよいよその天才といわれる宮崎流兵法を、天下に知らせる時期が到来したようである。

三月いっぱいで熱河省の中国軍は、ほぼ一掃されたが、関内の敵は反日気運が濃厚で、とくに山海関に近い界嶺口（長城の関門で、その先、関内に入ると、抬頭営、撫寧をへて山海関に通じる）、冷口（遷安、盧龍をへて唐山、天津に通じる）方面で、その兵力を増強しつつあった。

このため、関東軍は第八師団に界嶺口、第六師団に冷口方面の敵を駆逐することを命じた。

早川支隊（第一大隊中心、第二大隊は宮崎支隊となり、島村少佐の第三大隊は、承徳南方警備中）は、四月二日、承徳を出発、界嶺口に向かった。

繁三郎は第二大隊を率いて、宮崎支隊となり、四月三日に出発し、界嶺口の西の劉家口制圧に向かった。敵は強力だという情報が入っている。初めての実戦なので、繁三郎は、はやる心を抑えていた。部下たちは、この小柄で岐阜弁を使う大隊長に不安を抱いていた。前の田辺少佐は、北票の戦闘で勇敢な指揮ぶりを見せてくれたが、この小さな大隊長は、どのような指揮を見せるのであろうか。

人情家の繁三郎は、出発の前に主だった部下を集めた。副官滝沢官平中尉のほか、第五中隊長石田孫市大尉（陸士三十期）、第六中隊長今村重孝大尉（三十三期）、第七中隊長鈴木章夫大尉（二十九期）、機関銃中隊長末吉敬治中尉らである。（このとき、第七中隊付として対馬勝雄中尉がいたことも記しておきたい。対馬は少尉のとき三十一連隊の連隊旗手となり、その後、満州に出征していた。満州事変の戦功で功五級を授けられ、帰国後、豊橋の陸軍教導学校付となり、昭和十一年二月の二・二六事件に参加し、処刑される）

「わしが宮崎少佐じゃ。みんな、よろしく頼む」

繁三郎がこう挨拶すると、強気の対馬中尉らは、不安な表情をしめした。こんな小さな男が、大隊長として頑強な中国軍と戦えるのだろうか。

それを察したように、繁三郎は言葉をついだ。

「みんなはいままで実戦の経験がある。大隊長はない。わしは、陸大の戦術がそのまま熱河の戦場で通用するとは、思っとらん。わしはわし流にやる。ただし、猪突はやらん。損害はなるべく少なく、効果は大きく、岐阜人らしく実利的にやる。まあ、わしに任しとけ」

そういうと、繁三郎は出撃前の訓示を終わった。

——どうも頼りない大隊長だ。猪突を避けて、実利的にやるといっても、わが皇軍の精華は、捨て身の突撃にあるのだ。損害を軽微にしようなどと考えていて、戦ができるだろうか……?

対馬はもちろん中隊長たちも、そう疑問を感じた。


さて、劉家口の戦いである。

宮崎少佐の記した戦闘詳報が残っているから、これによってそのようすを見よう。

この戦いで繁三郎の第二大隊は、独立混成第三十三旅団長（中村馨少将）、ついで第六師団長（坂本政右衛門中将）の指揮下に入って戦った。敵は第百三十九師（長・

黄光華）である。

宮崎の第二大隊は、四月初旬、凌源、太平房の警備に任じながら、補給を完備し、訓練を行ない、前線に出たいと、腕を撫していた。

四月七日、長城に近い双山子（凌源の南百キロ）に進出した大隊は、いよいよ実戦に参加することになった。

同日、宮崎支隊は、中村少将よりつぎの混成旅団命令を受けた。

「三十一連隊第二大隊および野砲兵第十連隊第二大隊（五中隊欠）、五号無線機一は宮崎支隊となり、北劉家口の敵を攻撃する目的をもって、八日夕刻までに、楊樹底下（北劉家口の北十二キロ）に集結し、爾後、第六師団長の指揮下に入るべし」

この命令を受けた宮崎は、八日午前六時半、駐屯地（双山子）を出発して、楊樹底下に向かった。熱河省は日本の山梨県に似て、長城まではほとんどが山で、長城から南が直隷省の沃野になっている。

劉家口は、長城を抜ける城門のあるところであるが、喜峰口、古北口などのような交通の激しい関門とちがって、いまはほとんど人馬の通らないところなので、道らしいものも少なく、双山子から次児山、京林をへて楊樹底下まで三十キロの道程は困難をきわめた。

「進路険峻にして辛うじて馬を進め、徒歩兵といえども一列縦隊をもって行進し得るのみ、苦力の肩による糧食弾薬の輸送もはなはだ困惑を来せり。午前十一時、青龍河に達し、土民を使役して橋梁を修理せしむ。ときに友軍より第六師団の状況、および長城線以北には敵なきこと（実情と異なる）を通報さる」と、進軍の困難を記している。

午後十二時三十分、楊樹底下に着くと、山崎騎兵少尉からつぎの第六師団命令を受けた。

「宮崎支隊は、八日夕刻までに楊樹底下に兵力を集結し、九日午後十時、行動を起こし、速やかに北劉家口を奇襲、突破し、建昌営（長城の南）方向に急進し、関外にある敵の退路を遮断し、関内よりする敵の増援を不能ならしむべし」

このとき、第六師団は、長城の劉家口とその東の桃林口から長城線を突破し、建昌営方面の大部隊を撃破する方針であった。

宮崎は師団命令によって、つぎの支隊命令を下した。

一、第六師団中央隊たる高田部隊（第三十六旅団）は、明後十日未明、前面（桃林口）の敵を攻撃す。

二、支隊は楊樹底下付近の兵力を集結し、前面の敵情を偵察せんとす。

三、尖兵は天橋子付近に位置し前面の敵情を偵察すべし。
四、爾余の部隊は左のごとく兵力を集結すべし。
白灘＝第六中隊主力、機関銃中隊。楊樹底下＝支隊本部、第七中隊（一小隊欠）。

劉家杖子＝第七中隊の半小隊、野砲中隊。高家杖子＝第五中隊、大小行李。
五、無線分隊は劉家杖子に通信所を開設すべし。
六、余は敵情偵察のために、各隊長とともに尖兵の位置付近に前進す。
そして宮崎は、つぎの情報を各隊長に知らせている。

「劉家口方面においては、東は桃林口から界嶺口に渡り、西は冷口にいたる蜒々十数里（一里は三・九キロ）の長城各望楼はすべて敵が占拠し、またその北側約二里半にわたり道路両側高地に重畳せる陣地を構築し、わが進攻を待てり」

詳報には気象の説明もある。

このころは春の初めで、昼は暖かいが、夜は気温が急降下する。とくに山頂ははなはだしい。日出は午前五時、日没は午後六時ごろで、四月九日は満月にあたる。

飛行機と将校斥候の偵察によれば、劉家口の城門の手前の北劉家口地域における敵の警戒陣地は、谷間の細い道を挟む形で構築され、守るに便で攻めるに難い地形である。長城は峰々を結ぶ形で龍のごとくうねうねと連なり、二丈（約六メートル）余の城壁は、二千年の歳月をへていまなおきわめて堅牢である。ところどころに破壊された跡があるが、完全に修復されているようである。

長城の北側(手前)は、馬の背中に似た険阻な岩山で、短時間でこれをのぼる工事をほどこすことは困難である。劉家口の城門は土嚢をもって封鎖され、その前方には無数の地雷が敷設してある模様である。逆に長城の南側は傾斜もなだらかで、平野も開け、山頂までも陣地を構築することは不可能ではない。

以上のような情報をもとに、宮崎は、九日払暁、まず手前の警戒陣地を奇襲奪取した後、長城線による敵を攻撃することに決し、八日午後四時、つぎの支隊命令を発した。

一、支隊前面の敵の第一線は、依然として薛家杖子東南の線にあるもののごとく、また草碾の東北側高地には、有力なる敵の監視哨あり。

二、支隊は明九日、前面の敵を奇襲せんとす。

三、第七中隊長は部下中隊および機関銃一小隊を指揮して前衛となり、午前四時、白灘南端を出発、草碾東北側高地に向かい前進すべし。

四、爾余の部隊は本隊となり、左の行軍序列によって、午前五時、白灘南端を先頭として路上に集合すべし。

支隊本部、無線分隊、機関銃中隊（一小隊欠）、第五中隊、第六中隊、大小行李。

五、余は午前五時、白灘南端にあり。

こうして九日未明、宮崎繁三郎は初めての実戦にのぞむため、出発することになった。

このときの宮崎支隊の兵力はつぎのとおりである。

	将校	准士官・下士官兵
大隊本部	四	三十三
第五中隊	二	九十三
第六中隊	一	百一
第七中隊	二	九十八
機関銃中隊	二	四十二
野砲隊	四	七十
計	十五	四百三十七（馬匹三十四）

鈴木章夫大尉の率いる第七中隊を前衛として、宮崎支隊はまだ明けやらぬ劉家口街

道を、蕭々と南下しはじめた。敵の抵抗は頑強らしい。黙々と崖の中腹をたどる兵士の胸に、一抹の不安が宿った。

朝陽方面の地方軍閥とちがって、関内の敵は蔣介石直轄の中央軍だという。わが方は一個大隊であるが、敵は一個師団を、劉家口の手前と城門の向こうの堅固な陣地に展開しているという。激戦が予想された。

将兵の大部分は、昭和六年秋の満州事変勃発後、混成第四旅団の第二大隊員として田辺少佐のもとに、十一月に渡満し、チチハル方面で討伐に従事した後、錦州に移り、七年四月、三十一連隊主力が錦州に到着した後、原隊にもどったもので、その後も田辺少佐のもとで戦い、各中隊長も渡満のときから代わっていない。いずれも一年半、満州の奥地で実戦に従事したつわものぞろいである。

田辺少佐が武勲を立てて転勤した後にきた小柄な大隊長は、なんとなく頼りなく見えた。しかも実戦の経験はないという。それで中央軍の精鋭と数十分の一の兵力で戦い、長城の向こうに進撃できるのであろうか。

楊樹底下に到着して以来、飄々とした風貌ながら、つぎつぎときびきびした態度で大隊命令を出す大隊長を見て、経験がない割には戦場慣れしているようだとは思いながら、やはり将兵の胸には不安があった。

四月九日、午前四時、十五夜の月が西空に残っていた。前衛をうけたまわった第七中隊と機関銃支隊は、久々の敵さんとのお目見えとあって、木の葉を通して山道に落ちる月影を踏みながら、意気盛んに南下をはじめた。

午前五時、天橋子の手前の長溝南側の松林の高地までくると、東の空がようやく白みはじめ、靄の間に見え隠れする前方の高地に、敵の警戒兵が立っているのが見えた。

「よし、第一小隊（長・人見永寿少尉）、機関銃第一小隊（長・久保田時蔵少尉）第一線！　目標、前方の敵、攻撃前進せよ！」

鈴木中隊長は決然として、そう下令した。

第二小隊（長・後藤寅雄曹長）は、予備隊として松林の高地に残した。

命令によって第一線となった両小隊は、朝靄に乗じて、隠密裡に敵の前方に潜行し、いっきょに突撃すると、敵はあわてふためき、数発を発射したのみで、敗走した。

「よし、追撃せよ！」

若い人見少尉（陸士四十三期）の軍刀が、秋の薄のように暁の冷気を斬る。有力な敵が出てくると、機関銃が火を噴く。ひるんだところへ、歩兵が突撃をかける。不意を衝かれた敵は、各所で敗走をはじめた。

第一小隊は、早くも午前五時三十分、草碾の東方高地に達した。鈴木中隊長は、さらに追撃の必要を感じ、同四十分、つぎの報告を宮崎支隊長に送った後、さらに追撃をつづけた。

一、午前五時三十分、草碾東方高地を占領せり。

二、敵の兵力は寡弱にして退却中なり。中隊は一意これを急追す。

三、支隊主力は本道を急進せられたし。

このあたりの道はやや広く、鈴木中隊長は第一小隊と機関銃小隊に道路の西側の敵を攻撃させ、自分は第二小隊を率いて、東側の敵を掃討し、草碾の南の三座窟集落をめざした。

——早く長城の線に達することだ……。

中隊長はそう自分に言って聞かせた。すでに夜は明け放ち、南の空を切るように、長蛇のごとき長城が、のたうつようにわだかまっていた。

午前六時、両小隊と第二小隊は、三座窟の手前の薛家杖子陣地に接近したが、敵は長溝、草碾の敗北を知らないらしく、まだ寝ていて、やっと目を覚ましたところへ、両小隊が突撃した。敵は機関銃を持つ百名ほどの部隊であるが、近距離に肉薄して射撃をはじめたわが機関銃に、手榴弾を投げた程度で、早くも浮き足立った。

第二小隊が退路を遮断する形に移動したので、一部は敗走し、残りはあわてて陣地に着いたが、時すでに遅く、猛射を浴びて全滅した。

鈴木中隊長は、さらに第二小隊を率いて、敵の奥陣に突撃し、午前六時三十分、薛家杖子東方陣地を占領、午前七時三十分、三座窩東方陣地を占領して、その旨を支隊長に報告、大隊主力の到着を待った。

鈴木大尉の前衛が草碾、三座窩方面の敵を撃破したことを知ると、宮崎は第五中隊を尖兵中隊とし、双山子の西の下馬道から上馬道の方向に進むことを命令して、つぎの大隊命令を発した。

一、敵情は諸官の目撃したとおり。
二、支隊は当面の敵を撃退した後、三五二高地（上馬道の南西五キロ）に進出し、長城に対する奇襲を準備せんとす。
三、第七中隊は三座窩東南三キロの閉鎖曲線の山を占領すべし。
四、尖兵中隊たる第五中隊は、三座窩南方二キロの高地を占領し、一部をもって第七中隊と連絡すべし。
五、第六中隊（機関銃一小隊を付す）は、西蟻灘（上馬道の南方十キロ）南方高地を占領すべし。
六、砲兵隊は上馬道南端に陣地を占領し、歩兵大隊の攻撃を援助すべし。
七、爾余の諸隊は予備隊とす。
八、余は下馬道南端にあり。

命令を下すと、宮崎はにやりとした。

陸大で多くの戦術というものを習ったが、戦史の中で彼が好きなのは、川中島の戦いである。武田信玄は隊を二手に分けて、上杉謙信の軍を挟み討ちにしようと企む。それを知った謙信は、その虚を衝いて、いっきょに信玄の本陣を奇襲する。虚々実々の名将の駆け引きである。

この戦史を習ったとき、繁三郎は信玄の戦術に関心を持った。謙信は信長のように中央突破が好きである。ナポレオンもそれに似ている。

——しかし、実利を重んじる岐阜人としては、信玄の立体的な作戦を学ぶべきだろう……。

後に新発田にきて、ここの城主がかつては謙信の部下であったことを知り、謙信にも親近感を抱いたが、やはり気質としては、信玄の兵法にひかれた。

謙信は直突一本で、ずばり敵の急所を衝く。信玄は戦う前に多くの策を用いて、敵の内面を切り崩す。戦場に出ると、孫子、呉子の兵法に自分の工夫を加えて、鶴翼の陣、車掛かりの陣など、戦術は、多岐にわたる。とくに信玄がつねに陽動作戦を考えた点に、彼は関心を寄せた。

——いまおれが実行しようという戦法は、その陽動作戦の中のもっとも初歩のものだな……。

そう考えて、繁三郎はにやりとしたのである。双山子から劉家口にいたる本道は、いま鈴木大尉の七中隊が攻めている長溝—三座窗の方向である。双山子から西へ下馬道、上馬道と行くと、冷口に向かう。斥候の偵察と地図によると、上馬道から南下し、東蟻灘から劉家口に向かう間道がある。繁三郎の考えは、三座窗の七中隊で陽動しておいて、東蟻灘道に野砲、機関銃をふくむ本隊を指向しようというのである。

午前七時すぎ、東の七中隊と歩調を合わせて、繁三郎の本隊は西の東蟻灘道を南下しはじめた。

敵は東方に増援を行なったらしいが、西の方は抵抗が少ない。午前九時には、三五〇高地（東蟻灘の南東五キロ、劉家口まで四キロ）の敵を残して、この方面に敵影を見ないようになった。七中隊の方は、三座窗の南三キロの四〇〇高地を占領していた。

——さあ、いよいよ長城線に挑むわけだが、こいつは、いままでのようにはいかんぞ……。

三五二高地の機関銃陣地に立った宮崎は、指呼の間といえるほど近くに横たわる長城を仰ぎながら、唇をなめた。長城には、点々と龍の爪のように望楼が突きだしている。敵はこの望楼に野砲、機関銃などの陣地を築き、頑強に日本軍に抵抗し、劉家口の城門を入るのを妨害するであろう。門が通れなければ、城壁をよじ登らなければならない。

ところが、城壁を砲撃すべきはずの味方の山砲は、弾数が少なく、地形上、城壁の三千五百メートル以内に進出することができない。それでは夜襲しかない。昼間、のこのこと前進すれば、損害を大きくするだけである。

——こんどは日露戦争だな……。

繁三郎はまた唇をなめた。日露戦争では、ロシア軍の砲撃や機関銃の射撃をかわすために多くの夜襲が行なわれている。二〇三高地や弓張嶺の夜襲はその代表的なものである。こちらの一個大隊に対して、敵は一個師団だという。まともに行っては、いかにわれに大和魂があるといっても、勝ち味はない。小勢で大勢を破るには、奇襲と夜襲である。

斥候による偵察と飛行機による情報を合わせて、繁三郎は作戦を練った。

双眼鏡には劉家口門の上の第一望楼から、西へ第二、第三、第四と望楼が映っている。第一望楼は、その下に門があるから、当然、防備が厚い。第二望楼（六一六高地の東側）は地形上から見ても、砲兵の協力が期待できそうで、突破も容易であり、ここを越えれば、関内に入っても戦果の拡大が効果的である。

繁三郎は、今夜の夜襲の主力である第六中隊から、千葉特務曹長の率いる将校斥候を第二望楼方面に派遣させると、各隊長を三五二高地に集めた。新発田連隊で日露戦争の教訓を活かして何度もくり返した夜襲の準備を、各隊長にしめした。

「ええかな。城壁の高さは八メートルから、高いところでは十二メートルじゃ。これには梯子のほか縄梯子がいる。夕刻までにこの準備と調達じゃ。登山とくに岩登りの経験のある者を選出しておけや。今夜は月があるが、曇るかもしれん。同士討ちをせんように、鉄帽には夜光塗料を塗る……」と細々とした注意をあたえた後、宮崎は正午になって支隊命令を出した。
一、支隊は本夜十時を期し、長城の一部を奇襲奪取せんとす。
二、第六中隊は午後七時、現在地出発、第二望楼に向かい前進し、午後十時、長城線を突破し、その後方、今村山を占領すべし。機関銃一小隊を付す。

三、第五中隊は第六中隊に続行し、第六中隊の長城突破後ただちに第一ないし第四望楼を占領すべし。機関銃一小隊を付す。
四、第七中隊は現在地（四〇〇高地）において、陽動に任ずべし。
五、砲兵隊は現在地に陣地を構築し、支隊主力の奇襲を援助すべし。
六、第五、第六中隊より各一分隊を砲兵隊に派遣し、その援護に任ずべし。
七、第七中隊一小隊は予備隊となり、第五中隊に続行すべし。
八、余は予備隊とともに前進す。
九、明払暁後は砲兵隊と緊密なる協力のもとに、第七ないし第十四望楼を逐次攻略し、劉家口南側において、支隊主力を集結する予定。

かくて昼間は夜襲の準備を行ない、千葉斥候も帰ってきて、日没後まもなく、東界嶺口の方に大きな月が上がってきた。

――連隊主力もやっているかな。こちらもやるぞ……。

繁三郎の口もとに笑みがのぼった。

月は明るいが、上空にはかなりの雲がある。

――よし、突撃のときには暗い方がええぞ……。

繁三郎はうなずいた。

午後七時、道案内の千葉斥候を先頭に、第六中隊が蕭々と前進をはじめる。雲がときどき月光をさえぎる。殷々たる砲声が月光を揺する。敵が城壁の上でたたずんでいるのが、レンズの中に映る。

午後九時、第六中隊とともに城壁に五百メートルまで前進すると、宮崎は斥候を出した。

一、第六中隊千葉特務曹長に所要の分隊長を付して、第二望楼付近の突入路を偵察せしむ。

二、菅原曹長は第四、第五城壁間の突入路を偵察。

三、両斥候偵察の結果にもとづき、第五中隊近藤小隊をして、第四望楼間を突破せしむることに決し、さらに近藤特務曹長をして、その突入路を偵察せしむ。

四、突入は銃剣突撃を主とするも、射撃による援護を顧慮し、機関銃小隊長遠藤曹長をして、陣地を偵察せしむ。

こうして各斥候は出発し、まもなく帰ってくると、昼間見た城壁の破壊口は、完全に修理されていることがわかった。宮崎は、かねて準備した縄梯子をかけて、城壁登《とう》攀《はん》を強行することにした。

支隊主力は、月が雲に隠れている間にさらに前進して、城壁の近くに進出し、第五中隊一小隊を第四、第五望楼の間に突撃せしめ（これが陽動である）、主力は予定どおり第二望楼西側に向かうべく、午前一時、出発した。

部隊は必死の面持で前進したが、このころ月が雲間を放れ、道をまちがって第二望楼の西側に向かった五中隊一小隊は、たちまち敵の猛烈な銃砲撃にさらされた。敵は正面および左右両側の望楼から、重軽機（機関銃）、自動短銃、迫撃砲、小銃などの各種火器で猛烈に撃ってきた。

——さてうちの中隊長はどうするかな……？

宮崎は、機関銃小隊の位置にあって、戦況を見まもっていた。第六中隊長今村大尉は、いっきょに城壁を突破しようとして、強行突撃を下令し、久保田少尉の機関銃小隊の援護のもとに、城壁に突撃を開始した。

第五中隊もこれにならったが、わが方は馬の背のような岩山の上に露出しており、敵の猛火にさらされて、第五中隊長石田大尉も負傷し、死傷者が出てきた。

第六中隊長は一小隊を右、一小隊を正面に向けて突撃を行なったが、成功しない。

「もうこれまでだ！」

覚悟を決めた中隊長は、決死隊をつのり、これを千葉特務曹長に指揮させて、機関銃の援護のもとに城壁に肉薄し、縄梯子によって壁をよじ登ることを考えた。

しかし、壁の高さが二丈（約六メートル）あるので、縄梯子を投げても壁の上にとどかず、まず人間の梯子を造ることにした。まず五人が壁の前にへばりつくと、四人がその肩の上に乗り、さらにその上に三人が乗って、縄梯子を運んで、城壁の中に躍りこもうというものである。

こうして人間の梯子が積みかさなり、一番上の斉藤文一上等兵がやっと壁の上部に手をかけたとき、待っていた敵兵に撃ち落とされ、

「無念だ！」との叫びを残して転落した。

「斉藤の後につづけ！」という分隊長の叫びに、兵士たちはつぎつぎに戦友の梯子を登るが、いずれも敵に撃たれて下に落ち、突入はできなかった。敵が壁の上に顔を出すところを、味方の機関銃がすかさず射撃するが、敵も勇敢で大勢が体を乗り出して、短銃で登ってくる味方を狙い撃ちした。

これを見ていた宮崎は、

「このままではいかん。なんとかして夜明けまでには、長城の上に出なければならないぞ」とかたわらの滝沢副官を顧み、大規模な決死隊を編成した。

「第五、第七中隊、決死隊を編成、突撃せよ」

伝令がこの命令をつたえると、第五中隊は井上英夫中尉、第七中隊は人見永寿少尉が隊長となり、機関銃、および擲《てき》弾筒の援護のもとに、午前三時五十分、ふたたび人梯子による城壁の登攀をこころみた。

すでに西に傾いた月が、この将兵の必死の戦いを、憐れむように見下ろしていた。万里の長城は、紀元前三世紀の秦の始皇帝の時代に築かれたといわれるが、渤海湾に近いあたりは明代の築造であり、煉瓦造りで非常に堅固である。厚さは底部で九メートル、上部で四、五メートルあり、上部の両側には凸部の銃眼が造ってある。地形上、野砲が接近して有効な射撃ができないかぎり、重砲でも持ってきて、城壁を破壊しなければ、突破、突入は困難であった。

しかし、よその部隊も、寡兵でこの城壁に挑んでいるかぎり、宮崎としては弱音を吐くわけにはいかなかった。

宮崎は、さらに天明までにいま一度、城壁を攻めてみることにして、第六中隊の鈴木正雄特務曹長の小隊に、決死隊を編成させて突撃させたが、突破は困難であった。

月は西山に傾き、すでに東の空が白み、その淡い光の中で城壁に張りつきながら、敵の射撃によって撃ち落とされる味方の数が増えつつあった。

「畜生！　修羅場だなあ……」

ものに動じない繁三郎も、この惨状に唇を嚙んだ。まもなく四月十日の夜が明けようとしていた。

「いかん、このまま、夜が明けると、損害が大きくなる……」

宮崎は、ついに強襲を一次中止して、陣容を立てなおすことにした。時に四月十日、午前四時二十分である。
一、支隊は、天明までに、つぎの順序で攻撃準備の位置（三五二高地）に後退し、つぎの突撃の準備を行なうべし。七中隊、機関銃隊、五中隊、六中隊。余は六中隊の後尾にあり。
こうして宮崎支隊は、無念の思いを嚙みしめながら、戦友の遺体と負傷者を収容して、午前七時、三五二高地まで後退し、遺体を火葬に付し、負傷者を後送した後、つぎの攻撃の準備にかかった。

午前九時、準備完了とみて、宮崎はつぎの命令を出した。
一、支隊は現在の位置において、戦備をととのえ、長城戦を突破せんとす。
二、第七中隊は前任務（劉家口前面に焚火をして、大部隊があるように見せかけ、陽動で成果を挙げていた）を続行すべし。
三、第六中隊の一小隊は三五二高地を占領し、前面の敵状地形を偵察すべし。
四、野砲隊は支隊将来の企図に対する準備、および劉家口よりの敵の出撃に対し射撃し得るごとく準備すべし。
五、爾余の部隊は上馬道に集結し、速やかに戦力の回復を図るとともに、つぎの突撃の準備を完全にすべし。
六、余は今より上馬道に移る。

すなわち、宮崎はいったん部下を後退させて補給休養させた後、夜襲に備えたのである。彼はすでに新しい作戦を考えていた。

十日の日中は、隊員は銃器、弾薬の整備補給のほか、とくに城壁登攀の梯子の準備とその訓練につとめた。その間、野砲は第二―第七望楼に有効な射撃を加えた。午後六時を過ぎると、また丸い月が上がってきた。午後十時、宮崎はあらたな決意とともにつぎの命令を発した。

一、支隊は明十一日、第一線を東蟻灘の線に推進し、爾後の攻撃を準備せんとす。
二、第五中隊の一小隊は東蟻灘をへて、東蟻灘西方五百メートルの閉鎖曲線の高地を占領し、前面の敵状地形を偵察すべし。
三、第七中隊は一部をもって三五〇高地（城壁まで三キロ）を占領すべし。
四、野砲第五中隊は右の占領を援助すべし。
五、余は今より三五二高地に向かう。

このとき宮崎は、いままでの夜襲の強行をやめて、昼間の強襲に代えようと考えていた。こんどは織田信長の敵の意表に出る戦法を取ろうというのである。

前日の猛攻に恐れをなした敵は、今夜も日本軍が夜襲に来るだろうと考えて、寝ないで待機しているであろう。そこをこちらは十一日、日出とともに飛行機の猛爆と野砲の砲撃によって、敵の城壁を完全に破壊し、歩兵の突撃によって突破しようというのである。

もとより宮崎は、この壁が歩兵の人梯子だけで突破できるとは考えていなかった。爆撃と砲撃の協力がなければ、突破は不可能である。

しかし、錦州に基地をもつ飛行隊は、飛行場方面の天候が意外に悪く、また第八師団の主力が攻撃する界嶺口や川原旅団が攻撃する古北口、そして第六師団主力が攻撃する冷口などへの行動が多くて、劉家口への飛行機の割当は少なかった。

そこで宮崎は、歩兵の突撃で飛行機なしでもやることはやるということを見せながら、かつ時間をかせいだのである。

飛行機の協力がなければ、城壁の攻撃はできません、というようなことは、宮崎支隊としては言えないし、将兵も不満であろう。やることはやり、敵が目をこすっているときに、昼間の強襲で城壁を乗っ取ろうというのである。

十日の午後から飛行機は飛びはじめ、城壁に有効な爆撃を加えはじめた。この日、関東軍飛行第十大隊第二中隊は、爆撃機八、偵察機五をもって冷口、劉家口の歩兵に協力し、百キロ、五十キロ、十五キロの爆弾百発以上を投下して、城壁を破壊した。

問題は野砲の援護射撃である。地形上、城壁まで三千五百メートルまで迫るのは難しいと考えられていたが、敵の反撃が弱まれば城壁まで二キロの高地まで前進することは不可能ではない。宮崎は山砲に肉薄砲撃させるために、分解搬送によって城壁に迫ることを命じた。

そして、四月十一日の夜明けから錦州、綏陽に基地をもつ飛行隊が、歩兵に協力をはじめた。劉家口方面には飛行第十大隊第二中隊が、全力爆撃を行なった。この日も、飛行隊は百発以上の爆弾を投下して、城壁を破壊し、城壁の南にいる敵に損害をあたえた。

すでに界嶺口、冷口でも猛攻撃が開始されており、長城線の敵は動揺していた。

「よし、大きな穴があいたぞ。これなら梯子もかけやすかろう」

双眼鏡の中に映った城壁の崩れた跡を見て、微笑した宮崎は、午前九時、攻撃命令を発した。これなら部下を余分に殺さなくともすむ。
一、当面の敵は逐次退却しつつあり。
二、大隊主力は劉家口関門を突破し、当面の敵を捕捉殲滅せんとす。
三、井上中尉は第二望楼付近を前進する第六中隊の一小隊を併せ指揮し、残敵を駆逐して城壁を越えた後、包各庄において、支隊主力に合すべし。
四、余は本隊の先頭にあり。
敵は、なおも長城の上から射撃を加えたが、日本軍の総攻撃で動揺し、睡眠不足もあって逃走する者も多かった。岩山を分解搬送で城壁に迫った山砲が砲撃をはじめると、城壁の崩れはいっそう激しくなった。

「攻撃前進！」

宮崎の軍刀が、朝の光の中で一閃すると、

「行くぞ！」

中隊長の指揮のもとに、第六中隊、機関銃隊、本隊、第七中隊、第五中隊の順で、大隊は前進をはじめた。城壁が迫ると、

「散れ！」

各小隊長の命令で、兵士たちは岩山の峰で散開して、射撃をはじめる。

敵はすでに敗走したものが多く、正面の城壁を守る兵は、わずか二百に減っていた。山砲が射撃をつづけると、敵はさらに動揺した。

「突撃に進め！」

先頭の第六中隊が突撃する。こんどは城壁が崩れているので、人梯子を造りやすい。抵抗が少ないので、城壁を登る作業もはかどる。

午前十一時には、三ヵ所で城壁への登攀が成功し、敵が雪崩のように退却しはじめると、宮崎大隊は、つぎつぎに万里の長城の上に立った。

「ついに長城を突破したぞ」

「戦死した戦友に見せてやりたかったなあ」

林の木を伐って作った遺骨の箱を抱いて前進した兵も、城壁の上にきて、一同、万歳を三唱した。

時に十一日午後一時四十分。

「やったな……」

宮崎も城壁の上にあがると、南側の景色を眺めた。

「広いのう、シナは……」

険しい岩山の北側とちがって、南側は傾斜もなだらかで広びろとしていた。

「漢民族はええところを取っとる。しかし、平野に住んどると、兵は鈍りゃせんかな？」

そう言いながら、宮崎は双眼鏡で敗走する敵の背中を眺めていた。

「大隊長殿、夜襲をのばして昼間の攻撃にしたのがよかったですな。あのまま夜襲をつづけていたら、もっと損害が出るところでした」

滝沢副官がそばにきてそういった。

「うむ、師団司令部では、当然、夜襲をくり返すものと思っていたらしく、朝になっても宮崎が動かんというので、だいぶ文句を言っとったらしいが、日露戦争のように、肉弾突撃ばかりが攻略の方法という時代ではないで。飛行機というものがあるんじゃ。砲も協力してもらわなあかん。歩兵が大勢死ねば、陣地は取れるという戦術は、もう古いよ」

そういうと、宮崎は微笑した。

この夜襲で敵を脅しておいて、昼間、飛行機と砲の協力で突撃するという戦法は、参謀本部でも高く評価され、五月の新開嶺の作戦と相まって、宮崎が少佐の身で功三級をもらう理由となるのである。

宮崎支隊の果敢かつ巧妙な作戦によって、劉家口が破れると、黄光華将軍の第百三十九師は浮き足立って、東の界嶺口、桃林口、西の冷口の中国軍は、いっせいに退却をはじめた。

この点でも、宮崎の長城線突破は高く評価される。

午後九時、長城の南五キロの包各庄に達した宮崎は、午後九時、つぎのように追撃の命令を下した。

一、諜報によれば、敵は今夜、青山院、南披甲高および西牛山に宿営せるもののごとし。

二、支隊は本夜、包各庄に集結し、前面の敵状地形を偵察せんとす。

三、人見少尉は将校斥候となり、部下一分隊を率い、明早朝出発、青山院およびその西包各庄高地の敵情を捜索すべし。通訳一を付す。

四、敵襲にあたっては、各第五中隊担任村端を確保すべし。

五、余は包各庄西端十字路にあり。

午後十一時、包各庄本部の宮崎はつぎの命令を下した。
一、敵は遷安（長城線の南二十キロ）方面に敗退せり。
二、支隊は明十二日、午前七時出発、遷安に向かい追撃せんとす。
三、第五中隊（機関銃一小隊を付す）は尖兵中隊となり、午前七時、包各庄南端出発、也里庄―青山院―東牛山をへて遷安に向かい追撃すべし。
四、爾余の各隊は左の行軍序列により、午前七時、包各庄南端を先頭として路上に集合すべし。大隊本部、無線分隊、第六中隊、機関銃小隊、第七中隊、行李、野砲隊。

しかし、この追撃戦への出発の前に宮崎は、四月十二日午前六時三十分、冷口からきた第六師団の笠中佐より、つぎの第六師団命令を受け取った。

第六師団命令
一、敗退せる敵は南方に退却中なり。
二、宮崎支隊は北劉家口西側長城の一部を占領せり。
三、師団は一部をもって灤《らん》河の線に敵を追撃せしめ、主力を建昌営付近に集結して後図を策せんとす。
四、松田部隊（略）、遷安方面に敵を追撃。
五、高田部隊（略）、半坡《ぼう》営方面に追撃。
六、宮崎支隊は北劉家口を突破せば、速やかに一部をもって、青山院方向の敵を追撃せしめ、主力を徐流営付近に集結し、東方に対し警戒すべし。なお劉家口には一部の守備隊を残置すべし。（略）余は建昌営に位置す。

宮崎がこの命令によって部署を定めようとしていたとき、さらに師団命令が到着した。

第六師団命令（関係分）
一、敵は引き続き灤西地区に退却中なるもののごとし。
二、宮崎支隊は昨十一日正午以後、包各庄付近に兵力を集結、西南方面に対する攻撃を準備中なり。
三、宮崎支隊は速やかに青山院をへて、良家庄付近に向かい敵を追撃、これを占領して東南方に対し警戒すべし。

この命令に従って、宮崎はつぎの命令を下した。

一、敵情。（略）

二、支隊は良家庄に兵力を集結し、永平方面の敵情を偵察せんとす。

三、井上中尉は部下小隊をもって范家庄に位置し、永平方面を警戒すべし。

燕河営の勇戦

良家庄で残敵を追撃する作戦を練っている宮崎のもとに、十二日午後七時、第六師団命令（関係分）がとどいた。

一、混成第三十三旅団は、石家溝の線において優勢なる敵に対し攻撃中なり。

二、抬頭営付近には有力なる敵兵あるもののごとく、約四、五百の敵は十一日午前十一時頃、撫寧より北進中なり。

三、宮崎支隊は速やかに大平庄方向に前進し、敵を脅威し、混成第三十三旅団の攻撃を容易ならしむべし。

四、余は建昌営にあり。

これによって宮崎は、抬頭営方面に向かうことを決め、支隊命令を下した。

一、敵情。(略、第六師団命令のとおり)

二、支隊本部は十二日夜十二時、良家庄を出発、大平庄をへて抬頭営に向かい、混成旅団正面の敵を捕捉殲滅せんとす。

三、第七中隊(機関銃一小隊を付す)は尖兵となり、本隊の前方二百メートルを大平庄に向かい前進すべし。とくに桃林口方面の敵に注意すべし。爾余の各隊は本隊とす。左の序列をもって尖兵の後方を前進すべし。大隊本部、第六中隊、無線隊、機関銃小隊、第五中隊、砲兵隊。

四、范家庄警戒部隊および劉家口警備隊は、ただちに支隊に復帰すべし。

午後十一時、帰投した斥候の情報では、燕河営にいたる途中の永平付近には、二、三千の敵がいる模様だという。

支隊はこの敵と対決すべく、夜半行動を起こし、十三日午前七時、楊各庄西方で青龍河に達したが、橋は焼き払われ、その東方には、千以上の敵が陣地を占領している。

このとき宮崎は、この敵はわが混成三十三旅団正面の敵の退却援護隊であろうと判断した。

さて、河を渡らなければならない。船もないから徒歩である。河の向こうには百名近い敵兵がいる。宮崎はつぎの命令を下した。

一、支隊は前面の敵を攻撃する目的をもって青龍河を徒渉し、楊各庄西側付近に兵力を集結せんとす。（略）

つづいて宮崎は攻撃を命じた。敵は堅固な陣地によって激しく抵抗したが、午前十一時には、この一帯を制圧することができた。

これに先立って宮崎は、混成三十三旅団の中薗支隊（長・中薗中佐）からつぎの命令を受け、自分の支隊が中薗支隊に併合されたことを知った。

一、混成第三十三旅団は、石家溝（界嶺口南方約四キロ）の線において、優勢なる敵に対し攻撃中なり。

二、中薗支隊（飯田大隊、宮崎大隊、野砲兵第二中隊、工兵一小隊、三号無線機一）は明十三日、午前六時、建昌営出発、抬頭営方面に急進し、混成第三十三旅団の攻撃を容易ならしめんとす。

三、飯田大隊第五中隊は尖兵となり、楊各庄をへて大平庄に向かうべし。

四、支隊本隊は尖兵の後方四百メートルを続行すべし。

五、宮崎大隊はまず速やかに大平庄にいたり、支隊主力の進出を援護すべし。
これを知った宮崎は、ただちに滝沢副官を騎馬伝令として、中薗中佐のもとに派遣し、状況を報告するとともに、つぎの意見具申を行なった。

「本道（建昌営～燕河営）方面は山地にして、敵正面に多くの兵を用いるに適当ならず。中薗支隊主力は、南方平地の劉家営―東蔡家各庄―陳官屯道方面より前面の敵の退路を遮断するごとく行動をするを適当と認む」

午前十一時、楊各庄を制圧したころ、敵の大きな縦隊が桃林口から逃走してきたので、宮崎大隊はこれを迎撃したが、砲兵隊の射撃も有効で、この敵に大打撃をあたえた。

このころ、燕河営の西三キロの李家庄南方の丘陵地帯に堅固な陣地を築いた有力な敵が、味方を射撃していることがわかり、宮崎はこれを攻撃した後、燕河営の南方平地に出た方が適当と考え、まず李家庄の北東一キロの西呉各庄に向かった。ここから李家庄南方高地の敵を攻撃しようというのである。

その途中、午後四時、中薗支隊長の命令がきた。
一、混成第三十三旅団方面の敵は、逐次退却せるもののごとし。

二、宮崎大隊は、燕河営西側高地を占領せる敵を力攻中なり。支隊は撫寧方面に前進し、南下中の敵を捕捉殲滅せんとす。
三、宮崎大隊は当面の敵を撃破し、まず燕窩庄に向かい前進すべし。爾余の部隊は、楊各庄—馬家溝—劉各庄—陳官屯道を前進すべし。

宮崎は中薗支隊命令により、まず西呉各庄に向かったが、丘の上からの猛烈な掃射に悩まされた。しかし、損害もなく午後四時半ごろ、西呉各庄に着くことができた。情報によって、燕河営の南方から第三十三旅団と早川支隊（第三十一連隊主力）が攻撃していることを知った宮崎は、この夜中に敵が退却する可能性ありとみて、その退路を遮断することを企図した。

この夜、西呉各庄に野営することにした宮崎は、近藤特務曹長を将校斥候として燕河営、抬頭営方面の状況を探らせ、また千葉特務曹長の小隊に、李家庄西方に残置した部隊を本隊に誘導する任務をあたえた。

千葉小隊が到着するころ、劉家庄西方の鞍部にいた部隊は、丘の上の敵からの猛射を浴びていた。千葉小隊はこれを援護して未明まで奮戦し、本隊に帰投した。補給の大行李も、敵弾雨飛の中を本隊に到着した。

こうして四月十四日の日中は、李家庄南方丘陵の頑敵との交戦がつづいた。

この日の朝、早川支隊が燕河営の南で作戦行動中であることを知った宮崎は、滝沢副官を騎馬で連絡に派遣し、早川連隊長も李家庄南方の敵に対し攻撃を準備中であることを知り、宮崎は東方からこれを挟み討ちにすることを企図した。

午後八時、宮崎は大隊命令を発した。

一、李家庄西方高地の敵は退却せり。

二、同南方高地の敵は依然として陣地を占領しあり。早川支隊は同高地の東端に向かい攻撃中なり。

三、大隊はただちに同高地の西端に向かい攻撃せんとす。以下各中隊の配置（略）。

宮崎が大隊主力の第五、第六中隊を李家庄南側に展開して、南方高地の強敵を攻撃しようとしたとき、中薗支隊長から、「宮崎大隊は燕窩庄に兵力を集結すべし」という命令がきたが、宮崎は、李家庄南方高地の敵を攻撃中だという状況を説明し、中薗支隊もこの敵の退路を遮断するように行動されたい、と連絡した。

大隊命令によって第七中隊は、南方高地の敵の南側にまわり、第五、第六中隊と挟み討ちにする形で、この敵を攻撃した。この方面の中国軍は、孫徳全将軍の第百十九師の一部（約二千）で、陣地も強固で勇敢に戦って、日本軍を悩ませた。

第六中隊は機関銃、砲兵の協力によって、中央突破戦術で敵の中に螺子をねじこむように前進した。左翼から攻める第五中隊は、敵陣を猛攻し、つぎつぎに戦果を拡大し、第六中隊とともにこの南方高地を占領、南から攻めてきた中薗支隊と連絡を取った。

このころは部下たちも宮崎の手腕と人格に万全の信頼を寄せ、宮崎の手足となって動き、熱河方面最強の部隊の一つとなっていた。

また砲兵隊も、劉家口で消耗した弾薬を、第六師団から補給を受け、勇躍して効果的な砲撃を行ない、宮崎大隊の前進を助けた。

このころ、早川支隊も高地の東方からこの敵を攻撃しつつあり、南からの中薗支隊の攻撃と相まって、さしもの頑敵も山を下って敗走に移り、その主力は三方からの攻撃に包囲殲滅された。宮崎得意の大隊を分進させ、後に合撃するという戦法が功を奏した会心の一戦であった。

かくて十四日午後四時、第六師団長の電命により、宮崎大隊は中薗支隊の指揮下より、混成第三十三旅団長の指揮下に入ることになった。

ここにおいて宮崎の第二大隊は、ひさかたぶりに早川連隊長の指揮下に戻ることになり、燕河営南方の勝利を土産に抬頭営に帰還する早川支隊は、十五日午前二時、思い出の多い西県各庄を出発、東に向かった。

早川連隊に復帰した宮崎に、連隊長は、

「おう、宮崎、劉家口でも燕河営でも、よくやってくれた。君の戦術は、いまや師団でも知られつつあるぞ。少ない兵力で苦労していることだろう、と副官や第一大隊長とも話し合っていたのだが、いつも創意工夫で戦果を拡大してくれた。中薗中佐からも、君の意見具申はつねに適切であったという連絡をもらっているぞ」と宮崎の作戦指揮をほめた。

「いや、部下がじつにようやってくれましたで。さすがに精強なる三十一連隊ですな。それに砲兵隊も、つねに適切な砲撃で、よう援護してくれました。また飛行隊にもお礼を言っておいて下さい」

宮崎はすこし照れながら、そういった。

二ヵ月半ぶりの第二大隊の復帰を祝って、連隊長は軍旗の前に一同を整列させ、ラッパで「足曳」の曲を吹奏させた。抬頭営の広場の空気を震わせて、嚠喨《りゅうりょう》と響くラッパの音に、宮崎は劉家口や燕河営の激戦で散った部下の顔を思い出していた。ラッパが終わると、兵士たちは歩兵第三十一連隊の連隊歌を合唱した。

一、津軽の平野目もはるに
　天そそりたつ岩木山
　ふもとにしるき営舎こそ
　わが連隊のひと構え
　千余の健児一心に
　武を練り勇を練るところ
二、鷹揚城外春たてば
　二期教育も始まりつ
　アカシヤかおる山田野に
　林檎色づく郊外に
　さては吹雪のさなかにも
　けんこう帽影つつの音

劉家口から燕河営にいたる戦闘における宮崎大隊の死傷者は、つぎのとおりである。

戦死＝将校なし、准士官・下士官兵九。負傷＝将校一、准士官・下士官兵二十一。

あれだけの激戦で、多くの戦果を挙げながら、計三十名の死傷者ですんだのは、奇跡に近いと、宮崎は戦の神に感謝した。

戦闘詳報には、今次の戦闘における宮崎の意見が出ている。

「一、幹部と戦闘能力について

同じ素質の軍隊といえども、その幹部の如何により、戦闘能力に至大の懸隔を生ず。幹部とくに将校の修養の必要を痛感す。

二、万里の長城の価値について

防者としてこれを利用するときは、いまなお大なる価値を有す。長城はおおむね峨々たる山頂を連綴したる城壁にして、戦術上重要の度に応じ、その幅員および高度を合理的に決定しあるに似たり。

城壁上にはすべて射撃設備を施しあるのみならず、その重要の度により、近きは数十メートル、遠きは数百メートルごとに堅固なる望楼ありて、長城防備の骨幹を形成しあり。

しかして長城よりは、接近する敵に対していかなる箇所に対しても、斜射側射をなしうるごとく構築しあり。（中略）

これを攻略するためには、昼間、わが有力なる砲兵をもって近距離より破壊射撃をなし、その効果を待ち、ただちに破壊口に突撃を行なうか、あるいは昼間の砲撃につづいて、敵の修復の余裕なからしむるごとく破壊口に射撃をつづけ、歩兵の夜襲によってこれを突破するを要す。突撃歩兵はなるべく多くの手榴弾を携帯し、とくに夜襲の場合は、梯子、縄梯子、棒、鉄線鋏等を携行する必要あり。
三、歩砲の協同について（略）
四、編成装備について
㈠、山砲は歩兵連隊内に常設するを要す。

㈡、迫撃砲を歩兵連隊に常設するを要す。

㈢、将校職務をとる下士官には、双眼鏡を支給貸与するを要す。ことに山岳戦においてはきわめて必要なり。将校斥候あるいは小隊長として、双眼鏡を有せざるときは、戦闘指揮に影響するところ甚大なり。
五、殲滅戦について
燕河営西方高地における戦闘にては、約二千の敵に対し中薗支隊主力は南方より、早川支隊は東より、宮崎支隊は北方より、ほとんど完全に包囲態勢をとり、攻撃を実施したるも、なお敵の有力なる一部は南方に脱出せり。すなわち広漠たる地域にて優勢なる敵に対するときは、真の殲滅戦は至難なることを痛感せり」

また戦闘詳報には、功績顕著な戦死者の戦いぶりが報告されている。

「第七中隊歩兵曹長　菊地定吉

四月九日、第七中隊が前衛となって劉家口北側陣地を奇襲したとき、第一小隊の三座窟攻撃の際、第三分隊を率いて白昼の突撃を敢行し、敵陣地を奪取、重機関銃一、青龍刀一、小銃弾薬多数を鹵獲、その夜は、城壁に肉薄し、人梯子を造って登攀しようとしたが、天明近くついに後退した。しかし、このとき、機関銃隊下士官の死体が敵前に残っていることを知り、曹長は率先志願し、他の下士官三名とともに敵前四、五十メートルのところ、銃弾のふる中を前進し、死体を引きずり、二、三十メートル後退したとき、敵機関銃弾を頭部に受けて壮烈な戦死を遂げた。爾来、第七中隊では、『菊地曹長の仇討ちだ』を合い言葉として、燕河営でも勇戦した。

第二機関銃中隊歩兵軍曹　菅原克夫

四月九日、劉家口の夜襲で、第六中隊配属の機関銃小隊第一分隊長として参加、歩兵の突撃を援護した。このとき、城壁の人梯子による登攀が難渋し、突撃が頓挫した。第二分隊の機関銃が故障したので、軍曹はみずから機関銃をとって射撃をつづけた。そのとき敵弾が軍曹の鼻下から後頭部に貫通し、彼は『万歳』を最期に戦死を遂げた。

（以下略）」

新開嶺夜襲の偉功

燕河営、李家庄方面の敵を一蹴した早川支隊主力は、いったん、抬頭営に集結した後、撫寧に移動したが、五月初旬、第八師団は古北口南方における関内作戦を行なうことになり、早川支隊は四月二十四日、撫寧を出発、承徳をへて五月九日、古北口に到着した。

その途中、沿道は桃や李の花が咲き乱れ、兵士たちの郷愁をそそったが、古北口に近づくと暑熱は四十度近くになり、砂塵はもうもうとして、冬服のままの将兵たちは行軍にあえいだ。

古北口は北京の北西百キロ、承徳から北京へ行く鉄道もここで長城を抜けており、重要な拠点である。この南には中国軍の有力な部隊が陣地を構築しており、長城の南の新開嶺の陣地を抜いて石箱鎮、密雲を脅かそうというのが、第八師団の長城・関内作戦の目的である。

このころ北京北方の中国軍は、北京の守りを固めるため、ますます部隊を増援していた。

第八師団長西中将は、四月下旬、川原旅団に命じて古北口の南西四キロの南天門の陣地攻略を行なわせた。川原少将はこれを東矢大隊に命じた。同大隊は、一夜にして二キロの縦深陣地を攻略する早業をしめして、この陣地を占領した。

この東矢大隊の手柄は、古北口に到着した宮崎らの耳にも入り、——よし、こんどはおれたちが劉家口方面で見せた奮闘ぶりをみせてやろう……と腕をさすった。

そして新開嶺の戦いがはじまる。

九日、古北口に到着した宮崎は、まず目標の新開嶺北方の敵陣地を視察した。

このあたりは険しい峰々が連なり、交通の不便なところである。古北口—北京道は、古北口から南下して南天門にいたり、西に向きをかえて老古田、上田子を通って新開嶺（標高三百五メートル）の谷間にかかる。郭家台を西にみて新開嶺東の峠を越え、小新開嶺を東にみて下りにかかり、白川澗から遙亭で平野に向かい、興隆寺、石箱鎮をへて密雲にいたるのである。

宮崎大隊の任務は、第四旅団の右連隊となった早川連隊の主力として、新開嶺方面の敵を攻撃することである。

宮崎は南天門の西のわが警戒陣地の丘に立って、敵陣の地理を視察した。近くの峰に大きな松があり、連隊ではこれを傘松といっていた。傘松の西二キロに廟という村落がある。宮崎大隊はここを出発点とする予定である。

傘松の南方四キロに八里梁という村落がある。郭家台のすぐ西にあたる。八里梁と傘松の間には川が流れており、川の向こうの峨々たる山岳地帯（新開嶺の西二、三キロにあたる）には峰という峰に敵が陣地を構築中で、せっせと働いているのが、双眼鏡の中に手にとるように映る。陣地の前に鉄条網を張り、地雷を埋め、石油缶に水を入れて運ぶ者、伝令の往復……わが警戒兵はこれを狙撃したいのだが、師団の計画は秘密なので射撃は禁じられている。

この山岳陣地が、十日夜の宮崎大隊の夜襲の目標である。川向こうの峰は、手前の方、右からイ、ロ、ハ、ニ、となっており、ここには敵はいない。ニの南のホ、とその西のへ、は鉄条網の中に入っている。への南、八里梁の西がト、その西二キロにチ、また手前にすこし戻ってリ、ヌ、ヌの南にル、はいずれも敵の堅固な陣地となっている。このうち西端に近いヌ高地が、山も険しく難関と思われた。

このトーチカふうの陣地を無数に集めた敵陣地を見て、

――攻略は困難だが、羅文峪や劉家口を攻略したわが宮崎大隊だ。この新開嶺も、かならず奪ってみせるぞ……。

と決意を固めた。しかし、

――あれだけの数の陣地を一つ一つ攻略していくのでは、大隊はもちろん、連隊の将兵も大部分が戦死するのではないか。いよいよ、ここがおれの死に場所か……。

そう思って宮崎は唇を噛んだ。大隊の将兵も思いは同じであったろう。

攻撃は十日の夜襲からはじまる。攻撃部署は右翼が宮崎の第二大隊、左翼は宮崎武之少佐（繁三郎の同期）の第一大隊である。

――友軍の砲兵陣地が遠いのが、つらいのう……。

宮崎はそう呟いた。地形の関係上、砲兵隊は宮崎の担当するイ、ロ、ハ、の陣地に接近することができず、南天門に陣地を敷いている。ロ陣地までは五千から六千メートルもある。

――しかたがない。連隊の歩兵砲、山砲も数が足りないから、こんどは歩兵の小銃と銃剣突撃だけが頼りだな……。

宮崎は、胸の中でそう呟いた。砲兵と飛行機の協力がないと、昼間攻撃では損害が多い。

――こんどは劉家口よりは手強いぞ……。

宮崎はそう自分に言って聞かせた。

十日、日没と同時に宮崎大隊は廟地区を出て、ロ、ハ高地の線に進出した。折から十四夜の月が上ってくる。

――劉家口のときも満月だったなあ……。

宮崎の胸に郷愁のようなものが宿った。

午後十時、宮崎大隊は、「攻撃前進」の大隊長の命令によって、前進をはじめた。目標は前方のヌ高地、その左のリ高地、そしてヌの後方のル高地である。

案の定、堅固なヌ高地を攻めた第七中隊は、苦戦をしいられた。リ、の第五中隊、ル、の第六中隊もほぼ同じで、敵の抵抗は非常に激しい。強襲につぐ強襲で、各中隊とも損害が続出した。

その二〇三高地を思わせる悲惨な激戦のようすを宮崎は、『回想記』の中で、つぎのように書いている。

――この夜は満月で一点の曇もなく、天は澄み切っていた。

われらが覚悟していたごとく、わが稜線を乗り越えるとすぐ敵に発見され、猛烈な銃砲火の集中をこうむり、戦場は一瞬にして修羅場と化した。各中隊はただちに強襲にうつり、猛烈な機関銃、軽機の音が山や谷を動かし、銃砲弾が岩石に命中して、盛んに火花を散らしている。

敵陣地に接近するにしたがって、とくに手榴弾、擲弾筒の爆音が耳に響き、その閃光が壮烈に眼に映じる。いまが強襲の真っ最中である。

あちらこちらで、担架を呼ぶ声、万歳を唱える声が聞こえる。万歳は戦死を意味する。

そのうちに十一時三十分、ヌ高地で苦戦していた第七中隊から、懐中電灯を回す信号がきた。「陣地奪取成功」の報告である。つづいて、第五、第六中隊からも、「陣地奪取」の信号がとどいた。

しかし、まもなく第七中隊は、第一線で奮戦した二人の小隊長が重傷を負うほか、中隊の三分の一の死傷をこうむるほどの苦戦をしたが、まだヌ高地の頂上は占領されていないことがわかった。先の「奪取」の信号は、稜線の途中のこぶを頂と誤認したものであった。

これを知った大隊長は、ただちに予備隊を送ったが、急には成功しない。やっと十一日の払暁にいたって、第七中隊長以下、必死の突撃によって、ようやくヌ高地を占領することができたのである。

夜が明けると、友軍の飛行機が飛んできて、左翼の第五連隊の正面を攻撃している。これが手にとるように見えて、壮絶、壮観である。（第五連隊に協力して、なぜ第三

十一連隊には協力してくれないのか？　と不平を言わないところが、宮崎の性分なのである）

その後、第七中隊は損害にもめげず、ヌ高地奪取後、さらに南方数百メートルのル高地の敵に突進、ほかの中隊も負けじと前進し、夕刻までには、北祥水峪を越えて、南祥水峪の敵第二陣地の前まで前進をした。

この第二陣地は、最初、師団司令部でこれが主陣地であると判断されたほど堅固に設備をした陣地である。この陣地は新開嶺の西一帯、八里梁の南方に展開する山岳の陣地で、祥水峪を中心に北祥水峪、南祥水峪、そしてその西の半城子とひろがる大きな陣地で、東の新開嶺、小新開嶺の線を南進する第一大隊と相まってこの陣地を抜くならば、白川潤から遙亭、石箱鎮に通じる道路を制することは容易であった。

そこで私は、砲兵の協力のない昼間攻撃を避けて、夜襲でこの陣地を奪取することに決した。

われわれは十二日午前一時半、陣地を出発、まず祥水峪南方の敵の前進陣地を、奇襲をもって占領した。ここを最後の攻撃準備位置として、機関銃、歩兵砲をこの陣地に置き、第一線の突撃を援護せしむることとした。

昼間、敵本陣地を偵察したところによると、正面は深い谷で、しかも敵側の斜面はきわめて急である。右手の方に曲がっている稜線づたいに前進するほかはない。そこで大隊長は、「第五中隊第一線、第六中隊第二線、右の稜線をへて、直ちに敵陣地に突撃」を命令した。（第七中隊は前日の昼、連隊予備隊となり、それまで連隊予備隊であった第三中隊は第一大隊に復帰していた）

連日の死闘にもかかわらず、第五中隊はここを先途と獅子奮迅の突撃を敢行、第六中隊も疾風迅雷の戦果拡張を行ない、十二日払暁前、祥水峪南方の敵第二陣地を完全に奪取した。左翼第一大隊も、頑強に抵抗する敵を追撃し、同じく払暁までに、小新開嶺方面の敵陣地を攻略した。

しかし、夜が明けてみると、祥水峪と半城子の中間の三四七高地（一本松富士形高地）に、敵の有力な部隊が堅固な陣地を敷いており、わが連隊の側面、あるいは背後から射撃を行なっていることがわかった。十二日、一日中、わが連隊はこの射撃に苦しめられた。第二大隊の将校七名のうち、この高地の戦闘で四名が負傷した。

午前六時ごろ、この高地から約二百名の敵が太鼓を打ち、ラッパを鳴らして気勢をあげながら、逆襲してきた。敵はなかなか勇敢で、わが前方五十メートルから二十メートルまで前進し攻撃してくる。わが方はただちに機関銃、手榴弾で応戦し、めずらしく肉弾相撃つ白兵戦となった。

もちろん、精強なる東北健児は、「こしゃくなり」と、ばかりにこれを撃退したが、敵はしつこく、夕刻まで十数回にわたって、この肉弾攻撃をくり返した。おそらく中央直轄の若い精鋭で、その背後には蔣介石直属の督戦隊がいて、退く者は斬る、という勢いで督励しているものと思われた。

この思いがけぬ敵の特攻隊（？）のために、わが大隊は前進をはばまれ、第一大隊も苦戦におちいった。心配した早川連隊長が、わざわざ第二大隊本部まで激励に来られるほどの苦戦で、夕刻には手榴弾がなくなり、石を投げて敵を撃退するほどであった。

しかし、この敵も半城子方面からの補給が絶えたのか、十三日未明には、執拗な攻撃を中止して後退したので、わが大隊はただちに追撃にうつり、敵の掃射をものともせず、午後三時半ごろ、目標の石箱鎮東西の線に到着した。

敵は、この十三日夜、遠く南方に退却したので、さしもの苦戦をきわめた新開嶺付近の戦闘も、一段落を告げたのである。

本戦闘において、連隊は戦死四十一名、負傷百十二名を数えた。まことに遺憾、恐懼している次第である。

夜襲に関する所感

一、夜襲成功の要訣は、準備の周到と幹部の勇敢である。
二、夜襲はつねに強襲となることを覚悟し、あらかじめその処置を研究、準備しておくことである。
三、敵に発見されたら、一気呵成に敵陣地まで突進するのが最良の策である。
四、夜襲はとくに幹部を多く失うことを覚悟しなければならない。
五、将来戦においては、夜襲には、大隊担当正面をなるべく狭小にして、中隊を重畳使用し、もって最初の一、二回の夜襲で幹部の大半を失い、爾後の戦闘力に大なる影響なきよう顧慮することが必要である。
六、将校の修養。

戦場において、とくに夜戦において、部下が幹部の言動に深甚の注意を払っていることはじつに予想以外である。

信頼しきっている部下を活かすも殺すも、じつに幹部の一言一動にあることを肝に銘じ、われら将校はますます精神の養成の必要を痛感する——。

五月十日にはじまる新開嶺方面の激戦は、まさしく宮崎の率いる第二大隊の実戦における真価を発揮したものとして、師団、関東軍においても、非常に高く評価された。

宮崎は優等生ではないが、実戦指揮に関しては抜群の能力を持つとして、その部隊の勇敢な戦いぶりとともに、第八師団長から別項の賞詞を受け、少佐の身で異例の功三級をもらうことになるのである。

早川連隊はこの後も南進し、密雲を抜き、懐柔、興隆庄では、また宮崎大隊がその威力をしめし、ついに北京に迫る勢いをしめしたので、五月十五日、華北の担当である何応欽将軍は、軍使を密雲のわが師団司令部に送り、和議を請うことになった。

しかし、師団は十六日も戦闘をつづけ、中国軍の和議にたいする誠意を確かめた後、和議に応じた。この結果、中国軍は北京北方三十キロの順義、高麗営の線まで後退し、わが軍も長城の線まで後退して、この北京北方の地区には、双方とも軍の駐屯を行なわず、警官をもって警備させることになった。なお、大連会議によって、この地区の治安についての協定が成立することになる。

五月十二日付で、宮崎繁三郎とその部下の歩兵第二大隊は、これに協力した工兵第八大隊第一小隊二分隊とともに、つぎの師団長賞詞をもらった。

右は第八師団新開嶺付近の戦闘において、師団最右翼となり、敵が月余を費やして堅固に設備せる八里梁西方高地に対し、昭和八年五月十日、夜襲を敢行し、正面およびその西方高地より熾烈なる敵の銃砲火を受く。将校以下、死傷続出するも屈せず、力戦格闘、ついに十一日払暁、逐次これを奪取し、引き続き戦果を拡張し、午前八時、八里梁西南方稜線を完全に奪取し、もって師団右翼方面の戦況を有利に発展せしめたり。

さらに同日、敵第二線陣地最左翼の制高地点たる南祥水峪東方高地の天険に対し、ふたたび夜襲を決行し、幹部以下多数の損傷を受けたるも、勇戦力闘、翌十二日払暁、ついにこれを奪取、爾後十数回にわたる敵の回復攻撃をことごとく撃退して、同地を確保し、もって師団の戦闘進捗を著しく容易ならしめたり。

以上のごとく大隊長以下一同の旺盛なる攻撃精神と強固なる必勝の信念に基づく積極果敢なる行動は、誠に軍隊の範とするにたり、その成果またすこぶる大なり。依って此に之を賞す。

第八師団長陸軍中将正四位勲一等　西義一

妻への遺言

停戦協定によって三十一連隊は、六月十三日、古北口に集結し、以後、付近の警備と政治工作を行なった。

翌昭和九年二月、連隊は第十六師団第二十連隊と警備を交替し、凌源に集結、四月五日、青森に上陸し、同日、弘前にめでたく凱旋した。宮崎繁三郎は前年九月、歩兵学校に対ソ連戦法研究のため派遣されたことがあるので、ひさかたぶりというほどではないが、やはり武勲を立てて凱旋ということになると、感慨もひとしおである。

一時帰国のときは、和歌山の六十一連隊で大隊長をしていた兄の広継に面会に行ったし、岐阜に住んでいた家族をつれて伊勢神宮にも参拝に行った。凱旋のときは、弘前まで秋子が面会にきた。

帰国後まもなく、宮崎は参謀本部支那課暗号班に転勤することになり、東京青山二丁目に家を借りて家族と一緒に住むことにした。繁樹と道子は青山小学校に通うことになった。

参謀本部支那課長は喜多誠一大佐（のち大将、第一方面軍司令官）で、暗号班長は同期の雨宮巽中佐（のち中将、第二十師団長、沖縄で戦死）である。宮崎は、以前に参謀本部支那班にいたことがあり、北京、上海にも駐在したことがあるが、暗号は初めてなので、一年生から勉強した。

昭和九年八月、宮崎は中佐に進級するが、その前に満州事変の論功行賞が行なわれ、宮崎は殊勲甲で破格の功三級をもらった。「栄光の至り、之全く部下将兵の忠勇の賜物である。旧大隊の大部分の将校が金鵄勲章を頂いたのは嬉しかった。おそらく全軍第一と信ずる」と彼は『回想記』に書いている。（この『回想記』に彼は、「同期の田辺少佐から第二大隊を引き継いだとき、田辺少佐は酒呑み友だちを重視したそうだが、私は古参中隊長の鈴木大尉をつねに重視した」と書いている。その期待にそむかず、鈴木大尉の第七中隊は、つねに善戦奮闘して、宮崎大隊の精華を発揚した）

満州勤務が長かったので、宮崎はできるだけ家族といる時間をすごそうと努力した。日曜日には市内の公園、靖国神社、近くの明治神宮などに行く。岐阜の母が出てきたときは、成田さんに参拝につれて行った。

中佐に進級してまもなく、宮崎は世田谷区代田二丁目に家を買うことにした。青山の家は参謀本部にも近くて便利であるが、月六十円の家賃はかなり負担であった。二階建てで下が四間、二階が三間で四千三百円ということであるが、いつ戦場で戦死するかも知れない身なので、土地も一緒に買って後顧の憂いを少なくすることを考えた。

当時、土地は坪二十六円くらいであったので、二百坪の土地と家屋で一万円ほどの買物になり、宮崎家は貯金を全部はたいてしまった。宮崎は昭和四十年、最期の年までの家に住むことになる。

昭和九年十二月の異動で、雨宮中佐が南京駐在武官に転勤し、宮崎はその後任として、暗号班の班長となり、陸大と陸軍通信学校の教官も兼任することになった。

昭和十年の正月には、暗号班の将校全員十数名を宮崎家に招待した。陸軍将校の正装を着た将校たちの快飲する様子は壮快であった、と宮崎は『回想記』に書いている。二・二六事件の前年なので、気炎を上げる将校もいたかも知れない。

この年六月、次男の繁忠が、世田谷の家で生まれた。

同八月、永田鉄山少将が、陸軍省内で斬られる事件が起こった。

「相沢中佐という気違いの馬鹿者が永田少将を殺害した大不祥事件があった。陸軍のため、国家のため誠に惜しい人を亡くした」と、宮崎は『回想記』に書いている。ひたすら軍務に忠実に戦術の研究に打ち込んだ宮崎は、天下国家を論じることなく、政治に口を挟むこともしなかった。

九月末、宮崎は北支から思い出深い熱河に旅行をした。満州国は順調のように見えるが、関東軍の若手将校が、気炎を上げ、遠からずこのあたりで何かが起こるという予感が、少なからずあった。

そして昭和十一年二月二十六日、宮崎はいつものごとく参謀本部に出勤しようとしたが、赤坂見付で電車が停まったので、徒歩で参謀本部に行き、事情を知って驚いた。歩兵三連隊の将校らが部下を率いて、重臣たちを暗殺したというのである。かねて皇道派と称する青年将校が、昭和維新などといって、国家改造などと政治的な発言をするのを苦い思いで見ていた宮崎は、かかる大不祥事件は即日解決すべきだと考えて、軍人会館に集合している参謀本部の幹部たちのところに行き、岡村寧次少将（参謀本部第二部長）に、

「この場合、所轄の連隊長が反乱軍のところに行き、集合ラッパを吹奏し、もし集合しない者は、まさしく反乱軍であるとして、ただちに討伐すべきである」と意見具申をした。

しかし、天皇のご意志であるとして、君側の奸を斬る、と主張する皇道派の将校には、軍の上層部にも同調する者もいるらしく、宮崎の意見は残念ながら入れられなかった。

参謀本部の中でも動揺する課はあったらしいが、宮崎の支那課暗号班は、本部の定位置で毅然として、軍務を続行し、とくにこの事件に関する中国側はじめ列国の観察電報を訳して上部に提出したので、二十九日の事件解決後、喜多課長からほめられた。

突発事件があったとき、人間の真価が現われるものだと宮崎は思った。

事件後、宮崎は参謀本部の各班長級で組織された善後処理委員の一人となって活動した。三月に入ると、宮崎は二・二六事件処理のための特別軍法会議判事に選ばれた。複雑な一般人の西田税、北一輝らを担当し、八月まで頭を悩ませた。

しかし、この年の三月には、嬉しいこともあった。長女の道子が青山小学校を首席で卒業し、名門の府立第三高等女学校に合格したのである。道子は父の転勤に従って、四谷、ハルビン、金華、青山と三つも小学校を転校している。これが宮崎の悩みであったのだが、彼女の進学でほっとしたのであった。しかし、そのお祝いとしてお雛様を買ってやる約束をしたのだが、これはついに果たすことができなかった。

＊

二・二六事件以後、岡田啓介内閣から広田弘毅内閣に代わり、宮崎が警戒しているファッショ的な動きが、高まっていった。

昭和十一年八月の異動で、宮崎は広東駐在武官を命じられ、ふたたび大陸に渡ることになった。こんどは熱河よりだいぶ遠い。まず船で台湾に行き、台北で台湾軍司令官古荘幹郎中将に挨拶し、高雄からは船で、九月十日、広東に着いた。

当時、広東には三井、三菱、大阪商船、日本郵船などの日本の会社の支店が多くあり、邦人も大勢いた。駐在武官の主な仕事は諜報であるが、これが苦手な宮崎は、中国軍（余漢謀総司令部）の李義中佐の協力を得たので、有効な活動をすることができた。

それ以外は、広東料理もうまいし、ここの生活は面白かった。台湾軍参謀の同期生林義秀中佐が連絡にくると、広東名物の蛇料理を一緒に食べたりした。ほかに、猿の脳味噌、山椒魚、トカゲなども食うようになった。

この年十二月、秋子が繁忠をつれて、広東にやってきた。道子と繁樹は学校の都合で東京におり、岐阜の母ときが面倒をみている。よちよち歩きの繁忠をつれて、郊外にドライブするなど、宮崎にも閑日月がつづいた。しかし、この年末、広田内閣が、ドイツと日独防共協定を結ぶなど、世界がようやくヒトラーの台頭とともに、動乱の兆しを見せていることを、宮崎は忘れてはいなかった。

昭和十二年が明けると、三月、秋子は繁忠をつれて帰国する。

大陸の風雲は何となく慌ただしい。出先の広東にいると、それが肌に感じられる。宮崎は四月十七日付で、「妻秋子にたいする遺言」を認めた。

死に就いて

従来私は家を出づればつねに死を覚悟しありき。しかれども私の本望は秋子の夙に察知しあるがごとく、将来戦において、軍旗を捧じて其許に戦死するにあり。故に本死（今回の死を想定して言う）は本望にあらざるも、また決して遺憾に思うものにあらず。内地勤務にて、畳の上に病死するに比し優ること数等なればなり。祖国を離るる海山千里、ここ南支の一角において、護国の鬼となる又日本男子の快事ならずや。

死生命あり、夢々取り乱すなかれ。

島（郷里）の御母上様および親戚各位ならびに私の先輩、知己、朋友には、秋子より私の生前御厚情を辱うしたるを深謝し宜しく御伝ありたし。

　子女の養育について

何等の遺産もなく今後における子女三人の養育を、全然秋子一人に担任せしむるは、誠に気の毒の至りなるもなにとぞしっかり頼む。

左に私の希望を参考までに述ぶ。

　方針

父なき後においても、従来通りのびのびと育て決して卑屈におちいらぬよう御指導ありたし。

将来は各其天分に適する方面に進め、十分君国のために尽くさしめられ度。

秋子の指導精神が決して消極的にならざること。

一、道子

なるべく現在の女学校を卒業せしむること。しかる後、人物本位にて適当な配偶者を選定せられ度。

二、繁樹

第一志望の幼年学校を受験せしむること。

若し合格せざれば中学四年より陸軍士官学校予科を受験せしむるも可なり。なお其目的を達し得ざれば、軍人以外に彼の好む道に進められ度。

但し私立大学にはいかなる場合にも入学せしむべからず。

三、繁忠

未だ父も確認し得ざるに母一人となるは誠に可哀相なり。母、姉、兄の三人にて十分可愛がり、養育せられ度。

長ずるに及び其好む所に進められ度。

遺産について

一、秋子の任意に処分すること。

二、島に私の所有する畑約一反歩あり。之は私が現役をやめるまで、善之助兄に作ってもらうことになりあり。
三、私の各種勲章は返納の必要なきはずなるを以て、永く保存し子女教育の資料とせられ度。
雑件
一、わが骨は故郷の墓地（実父の埋葬位置不明なれば松治郎父上のかたわら）に埋めるべし。
二、葬儀は島にて極めて質素にすべし。墓石も祖先のものより決して立派なものを建つべからず。
三、遺族の居住に関しては秋子の任意なるも、少なくとも道子が女学校を卒業するまでは現在の代田の家にあるを可能とせむ。
小供達に対する遺言
一、御母上様の教訓を守り立派な日本人となり、君国のため十分忠義を尽くすこと。
二、三人仲良く互いに助け合うこと。
昭和十二年四月十七日　父繁三郎
道子様
繁樹様

繁忠様

この春、広東の武官室に支那研究員として岡田芳政大尉（陸士三十六期、辻政信と同期、のち第二十三軍高級参謀）が来た。中尉で陸大を卒業した優秀な将校である。若い将校が大好きな宮崎は、参謀本部に交渉して、岡田を南洋一周に行かせた。こんど戦争があるとすれば、米英との戦いになる可能性がある。それには大陸だけでなく南方を研究しておく必要があると、宮崎は考えたのである。

宮崎も、五月には仏印のトンキン湾を視察した。英国と戦うことになると、このあたりに上陸して、シンガポールを根拠地とする英軍と戦うことになるかも知れない。

宮崎のカンはあやまたず、この年の七月七日、芦溝橋の銃声一発から日華事変がはじまった。覚悟を決めた宮崎は、まだ広東の治安がいいので一度家族と会うことを考えた。道子、繁樹の学校が夏休みになると、七月十六日、秋子が三人の子供をつれて広東にやってきた。

これが最後の別れになるかも知れないと考えた宮崎は、南方名物のライチーを食べさせるなど歓待をした。（繁樹氏の思い出では、このときアイスクリームを食べ、バナナの木を見、馬に乗せてもらったという。宮崎は子煩悩な父親であった）

しかし、まもなく日本人は広東を引き揚げることになり、まず家族を香港の松原ホテルに引き揚げさせた。

八月二日、宮崎は台湾軍高級参謀を命じられたが、香港駐在武官として、勤務することになった。八月十三日、大山海軍大尉が殺されたことから、事変は上海に飛び火し、宮崎も諜報活動で忙しくなった。

しかし、英領の香港は中立で、ヨーロッパ的な生活は快適であった。武官室はヴィクトリア・ピークの台湾銀行の社宅の一室にあり、見晴らしは絶景である。香港の研究員鈴木卓爾大尉（陸士四十期、のち第四十三師団参謀としてサイパンで戦死）も一緒に諜報に従事していた。

排日的な英軍は日本の諜報活動を妨害するが、ときには英軍の諜報主任参謀のボクサー大尉と懇意になり、中国に関する情報の入手に便宜を得たこともあった。

十二月、台湾軍を主体として編成された広東派遣軍の参謀三課長として、宮崎は広東上陸に参加する予定であったが、海軍の反対で中止となり残念に思う。

十二年末、南京が陥落して、蔣介石は奥地に逃げる。

十三年が明けて、近衛首相が「蔣介石を相手にせず」という声明を発して、日華事変は泥沼に入ることになる。一月から二月にかけて、宮崎は蔣介石に反対の李福林上将を利用して広東を占領しようと、鈴木大尉とともに謀略に努力したが、いま一歩というところで失敗し残念がる。

四月から宮崎は、山内正文大佐（二十五期、第十五師団長としてインパール作戦に参加、ビルマで戦病死する）の後任として台湾軍高級参謀として台湾にうつり、台北で勤務することになった。軍参謀としては、同期の山県武光中佐（のち第六十四連隊長、ノモンハンで自決）、参謀部付にも同期の山本募中佐（のち中将、第二百十四師団長）らがいた。

七月十五日、大佐に進級する。

前線に行くのが近いと思われるので、八月に家族がくると宮崎は大いに歓待した。北投温泉や動物園にも行ったが、府立四中の受験を失敗して、麻布中学校に入っていた繁樹の一学期の成績が悪いと聞くと叱った。繁樹が、幼年学校に入って自分の後を継ぐことを、宮崎は期待していた。

そして、いよいよ前線に行くときがきた。

九月十九日、第二十一軍（広東派遣軍・司令官古荘幹郎中将）第三課長兼広東特務機関長となる。

第二十一軍は十月、香港北東のバイヤス湾に上陸して、広東を占領するが、宮崎が参謀として参加したこの作戦を見ておこう。
この年五月、大本営は武漢攻略（占領は十二月二十七日）と並行して、広東占領を企図した。香港に近い広東は、ビルマとともに蔣介石援護ルートの代表的なもので、敵性国家の諜報網が密なところである。
大本営は、広東攻略のため、第二十一軍を編成し、この年夏、その兵力を大連、青島、上海などに集結せしめた。
第二十一軍の基幹部隊はつぎのとおりである。
第五師団（広島）＝第十一連隊（広島）、第二十一連隊（浜田）、第四十二連隊（山口）
第十八師団（久留米）＝第五十五連隊（大村）、第五十六連隊（久留米）、第百十四連隊（小倉）
第百四師団（大阪）＝第百八連隊（大阪）、第百三十七連隊（大阪）、第百六十一連隊（和歌山）
これに第一、二、三、四師団などから独立機関銃大隊、野戦高射砲隊、第四飛行団など多くの部隊が付随する。
上陸地点は香港島の北東百六十キロのバイヤス湾で、一部（第五師団）が珠江（広東から広東湾に流れる）の河口近くに上陸する予定で、海軍は空母三隻を含む第五艦隊（司令長官塩沢幸一中将）が協力することになっていた。

第二十一軍主力（第十八師団、第百四師団、第五師団の及川支隊）を乗せた船団は、十月九日、澎湖列島の馬公を出港、十二日未明より、バイヤス湾の海岸に上陸を開始した。

各師団とも（第五師団は及川支隊）ほとんど敵の抵抗を受けることなく、午前十時ごろには上陸を完了し、敵を撃破しつつ北進した。平山虚、恵州などの要衝を攻略して、十四日には東江（珠江の支流）に達した。

十九日、広東まで六十キロの増城に達し、増江の渡河を阻止しようとする敵のかなりの抵抗を排除して、二十一日、第十八師団の先頭は、広東に突入してこれを占領、周辺の敵を掃討、追撃した。武漢より一週間前に広東作戦は終了した。

一方、第五師団主力は十月二十二日、珠江の河口に上陸、虎門要塞を攻略して、広東に向かった。

広東作戦が終わると、宮崎はふたたび広東にうつり、第三課長兼特務機関長として活躍した。

唯一の勝利の裏側

昭和十四年三月の異動で、宮崎は三年間の南方勤務を終わって、懐かしい新発田の歩兵第十六連隊長を命じられた。士官候補生時代から馴染みの深い原隊に、連隊長として帰ってきたのであるから、宮崎もしばし感慨にうたれた。

しかし、連隊長は新発田に赴任するわけではない。すでに連隊は満州の穆陵に駐屯して、満ソ国境の警備と匪賊の討伐にあたっていたので、彼は飛行機で東京に飛び、家族に会った後、満州に飛んだ。繁樹は首尾よく幼年学校に合格したので、宮崎もほっとして任地に赴いた。

北緯四十五度の東満はまだ雪の中で寒かったが、ひさかたぶりの原隊勤務は、愉快の一語につきる。連隊付の中佐（軍艦の副長にあたる？）に同期の金山均中佐がいたので、隊務を中佐にまかせ、宮崎はかねての信念にもとづいて将校教育に専念した。

五月中旬、西の国境でノモンハン事件が勃発した。最初第二十三師団が応戦したが、非常な苦戦で、八月には第二師団も戦場に投入されることになった。

十六連隊は、穆陵からハルビンをへて東支鉄道で昂々渓―洮南―ハロンアルシャンと至急移動した。この後、昼夜兼行で三十六時間という速度で、ノモンハンに移動した。同じ道を行軍した第四師団は一週間を要したという。

ここで五月から八月までのノモンハンの戦況の推移を、ふり返ってみよう。

満州国とソ連の国境は大部分が黒龍江とウスリー河で、問題の起きる地域は少なかったが、西の外蒙古と満州国の国境には、河がほとんどなく、砂漠もしくは草原が多いので、紛争の起きる可能性が強かった。北緯四十七度線のあたり、ハイラルの南、興安嶺の西を南東から北東に流れるハルハ河の一帯は、以前から満人と蒙古人が河の東二十五キロのノモンハンの泉の水利をめぐって争いがあった。

ハルハ河は五十メートル以上の幅をもつ河であるが、水は濁っている。満州国ができる以前から、蒙古人はこの東の泉までが蒙古の領土で、満人はハルハ河が国境であると主張して争っていた。

十四年五月十一日、外蒙古軍が国境を越えて満州国側に越境してきたので、ノモンハンに駐屯していた満州国軍がこれを撃退した。翌十二日、外蒙古軍は兵力を増やして、また越境してきた。

ハイラルに駐屯していた第二十三師団（長・小松原道太郎中将）は、東八百蔵騎兵中佐（宮崎の同期生）の率いる捜索隊（東捜索隊と呼ばれる）を現地に派遣して、外蒙軍を撃破し、ハルハ河の西に追い払うことを命令した。

そこで、東中佐が部下を率いてノモンハンに急行すると、敵はすでにハルハ河の西に後退している。しかし、偵察によると、敵はハルハの西岸に兵力を集中しているというので、小松原師団長は歩兵第六十四連隊（長・山県武光大佐）にノモンハンへ出

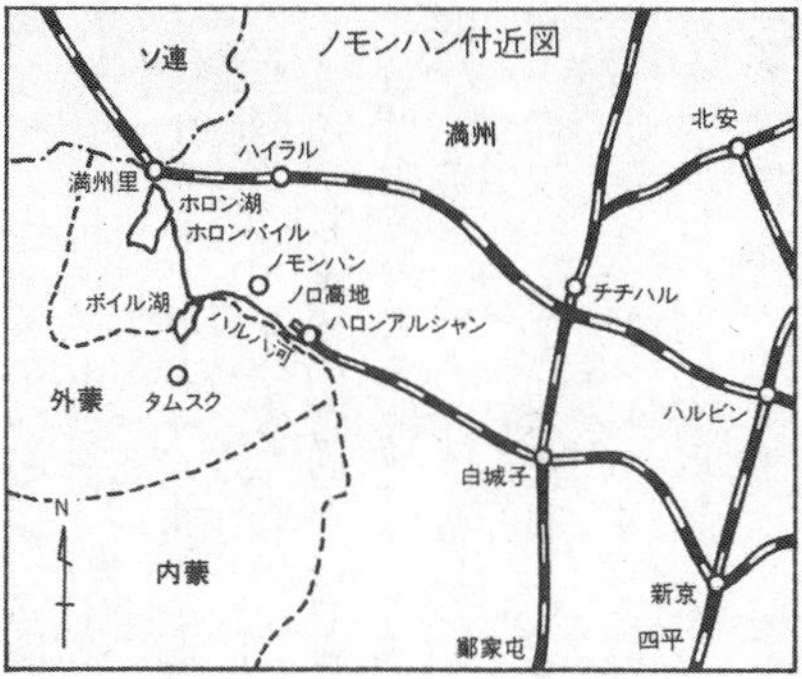

動を命じた。山県は支隊長として東捜索隊をも指揮する権限をあたえられ、二十七日、ノモンハンに到着し、敵を駆逐する行動に出た。

しかしまた越境してきた敵は意外に多く、かつソ連製戦車多数をともなっているので、ここに悲劇の種が蒔《ま》かれた。山県は、この方面の要地バルシャガル高地の敵を攻撃することにして、東中佐にはハルハ河の川又の橋を爆破して、敵の退路を断つことを命じた。

東は、命令どおり川又軍橋の近くに進出したが、敵は有力で、捜索隊だけでこの橋を爆破することは

難しく、山県本隊の応援を必要とすると考え、鬼塚曹長をバルシャガルの東にいる連隊本部に連絡に出した。鬼塚が連絡に行っている間に敵は攻撃してきた。

二十八日、一日中、東捜索隊は奮戦したが、多大の敵のために玉砕してしまった。敵は外蒙軍のほかに多数のソ連軍が参加し、戦車の威力は相当なものである。

ここで日本軍の苦戦がはじまる。

敵は山県の六十四連隊の方にも攻めてきた。山県は敵の進出が早いので、東あてに川又の爆破をやめて本隊と協同し、敵にあたるように無電で連絡したが、無電が故障で、東捜索隊玉砕の悲劇となったのである。

五月三十一日、日本軍は砲兵隊を前線に出して、河向こうの敵を砲撃した。しかし、ハルハ河は西側が高い崖になっていて、こちらは平らな草原なので、日本軍は不利である。

五月三十一日、小松原師団長は撤退命令を出し、第一次ノモンハン事件は終わった。師団長は、東捜索隊に長文の賞詞をあたえ、その中には、「本戦闘にあたり東部隊長および青山、河野両中隊長をはじめとし、ほとんど全員、支隊のために陣地を死守し、名誉の戦死を遂ぐるに至れり」と記されている。

陸上では苦戦したが、空では、わが九七戦の独壇場であった。

当時、ハイラルの飛行場には、第十二飛行団の飛行第十一戦隊と第二十四戦隊がいたが、後者はノモンハン北西二十五キロのカンジュル廟飛行場に進出していた。

五月二十日、ソ連の偵察機一機が越境してきたので、第二十四戦隊第一中隊（可児大尉指揮）が迎撃して、これを撃墜した。ノモンハン撃墜第一号である。

二十二日、可児中隊は、こんどはソ連の新鋭戦闘機イ16の十数機と交戦、三機を撃墜し、九七戦の空戦性能の優秀さをしめした。

ソ連機は、タムスク飛行場（ノモンハンの南西百二十キロ）に航空部隊を集結し、越境をくり返す。二十六日にもソ連機が越境してきたので、鈴木中尉の隊が離陸してこれを迎撃したが、斉藤曹長の機は発動機の調子が悪く少し遅れた。このためボイル湖（ノモンハンの西百キロ）上空でイ16の大編隊と遭遇、空戦によって隊長機を含む二機を撃墜した。

この日、第三編隊長として出撃した鈴木中尉はエンジンの調子が悪く、単機で帰投しようとしたが、ボイル湖上空三千メートルで敵大型機三機編隊と遭遇、その一機を撃墜して、飛行場に帰投した。

二十七日、先に述べた山県支隊と東捜索隊は南下しはじめた。この日夕刻、島田大尉の第十一戦隊第一中隊は、ホルステン河（ハルハ河の支流、ノモンハンの南を流れる）上空でイ16、十八機と空戦、そのうち九機を撃墜した。

二十八日、山県支隊と東捜索隊の戦闘がはじまった。飛行隊もこれに協力し、飛行第十一戦隊は、ノモンハン上空で駆逐機六機、戦闘機三十六機を撃墜した。

こうして空のノモンハンは、わが空軍の圧倒的な勝利に終わった。

ハルハ河東方二十キロを国境だと主張するソ蒙軍は、六月中旬、またもやハルハ河方面に大軍を集結し、十八日にはハルハ河両岸に砲二十数門、機甲車三十数両、高射砲十数門、自動車五百両をそろえ、十九日には三十機をもってカンジュル廟飛行場を攻撃してきた。

関東軍司令部の辻政信参謀は、断固膺懲を叫んだ。司令部は七月上旬、第二十三師団に戦車部隊を増強して、ソ蒙軍を駆逐する計画を立てたが、そのまえに敵航空勢力の一掃を計るべく、タムスク基地の航空殲滅戦を計画した。

その兵力は新京に司令部をおく第二飛行集団の全力を動員し、重爆、九七戦、偵察機をもってタムスクを痛撃する予定であった。辻は六月二十日、みずから高速の九七式司令部偵察機（神風という名で、東京～ロンドン間の連絡飛行に成功した）に乗って、タムスク上空五千メートルから敵情を偵察し、多数の敵機が集結していることを確かめた。

二十三日、関東軍はつぎの関作命第一号を発した。

一、軍は速やかに外蒙空軍を撃滅せんとす。

二、第二飛行集団長は好機を求めて、速やかにタムスク、マタット、サンベース付近の飛行場を攻撃し、敵機を求めてこれを撃滅すべし。

ただし、このタムスク爆撃は参謀本部には内密であった。参謀本部の稲田作戦課長は、張鼓峯の失敗（昭和十三年七月）にこりて、事件不拡大方針であった。越境してきたソ蒙軍を叩くのは止むを得ないが、こちらが越境して外蒙の基地を叩くと、事件が長引くおそれがあった。

この企図を察知したのか、敵は六月二十二日、かつてない延べ百五十機の大部隊で越境し、アムクロ（カンジュル廟の南）とノモンハンの中間上空で、日本軍と交戦し、わが飛行隊は五十六機撃墜を報告した。

六月二十七日、日本軍は予定されていたタムスク爆撃を実施した。午前五時すぎ、各隊はカンジュル廟上空四千五百メートルに集合し、タムスクに向かった。ボイル湖上空から南下してホーレ湖上空にさしかかったとき、下空に敵の編隊を発見、戦闘機隊の一部は空戦に入った。しかし、タムスク上空から飛行場を見下ろすと、敵機はほとんどいない。すでに上空に上がっているのだ。

まもなくイ16の編隊が攻撃してきて、激しい空戦がはじまった。この日の戦果は、撃墜九十八機。爆撃機による地上の飛行機二十機大破という戦果もあった。

大勝に気をよくした飛行隊は、意気揚々として、カンジュル廟飛行場に帰投したが、この報告を聞いた参謀本部は怒った。敵地への攻撃は国際的問題であり、奉勅命令を仰ぐ必要があると、稲田作戦課長は主張してきたのである。

このため稲田課長と関東軍作戦課長寺田大佐との間に激論が交わされたが、結局、関東軍は謝ることはなく、そのかわり今後は越境攻撃の場合はかならず決裁を仰ぐべし、という釘を参謀本部は関東軍に打った。このためこれ以後は飛行隊の協力が得られず、損害に泣くことになるのである。

航空攻撃に問題があるならば、陸上の戦闘でソ蒙軍を撃退しようというので、関東軍は七月一日、ハルハ河の両岸を同時に攻撃することを企図した。前回は戦車でこりたので、こんどは安岡正臣中将（小松原中将と同期）の第一戦車団（第三連隊、第四連隊）を安岡支隊として、小松原二十三師団長の指揮下に入れることにした。

ハルハ河両岸攻撃の軍隊配備はつぎのとおりである。
一、左岸（西岸）攻撃隊＝小林恒一（少将）第二十三歩兵団長の率いる歩兵第七十

二連隊、同第七十一連隊は、七月一日、フイ高地（バルシャガル高地の北西二十キロ）からハルハ河を渡河し、小松台（川又の西対岸の高地）のソ蒙軍を撃破し、安岡支隊と協同して左岸を攻撃する。

二、右岸攻撃隊＝安岡中将の指揮する戦車第三、四連隊、歩兵第六十四連隊、独立野砲兵第一連隊、工兵第二十四連隊は、七月一日、フイ高地近くに基地を移し、ハルハ河に沿うごとく南下して、ソ蒙軍を攻撃する。

つまり、戦車をもって東の右岸を攻撃し、歩兵で左岸の敵砲兵陣地を占領しようというものである。

こうして七月一日、ハルハ河の両岸攻撃が実施された。

まず安岡中将の第一戦車団（第三連隊・中戦車三十両、第四連隊・中戦車三十五両、軽戦車八両）は、右岸攻撃の予定が、ハルハ河を渡って左岸攻撃に変更された。二十九日、ハルハ河に向かう途中、戦車団はソ連戦車隊と遭遇し、交戦、戦車一両を破壊した。泥寧と燃料不足に苦しみながら、戦車隊は進んだ。七月一日午前三時、ドロト湖（ノモンハンの東五十キロ）の基地に着いた。

左岸攻撃の小林歩兵団は、この日午前四時、将軍廟（ノモンハンの北東二十キロ）の基地を出発して、フイ高地（将軍廟の西三十キロ）南のハルハ河渡河点に向かって

いるので、安岡支隊長は部下の戦車団に、

「午後一時、ドロト湖を出発して、将軍廟に向かうべし」という命令を出した。

命令どおり安岡支隊の戦車隊は午後一時、ドロト湖を出発して、四十キロ北西の将軍廟に向かった。真夏の草原の気温は三十度に上がり、戦車の中では隊員が猛暑に苦しんでいた。暑熱の中を走ること四時間、午後五時すぎ、戦車隊は将軍廟に到着、第二十三師団司令部と顔を合わせた。

また右岸担当の山県支隊（第六十四連隊）は、安岡支隊の先遣隊として、一ヵ月前に苦戦した川又、バルシャガル高地方面に向かっていた。

安岡支隊の戦車隊の任務は、二日夕刻に予定されている小林歩兵団のハルハ河渡河を援護するため、右岸の敵戦車を叩くということである。戦車隊は二日午前四時、将軍廟を出発、午後三時、マンズテ湖（バルシャガル高地の北十五キロ）に到着、安岡中将は先にきていた山県大佐から状況を聞いた。敵はバルシャガル高地付近に強固な陣地を構築しているという。この陣地を叩けば、当然、優勢な敵の戦車が出てくると考えられた。

安岡中将は、いざ決戦というので、二日夕刻、南のバルシャガル高地に向かって前進を命じた。予想どおり敵は出てきた。先頭をいく吉丸部隊（戦車第三連隊）は、雷雨の中で敵戦車団をとらえ、戦車、装甲車各二十両に損害をあたえて、午後八時、バルシャガル高地に進出、敵陣地を痛撃した後、山県支隊と会合した。

一方、左翼をすすむ玉田部隊（戦車第四連隊）は、敵戦車二両、装甲車十両に損害をあたえ、バルシャガルの東の敵陣地を破壊し、ウズル水（バルシャガル高地の北東十二キロの小湖）に集結した。

交戦してみると、ソ連戦車は予想より性能がよかった。ソ連の戦車砲は射程が長く、貫徹力も強く、わが戦車の砲塔の壁を貫通する。また敵の砲兵は、ハルハ河の左岸から、わが戦車を砲撃して、損害をあたえた。

二日夜、わが戦車隊は、世界の戦史上はじめてともいえる戦車の夜襲を敢行した。午後十時すぎ、各中隊はバルシャガル高地の東の七五五高地に向かって前進し、闇の中の乱戦ながら、敵に相当の損害をあたえた。

三日朝、この日は小林歩兵団が、昨夜のうちにハルハ河を渡河して、左岸を攻撃するはずなので、安岡中将はこれと協力するため、ふたたび川又方面に向かい攻撃前進を命じた。

この日、わが戦車は、敵のピアノ線戦術に悩まされた。戦車のキャタピラにこれがからみつくと、身動きがとれなくなる。吉丸部隊はバルシャガル高地の攻撃で、このピアノ線で十両が擱座した。敵にあたえた損害は、戦車三十二両、装甲車三十五両であったが、わが方も戦車十三両、装甲車五両が破壊され、連隊長吉丸大佐、副官古賀音人少佐ら十五名が戦死するという激戦であった。

玉田部隊も敵戦車七、八両と遭遇し、これを撃退したが、敵の陣地は強固であり、その戦車、砲兵の兵力から、猪突は無理とみて、後退して捜索警戒を行なうことにした。

三日は晴天で、朝からハルハ河の左岸では、小林歩兵団をふくむ第二十三師団主力が攻撃しているらしく、あちこちで白や黒の煙が上がっている。これは敵戦車の燃えている煙である。左岸の方はやっているな、と思うと、安岡支隊長は、右岸もこれに協力しなければならないと焦った。

左岸のようすはどうであろうか。左岸攻撃隊の主力、小林少将の二十三歩兵団は、歩兵第七十一連隊（長・岡本徳三大佐）、歩兵第七十二連隊（長・酒井美喜雄大佐）、それに北海道の第七師団から派遣された第二十六連隊（長・須見新一郎大佐）が中心で、小松原師団長は二日夕刻からハルハ河を渡河して、左岸に出る予定であった。

だが、第七十二連隊がフイ高地の攻撃で方向を誤り、かなりの損害を出したこともあって、渡河は、三日未明二時三十分からとなった。渡河点は、川又より十五キロ北のヤス地点であったが、ここでもミスがあった。

暗いので、ハルハ河の岸だと思って準備をしたところ、それは渡河点から五百メートル以上北のタギ湖であったので、また渡河が遅れた。三日に入ってようやく渡河にかかった。歩兵は折畳舟や鉄舟を用い、自動車や砲は船橋をつくって渡すので、輸送隊は非常に苦心をした。

このとき、辻参謀は第一線の大隊と同行したが、渡河のころは大雷雨となった。ハルハ河の右岸では、玉田部隊が必死の夜襲を行なっており、南の方から殷々たる砲声が聞こえてきた。辻の著書『ノモンハン』には、渡河の模様がこう書いてある。

「重い舟に汗だくになった兵を叱咤しつつ、静粛行進どころではない。走るように川岸に突進した。やや躊躇の色が見えたとき、『ひよどり越えの逆落としだ。舟を滑らせよ。人も一緒にだ！』と大隊長は一喝し、十隻の折畳舟は工兵とともに断崖を滑り、否、転がり落ちた。偶然にも、そこはハルハ河に近い道路のかたわらである。ほっとして工兵がすばやく舟を水の面に浮かべた。折から小雨が降ってきた。

大隊は十隻の小舟で、五十メートルばかりの川を漕ぎ渡った。流速は思ったより速く、ふかさも深い。しかし、幸い川岸には敵はいなかった。兵士はむさぼるように川水を呑んだ。昨日から灼熱の砂漠で水に困りぬいていた兵士だ。戦いも忘れるようにむさぼり呑んだ」

最初に渡河を終わった岡本部隊の第一大隊長藤田千也少佐は、六キロ南のハラ高地に向かった。敵はいなかった。フイ高地攻撃のとき、酒井部隊、岡本部隊がまちがって北の方に向かったので、ソ蒙軍が渡河点をもっと北の方だと考えていたのかも知れない。

敵が出てこないままに藤田大隊長は辻参謀とともにどんどん南に進み、小松台の砲兵陣地をめざした。ここで大隊長は工兵の架橋の援護のために、壕を掘って敵を待つことにした。

このとき、藤田大隊長が戦死するのであるが、そのようすを辻の『ノモンハン』は、つぎのように書いている。

「壕を掘り終わった。直後、突然激しい銃声が響き、砲声が南に起こった。曳光を引く敵の弾道が明らかに敵の数を現わしている。『戦車だ！』と叫ぶ声。『壕に入れ、肉薄攻撃準備！』と（自分が）怒鳴った瞬間、隣りに立っていた藤田大隊長が倒れた。頭部貫通だ」

これによると、辻が「壕に入れ」と怒鳴ったとき、大隊長が被弾したように書いてある。当時、岡本部隊の連隊旗手を勤めていた阿部武彦少尉が聞いた話では、敵の戦車が猛攻をつづけているときに、辻参謀が「攻撃前進！」といったので、大隊長が立ち上がったところ、敵弾が頭に命中したという。

岡本、酒井両部隊の主力は、小松台に向かって南進をつづけた。ようやく明るくなってきた地平線に、つぎからつぎへと戦車の群れが、甲虫が頭をもたげるようにして、現われてきた。二、三十両が一群となって前進してくる姿は壮観である。激烈な戦闘が展開された。

岡本部隊の戦闘詳報は、連隊砲、速射砲、野砲の活躍を記録している。

「午後二回にわたり各百両の戦車、装甲車、勇敢に突進しきたり、完全にわれを包囲す。なかには二十メートルまで近接せるものあり。わが連隊砲、速射砲、野砲の一部は火を吐き、完全にこれを撃退せり。四周に擱座せる鉄塊無慮数十、炎上せる炎は天日を覆い、ときならぬ八幡工場地帯を現出せしめたり」

酒井部隊も奮戦、その戦闘詳報はつぎのとおりである。

「十一時ごろ、約四十七両の戦車、われを攻撃、午後一時ごろには約百両の戦車逆襲し来れるも、大部分を擱座せしめ、その黒煙、幾数十条となりて天に沖し、あたかも日本海海戦の絵巻物のごとし」

この戦いでは、徒歩の歩兵が、戦車地雷や火炎瓶で多くの戦車を擱座させたのが一つの特徴である。須見部隊も後から渡河し、百六十両の敵戦車と激戦を演じた。

この日の戦闘において、小林歩兵団はソ蒙軍の戦車、装甲車合わせて百五十両を破壊、炎上せしめた。

しかし、部分的にはわが歩兵の勇戦のめざましいものがあったが、戦車を持たない部隊の弱みで、三日午前には、小松原師団長の司令部も、敵戦車に取り囲まれ、師団長は乗用車で決死の脱出を計った。

追いすがる敵戦車と乗用車との距離は、わずかに十五メートル、あわや師団長もキャタピラの下かと思われたが、このとき、野砲兵第十三連隊第三大隊第七中隊長草葉栄大尉は、野砲の直接射撃で、つぎつぎに敵戦車に打撃をあたえ、師団長の危機を救った。

この戦闘を重要視した関東軍は、矢野参謀副長を二十三師団司令部に送って、実戦を視察指導せしめた。ソ蒙軍が膨大な戦車団を注ぎ込んでいることを知った矢野副長は、このままでヤス地点の軍橋を破壊されると、補給が跡絶えて、師団は左岸に孤立する可能性が強いとして、師団長に撤退を指示した。

師団長も了解して、小林歩兵団は四日、撤退することになった。そして四日、右岸に渡った師団参謀長の大内努大佐は、砲弾の直撃を受けて戦死した。

この撤退で殿軍を引き受けた須見部隊は、多くの犠牲を払ったが、このとき、撤退の視察に須見部隊にきた辻は、須見部隊長が、連隊本部でビールを呑んでいたと誤認し、戦後、部隊長に面罵されることになる。辻がビールだと思ったのは、当番兵がビール瓶に水を汲んできたもので、その当番兵も手記を書いて、辻の間違いを指摘している。

辻が、この事件を報告書に書いたので、ほかの理由（須見部隊長はつねに司令部を批判していた）もあったが、須見大佐は待命となった。

須見大佐は、つぎのようにノモンハンとハルハ河の渡河を批判している。

「ノモンハンは太平洋戦争のサンプルだ。（辻は）その教訓を活かさずに、ガダルカナルでも同じこと（兵力の逐次投入）をやって、戦死者を増やしている。ハルハ河の渡河作戦は行きあたりで、少しも計画性がない。敵は基地に近く準備は万全、われは出鱈目である。敵は装備優良、われは裸体なり。作戦地の関係上、敵は大敵なのに、関東軍司令部はこれを侮っていた」

ハルハ河の両岸作戦の後も、敵の兵力はますます増大してくるので、七日から十日まで小松原師団長は、バルシャガル高地からホルステイン河方面の敵に対して夜襲を行なった。何としてでもこの敵を叩いて、師団の面目を立てようとの努力である。

七日夜、酒井部隊は多くの犠牲者を出しながら、各所に敵を撃破して、その勇猛ぶりをしめした。この夜の部隊の戦死者は百一名、負傷は百九十一名である。（酒井大佐は八月下旬の戦闘で重傷を負い、九月中旬の停戦協定後に、自決している）

七月中旬までノモンハンのわが戦力は、二十三師団が主力で、頼みとする戦車団も、損害が大きいという理由で、原隊に引き揚げた。このときソ蒙軍は六個師団を注ぎ込んでいたというから、いかに勇猛なりといえども、六対一では勝つことは難しい。しかし、関東軍は、ノモンハン事件の敗北を認めようとはしなかった。

七月中旬、関東軍は二十三師団に砲兵隊を増強して、ノモンハンのソ蒙軍を、わが方のいう国境（ハルハ河の線）から駆逐して、面子を立てようとした。

今回は関東軍砲兵団（長・内山英太郎少将）、野戦重砲兵第三旅団（長・畑勇三郎少将）が参加して、歩兵の弱点を補うことになった。

この砲撃中心のハルハ河右岸の攻撃は、七月二十三日から二十五日まで行なわれた。敵の砲兵を制圧したとして、歩兵が前進をはじめると、またもや左岸の小松台砲台から猛烈な射撃を受けて、歩兵の突撃はできない。その後も突撃を試みるが、敵の砲兵の層は厚く、火力は圧倒的である。

二十五日午後、関東軍は砲撃と歩兵の突撃の中止を命じた。

八月四日、一個師団ではとうていノモンハンの敵を追いはらうことはできないとみて、関東軍の意見を入れ、参謀本部は、あらたに第六軍を編成し、第二十三師団をその隷下に入れた。軍司令官は荻洲立兵中将（小松原中将より一期上）、参謀長は藤本鉄熊少将であるが、参謀の大部分は満州に関する知識が乏しく、多くを期待することはできなかった。

では、どこが間違っていたか。

一、ソ蒙軍が、特にその背後にあるソ連政府が、どの程度の決意をもってノモンハンに出て来たのか、その情勢判断がきわめて甘かった。偵察の程度だと考えていたのである。

二、後にいわれたように、兵力の逐次投入が敵の兵力の増大を来し、回復を困難にした。

三、敵がどのような意図をもって、この辺鄙な田舎に兵力を投入して来るのか、その背後にある国際的状況を見とおすことが必要であった。（ソ連は、ヒトラーと手を結び、ポーランドに侵入することを考えており、そのために極東で、日本に一撃をあたえておく必要があった）

四、近代戦に関する知識が不足していた。とくに戦車を含む機甲部隊の戦術が、研究不足であった。日露戦争時代（一九〇四年）の歩兵の突撃をすれば、大和魂によって最後の勝利を得られるという精神主義が、三十五年後のソ連には、通用しなかった。

五、参謀本部と現地の関東軍の意思の疎通が悪かった。参謀本部の稲田作戦課長は、六月二十七日のタムスク攻撃のときは、越境攻撃は不可として、厳しく関東軍を叱っているが、七月一日の左岸攻撃のときは黙認している。方針が喰い違っている。陸海軍とも、太平洋戦争でも、中央と出先の意見が衝突することはよくあった。

六、戦訓を活かすことが徹底していない。稲田作戦課長は、前年の張鼓峯の戦いで、ソ連軍の戦車に、第十九師団が大打撃を受けたことをよく記憶している。したがってノモンハンでは、不拡大方針を取ろうとした。しかし、「ソ連軍の戦車恐るべし」という戦訓は、関東軍には全然通じていなかったのではないか。

第六軍が編成されても、戦車団はすでに原隊に帰投しているし、関東軍が企図している第二、四、七師団の戦場投入はまだ具体化しないしで、戦闘継続か、作戦中止か……関東軍司令部が迷っている間に、ソ蒙軍は八月下旬、突如、大攻勢に出てきた。

もちろん、これは独ソ不可侵条約締結（八月二十三日）と、それにつづくポーランド侵入をにらんでの措置である。

八月二十日未明、ソ蒙軍は日本軍の右翼（フイ高地）、中央（バルシャガル高地）、左翼（ノロ高地）の三方面から大包囲作戦を開始した。

関東軍司令部は、この大攻勢も、二、三日で終わるだろうとタカをくっていたので、そのために多くの部隊長が、戦死または自決するような大損害をこうむるのである。

この八月攻勢によって、フイ高地の井置栄一中佐の捜索隊は包囲され、長谷部部隊と森田部隊が守備するノロ高地からヨヨ高地（ノロ高地の南東四キロ）にいたる線では、戦線が広すぎたために各大隊が包囲されるにいたった。

このとき、ソ蒙軍の指揮をとったのは、後にドイツとの戦いで、ソ連軍を指揮したゲオルギー・ジューコフ大将である。彼がこの作戦に投入した兵力は、歩兵四個師団、騎兵二個師団、戦車七個旅団、重砲三個師団で、ソ連の決意をしめすものである。

フイ高地を守る井置部隊（騎兵二個中隊中心）の周囲には、歩兵千名、騎兵二百名、山砲十門が押し寄せていた。雲霞のような敵に包囲された井置部隊は、敵の砲撃で大損害をこうむり、よく戦ったが、このままでは部隊が全滅すると判断した井置中佐は、独断で後退し、停戦後、責任をとって自決した。

ノロ高地の長谷部部隊も、苦戦の状況は同じで、長谷部大佐は二十六日、独断で転進し、停戦後、自決する。

ノロ高地の東を守る森田部隊も苦戦し、森田大佐は二十六日、敵の機関銃弾を胸に受けて壮烈な戦死を遂げた。森田大佐の後任、東中佐も三十日、連隊本部を戦車に包囲され、軍旗を奉焼して敵に突撃して戦死した。

そして、事件当初から苦しい戦いをつづけてきた歴戦の山県部隊長（奉天第六十四連隊長）も、思い出深いバルシャガル高地で、三十日、敵に包囲されて自決している。一緒にいた野砲兵第十三連隊長伊勢大佐も自決している。

同じ日、小松原師団長もバルシャガル高地の近くで、敵に包囲されたが、三十一日、危うく脱出して、モヘレヒ湖（バルシャガル高地の東十八キロ）の軍司令部に着いた。

このように八月の作戦で、第六軍は甚大な損害を受け、多くの部隊長が陣地を死守できなかったという理由で、自決を遂げているが、終始状況判断が甘く、指導に失敗を重ねてきた関東軍司令部は、辻参謀をはじめ一人として自決して責任をとる者はいなかった。（彼らの言い分は、第二師団、第四師団などを動員して、いよいよ敵に大打撃をあたえようとしたとき、天皇の命令だとして、参謀本部がノモンハン作戦の停止を命じたので、せっかくふり上げた大鉄槌を下ろすことなく終わってしまったというのである。ノモンハンでは、惜しいところでソ蒙軍を叩きそこなったと、当時の参謀たちは残念がっているという）

天皇陛下の大命によって、ノモンハンの攻勢中止が参謀本部から関東軍司令官に伝達されたのは、九月四日のことである。中島鉄蔵参謀次長が新京にきて、これを伝達した。いよいよソ蒙軍を叩く時期到来と考えていた参謀たちには、青天の霹靂であった。

しかし、戦車と飛行機の数が圧倒的に違う以上、ただ師団を多く集めただけでは勝利は困難であろう。また数個師団をハイラルの草原に展開するならば、これは本格的な日ソ戦で、そうなると、問題のシナ事変の解決はどうなるのか。この前に関東軍の参謀副長をやっていた天才石原莞爾に聞いてみたいところであるが、彼は東條英機（当時、参謀長）と喧嘩をして、舞鶴要塞司令官の閑職に追いやられていたので、口を挟む権限はなかった。

いま一人の〝天才〟辻政信は、「顧みて微力、統帥の補佐を誤り、名将の武徳を傷つけ、数千将兵の屍を砂漠にむなしく曝《さら》した罪を思うとき、断腸切々。悔恨の涙は惜しからぬ残生をなげうって、在天の英霊に心からのお詫びを誓うのである。思えば挑まれた戦いであり、縛られた戦いであった」と反省しているが、停戦の命令を聞いたときは、「戦争は負けたと感じたものが負けたのである」と、敗戦の責任を認めない言葉で『ノモンハン』をしめくくっている。

日本政府はノモンハン事件の途中から、これは国境紛争であるから外交の側で解決したいとの意向をもって、モスクワ駐在の東郷駐ソ大使に、モロトフ外相との交渉を命じていた。

東郷はモロトフとの交渉の結果、九月十五日、停戦協定を結んだ。肝心の国境線に関しては、委員会が結成され、翌十五年六月、以前から外蒙が主張していたハルハ河の東二十キロのノモンハン集落を含んで、北西から南東に引いた線ということに決定した。

これでも辻参謀は負けたと感じなかったであろうか。

ノモンハンの石

宮崎の名前は、ビルマ戦の名将として有名であるが、ノモンハンでの善戦ぶりはよく知られていない。防衛研修所編の戦史叢書『関東軍1・対ソ戦備・ノモンハン事件』は、八百ページにのぼる大冊であるが、宮崎の十六連隊の活躍に関しては、「片山支隊（第十六連隊が所属していた）は、九月に入ってから、一時、関東軍の指導によって行動をひかえたが、八日、九日にわたって、当面の外蒙軍騎兵師団に対して果敢な夜襲を展開した。歩兵第十六連隊（長・宮崎繁三郎大佐、のち中将）は、たちまちにして優勢な外蒙軍騎兵を撃破し、こうしてこの方面の戦略態勢は、急速にわれに有利となった」と数行書いてあるだけである。

では、宮崎の十六連隊は、どのように戦ったのか。

『新発田連隊史』と『十六連隊・九〇四高地（ドロト湖南西約二十四キロ）付近戦闘詳報』によって、その実戦のようすを見てみよう。

前述のように、穆陵にいた十六連隊は、ノモンハンに急行することを命じられ、八月三十一日、ハロンアルシャン（ノモンハンの南東百キロ）の基地に集結した。

ノモンハンでは十六連隊は、片山省太郎少将（二十二期、歩兵第十五旅団長）の指揮する片山支隊の中に入って戦った。ほかには歩兵第三十連隊（高田）野砲兵第三大隊が、この支隊に所属していた。

ハロンアルシャンに到着した宮崎の十六連隊は、片山支隊に、つぎの命令が出ていることを知った。

「小松原兵団は危急に瀕す。貴兵団はドロト湖西方地区に急進すべし」

かねて七月以来、ノモンハンにおける関東軍の苦戦を聞いていた連隊の将兵たちは、「いよいよ二十三師団の仇を討つのだ」と勇み立った。

八月二十五日夜、十六連隊に応急派兵の命令が下ったとき、宮崎は将校全員を集め、「平時訓練の真価を発揮するは、まさにこの秋《とき》にあり」と強く激励したのであった。

十六連隊は関東軍命令によって、ハロンアルシャンに到着後、休むことなくドロト湖に向かうことになった。まさしくこのころ、バルシャガル高地やノロ高地では、各部隊の玉砕や部隊長の自決がつづいていたのである。

穆陵からの移動で疲労の色の濃い部下を前に、宮崎はつぎの連隊命令を出して、勇気を奮い起こさせて戦場に向かうことにした。

連隊命令

一、ノモンハンの友軍は危急に瀕しありて、一日千秋の思いにて、わが連隊の到着を待ちつつあり。

二、連隊は、万難を排してドロト湖西北方地区に向かい前進する。落伍者あるも意に介することなく急進を敢行すること。

こうして連隊主力は、九月一日正午すぎ、ドロト湖南西四キロの地区にいたった。この地点では片山支隊長が待っており、先行した宮崎連隊長は、わが連隊の目的は、南西正面の敵（ノロ高地などで森田部隊などを撃破した）を攻撃する。敵は狙撃（日本の歩兵）三個師団半、機械化部隊五個旅団で、目下陣地を構築中である、というような情報を部下につたえた。

この段階で、敵はハルハ河の東、ホルステン河の南の一帯（ノロ高地やヨヨ高地を含む）の日本軍を圧倒し、将軍廟に迫る勢いをしめしていた。

これに対し関東軍は、すでに参謀本部から中島次長がきて停戦を講じている段階ではあるが、できるだけ停戦協定を有利に持ちこむために、ソ蒙軍を押し返しておこうと、八月二十五日、満州国の東正面を守備していた第二、第四師団、それにチチハル付近に戦略予備兵団として駐屯していた第七師団に、ノモンハンへの急派兵を命じたのである。

停戦協定の条件をよくするという理由はあったが、そこには例によって関東軍の参謀たちの面子があった。遅ればせながら、関東軍の全力を投入して、ソ蒙軍に目にもの見せて、関東軍の威力をしめしてやろうという考えがそこにあった。彼らは激戦四ヵ月にしてやっと、兵力の逐次投入では、ソ蒙軍を駆逐できないことに気づいたのである。

宮崎の十六連隊の任務は、当然、このホルステン河南方地区の敵を駆逐して、わが方が国境だと主張しているハルハ河の線まで敵を押し返すことである。

ドロト湖への行軍の途中、九月一日になってからも、十六連隊の将兵は西の方に、激しい砲声を聞いた。

「友軍が戦っているな。二十三師団か、それとも関東軍の砲兵連隊か?」

そう考えながら、兵士たちは歩いたが、まさかその作戦が、多くの部隊長を自決させ、ホルステン河の北と南で、各部隊が玉砕に近い損害をこうむっているとは、神ならぬ身の知る由もなかった。

九月四日、兄弟連隊の第三十連隊がドロト湖の基地に到着することになり、片山支隊長は六日を期して夜襲を行ない、ホルステン河南方の敵のうち、とくに南渡（ノロ高地の西南西三十キロ）に橋をかけて、北に越境している敵を攻撃することになった。

宮崎は、早速、部下をつれて地形の偵察に出かけた。

この橋（南渡と呼ぶ）の東に、有力な見張りの基地とみられる三つの高地がある。これを西から南山、東山、九九七高地と名づけた。南山の北に秋山があり、その東に二本松高地がある。

宮崎は、まず連隊主力を二本松に進出せしめ、ついで尾ノ山少佐の第二大隊に秋山を攻撃させ、源紫郎少佐の第一大隊を東山に向かわせ、別に第一大隊第一中隊（長・伊藤今朝長中尉）に九九七高地を攻撃させることにした。

四日、片山支隊長は、つぎの旅団命令を下した。

一、旅団は敵の当面に牽制する目的をもって、八八五高地に秋山の西（第三十連隊の担当）より九九七高地にわたる敵陣地に対し攻撃を準備せんとす。

二、十六連隊は一部をもって九〇四高地（秋山高地の西）付近を奪取するための準備をなすべし。

三、現在地出発は六日、日没後とし、攻撃実行時機は、七日前夜半と予定す。

四、合言葉は山と川とす。

このため宮崎は十六連隊命令を発し、「準備周到」をモットーとして、地図のほか現地の写生図を各隊長に配るなど、夜襲の準備を進めた。十六連隊は日清戦争以来の歴戦の部隊であるが、シナ事変では、昭和十二年に熱河から大同、太原に転戦したほかは、ノモンハン事件のときまで東満の穆陵に駐屯していたので、かならずしも実戦の経験者が多いとはいえなかった。

そこで宮崎は穆陵で、熱河省で行なった劉家口や新開嶺の夜襲の経験を活かして、部下の猛訓練を行なってきたので、夜襲に関してはかなりの自信を持っていた。

五日、十六連隊の任務は秋山、東山、九九七高地の攻撃、と変更されたので、宮崎はいよいよ張り切って、部下を激励した。

ところが、六日になると、関東軍から「夜襲を中止すべし」という命令が出されたので、宮崎はがっかりした。三日には参謀本部から、「ノモンハン方面における攻勢を中止すべし」という命令が出ていた。

関東軍はなおも、「各戦場には数千の遺体あるにつき、この収容を終わるまでは、作戦行動を許可されたし」と意見具申をしていた。それで片山支隊の夜襲も、一時、見送りとなったのである。

そして六日、参謀本部は関東軍の意見具申を却下したが、関東軍は、なおも戦闘継続をねらって、八日午前、片山支隊に、「先の夜襲は、今夜、行なうべし」といってきた。

「どうも関東軍の方針はぐらついているな。やるならやるで参謀本部を説得すべきだ」

宮崎はそう呟いたが、もともと上層部に不平を言わない男なので、あらためて連隊命令を出した。

　連隊命令

一、連隊は本八日夜、主力をもって東山高地、一部をもって秋山高地および九九七高地を奪取せんとす。

二、第一中隊（機関銃一小隊を付す）は九九七高地を奪取すべし。

三、第一大隊は東山高地を奪取すべし。

四、第五中隊（長・秋山竹次郎中尉）は秋山高地を奪取すべし。

五、第二大隊は予備隊とす。

六、右、第一線部隊の突入時刻は、午後十一時とす。敵陣地奪取後は、速やかに工事を実施し、明払暁後の敵の回復攻撃を阻止すべし。

　この時点で敵の兵力は、歩兵、騎兵、二個大隊。戦車約百五十両。野砲、山砲十数門。迫撃砲数門。飛行機五、六十機と推定された。

　かくて日没となり、まず秋山中隊は西に進み、午後十一時、秋山高地を奪取した。敵の抵抗はなかった。

　連隊主力は十時三十分、二本松高地に進出、宮崎は第一大隊に東山攻撃を命じると、自分は浅井大尉(機関銃第二中隊長)と波多江大尉(連隊砲隊長)をつれて、二本松南方高地に進出した。

十一時四十五分、東山の方向で、夜襲成功の信号弾二発が上がると同時に、機関銃、手榴弾の爆発音が盛んとなった。

東山陣地はハルハ河以北の東部陣地の左翼にあたり、ソ蒙軍の重要拠点なので、抵抗は激しかった。白兵戦となり、先頭を行く第二中隊第二小隊長の桜井正保少尉は、奮戦して敵兵三名を斬殺したが、手榴弾のために、この戦いで最初の戦死者となった。はじめ第三中隊方面は比較的順調であったが、山頂に近づくにしたがって敵は数を増し、その抵抗も激しくなって、夜襲はまったくの強襲となり、彼我の軽機、手榴弾、擲弾筒の炸裂音が山をおおい、九日午前三、四時ごろには、形勢は楽観を許さぬ状態となった。

この間、敵は九九七高地―東山高地―九〇四高地という順でハルハ河左岸の主陣地まで、信号弾を上げて連絡を取っていたので、数時間後には敵の大部隊が、こちらに増援する可能性を宮崎は認めた。

九日朝になっても、敵は東山の山頂に頑張って、南山、九〇四高地の砲兵の砲撃と相まって、わが第一中隊(北から攻撃)、第二中隊(南から攻撃)を攻撃、とくに南に回った小田中尉の第二中隊は、損害が大きくなってきた。

また、南山方面には早くも戦車が出動してきたので、連隊砲は敵自動火器と戦車の破壊に活躍した。第一中隊は、九九七高地の西に回って、東山高地の敵を射撃したが、逆に敵砲兵の猛射を受けた。

この苦戦の状況をみた浅井大尉は、連隊本部の連隊長に、東山高地を包囲攻撃することを意見具申した。

宮崎は、まず九九七高地にいた第五中隊に、九〇四高地にいたって東山高地の敵を攻撃、第一大隊を援護すべきことを命令し、かつ頃合いよしとみて、尾ノ山少佐の第二大隊主力を九〇四高地に派遣することを決めた。

第二大隊長は第五中隊をも指揮するよう命令を受け、午前九時四十分、九〇四高地南西の地点に進出した。

第二大隊の猛攻によって敵は動揺し、十時三十分ごろ、戦車、飛行機と協同して歩兵、騎兵の増援を送ったが、第二大隊はこの増援隊を撃破し、十一時二十分ごろには、九〇四高地付近の敵に殲滅的な打撃をあたえた。

このころ東山高地の敵も後退をはじめ、十一時三十分ごろ、宮崎連隊長は、騎馬で東山高地の第一大隊本部に到着した。

これで戦いは一段落であるが、宮崎は油断をしてはいなかった。

「おい、敵はかならず出てくるぞ。停戦協定の間際だ。このまま凹むとは思えんな」

宮崎は通信班長の松川少尉にそう言い、各大隊に警戒を厳にするよう注意を送った。

はたせるかな、午前十一時五十分、秋山高地の友軍から、連隊本部（戦闘司令所）につぎの電話が入った。
一、敵戦車三十五両、八九五高地（西方）より前進中。
二、敵戦車は約七十両にて、歩兵、騎兵、二個大隊とともに南渡方向より前進中。
連隊本部にいた副官石川音五郎大尉がこれを受けたころ、早くも敵の先頭戦車群は、九〇四高地の西北方四キロの岩山付近に集結しつつあるのが、本部から展望できた。

石川は、この敵情を、ただちに敵に近い第二大隊長に連絡しようとしたが、電話線はまだ秋山高地から九〇四高地に向かう途中であり、急には連絡がとれないので、東山高地の第一大隊に通報した。

第一大隊本部にいた宮崎は、午後十二時すぎ、西方に新しい敵が出現したことを知ると、

――やはりきたか……。

と唇を噛むと、ただちにこの状況を片山支隊司令部に報告するとともに、第一大隊を九〇四高地方面に支援に行かせようとしたが、大隊は弾薬補給中なので、連隊砲に第二大隊の支援を命じた。

連隊本部に帰った宮崎は、午後二時十五分、支隊長より支隊の予備隊であった第三大隊（長・大橋市伊少佐）を十六連隊長の指揮下に入れる旨の連絡を受けた。

そのころ、第二大隊は、草原に砂塵を巻き上げて驀進してくる敵戦車の大部隊と交戦に入っていた。

二時三十五分、秋山高地からつぎの電話が入った。

「戦車七十両、九〇四高地西北方四キロ付近に現出、前進準備中なり」

このころ、すでに南渡方面より前進中の敵重戦車約百五十両（第一梯団約七十両、第二梯団約八、九十両）、歩兵、騎兵二個大隊は、わが第二大隊に接近、猛射中であった。

この報告を聞いた宮崎は、

——いよいよ正念場か……。

と唇を引き締めた。ノモンハンの草原に散った多くの将兵と、自決して果てたという連隊長たちの面影が、瞼の中に浮かぶようであった。

彼はただちに騎馬で九〇四高地に向かうことにしたが、熱河作戦のとき二回の壮烈な夜襲で金鵄勲章功三級をもらった名将も、ソ連軍戦車の本格的な攻撃に対して、戦車を持たぬ一個連隊の歩兵で、どのくらい戦えるか自信はなかった。

――しかし、訓練は十分にやってきたのだ。今日はやれるだけやって、東北健児の腕をノモンハンで試してみるまでだ……。

そう考えながら、彼は草原に馬を走らせた。

このころ九〇四高地では第二大隊が、群がる敵重戦車を相手にして、死闘をくり返していた。敵の戦車砲は計百数十門におよぶが、わが方が頼むのは、連隊砲と浅井大尉の機関銃第二中隊が主力である。百五十両の戦車が一斉に猛射をはじめると、第二大隊が拠っていた九〇四高地とその西方一帯は、もうもうたる砲煙におおわれた。

第二大隊にとって不運であったことは、この日は西風が強く、砲火によって草原が燃え上がり、その火炎が九〇四高地の方に吹いてくることであった。

午後二時から三時にかけて、第二大隊の戦場は、まったく炎と煙におおわれ、二〇三高地の激戦もかくやと思われるほどになった。かねて覚悟の尾ノ山大隊長は、

「一歩も退くな!」と軍刀を手にして怒号するが、多勢に無勢の悲しさ、敵は九〇四高地西方の陣地や丘をつぎつぎに取って、九〇四高地西の斜面に進出していた尾ノ山

大隊長の本部に、ひしひしと押し寄せてきた。

松川通信班長をつれて、秋山高地の近くまで形勢を観望に出かけた宮崎は、もうもうと煙る九〇四高地に、これでもか、これでもかとつめかける敵の大戦車部隊を認めて、

「これでは第二大隊だけでは持ちこたえられぬ。早く第三大隊を支援に急行させなければ、危ういぞ」

急遽、本部にとって返し、第三大隊の戦場加入を督励し、第一大隊の九〇四高地方面への参加を下令した。

しかし、東山高地の西と南山にも敵の戦車が攻めてきたので、第一大隊はこれへの応戦に追われていた。ドロト湖から急行する大橋少佐の第三大隊の戦場到着は、午後四時以降と考えられた。第二大隊からは、

「敵戦車大部隊を迎え、われ苦戦中なるも、一同士気旺盛、とくに肉薄攻撃班の戦果は大いなるものあり」という報告が入っていた。

ノモンハンの戦訓にもとづき、宮崎は火炎瓶、棒地雷などを持って、戦車に肉薄して攻撃する決死隊を、養成しておいたのである。

第二大隊の必死の奮戦にかかわらず、午後三時すぎには、敵は第二大隊の左翼にそ

の攻撃を加え、わがマユ、ダルマなどの陣地はこれに蹂躙されるにいたった。

このため、この正面を守っていた伊藤敬次郎大尉の第七中隊の主力は、ほとんど全員が死傷するという損害を受けた。

連隊本部にいた宮崎は、連隊砲、速射砲にも、戦車への攻撃を加えるよう督励する一方、第二大隊長に伝令を送って、第三大隊が到着するまで持ちこたえるよう激励した。尾ノ山少佐は平素沈着な将校であったが、剣道が強く豪勇の士であることに、宮崎は期待を抱いていた。

一進一退の状況から午後四時をすぎると、敵は第二大隊長の指揮する正面にも、じりじりと前進攻撃して、ついに大隊本部も、陣地を死守することは困難となってきた。

「いまはこれまでだ。退却するだけでは、戦況は挽回できない。この際、決死の反撃を行なうのみだ！」

尾ノ山大隊長はそう決心した。

このまま敵の戦車の進撃するままにまかせておいては、第三大隊が到着する前に、大隊は全滅してしまう。といって、ノモンハンの連隊長のように部下を全滅させることを避けるために、命令を待たずに転進すれば、戦闘終了後、軍法会議にかかり、自決するはめになってしまう。

ここは自分が突撃して、第二大隊の名誉を守り、敵がたじろぐ間に第三大隊の到着を待って、部下に反撃の機会をつかませるのだ。

そう決意すると、大隊長は、日ごろ親しい機関銃第二中隊長の浅井大尉を呼んで、

「わが大隊も、いまはこれまでだ。いままで予備隊に残しておいた第五中隊の一小隊と、機関銃中隊の主力をもって、敵の中に決死の突撃を行ない、死中に活をつかもうと思う。一緒にきてくれ」といった。

浅井大尉ももとより勇猛の将校で、大隊長のいうことをよく了解し、機関銃中隊は援護の射撃を行ない、その間に一小隊が前進することになった。

時に九月九日、午後五時三十分であった。

「目標、正面の敵、突っ込め！」

大隊長みずからノモンハンの夕陽の中に、軍刀を稲妻のように閃かせながら突撃する。機関銃隊は、ここぞとばかり前進して乱射を加えるが、残念ながら敵の重戦車は、重機関銃といえども、その司令塔の装甲を破ることは困難である。

小隊の兵士が火炎瓶を投げつけながら前進する姿をみると、

「よし、機関銃も前進するぞ！」

浅井大尉は機関銃隊に前進を命じ、自分もまっ先に立って突撃前進した。

それより先に突撃した尾ノ山少佐は、自分も火炎瓶を投げながら、戦車めがけて突進し、これをさえぎるソ連軍の歩兵を、日本刀一閃、みるまに三人を斬って捨てた。火炎瓶によって一両を擱座させた少佐は、なおも二両目の戦車に向かって突撃する。そして二両目の戦車に火炎瓶を投げつけたとき、敵の機関銃弾が、少佐の胸を貫通した。

「なんのこれしき！」

少佐はなおも左手に軍刀、右手に火炎瓶を持って前進したが、つづいて飛び来る一弾に腹を、つぎの弾に頭部を貫通されて、

「無念だ！」の一声を残して、砂の上に倒れた。

五十メートル後方で、これを認めた浅井大尉は、

「おっ、大隊長がやられたぞ！」と駆け寄ろうとしたが、敵の歩兵が邪魔をする。軍刀で一人、二人と斬って捨てながら、大隊長に近寄ろうとしたとき、一弾が大尉の腹に命中した。

尾ノ山大隊長は、一小隊長に、

「わが第二大隊は最後まで、九〇四高地を守るべく努力したと連隊長につたえてくれ」と言い残して、絶命した。

浅井中隊長もまもなく砂の上で息が絶えた。

このために第二大隊は、大隊長一、中隊長一、小隊長四、軍医中尉一、主計中尉一の八名の犠牲を払い、准士官以下の将兵百六十名と合わせて、百六十八名の戦死者を数えることになるのである。

しかし、尾ノ山大隊長や浅井中隊長の玉砕は、決して無駄ではなかった。二人が戦死するのとほとんど同時に、形勢はわれに有利に展開しつつあった。

午後三時、九〇四高地の情勢は楽観できず、とみた宮崎連隊長は、手元に残してあった予備隊の第六中隊主力を秋山高地に派遣し、九〇四高地を攻撃している敵の側面を衝くよう命令した。

また宮崎は、旅団命令による第三大隊が、連隊本部に急行しつつあることを知った。第三大隊が二本松高地の北方二キロに達したのは、午後四時五十分で、すでに九〇四高地では、尾ノ山第二大隊長が、敵中に突入しようと前進しつつあるときであった。

またこのころ、片山支隊の予備隊であった野砲兵第二大隊がわが戦線に増加を命じられ、前進するやたちまち九〇四高地の西、南にいるソ連戦車団に猛射を加えはじめた。まさしく尾ノ山大隊長の突撃は、戦局の転機をもたらしたのであった。

同じく戦車に有効といわれる速射砲も、弾薬を補給して、敵戦車に猛射を加えたので、敵戦車の擱座がつぎつぎに増えていく。

午後六時二十分、第三大隊はようやく戦場に到着し、秋山高地より敵を攻撃しはじめた。野砲の砲撃も猛烈を加え、三十連隊の一部も、秋山高地の西から攻撃に加わったので、すでに第二大隊の決死の突撃で戦意を喪失していた敵は、新手の日本軍の出現に驚き、日没とともに砲兵と飛行機の援護のもとに、騒然と退却をはじめた。

これを知った宮崎連隊長は、

「やったか！」と叫び、砲兵に敵の砲撃を命じ、第三大隊は秋山高地を確保、第一大隊は東山高地、第二大隊は第三大隊の一部と協力して残敵を掃討し、戦場の掃除を行なわせた。

＊

こうして九〇四高地の激戦は、寡勢よく大敵を撃退したわが方の勝利に終わったが、宮崎の気持は暗かった。

ドロト湖の片山支隊の司令部に連絡に行くと、支隊長も、

「よくやってくれた。さすがは熱河作戦の名指揮官らしい老練な指揮ぶりだ」とほめてくれた。旅団付の参謀も、

「十六連隊は大したものだ。敵戦車の少ない時期でも、ノモンハンではソ蒙軍になか

なか勝てなかった。百五十両もの戦車を相手にして、一個連隊でよく勝てたものだ。ノモンハン唯一の勝利部隊だよ」と言ってほめる。

しかし、宮崎はすこしも嬉しくはなかった。この九月七日から九日にいたる戦闘で、十六連隊は百八十九名の戦死者を出したのである。

しかも、もっとも信頼していた第二大隊長の尾ノ山少佐と、いつも連隊本部にいて優れた意見具申をしてくれた元気のいい青年将校の浅井大尉は、わが第三大隊の到着を待ちかねて、大隊の全滅を避けるために突入玉砕してしまったのである。二人とも連隊の名誉を思い、帝国陸軍の栄光を傷つけまいとして、敵の中に突入して、最期を遂げたのである。

——もうすこし早く、支隊司令部が予備隊を投入してくれたならば、あの二人をむざむざ死なせることはなかったのだ。ノモンハン唯一の勝利だといわれても、それを一番喜んでくれるはずの二人は、もうここにはいないではないか……。

宮崎はそう言いたかった。

しかし、上官を批判しないのが彼の性分である。苦情を言うとすれば、なぜもっと早く日本軍も戦車団を充実し、少なくとも対戦車砲などの対策を実施しておかなかったかということである。そうすれば、必要以上に戦死者を増やすことはなかったであろう。

ノモンハン作戦唯一の勝利者といわれる宮崎が、胸に苦いものを感じている間に、九月十五日、突如、停戦協定が成立した。

宮崎が本当の名将としての資質をしめしたのは、九〇四高地の勝利もあるが、その上に停戦協定成立の日、連隊の中から石工の経験のある者を集めたことである。宮崎は、近くから十数個の大きな石を集め、これに日時と連隊名を刻ませて、砂の中深く埋めさせた。

後に停戦による国境決定委員会が、国境を決めるとき、むり押しをするソ連側に対して、宮崎が埋めた石が掘り出された。この揺るぎない証拠の前には頑固なソ連側の委員も、文句なしに脱帽して、日本軍の一部隊長の〝周到な準備〟に舌を巻いたのである。

ノモンハンの無謀な作戦を指導した辻政信は、

「最後に第二、第四、第七師団などを動員して、ソ蒙軍に徹底的な大打撃を加えようとしたのに、弱気な政府が外交交渉で停戦に持ちこんでしまった。ノモンハンは負けていないし、ノモンハンの作戦指導も間違ってはいない」とあくまでも敗戦を認めないで、〝天才〟的な参謀であることを誇示したのは、心ある将兵の顰蹙《ひんしゅく》をかった。

その反面、ノモンハン最後の九〇四高地の激戦で、わずか一個連隊で敵の百五十両の戦車団を追いはらった宮崎繁三郎の名は、実情を知る人々の間で、深く心に刻まれることになった。ましてや絶望的な敗戦後の停戦協定を見越して、石工に日時と部隊名を刻ませて、砂の中に埋めるというような深慮遠謀を、だれが心に留めていたであろうか。

もし戦争の〝天才〟というものがありとすれば、その人の名は、宮崎繁三郎でなければならないであろう。

しかし、どこの社会にもある学歴偏重は帝国陸軍にもあり、中央で重要視されるには、陸大を首席か恩賜で卒業していなければならなかった。宮崎のように頭脳も胆力も人並み以上であっても、勉強の苦手な人間を、その実績で評価して、軍の上層部に据えるには、帝国陸軍はあまりにも官僚的な管理社会であった。

十六連隊戦闘詳報には、この戦いで鹵獲した敵の武器の表がある。小銃二十五、軽機一、重機三、速射砲一、拳銃一、小銃実包五百、軽機実包四十八、重機実包千、速射砲弾六十などのほか、擱座戦車二十両となっている。

またわが方の損耗表では、小銃実包七万九千発、重機実包（普通）一万五千発、同鉄甲実包（戦車用）四千六百発、四一式榴弾（連隊砲）百三十発、三十七ミリ榴弾五百二十発（速射砲）が出ており、改造試製曳火手榴弾千二百発、九三式戦車地雷（戦車用）百三十七本がある。小銃実包の大部分は第二大隊で、戦車用地雷はすべて第二大隊が使用したものである。

この表の中には損失した武器の表もあり、三八式歩兵銃百十一梃という数字がある。いうまでもなく明治三十八年採用の単発式弾倉で、五発内蔵の旧式の銃である。二〇三高地の戦いの後に帝国陸軍に採用された兵器で、奉天の会戦のころには、もう戦場に出ていたのであろうか。

筆者が昭和七年、岐阜県の中学校に入ったとき、軍事教練で使用したのがこの小銃で、配属将校が、「飛行機は九一式（昭和六年、採用）ができとるが、歩兵はいまでも日露戦争の古手で、銃剣突撃専門じゃ」といって、苦笑していたことがあった。

ノモンハンの後二年で太平洋戦争がはじまるが、このとき米軍は弾倉の回転する自動小銃を使っていた。ソ連もマンドリンといわれる弾倉の部分がふくらんでいる自動小銃を使っており、八路軍もそれを使っていたという。

日本陸軍の小銃は、新しい型のものが出たと聞いているが、多くの前線では最後まで三八式ではなかったのか？　忠君愛国の精神に燃える将兵は、三十四年前の銃でも国家国民のために、何の不平もいわず、これで戦い、これに三十年式（明治三十年、採用）銃剣をつけて突撃した。

しかし、為政者はそれを甘受していてよいのか。対ソ決戦を企図していたはずの参謀本部や陸軍省上層部は、もっと兵器の近代化を考えるべきではなかったのか。

「兵隊は一銭五厘（葉書一枚）で来る。兵器は天皇陛下から賜わったものじゃ。お前たちの命より、兵器を大切にせい」と陸軍の上官は新兵に言ったそうである。

しかし、兵器を使うのは、天皇陛下の赤子である国民である。人間の命を粗末にあつかう軍隊は、近代戦を戦う資格はあるまい。

戦術の天才・宮崎繁三郎は、いつも部下の身を案じていた。最小の犠牲で最大の戦果を挙げる……平凡のようであるが、作戦の要諦はこれに尽きるのではないか。そこに、戦死すればそれですむ、というような玉砕尊重の考えよりも、岐阜人らしい合理主義の成果を感じるといったら、宮崎将軍は怒るであろうか。

かくて帝国陸軍最大の敗戦となったノモンハンの苦い戦いは、宮崎連隊の最後の勝利で幕を閉じた。

宮崎は九〇四高地の戦闘後の戦訓として、つぎのことを詳報に載せている。

一、応急派兵の編成は貧弱なり。とくに対戦車火砲の装備を画期的に増強する必要あり。

二、敵戦車狩戦闘を計画する必要大なり。歩兵の戦闘に先立ち、偵察機の協力を得て、敵戦車を誘致撃滅する必要を感ず。
三、暗号の組み立て翻訳は生文をあつかう程度に徹底せざれば、戦機を逸すること多し。
四、岩石地において迅速に工事（塹壕）を完成する訓練を必要とす。（九〇四高地、九九七高地は岩山で、陣地構築に手間取り、損害を大きくした）

十六連隊は、二本松の連隊本部で片山支隊戦場慰霊祭に参加、九月二十八日にも将軍廟における第六軍の慰霊祭に参加した後、前に下車したハロンアルシャン駅から列車に乗って、思い出多い戦友の眠るノモンハンの草原を後にした。もとの警備地区である穆陵に帰投したのは、十月中旬で、翌十五年十月二十八日には、十六連隊は武勲を秘めて（ノモンハンの敗戦は国民には秘密であった）、懐かしい新発田に帰還する。

宮崎は、ノモンハンの敗戦について、後にこう語っている。

一、地名の不明、兵力の逐次投入による失敗は、ガダルカナルでも同じで改善されていない。

二、地形による対戦車戦闘の点については、イラワジ河畔の戦闘に類似性が見られる。

宮崎流戦術

宮崎は昭和十五年の年末まで、十六連隊長を勤めた。

この年は紀元二千六百年（神武天皇即位を元年と数える）というおめでたい年で、宮崎は駐屯地の穆陵で、八月二十四日、盛大な軍旗祭を実施した。

この日は明治十七年、初代連隊長山本清堅中佐に初めて軍旗が授与された日であった。

従来、満州の連隊駐屯地では、その所在を知らせるおそれがあるとて、軍旗祭は禁じられていたのであるが、すでに穆陵に軍旗があることは、ソ連軍側はよく知っており、もはや隠す必要はないと宮崎は判断した。近く帰国する予定でもあり、満州最後の思い出として、第二師団長吉本貞一中将もこれを許可したのであった。

内地にならってこの日は、在留邦人を招き、式の後、将兵が余興をやり、模擬店でサービスしたり、愉快に一日を過ごし、北満の軍務の無聊を慰めた。

このころ、陸軍の軍制は、一個師団が四個連隊から三個連隊編制となり、第二師団では、長らく兄弟連隊であった高田の歩兵三十連隊が、新設の第二十八師団（東京編成、所在はハルビン）に転出した。ともにノモンハンを戦った盟友であるので、宮崎連隊長はじめ、隊員は心から別れを惜しんだ。

第二十八師団は、三十連隊のほか三連隊（東京）、三十六連隊（鯖江）と、ほかの師団から転出した連隊を集めた師団で、長く関東軍の機動予備師団としてハルビンにあり、十九年、沖縄駐屯となって宮古島で終戦を迎える。

十月二十八日、十六連隊は新発田に帰還、宮崎連隊長は兵営の近くに家を借りて家族を呼んだ。繁樹は幼年学校であるが、道子は休みをもらい、新発田にきて秋子、繁忠と城跡を散歩したりした。

あらためてノモンハンの戦死者の慰霊祭が盛大に行なわれ、宮崎は新発田および新潟の遺族を訪問し、焼香を行ない、慰めの言葉をかけた。

——いくら慰霊の言葉をかけても、もう、あの元気な将兵は、ノモンハンの砂に埋もれて二度と帰ってはこない……。

仏壇の中で立ち昇る香煙の中に、宮崎はノモンハンの赤い火炎と、それを眺め下ろす白い雲を見つめていた。

十一月に紀元二千六百年の祝賀式が終わるとまもなく、十二月二日付で、宮崎は、陸軍少将に進級、第十三軍付兼上海特務機関長に補任された。

宮崎のように、熱河、ノモンハンで実戦の雄として、戦術の天才と目されている将校は、当然、参謀本部の作戦参謀に迎えられてしかるべきであろう。あるいは、陸軍省の兵器本部でもいい。そうすれば、彼が実戦で感得した戦訓を、軍の方針に活かすことができたであろう。もちろん、前線の旅団長も結構である。宮崎が戦闘の指揮をとれば、満州でも中国大陸でも、少ない兵力で大きな戦果が期待できる。

しかし、宮崎自身は三宅坂（参謀本部）の赤煉瓦の中に入る気持はなかった。そういう仕事を机上の作戦といって、宮崎は嫌っていた。

多くの陸大の優等生である参謀たちは、二・二六事件以前は、国家改造といって、革新運動に力を入れ、その結果、皇道派と統制派の内部抗争となり、二・二六事件で皇道派が力を失うと、こんどは統制派が上に立って、大陸侵攻を企図し手柄を競う。そのような軍人の本分を離れた政治的なやり方を、宮崎は疑問に思っていた。

海軍には両舷直という言葉がある。つねに海上にあって潮風を浴び、実戦用の艦隊訓練に従事する将兵のことをいう。両舷直というのは、艦内の当直作業員のことである。艦隊生活の長い士官たちは、われこそは帝国海軍の最前線を守るものだと、両舷直であることを誇りに考えていた。赤煉瓦（海軍省、軍令部）の成績のよい参謀や局長、部長、次官、次長たちをペーパーワークといって軽蔑していた。

宮崎にもそういうところがあった。

確かに赤煉瓦の連中は、勉強がよくできる。しかし、陸大の机上の作戦がよくできたからといって、それが実際の戦場ではかならずしも活かされないことは、とくにノモンハンではよくわかっていた。

関東軍の辻参謀は、陸士、陸大ともに優等生で、自分が行けば、ソ蒙軍などは一撃だと自信満々で指導したが、むり押しして損害を増やすだけで、戦車相手の戦闘に、なんら司令部らしい名案を出すこともなかった。辻はノモンハンの終わりごろ、捕虜になった連隊長に自決をさせたという噂があった。

連隊長が敵の重囲に陥って、捕虜になるような戦闘を指導したのは、関東軍の参謀ではなかったのか。しかも参謀はだれ一人として、この無謀な作戦の責任を取ろうとはしなかったのである。

それはそれとして、上海の生活はある意味では快適であった。すでにシナ事変開戦以来、三年以上が経過している。武漢はすでに陥ちたが、この年九月、松岡外相の主導でヒトラーとの三国同盟が締結され、ヨーロッパと極東の風雲は、ますます急を告げている。この年の初夏には、ドイツがオランダ、フランスを降服せしめ、ヨーロッパは新しい段階に入ったといわれていた。

列国のスパイが暗躍する上海の特務機関は、なかなか忙しいが、その中でみずからスパイ不適任と自認している宮崎は、手柄を競うでもなく、悠々とこの国際都市を通じて、世界の情勢を眺めていた。

上海に赴任するとき、宮崎はいまの国際的な緊張は、近く破れるのではないかと考えていた。赴任の前に、彼は東京の代田の自宅に寄った。

新発田にいる間は、岐阜から母のときがきて、女学校に通っている道子の世話をしていたのである。岐阜へ行く途中、宮崎は名古屋に寄った。繁樹が東京の幼年学校から名古屋の幼年学校に転校していたので、面会して激励した。岐阜の郷里では十人ばかりの親戚と会食して、別れを惜しみ、長崎に向かった。秋子が繁忠をつれて、長崎まで見送りにきた。

太平洋戦争開戦直前の上海は、いろいろな陰謀が渦を巻いて、特務機関の仕事も忙しかったが、幸いに上海市長が親日家の陳公博であったので、宮崎は仕事の便を得ていた。（陳は中国を救う道は新しい汪兆銘政権を守り立てるほかはない、と考えて、日本軍に協力していたが、そのために終戦後、漢奸として処刑される）

また上海方面の日本軍司令官が、第十三軍司令官の沢田茂中将（前参謀次長）であったことも、宮崎の仕事には好都合であった。

昭和十六年六月二十二日、ドイツがソ連に侵入し、第二次世界大戦の様相は混沌としてきた。ドイツは両面作戦だが、ソ連の機甲部隊に勝てるだろうか。

十二月八日、真珠湾攻撃によって太平洋戦争が勃発する。遠く祖国をはなれた上海で、宮崎はひそかに祖国の将来に不安を抱いた。

日本はＡＢＣＤ包囲陣と戦うのだという。Ｃの中国、Ｄのオランダはともかく、アメリカ、イギリスの軍隊はいずれも世界一流である。熱河で中国軍をひねったようにはいくまい。

また東正面で米英と戦っていて、西正面でソ連と戦うことになったら、果たしてその後ほとんど改良されていないわが方の戦車部隊は、ソ連軍と対等に戦えるであろうか。またしても興安嶺山麓の草原を、わが友軍の血潮で染めるのではないか。

——大体、日本の指導者は、兵器の進歩と補給の向上に関心が低すぎる。大和魂で押せば毛唐の軍隊などひと押しだという錯誤が、いまでもまかり通るとすれば、こんどの戦争はえらいことになりそうだ……。

と宮崎は黄浦江の黄色い水を眺めながら、眉をひそめていた。

緒戦は破竹の勢いであったが、十七年六月のミッドウェー海戦で敗れてから、日本軍の運命は転石に似てきた。八月七日、米軍はガダルカナルに上陸して、巻き返しに出てきた。

そして、八月十七日の臨時異動で、宮崎は第十三師団の第二十六旅団長に補任された。いよいよ、待望の前線部隊である。

――敵はアメリカかイギリスか……。

転勤のとき、宮崎はこれを機会に、道子と会うことを考えた。女学生の道子を上海に呼んで、出発前の数日を一緒に暮らした。初めて見る国際都市に、道子は目を丸くして喜んだ。日本内地はすでに物資が統制にかかってから久しいが、上海にはまだ上等の品物があった。宮崎は道子を店につれていって、靴や服などを買ってやった。眼を輝かせ、品物を選ぶ道子を見て、娘らしくなったなあ……と考えながら、宮崎は微笑していた。

しかし、まもなく始まる大きな戦争のことを考えると、彼の微笑も消えがちである。前線に行けば、もう二度と父親らしいことはしてやれないかも知れない。

特務機関の宿舎に帰ると、道子は東京の留守宅のようすを話した。繁樹は陸士に入ることになってから、とてもしっかりしてきたという。繁忠はやんちゃで威張っていて、姉のいうことなど聞かないが、繁樹が帰省すると、うって変わっておとなしくなるという。

数日の滞在だが、道子は多くの見聞を得て、宮崎の不要品をまとめて帰国した。すでに家族への遺言は、シナ事変の始まった年に書き残しているので、いまさら家族に申し残すことはなかった。

当時、歩兵第二十六旅団は、揚子江上流の宜昌に司令部を置いていた。八月下旬、宮崎は飛行機で宜昌に発った。上海市長で友人の陳公博が一緒であった。

＊

中国の奥地で警備任務についていた宮崎は、ガダルカナルやニューギニアの敗戦や、連合軍のソロモン侵攻を聞いて、いらいらしていた。

——このままでは敵の物量に押されてしまう。実戦の経験のない将兵をいくら前線に送っても、地名も地形もわからないところでは、苦戦を強いられるだけだ。自分が司令官なら、十分にソロモンの地形を研究してから、戦闘にのぞむ。大和魂だけで突撃すれば、毛唐は退却するという一方的な考えでは、この大きな戦争で勝利を得ることは難しい……。

そう考えている宮崎の耳に、ソロモン方面の戦況が入ることがあった。思い出の多い十六連隊は、第二師団の隷下として、ガダルカナルで苦戦しているという。また、ノモンハンの強引な侵攻作戦で大きな犠牲を出した辻参謀は、あの失敗にもかかわらず、こんどは大本営参謀として、ガダルカナルの作戦指導を行なっているという。

――そいつは危ないぞ……。

宮崎は眉をしかめた。自称戦争の〝天才〟の辻は、自分の手柄だけを考えて、将兵の損耗には全然考慮が乏しい。彼は超人的な体力を持っており、前線で陣頭指導を行ない、「みんなおれのようにやれば、この作戦はかならず勝てる」と大見得をきる。しかし、いまや応召の兵士も多く、皆が皆、辻のように超人のような戦いぶりができるとはかぎらない。自己顕示は旺盛だが、彼我の兵器の質と量についての、根本的な考慮が欠如している。

彼が指導する作戦は、シンガポール作戦以外は失敗だという説に、宮崎は賛成であった。

腕をさすっていた宮崎に、いよいよ出陣のときがきた。十八年三月、宮崎は第三十一歩兵団長を命じられた。平時ならば、第三十一師団長佐藤幸徳中将隷下の歩兵第三十一旅団長である。宮崎の歩兵団は、シンガポールからマレーをへて、ビルマに進むことになった。

マレーでは彼は、シンガポール攻略作戦で手柄をたてたという将軍と参謀の話を聞いた。将軍とは、後に彼がその下で働くことになる牟田口廉也中将である。牟田口はシンガポール作戦当時、第十八師団長として、近衛師団、第五師団とともにシンガポールの先陣争いに参加して、勲功をたてた将軍である。佐賀出身の将軍の率いる第十八師団は、久留米編成で福岡、久留米、小倉の連隊を合わせた精鋭であり、マレー半島を長駆して、よく九州男児の名前を高からしめた。それはよいのであるが、このとき、山下奉文中将の第二十五軍司令部がとった補給の方針が、現地調達主義であった。

敵前上陸まではこちらの兵器糧食でやるが、後は敵や現地の武器糧食で戦をやるというのが、この方式である。幸いに緒戦であり、英軍も奇襲を喰らって、逃走することが多かったので、この作戦は成功し、わずか二ヵ月半で、マレー半島を縦断して、シンガポールを攻略することができたのである。

宮崎はこの作戦を聞いたとき、

――これはすこし危ないぞ……。

と思った。開戦当時はそれでよかったかも知れない。敵は不意を衝かれて逃げるから、〝チャーチル給与〟で戦えるかも知れない。また、相手が中国の地方軍閥のような寄せ集めの傭兵ならば、その戦術でも間にあうかも知れない。

しかし、開戦後すでに三年、米英は本格的反撃に出てきている。すでにこの年二月、ガダルカナルの日本軍は撤退し、ニューギニアでも北の海岸に追い込まれている。その装備、補給、士気は侮るべからざるものがあると聞いている。

敵の虚を衝いた奇襲作戦で、開戦時は、真珠湾攻撃でも、マレー、フィリピンでも、こちらの勝利であった。しかし、ミッドウェー以来、敵は明らかに反攻に転じている。いつまでも緒戦の勝利の夢を見ていては危ない。もっと合理的な補給作戦を考えなければ、ガダルカナルのような、飢餓による敗退を経験しなければならないであろう。

宮崎は、山下将軍が英将パーシバルに、「イエスかノーか！」と詰め寄ったというブキテマの高地を視察しながら、そう危険を感じた。

またシンガポール作戦で電撃作戦に成功したという辻政信（第二十五軍参謀）の話も、宮崎には大きな問題であった。自己顕示の強い辻は、このときもノモンハンのときと同じく、部隊の先頭に立って、マレー縦断作戦を指導したという。

——大体、参謀というものは……。

と宮崎は、各師団が競争で渡ったというジョホール水道を眺めながら考える。

軍隊には司令官と参謀と部隊がある。参謀は原則として、司令官の幕僚としてその諮問に答え、作戦を立案し、その実施を監督することでも司令官の補佐をする。前線の指揮は原則として、その部隊の指揮官がとるべきであって、参謀が前線に行って司令官の代理として戦闘の指揮に口をはさむのは、行き過ぎとなる場合が多い。参謀には統帥権による直接の指揮権はないはずであるから、その戦闘が成功すればよいが、失敗した場合は指揮官の責任で、参謀の責任は薄い場合があり得る。

参謀が前線に顔を出して、口をはさむのは、指揮官にとって迷惑な場合が多いのではないか。そんなに実戦に出たかったら、連隊長なり大隊長なりを志願して、前線に出たらよいではないか。

しかし、辻のやり方は、大隊長では全般の指揮がとれないから、参謀という名で司令官の名前を借りて、幅のひろい戦闘指揮を行ない、自分の手柄にしようというわけである。

宮崎には、そういう秀才組の参謀の考え方がわかるだけに、辻の前線指揮には問題があると考えた。

——もし、自分の指揮している部隊に参謀がやってきて、戦闘全般に口をはさむならば、自分は断わってしまうだろう……。

と宮崎は考えた。辻はガダルカナルでも前線に顔を出し、負傷をして帰国するが、ビルマ戦線では、また第三十三軍参謀として顔を見せ、またしても、前線で戦闘の指導をやる。宮崎の部隊とは関係がなかったが、やってきたら宮崎は追い返したであろう。

第三部

牟田口将軍の心情

さて、名将・宮崎繁三郎の名を不滅とさせたビルマ作戦であるが、なぜ十数万の日本軍が祖国から数千キロもはなれた暑熱と豪雨の異国で、困難な戦争をやらなければならなかったのか。ビルマ作戦の悲惨を語る人は今もいるが、あの無謀な作戦の原因を明確に知っている人は少ないであろう。

その発端は、インド独立連盟の代表者、二人のボースのインド回復願望による。

昭和十七年五月、第十五軍は、ビルマ作戦で、予想以上の進展をみせると、南方軍総司令部でも、わが西方の防衛地域をインド東北部までひろげる案が台頭した。

しかし、第十五軍司令官飯田祥二郎中将は、航空兵力と補給の不足を原因に、インド進攻は無謀として反対していた。

この当時、ビルマ作戦で戦果を挙げた第十八師団長は牟田口中将であったが、牟田口もこの段階では、インド作戦（二十一号作戦）は実施困難として賛成しなかった。

そこで大本営は十一月末、ビルマ作戦を延期してできれば翌年二月から開始したいという意向を、参謀本部第一部長田中新一中将の名前で、南方軍総参謀長あてに打電した。

これでビルマ作戦は立ち消えに近い状態となったが、翌十八年三月、牟田口中将が第十五軍司令官に就任すると、こんどはこの鼻息の荒い司令官は、率先してビルマ作戦を推進し、ついに十九年春の開始に踏み切るのである。

一方、日本本土では、そのずっと前からインド独立の動きがあった。

昭和十七年二月、シンガポールが陥落すると、日本政府はインドの解放に目を向けはじめた。シンガポール陥落の翌日、二月十六日、早くも東條首相は、議会においてインド独立援助の国策を打ちだした。

これに力を得たのが、在日インド独立連盟の会員である。以前から各国に亡命したインド独立の志士がいたが、日本には独立連盟の会長ラス・ビハリ・ボースがいた。十七日の独立期成大会で、ボースは、インド国民東亜代表に推薦された。同日、ボースは、赤坂の山王ホテルで、「インド国民に告ぐ」の声明を発して、「インド人のインド」を取り戻そうと、檄をとばした。

　これに呼応して、各地の独立連盟会員は動き出した。ラス・ビハリ・ボースと並ぶ独立運動の闘士スバス・チャンドラ・ボース（前国民会議派議長）は、ドイツにいて在欧国民会議派を率いていたが、二月二十二日、日印提携して、インド独立運動を推進する声明を発した。

　三月二十八日、山王ホテルで、インド独立連盟大会が開かれ、東亜各地から集まった会員が、独立の実現に関して協議を行なった。

　こうしてインド独立の夢は大きくふくれ上がり、十八年に入ると、チャンドラ・ボースをドイツから日本に呼ぶことが論議されるようになってきた。

　そして十八年二月、チャンドラ・ボース招致作戦（？）が展開された。まずチャンドラ・ボースは秘書一人をつれて、ドイツ潜水艦でマダガスカル島（アフリカの南）に向かった。日本側では四月二十日、マレーのペナン島基地を、伊号第二十九潜水艦（艦長伊豆寿一中佐）が出港した。同潜水艦は四月二十七日、マダガスカル島の沖でドイツ潜水艦と会合、チャンドラ・ボースと秘書を乗せて、スマトラ島経由、五月十六日、無事東京に着いた。

　在日のラス・ビハリ・ボースらの同志に迎えられたチャンドラ・ボースは、六月十六日の東條首相の議会における「大東亜は結集せよ」の演説と呼応して、十九日の記者会見で、インド独立の信念を披瀝した。

折から、大日本帝国は大東亜共栄圏を旗印として、大東亜戦争を推進していたので、インドが大東亜共栄圏に入るということは、東條首相ら国家主義者の大いに気に入るところであった。この二人のボースの夢が、ビルマの日本軍に大きな犠牲を強いることになろうとは、彼らも予想してはいなかったであろう。

二百年におよぶ英国の支配を断ち切って、祖国再建の夢を実現しようとする二人は、この運動に生涯を捧げるつもりであった。

六月二十七日、チャンドラ・ボースはシンガポールに飛んで、インド独立連盟の大会を開く準備をすすめ、七月四日、同地の大東亜劇場で盛大に大会を開いた。

ここでチャンドラ・ボースは、新しくこの連盟の総裁に選ばれ、ラス・ビハリ・ボースは最高顧問に就任した。新総裁のチャンドラ・ボースは、「自由インド仮政府」の樹立を実現したいという宣言を行ない、対英武力闘争を強力に推進する決意を表明した。

翌五日、チャンドラ・ボースはシンガポール市庁前の大広場で、インド国民軍の分列行進を閲兵し、折からシンガポールに来ていた東條首相もこの式典に参列した。

十月二十一日、シンガポールでインド独立連盟東亜代表者会議が開かれ、自由インド政府樹立（シンガポール所在）が決議され、チャンドラ・ボースが仮政府主席に推挙された。二十三日、日本政府はこの仮政府承認の通告を発した。二十四日、新主席チャンドラ・ボースは勇ましく米英に宣戦布告をし、インド国民軍にインドへの進軍を命じた。

十月三十一日、ボースは来日し、日本政府に日本が占領中のアンダマン諸島などを仮政府に返してもらいたい、と申し出た。政府はこの要請を認め、十一月六日、その旨を大本営政府連絡会議で決定した。

米英に宣戦布告をしても、肝心の国民軍が戦場に行かなければ意味がない、と焦るチャンドラ・ボースは、十九年一月七日、仮政府をビルマのラングーンに進出せしめ、国民軍を対英戦争に参加せしめることにした。

インド国民軍は、最初一万三千名程度であったが、ボースはこれを五万名にまでもっていく予定で、みずからその最高司令官となり、やる気をしめした。

こうして、日本軍頼みのインド独立国民軍のラッパは高々と鳴りわたり、ビルマ攻略につづくインド進攻作戦の前奏曲は、徐々にその響きを高めていった。

一方、ビルマで十五軍司令官となった牟田口中将は、こんどはインド作戦に熱を入れはじめていた。昭和十七年秋、インド進攻作戦が問題となったとき、牟田口はこれに反対であったが、その後、賛成に転向したのには訳があった。

昭和十八年二月、アフリカでゲリラ作戦の猛訓練を経験してきたというウインゲート准将の率いる第七十七インド旅団が、北ビルマのカーサ（ミイトキーナの南西二百キロ）の南西方面に侵入してきた。

もともと連合軍は、ミイトキーナを通じて重慶の蔣介石に軍需物資を送っていたので、ビルマ作戦でこのルートが閉ざされてから、蔣介石は再開を要求していた。そこで英軍はミイトキーナの奪取を考えたが、数個師団を送りこんだビルマ方面軍に対抗するには、急には兵力が集まらない。とりあえず、ゲリラ作戦で補給を混乱せしめ、そのうちに正規の師団で反攻しようと考えたのである。機動力に富むウインゲートの部隊は、日本軍を悩ませた。

この方面の担当は、牟田口の第十八師団の五十五連隊（長・木庭知時大佐）である。木庭連隊はよく戦って、この部隊を圧迫し、敵はイラワジ河の東に逃走した。

第十五軍司令部は、三十三師団、五十六師団にもこの敵の捕捉攻撃を命じた。各師団の協力、掃討によって、ウインゲート旅団は、ジャングルの中を逃げ回り、三月末には西のアラカン山中、あるいは東の雲南に逃走した。

三月十八日、第十八師団長から第十五軍司令官となった牟田口中将は、胸中深く期するところがあった。ウインゲート旅団の侵入からみて、インドの英軍は近くビルマ奪回を企図して、インド国境に兵力を集中しているらしい。雲南には、蔣介石直系でアメリカ式の訓練を受けたという新軍が集結している。

先に第十五軍司令官の飯田中将から、インド進攻作戦について質問されたとき、牟田口は補給が困難だという理由で反対したが、後にそれが大本営の趣旨であることを知った。

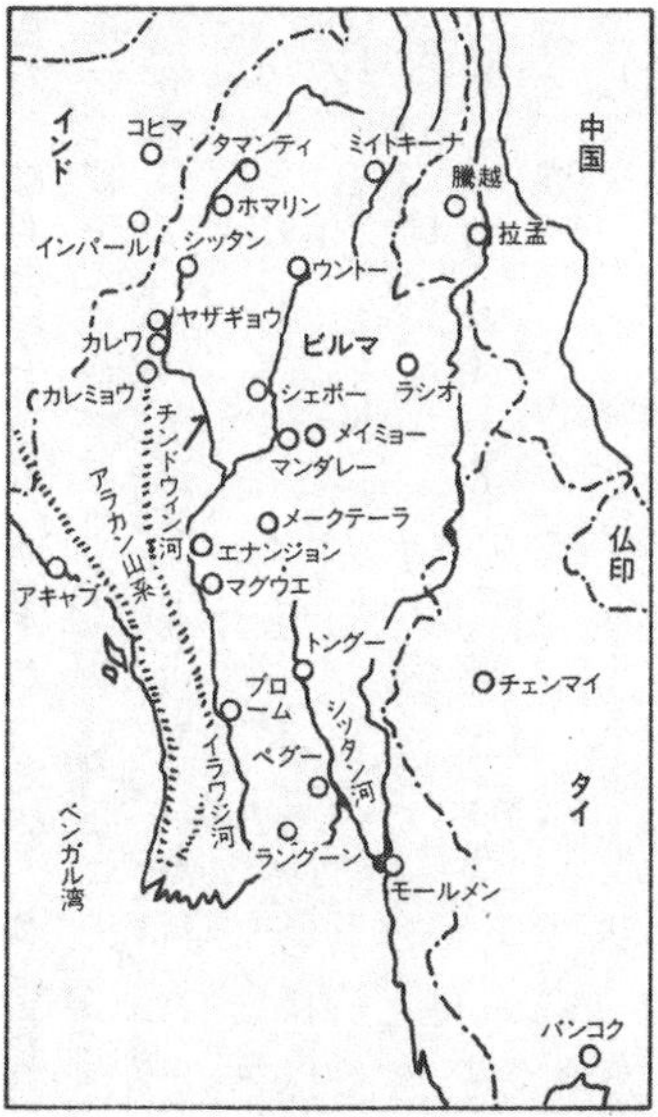

牟田口は自分の消極的な意見が、大本営や第十五軍の戦意をそこなったことを反省した。佐賀っぽの闘士がよみがえると、牟田口はインド進攻作戦の実現を考えはじめた。

牟田口は昭和十二年七月七日、芦溝橋でシナ事変がはじまったときの支那駐屯軍歩兵第一連隊長で、事変を拡大する側にまわっていたといわれる。(当時の駐屯軍歩兵旅団長がビルマ作戦時のビルマ方面軍司令官・河辺正三中将である)

牟田口は、その手記にこう書いている。

「私は芦溝橋事件のきっかけを作ったが、事件は拡大してシナ事変となり、遂に大東亜戦争にまで発展してしまった。もし今後、自分の力によってインド進攻作戦を実施し、大東亜戦争に決定的な影響をあたえることができれば、今次大戦の遠因を作った私としては、国家にたいして申し訳がたつ。男子の本懐としても、まさにこの上なきことである」

もちろん、東インドのアッサム州(世界で一番雨量が多いといわれる)のコヒマ、インパール地区を制圧すれば、援蔣ルートを遮断することができる。牟田口は熱心に、河辺方面軍司令官や関係上司にインド進攻作戦を説いた。

十万にのぼる損害を出したといわれるインパール作戦を、牟田口が部下の不満を抑えて強行した裏には、このような彼個人の根深い名誉挽回の願望があったことを戦史家は知るべきであろう。

問題はビルマの独立である。ビルマは十八年八月一日、日本の庇護によって独立するが、インド進攻作戦の舞台としてビルマを基地とすることには問題があった。

しかし、河辺中将がビルマ方面軍司令官となる挨拶に、東京で東條首相を訪れたとき、東條は河辺に、「日本のビルマ政策はインド政策の前駆にすぎず、重点はインドにあることを銘記されたい」と語り、河辺もこれに同意した。

昭和十八年四月三日、ラングーンにおいてビルマ方面軍と第十五軍はそれぞれ編成を完了した。方面軍はラングーンに、第十五軍はマンダレーの東の保養地メイミョーに司令部をおくことになった。

牟田口司令官の初仕事は、インド・ビルマ国境のアラカン山系の東を流れるチンドウィン河の強行偵察である。そのためにはチンドウィン河の渡河点であるホマリンなどの地形、道路を偵察する必要がある。

そこで牟田口は、第十八師団長（田中新一、参謀本部第一部長より転出）に命じて、ウインゲート旅団の残敵掃討のため、ホマリン道などを追撃させた。この結果、これらの道は象がやっと通れる程度で、大部隊の進軍は無理だということが報告された。

しかし、その後、情報参謀を派遣して、チンドウィン河渡河の状態を偵察させた結果、牟田口は軍の渡河は不可能ではないと考え、その実施の場所と時期を考えるようになった。

四月中旬、牟田口は「武号作戦」をとなえた。軍主力をチンドウィン河の線まで進めて、インド進攻作戦の準備をする作戦である。

しかし、第十五軍参謀長の小畑信良少将は、この海抜三千メートル級のアラカン山系を越えて、雨の多い東インドに進攻する作戦は、補給がきわめて困難であるという理由で反対であった。

すると牟田口は、小畑参謀長以下全幕僚を集めて、小畑の消極的な意見を叱った後、インパールを攻略して、インド進攻作戦を実施する堅い決意を表明した。

これにショックを受けた小畑は、元参謀本部第一部長で、見識の高い田中第十八師団長に相談して、インド進攻作戦の阻止を請願した。

その後まもなく、第十五軍の兵団長会同がメイミョーで行なわれた。このとき、牟田口の壮大なインド進攻作戦の構想を聞いた第三十一師団長佐藤幸徳中将（後に宮田口の上官となり、コヒマ作戦の途中、牟田口の命令に反抗する）は、会同の後の師団長同士の雑談で、「あの程度の（簡単な）構想でインドに行けるとは笑止の沙汰である」と苦笑した。

また第三十三師団長柳田元三中将（南からインパールを攻めることになる）も、「全然可能性のない作戦のために、いまからチンドウィン河岸に基地を確保しておけという軍司令官の意図には賛成できない」と不賛成の発言をしたという。

またこの会同後、田中師団長は牟田口に会い、小畑から依頼されたとおり、この作戦は無理だと思う、という意見を述べたが、その後で、牟田口は、

「軍参謀長は軍司令官を補佐すべき重要な職であるにもかかわらず、直接、軍司令官に意見を具申せず、ほかの師団長を介して意見をつたえようとする参謀長のやり方は、統率上問題がある」と個人的な意見を述べた。牟田口は、この段階で小畑参謀長を解任することを決心した。

五月三日、牟田口はシンガポールの南方軍兵団長会同へ出席の途中、ラングーンに河辺方面軍司令官を訪れ、小畑の更迭をもとめ、小畑は五月二十六日付で罷免され、関東軍情報部支部長に左遷された。後任は陸士幹事の久野村桃代少将である。

五月五日、河辺はラングーンの軍司令官官邸に、新旧の参謀長を招いて会食した。席上、小畑は河辺に向かって、

「牟田口中将の今後の行動には、（暴走しないように）注意していただきたい」と頼んだ。翌六日、小畑は出発の予定であったが、雨で飛行機が出ない。小畑はふたたび軍司令部に河辺を訪ね、

「いまや、牟田口中将のインド進攻作戦の無謀を制止できるものは、閣下以外にはありません。くれぐれもお願いする」と熱心に訴えた。小畑には牟田口の北京以来しこ

っている考え方が、よくわかっていたらしい。河辺が小畑の言葉に思いあたるのは、一年後、インパールの敗戦が決定的になったときのことである。

五月十三日、南方軍総参謀副長稲田正純中将は、ビルマ視察のためにラングーンに来て、ビルマ方面軍高級参謀の片倉衷大佐と会った。片倉は、牟田口が無謀なインド進攻作戦を主張しているが、困ったものだ、と漏らした。

十七日、稲田はメイミョーに来て牟田口と会談した。牟田口は熱をこめて、「三月には雨季があけるから、ただちにチンドウィン河を渡河すべく、目下準備を進めているところだ」と説明した。そして、「軍司令官が死ぬ必要のあるときには、自分を使ってくれぬか。自分はアッサム州かベンガル州で死なせてくれ」と頼んだ。

そのファナティックな態度に、稲田は危険を感じた。奇しくも、稲田は五年前の張鼓峯、四年前のノモンハン当時の参謀本部作戦部長であった。稲田は外国の軍隊の機械力やその闘志、士気を過小評価して、大和魂だけで勝てるという考え方に、疑問を感じていた。

牟田口中将は、シンガポール作戦で英軍の物資を利用して勝ったので、ビルマでも英軍を軽視して、手柄をたてようと焦っている。しかし、インドに膨大な補給源を持っている今の英軍をみくびることはできない。

「牟田口中将の考えは危険だ。よほど手綱を締めてかからないと大変なことになりそうだ」と、稲田は『昭南日記』に書いている。

稲田が見たビルマの戦況はつぎのとおりである。

一、予想以上に、ビルマの平地一帯が敵の制空下にある。鉄道能力も半減しており、とくに補給は相当強い拘束を受けている。

二、飛行師団はときどきインドを空襲しているが、損害が多くて引き合わぬようである。

三、敵の反攻態勢は、アキャブ（ビルマの南西地区）、インパール、レド（ビルマ北西国境のインドの町）、雲南と四方面で相当の進展を見せている。このままではいまの兵力ではじり貧に陥るから、局部的な攻勢をとることは当然であるが、確実な方策によることが肝心で、うまくいかぬときは中止するなど、弾力的な方策が必要である。

四、インパール作戦を強硬に主張しているのは、いまのところ牟田口中将一人らしい。その意図は限定攻撃ではなくて、インドのアッサム地方に進出することを考えているらしい。地形を無視した方法を考えているらしいから、南方軍としては、この際、無謀な作戦は規制しなければならない。

さすがにノモンハンなどで、物量と機械力の凄まじさを経験した稲田参謀は慎重であったが、北京以来の仲で、牟田口を信頼している河辺は、なんとか牟田口の願いをかなえてやりたい、と考えるようになっていくのである。

六月二十四日、ラングーンのビルマ方面軍司令部で、チンドウィン河西方地区進出に関する兵棋演習が行なわれた。方面軍は軍司令官以下全参謀、第十五軍からは牟田口司令官、久野村参謀長、主任参謀全員、第十五軍隷下各師団の参謀長、作戦主任参謀が参加した。

兵棋演習というのは、地図を前に赤軍（敵）、白軍（味方）に分かれて駒を進めて、合戦を行ない、戦闘のようすをみるものである。両軍が邁進して戦った場合は、統裁者（この日は方面軍参謀長中永太郎中将）がさいころを振って、どちらがどれだけの損害か決めるものである。肝心のところはさいころが決めるのであるから、本当の勝負はわからないが、それでも大体のところは検討できるといわれている。

牟田口構想により、アラカン山系に対し、北から第三十一師団（烈兵団）、第十五師団（祭兵団）、第三十三師団（弓兵団）が、コヒマ、インパールを攻めることになった。

　その結果、日本軍がチンドウィン河を渡河すると、反撃に転じた英印軍の主力とカボウ谷地（チンドウィン河の西三十キロの渓谷）で遭遇して、日本軍がこれを撃退し、インパールに追撃したとき、空地から英印軍の反撃に合って各部隊苦戦するところで、演習は終わった。

　そこで、たとえ第十五軍がミンタミ山系（チンドウィン河とカボウ谷地の中間）に防衛線を張っても、英印軍の急速な反撃を受けて会戦を引き起こすことは必至であるから、むしろやるなら、はじめからインパールに進出して、敵の根拠地を叩くべきであるという結論に達した。

　この結論を聞くと、わが意を得たりと、牟田口はにっこり笑った。南方軍から参加していた稲田総参謀副長は、

「第十五軍の作戦構想には危険性が多い。現代戦においては補給を軽視しては作戦は成立しない。チンドウィン河の西方に防衛線をかまえる程度が精一杯のところであろう」と意見を述べたが、もはややる気の牟田口には通じなかった。

　この会議に牟田口が提出した「第十五軍の情勢判断」という意見書には、「軍はアラカン山系内の敵を急襲撃破し、一気にアッサム地方に進出するを要す」と結論が出

してあった。

この演習の後、牟田口は、中央から来ていた竹田宮（恒徳王）中佐大本営参謀に会って、インパール作戦の必要性を強調して、その認可を要請したが、宮は、「補給が問題だ。いまの国力からみて大規模な進攻作戦は無理だと思う」と返事したので、牟田口は大いに落胆した。

しかし、北京以来の仲である河辺方面軍司令官は、マレー作戦の牟田口の功績をも認めて牟田口を信頼し、インパールまでは行かせよう、アッサム進出は抑えよう、という腹であった。

帰京した竹田宮は、兵棋演習の模様を参謀本部第二課長真田穣一郎大佐に報告した。

真田大佐は、『回想』の中でこう書いている。

「第十五軍の考えは徹底的というよりは、無茶苦茶な積極案なり、できればブラマプトラ河（ヒマラヤ山脈の南を流れ、ガンジス河に合す）の線まで出たいという。（中略）出て行って止まる場合でも、防衛上もっともよきところに止まる案をとる。無茶苦茶に出て行くことは得策にあらず。なるべく兵力を集結してから堂々と出て行き、もっとも良い線で止まる。あくまで防衛を重視して、重点は敵の捕捉殲滅よりも、補給を確保し、手堅く進退し、一度出たら決して後退しない。以上が方面軍の意見なり。

殿下の報告の結語に、『第一線は後方の状況をいまだ把握していない。作戦準備の状況では、とてもインパール作戦はできないと思う』とあるは重要なり」

稲田中将も、その『回想』でつぎのように述べている。

「第十五軍はチンドウィン河を渡り、携行できるだけの弾薬糧食を持って、奥深い山岳地帯を突破し、食が尽きたらインパールの糧食と輸送力を活用して、南方から補給するという。まことに虫のいい捕らぬ狸の皮算用である。十七年の春ならできたであろうが、いまや着々と反攻の準備をやっている敵を前にしては、はなはだ無分別と言わねばならぬ。

それよりも、敵に遠く南方でチンドウィン河を渡り、軍主力で南方から敵を巻きあげてゆき、一部で北方から退路を遮断するようにしてゆけば、たとえインパールは取れなくとも、インドの一角に立脚して、チャンドラ・ボースに自由インドの旗を揚げさせる。これだけでも政治的効果をおさめ、東條首相の戦争指導に色をつけることになろう。（中略）

とにかく第十五軍の作戦構想は弾力性がない。今回の攻勢も、ビルマ防衛の一手段であって、本格的なインド進攻作戦ではない。しかし、時局の要請から、ビルマ防衛自体のためにも、この作戦はできたらやらせる方がいいに違いないが、ただ実行者が牟田口将軍であり、これを指導するのが河辺将軍である。そこが心配であった。
私は今回の研究会で、牟田口将軍のがむしゃらを抑えた点は二つあった。
一つは、インパールからアッサムへの突進企図を絶対に認めなかったことであり、
今一つはインパール作戦のやり方に一か八かの山勘をやらせないことであった。この二つは、しっかり印象づけたつもりであった。しかし、前者は確かに通じたようであったが、後者はいい加減に受けとられたようで、残念である」

インパールへの道

この会議の後にインパール作戦の末期を暗示するような悲劇が起こった。ラングーンから北方の基地に帰る参謀たちを乗せた飛行機東亜号がペグー山系の中で墜落し、第十八師団参謀長横山大佐ら五名が殉職したのである。

その中には、インパール作戦に参加するはずの第十五師団参謀の間瀬淳二少佐もいた。第十五師団はまだ南京に駐屯していたが、牟田口の要請によって、間瀬参謀が兵棋演習に参加したのである。その参謀が墜落死したのであるから、第十五師団は作戦開始前から、不吉な影におおわれていたといってよいであろうか。

慎重に補給を考慮するという考えを保ちつつも、南方軍も大本営も、インド進出は論外としても、インパール攻略作戦には、賛成ということになっていった。折から、十八年六月には敵はソロモンのムンダ飛行場に侵攻し、大本営は暗い気分に閉ざされていた。これを払拭するために、ビルマ防衛の意味もかねて、インパールを攻略して気勢をあげることに賛成な参謀も少なくはなかった。

八月初旬、大本営は、南方軍にインパール作戦準備の指示をあたえ、南方軍はビルマ方面軍にその命令を発した。

その要点はつぎのとおりである。

一、方面軍はチンドウィン河西方地区に重点を保持しつつ、一般方向をインパールに向け攻勢をとり、国境付近所在の敵策源を衝き、爾後、同地付近にありて持久態勢に入る。

二、ビルマ方面において使用し得る総兵力は、三個師団とす。

これでこの作戦の目的は、インパールが取れた場合、その地区で持久することと決まり、牟田口は落胆した。

これまで、牟田口のインド進攻作戦は、その意外性で、〝ひよどり越え作戦〟（源義経が神戸の近くの山の上から平家の軍勢を攻めた戦法）と呼ばれていたが、これでそれは抑止されたのである。

そこで牟田口は、八月中旬、つぎの作戦計画をたてた。（要点）

一、第五十六師団をもって怒江（雲南省を流れ、ビルマではサルウィン河となる）の中国軍拠点を掃滅す。

二、第十八師団をもってフーコン谷地（ビルマ北部）に転進せしめ、ミイトキーナの要衝を確保せしむ。

三、インパール作戦＝軍は一部（第三十三師団）をもってカボウ谷地およびチン高地（カボウ谷地の南、ミッタ河の西）の正面よりインパールに向かわさせ、主力（第三十一師団、第十五師団）をもって、バウンビン、ホマリン方面よりチンドウィン河を渡河せしめ、それぞれコヒマ、およびインパールに突進せしめ、第三十一師団をもってアッサム正面よりする敵の増援を阻止せしめつつ、第十五師団および第三十三師団をもって北方および南方よりインパールを挟撃覆滅せしむ。

八月二十五日、メイミョーで第十五軍の各兵団長の会議が開かれ、兵棋演習が行なわれた。第三十一師団からは宮崎歩兵団長が、師団長代理として出席した。第十五師団はまだやっと上海を出港して、南方に向かっているところであるが、師団長山内正文中将は、岡田参謀長をつれてこの会議に参加した。

ここで牟田口は得意の表情で、前に消えたはずのひよどり越え方式の牟田口戦法を披露した。席上、軍の後方主任参謀の薄井少佐が、補給について軍の計画を説明した。

このとき、第十八師団長田中中将は、

「君は補給担当参謀として本作戦間、後方の補給に責任が持てるのか？」と質問した。

薄井は率直に、

「とても責任は持てません」と答えた。

田中は憤然として、

「そんなことでどうするか！　第一線兵団長としては、補給が一番心配なのだ。この困難な作戦で、補給に責任が持てんでは戦はできん」と声を励ました。薄井は立ったまま体を硬直させた。一座には気まずい空気が流れた。補給のことは各部隊長が気にかけていた。田中は参謀本部にいたとき、船舶による南方の補給に関して東條陸相と喧嘩をして、参謀本部を去った男だけに、はっきりとものを言った。

そのとき、牟田口がすっくと立ち上がった。

「もともと本作戦は並みの考え方では成立しない作戦である。糧食は敵によることが本旨である。各兵団はその覚悟で戦闘すべきである」と言うと、少し言葉をやわらげ、「敵と遭遇すれば、銃口を空に向けて三発撃て。そうすれば敵が投降する約束ができているのだ」と、やや冗談めかした調子で言った。

列席していた兵団長たちは、軍司令官の精神状態を疑った。インパール作戦中、戦況が悪くなると、牟田口はしばしば神がかり的な状態になるが、その徴候はすでに、このとき現われていたのである。

九月十一日、シンガポールで南方軍の各軍参謀長会同が行なわれた。このとき、第十五軍の久野村参謀長は、先の「第十五軍インパール作戦構想」を提出した。

稲田副長は、「この構想は先に批判された第十五軍案と変化がなく、インパールに行くのはいいが、補給を十分考えていないので、認可できない」と修正を求めた。

しかし、このとき、寺内南方軍総司令官から第十五軍の作戦構想に、もっと補給を重んじるように、という指示があれば、あのインパール作戦も、もっと悲惨の度合いが少なかったであろうが、それはなく、牟田口案のまま十月に入った。

そして十月十五日、牟田口案に終始反対していた稲田南方軍総参謀副長は、第十九軍司令部付に転出した。この人事に関して、インパール作戦を強行しようという側から、何かの動きがあったかどうかはわからないが、参謀本部第一部長の要職から、稲田中将の後任となった綾部橘樹中将（昭和十八年十月二十九日、進級）が、インパール作戦の賛成派であったことは確かである。

稲田中将は南方軍の参謀たちに、第十五軍がもっと堅実な構想に修正しないかぎりは、インパール作戦は認可しないように、と言い残して、十一月三日、綾部中将に申し送りを行なって東京に戻った。

新しく大本営第一部長になったのは、前第二課長（作戦課長）の真田穣一郎少将で、彼は前からインパール作戦には批判的であった。したがって、大本営の空気はインパール作戦には慎重論が大勢をしめていた。

これを察した牟田口は、十二月二十二日、メイミョーで第十五軍の兵棋研究を行なった。この結果によって、牟田口案によるインパール作戦を決行するかどうかの決定がなされるはずであった。

各師団の参謀長と師団長の一部（山内第十五師団長ら）のほか、方面軍からは中参謀長、作戦主任参謀不波中佐、南方軍からは綾部総参謀副長らが出席し、演習はまったく牟田口案にもとづいて実施された。

演習後、牟田口は、

「余は軍職にあることまさに三十年、この間、各種の実戦を経験したが、今回の作戦ほど必勝の信念が、おのずから湧きあがる思いをしたことはなかった。インパール作戦の成功はいまや間違いなし。諸官はいよいよ必勝の信念を堅くし、あらゆる困難を克服して、ひたすらその任務に邁進せよ」

また英印軍の戦力について、

「英印軍は中国軍より弱い。果敢な包囲迂回をすれば、かならず退却する。わが方は補給を重視し、補給についてとやかくいうのは誤りである。マレー作戦の体験に徴しても、果敢な突進こそ戦勝の捷路である。諸官は何ら危惧することなく、ただ目標に向かって突進すればよい」と説明した。

この牟田口の補給を軽視する考えに、中参謀長は疑問を感じた。牟田口中将は、マレー作戦の勝利を金科玉条としているが、緒戦の勝利と、いま連合軍が反攻を企図して立ち上がっているときでは、その戦力に大きな差がある。敵の兵器や糧食に頼り、ジャングルの中に数万の兵士を送り込むのは問題が大きい。

そこで中参謀長は牟田口に会って、

「第十五軍の作戦構想は、いかにも危険性が大きい。再考の余地はないのですか？」

と質問した。

しかし、牟田口は中を哀れむように、

「あなたは、あまり実戦の経験がないから心配されるが、心配はご無用である。私の経験からすれば、今回ほど、準備を周到にやった戦はないのです。インパールもコヒマも天長節（天皇誕生日）までには、かならず占領してみせます」といった。

中参謀長は、その自信に返す言葉がなかった。

この研究会に出席した綾部総参謀副長の役目は、重大であった。牟田口案を南方軍が認めるかどうかの瀬戸際である。綾部は、同行した南方軍の山田作戦主任参謀と今岡高級参謀に、第十五軍案の可否を聞いた。山田は補給の不備などを衝いて、この作戦は中止した方がいい、という意見である。今岡は、問題の補給よりも突進戦法が成功すれば、補給はそれほど問題ではないという。

もともと、インパール作戦に賛成な綾部総参謀副長は、結局、寺内南方軍総司令官に、「インパール作戦は認可を可とす」という報告を行ない、年末ぎりぎりで南方軍は、「インパール作戦決行」を決裁した。

昭和十九年が明けると、綾部は上京して、一月三日、参謀本部の会議に出席した。この席には、杉山参謀総長、秦参謀次長、真田参謀本部第一部長らが出席して、綾部総参謀副長の報告を聞いた。

ここでは、真田第一部長（作戦部長）が、インパール作戦に反対であった。真田は

綾部が上京した際、

「アラカン山系へこちらから出て行くのは不可、ジャングルへは自動車中隊も突っ込めないし、飛行機の支援も、いま以上の追加はできない。作戦中にベンガル湾（ビルマの西）から背後を衝かれたら、どうなるか、ぜひ思いとどまってもらいたい」と申し入れていた。

しかし、すでに南方軍がインパール作戦決行を決めた後なので、綾部は、

「南方作戦の光明をなんとかして、ここでつかもうという寺内元帥の発意であるから、まげて承認願いたい」と頑張り、座は白けた。それまで黙って聞いていた杉山総長は、ここで休憩を宣した。

彼はもともと情に流されやすいところがある。杉山は陸士十二期、寺内は十一期で先輩であり、寺内の父正毅は、明治陸軍の長老であり、陸相、総理を歴任している。

また杉山はシナ事変の初め、牟田口が北京で北支事変を拡大していたときの陸相で、やはり拡大派であった。

――陸軍はソロモンとニューギニアで敗退し、敵はマリアナ群島をへて、フィリピンを脅かそうとしている。このへんで参謀総長としては、活気のある作戦を展開して、国民に陸軍の奮闘ぶりをしめしたいものだ……。

杉山は心情的にそう考えていた。

大体、杉山は決断に不安定なところがある。東條（杉山より五期後輩）らとともに出世コースを歩んだ杉山は、シナ事変（当時の呼称）の初期に陸相であったが、陸軍省の青年将校にかつがれて事変の拡大に一役買い、天皇から注意を受けて、恐懼したことがあった。

また、昭和十二年春、宇垣大将（杉山より十一期先輩）に大命降下したときも、宇垣が軍縮を実行したとか、三月事件（昭和六年）で青年将校がクーデターを計画して宇垣をかついだとき宇垣が途中で降りたとかいう理由で、青年将校が宇垣首班を阻止しようとしたのに同調し、宇垣内閣には陸相を出さないという策謀に協力して、宇垣内閣を流産させたことがあった。

杉山は、宇垣が陸相のとき次官を勤めた仲で、恩義もあった。しかし、青年将校に突き上げられると、その言うとおりになるところがあった。

こんどは、先輩寺内への人情が、杉山を動かしはじめていた。休憩のとき、別室に真田を呼んだ杉山は、

「南方軍も難しい立場だ。寺内さんはいままで何にもいってきたことがない。初めての頼みだから、南方軍ができる範囲で希望どおりやらせてよいのではないか。何とか

やらせてくれよ」と切々と頼んだ。真田も、二十期近く先輩の頼みに負けて、ついにインパール作戦を認めてしまった。

こうして、十万の将兵をジャングルに送るインパール作戦は、参謀本部で認可された。つぎは陸軍大臣の同意が必要である。作戦、用兵は参謀本部の役目であるが、補給、人事は陸相の権限であるから、東條陸相の同意も必要である。

南方軍のインパール作戦案が陸軍省にまわされたとき、東條は首相官邸で風呂に入っていた。緊急の事案なので、西浦軍事課長が、その案を持って首相官邸に行き、陸相に会うことにした。風呂から出た東條は、切れ者らしく、矢継ぎ早につぎの五項目について質問した。

一、ベンガル湾方面からの英軍の上陸が予想されるが、インパール作戦中、それへの対応措置がとれるか。

二、インパール平地に入ってから、さらに兵力の増加を必要とすることにならないか。

三、わが航空兵力は劣勢であるが、地上作戦の遂行に支障はないか。

四、補給は作戦に追随できるか。

五、第十五軍の作戦構想は堅実か。

これについて、西浦は南方軍と参謀本部から確信のある回答を得ていたので、東條にそう説明したが、几帳面な東條は、今一度、参謀本部に確かめてから同意することにしたので、西浦は再度、参謀本部に問い合わせて確答を得たので、東條も同意した。

東條の不安はもっともであるが、すでに南方軍総司令部と参謀本部はなれ合いで、牟田口の案に同意している以上、説明はどうにでもつくので、第十五軍の将兵の運命はこうして、刻々に定められつつあったのである。

一月七日、参謀総長は、大陸指一七七六号で、つぎのようにインパール作戦を認可した。

「南方軍総司令部はビルマ防衛のため、適時、当面の敵を撃破して、インパール付近東北インドの要域を占領確保することを得」

綾部総参謀副長は九日、帰任の途につき、十日、シンガポールに帰った。綾部の報告によって南方軍総司令部は、十五日、ビルマ方面軍司令官に、つぎの命令を下した。

「ビルマ方面軍司令官は、防衛態勢強化のため、適時、当面の敵を撃破して、インパール付近の東北インドの要域を確保し、海軍と協同、速やかにビルマ南西方面における反撃作戦準備を強化し来攻する敵を撃滅すべし」

こうしてビルマ方面軍司令官は、第十五軍司令部に、インパール作戦の発動を命じた。

＊

結局、牟田口の執念が勝ったわけで、彼は勇躍して作戦の準備にかかった。攻撃開始は三月八日であるが、ここで第十五軍の編成と、その実情を見ておこう。

まず宮崎繁三郎少将の属する第三十一師団である。この師団は昭和十八年三月二十二日、第十五軍の戦闘序列に入ることが発令され、宮崎もまもなくその三十一歩兵団長を命じられて、中支からビルマに向かっている。編成完結時の陣容は、つぎのとおりである。

歩兵第五十八連隊（高田・福永転大佐・編成時マレー）
歩兵第百三十八連隊（奈良・鳥飼恒男大佐・バンコク）
歩兵第百二十四連隊（福岡・宮本薫大佐・サイゴン）
山砲兵第三十一連隊（弘前・白石久康大佐・バンコク）

師団長は佐藤幸徳中将（陸士二十五期）、歩兵団長は宮崎少将（二十六期）である。

この師団は十八年六月、ビルマに転進することになり、佐藤師団長は師団司令部とともに七月上旬、バンコクからペグー（ラングーンの北東）に進んだ。

各隊も北ビルマに進出、マンダレー～ミイトキーナ間鉄道の中間付近に徐々に集結し、後に宮崎と運命を共にする五十八連隊は、ピンレブに近いワヨンゴンに前進し、ジビュー山系（アラカン山系、チンドウィン河の東）、チンドウィン河畔の情報収集にあたった。

やがて第三十一師団の防衛地区は、チンドウィン河正面（パウンビンの渡河点付近）と決まり、佐藤師団長は百三十八連隊をジビュー山系の西のシートソークに進出せしめ、チンドウィン河畔の情報を集めさせた。

師団司令部は、八月下旬、ペグーからキヌ（マンダレーの北百キロ）に移動した。最後に進出した百二十四連隊は、十一月下旬、バンモウク（カーサ〈マンダレーの北二百五十キロ〉の西五十キロ）に集結した。

第三十三師団（師団長柳田元三中将、宮崎と同期）は十月初旬、チンドウィン河の西のカレワ（マンダレーの西北二百五十キロ）と、その西のカレミョウ（ミッタ河の渡河点）地区に集結した。三十三師団の最初の任務は、ミッタ河の西のチン高地を攻略して、南からインパールに向かうことであった。

第十五師団（師団長山内正文中将）のビルマ進出は遅れた。同師団は十八年七月、上海を出港したが、サイゴンに着くと南方軍の直轄となり、さらにバンコクに前進を命じられた。すでにビルマ方面軍は十五師団をインパール作戦に使用することを考えており、南方軍はこの師団を、タイの道路工事に使用したので、牟田口は非常に怒った。

方面軍と牟田口の強い要請で、南方軍が十五師団にビルマへの進出を命じるのは、十一月中旬のことである。

山内師団長はインパール作戦に遅れることを心配しつつ、タイ北部の険しい山岳地帯からビルマ東部の山岳地帯に入り、部隊を消耗させつつ、十二月末から一月末にかけて、やっと集結地区のウントー（マンダレーの北二百キロ）に部隊を集めた。

インパール作戦の開始を、できれば二月十一日の紀元節とし、天長節（四月二十九日）までには、インパールの攻略を終わりたいと考えていた牟田口としては、南方軍の介入で十五師団の進出が予定より三ヵ月も遅れたことは、非常に遺憾であった。このために十五師団はろくな準備期間もなく、インパール作戦に投入され、戦力を十分に発揮することができなかった。

十八年七月以来の十五師団の移動行程は、合計六千八百キロで、タイのバンコクからランバン経由ウントーまででも二千六百キロにおよぶ。これを見ると、インパール作戦の失敗は、牟田口の補給に関する無知もあるが、インパール作戦よりもタイの道路工事を重んじて、十五師団を引きとめた南方軍の不見識にも原因がありそうである。

後に牟田口の耳に入ったところでは、南方軍司令部ではインパール作戦にたいして疑問があり、十五師団を早目に第十五軍の指揮下に入れると、すぐにインパールに突進するおそれがあるので、十五師団をタイに留めておいたのだろうという説があったという。これを聞いた牟田口が、ますます憤慨したのは当然であろう。

やっと十五師団が到着したので、牟田口はインパール作戦を発動することにした。アラカン山系の雨季は五月中旬にはじまり、六月には本格化するので、四月下旬にはインパールを攻略して、以後は雨季の中で持久し、ようすを見て上層部の許可を得てアッサム州に侵入するというのが、牟田口の腹案であった。

したがって、天長節までにインパールを陥すというのは、単なる誇張ではなく、戦略上重要な考えであった。牟田口は、三週間でインパール作戦のケリをつけると言い、各師団は三週間分の糧食しか携帯せず、軍司令部でも作戦期間は長くても一ヵ月としていた。

しかし、現実は皮肉で、皮算用をする人間を裏切るのが運命というものである。雨季に入っても、インパール作戦は終わらず、数万の将兵は豪雨の中で、飢えと敵の機械化兵団のために苦戦を強いられることになるのである。

かにかくに牟田口司令官は、二月十一日、紀元節の日にインパールの攻撃命令を下した。

その作戦計画は、三十一師団、十五師団はX日（三月十五日）、ホマリン、シッタン地区でチンドウィン河を渡河して、前者はコヒマ、後者はインパールを占領する。三十三師団はすでにチンドウィン河の西に進出しているので、X—七日（三月八日）を期して、南方のティディム、トンザン方面よりインパールを攻撃するとなっていた。

計画どおり、三月八日、三十三師団は、ヤザギョウ、カレミョウ地区から西に向かって前進をはじめた。これでインパール作戦の幕は切って落とされたのである。

そして十五日、北の三十一師団はタマンティとその南のホマリンで、中央を行く十五師団はその南の地区で、チンドウィン河を渡河して、それぞれコヒマ、インパールをめざすことになった。

この作戦で、三十一師団は三つの突進隊を編成して、コヒマをめざした。
一、右突進隊（長・第百三十八連隊第三大隊長柴崎兵一少佐）＝同大隊主力、連隊速射砲一分隊、山砲兵第三十一連隊第三中隊、工兵第三十一連隊の一小隊など。
タマンティでチンドウィン河を渡河し、レイシ、ゼッサミをへてプリヘマ（コヒ

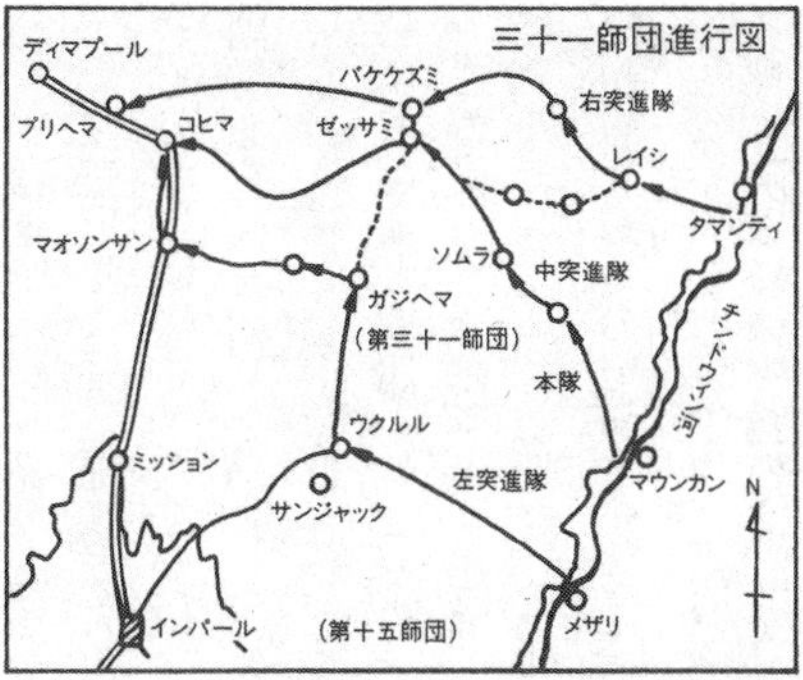

マとディマプールの中間）に突進し、英軍の増援を阻止する。

二、中突進隊（長・第百三十八連隊長鳥飼大佐）＝同連隊（第三大隊欠）主力、第百二十四連隊の速射砲中隊、山砲兵第三十一連隊第一大隊、工兵第三十一連隊第一中隊など。マウンカン（タマンティとホマリンの中間）でチンドウィン河を渡河し、ソムラ、ゼッサミをへてコヒマに向かう。

三、左突進隊（長・歩兵団長宮崎少将）＝歩兵第五十八連隊主力、山砲兵第三十一連隊第二大隊、工兵第三十一連隊第二中隊など。ホマリンで渡河し、ウクルル―ガジヘマ―マオソンサン―コヒマ道をコヒマに向かい突進する。

そして佐藤師団長は、予備隊の百二十四連隊とともに中突進隊の後方を続行することになっていた。

宮崎支隊（左突進隊）の指揮官・宮崎少将は、この突進隊を三つに分けた。

右猛進隊（長・森本徳治少佐）＝歩兵第五十八連隊第一大隊基幹

中猛進隊（長・長家義照少佐）＝第二大隊基幹、宮崎支隊長の司令部同行
左猛進隊（長・福永転大佐）＝第三大隊基幹

そして冒頭に述べたように、宮崎の率いる中猛進隊は三月十八日、インド・ビルマ国境を突破し、二十一日、重要補給基地のウクルルに突入した。

左猛進隊も二十二日、ウクルルに到着、ここで宮崎はサンジャックの攻撃を行ない、第十五師団と問題を起こすのである。

この後、宮崎は五十八連隊の精鋭を率いて、コヒマを攻略し、近くのアラズラの丘で、英印軍の大軍を迎えて千早城の大楠公のように奮戦して、ビルマ戦線にその名を高からしめるのであるが、ここで越後高田の五十八連隊について語っておこう。

＊

日本陸軍には、強い部隊が、二ヵ所に集まっているという説がある。一つは九州の熊本、久留米、いま一つは東北であるという。その東北の中でも、勇猛をうたわれる新発田の第十六連隊、弘前の第三十一連隊、高田の第五十八連隊を率いて、宮崎が武勲を立て得たのは、彼がたびたびその回想記に述べているように、武運に恵まれたものというべきであろう。

もちろん、宮崎の冷静果断の指揮と相まって、連隊が勇戦したのは当然であるが、

勇将のもとに弱卒なし、また部下が勇猛であれば、指揮官も十分にその戦術、戦略を発揮できるというべきであろう。

『歩兵第五十八連隊史』をひもとくと、その創設は明治三十八年七月、日露戦争の終期で、最初は第十五師団の一員として東京で編成された。軍旗拝受後、満州に渡り、鉄嶺北方で第二軍の指揮下に入ったが、まもなく日露戦争は終わり、朝鮮をへて内地に帰還し、習志野の兵舎に入った。

明治四十年十月、第十三師団に編成替えとなり、高田の兵舎に入る。四十四年一月、オーストリアのレルヒ少佐がきて、スキーを教えたので、日本でも早くスキーを軍事に取り入れた。

大正九年一月、シベリア出兵のために満州里をへてバイカル州チタに駐屯、第五師団長のもとでパルチザンと戦う。

四月八日、チタ・クーカ駅の激戦で、敵速射砲のために軍旗が裂傷を負うほどの接近戦を行なった。

同年秋、シベリアの警備を終わって、高田帰着。

十二年九月二日、関東大震災の警備のために、一個中隊を東京に派遣。

しかし、十四年五月、宇垣陸相による軍縮のために、五十八連隊は残念ながら廃止と決まり、市民にも惜しまれながら、軍旗を返還し、いったんは二十年にわたる歴史を閉じた。

その後、昭和十二年夏、シナ事変が勃発すると、同九月、第十三師団に動員令が下り、五十八連隊は復活し、連隊長倉林公任大佐のもとに、同十月三日、上海北方の揚子江右岸に上陸した。

以後、勇猛五十八連隊の実力を遺憾なく発揮し、とくに二十一日の新木橋の激戦では、無数のトーチカを持つ敵を相手に、白兵戦をくり返し、ついにこれを攻略したが、この日、第二大隊長金山賢一郎少佐、連隊副官石田孫市少佐が戦死、連隊の三分の一以上の損害を出した。

翌二十二日も激戦がつづき、軍旗の旗竿が折れ、旗にも裂傷を受けるほどであった。

やがて、南京への追撃戦に参加、淮《わい》河の戦闘、徐州会戦、武漢攻略戦、宜昌攻略戦で勇名をとどろかせた。

その後、十八年一月、上海を出港、二月、シンガポール着、三月、三十一師団（長・佐藤幸徳中将）の隷下に入る。マレー警備中のところ、七月、ビルマ、ペグー着、イエウをへて九月二十四日、カーサ県ワヨンゴン着、「ウ号作戦」（インパール作戦）の準備にかかる。

十九年一月二十日、ワヨンゴン出発、一月二十四日、モーライ県ペンパパ着、三月四日、インパール作戦のためにペンパパ出発、十七日、インド・ビルマ国境のモンピーを通過、以後、コヒマ攻略作戦に参加する。

以上が、五十八連隊のインパール作戦にいたる歴史であるが、その栄光を象徴する連隊歌を紹介しておこう。

一、隈なく照らす天津日の
　　御影うつせる皇国の
　　君が御稜威の旗風に
　　なびかぬもののあるべしや
　　かの強大の露軍さへ
　　あわれや我の敵ならず
　　連戦連勝わが軍の
　　いさおはつひに奉天の
　　空とどろかすときの声
　　大和男子の意気のみぞ
　　満州の野にあふれたる

五、（中略）

妙高山下秋高く
北風寒き城頭に
光かがやく軍旗こそ
これわが隊の魂ぞ
高嶺の雪に照り映えて
大空高くひるがえる
旭日の御旗これこそは
五八の隊の魂ぞ
心を清き白妙の
雪の都を本城と
ここに武を練る信越の
健児の意気を誰か知る

六、北渺茫の日本海
怒濤の響きをきくにつけ
想うは遠き斉明の

昔万里の波蹴りて
阿部の比羅夫が粛慎の
敵を討つべく船出せし
此の地を飾る活歴史
近くに仰ぐ春日山
戦国の世に燦として
誉れかがやく謙信が
義の戦ひのいさをしを
千古に語る松の風

わが輩はチビ公である

宮崎繁三郎は、終戦後、ビルマの英軍収容所にいたが、その間に単行本五冊にあまる著作を残している。青年将校時代からの回想が主であるが、小説ふうの文章や戯曲もあり、この名将が、ただの武人ではないことをしめしている。

そのなかでもっとも重要なものは、『わが輩はチビ公である』というビルマの戦闘記録である。

冒頭にも述べたが、宮崎はインパール作戦のとき、終始このチビ公という猿と行動をともにしていた。チビ公はコヒマの激戦にも、つねに宮崎のそばにあり、宮崎は負傷しなかったが、チビ公は指を怪我している。チビ公は終戦後、収容所でも宮崎のそばにおり、彼の帰国まで一緒にいた。宮崎は、よほど別れが惜しかったらしく、ラングーン収容所にいたとき、便所の紙に、鉛筆でこの本を書いたのである。

チビ公と宮崎の出会いは、昭和十八年十一月、宮崎の部隊がビルマ・ジビュー山系のナングットという山間の僻村にいたとき、宮崎の頼みで、村長が生まれて間のない小猿を捕らえてきたのがはじまりである。宮崎は前にもコーリンというところで小猿を飼っていたが、ちょっとした隙に野良犬に嚙み殺されてしまったという。

宮崎はこの小猿を非常に可愛がった。

『わが輩はチビ公である』の冒頭には、こう書いてある。

「宮崎少将は、僕をたいへん可愛がってくれた。しかし、僕はお母さんから無理に引き離された大もとは、この宮崎少将であると信ずるので、はじめの二、三日は、隙さえあれば逃げ帰ろうとしたが、監視が厳重で、なかなかその隙がなかった。その後、三、四日の間に宮崎少将の心から僕を可愛がる精神についほだされて、僕は主人（宮崎少将をこれからこう呼ぶ）を親とも思い、もう決して逃げはすまいと思った。やっぱり真心にはかなわないな、ついいけないと思いながら、引きずられてしまうものだ。

それから僕の名前であるが、お母さんといっしょのときは名無しの権兵衛であったが、主人は僕にチビ公と命名してくれた。僕があまりに小さいからであろう。もともと、僕の種族は上品で小柄なのである。

僕は生まれてからまだ一ヵ月にもならぬときにお母さんと別れたのだから、お乳が欲しかった。僕の主人はよく僕の心を察してくれて、よくミルクを飲ませてくれた。はじめの間はお母さんのお乳より甘すぎて下痢をしたが、慣れるにしたがって大好きになった。

最近、主人といっしょにいるときは、主人は昼食（主人は昼はパンとミルクに決めていた）のミルクをかならず残して、僕に飲ませてくれたものだ。

僕がうまそうに両手を地面について、ゴクンゴクン飲むのを、主人は面白そうに笑って見ていた。寝るときは主人と同じ部屋に寝た。主人と同室で寝るのは、天下広しといえども、エヘン僕一人、いや一匹であるぞ」

漱石の『わが輩は猫である』を模した文体であるが、素人ばなれした文才がうかがわれる。

ビルマの冬は寒いので、宮崎はチビ公を靴下の中に入れた。チビ公は達磨のように転がって、主人のそばに行った。チビ公の世話役は、情報係の浜中尉や宮崎の当番の田村兵長や滝沢兵長である。チビ公が当番が火鉢に入れた炭を握って火傷をしたとき、兵長たちは笑ったが、宮崎はメンソレータムを塗ってくれた。

しかし、躾については、宮崎は厳しく、ポケットの中で便をしようものなら、頭をゴッンゴッンと叩いて、礼儀を教えた。それでチビ公も、主人の膝の上では便をしなくなった。宮崎は部下にこれを自慢して、

「どんなことでも、誠意をもって根気よくくり返し教育すれば、畜生でもこのとおり悪癖がなおるものだ。猿は尻癖が悪いというが、調教せぬからだ」といった。

宮崎はコヒマへ行くとき、はじめは乗用車、つぎはトラック、それも通らぬときは馬に乗った。そのようなとき、チビ公は馬の首の根っこに乗せられた。

「僕は生まれてはじめてなので最初怖《こわ》かったが、大きい癖に馬という奴はおとなしい獣で、すぐ安心してしまった。下手な人が馬に乗ると、『何だ、猿が乗ったような姿勢をして』と叱られたり笑われたりするが、僕の乗馬姿勢はそんなに見苦しいかな？自分では意気揚々たるつもりだがな。いったい乗馬なんてものは、落ちないことが絶

対であると思う。それを人間はいやに気取って姿勢がどうの、キザ（騎座）がしまらないの、脚先が下がっているのと、外観ばかり気にするから、よくコロコロと落馬するのだ。

その点になると、僕は最初から絶対に安全だ。その後も何度も馬に乗ったが、どんなに馬が暴れても、飛び回っても一度も落馬したことがないのだ。

あるときなんか、いたずら好きな主人が、ふいに僕の尻尾を持って前に放り投げたけど、僕は人間の軽業より上手に、空中で一回転して馬のたてがみを両足でつかんでいたのだ。われながら天晴れと思ったよ。（中略）

ビルマ人は猿のことをミャオと呼ぶ。村落に入ると主人は、僕を片手で高く差し上げて、『ミャオ！』と大声に叫ぶので、現地人は僕の存在を知って集まってくる。僕にはバナナやパパイア、飯などを沢山くれる。僕のおかげで、当番や護衛兵までバナナなどにありつくことが多い。主人は僕をダシに使ってジャングルの状況を聞いたり、道案内を頼んだりする。なかなか頭がいいなと思った。よく主人は、『チビ公は日緬親善のくさびだ』といって、人に話していた」

宮崎が現地のビルマ民衆と親善を保ったことは有名であるが、この小猿も単なるペットではなく、親善の一つの材料であったのであろう。

『わが輩はチビ公である』には、チンドウィン河畔の物価が書いてある。トウモロコシ一本一銭、鶏一羽十銭、牛一頭八円から十二円となっている。これは昭和十四年ごろの日本内地で物価停止令が施行されたころにくらべても安い。この原因を宮崎は、「日本軍のビルマ作戦以来、チンドウィン河の航行が跡絶したので、英国が統治していたころの物価が残っているのだ。それにしても、牛一頭八円は安すぎる。いかに英国の植民地圧迫、搾取政策がひどかったかがわかる」と説明している。

馬の前進が困難になると、宮崎の司令部は象に乗った。値段は書いてないから、借りたのであろう。一頭の象に宮崎と通訳のビルマ少年（大和二郎という呼び名がある）とチビ公が乗った。象の背中は見かけとは大ちがいで、非常に揺れる。それで浜中尉などは酔ってしまった。

『わが輩はチビ公である』には司令部の職員の説明がある。

まず司令部付（以前は高級副官といった。旅団長の相談相手）は、五十八連隊第二大隊長から転任してきた山口少佐である。少佐は少尉候補者出身なので、陸大卒業生のように戦術を専攻していない。

それで宮崎は、シベリア出兵以来の経験から、多くの戦術の問題や状況判断などについて彼を教育していた。作戦開始となってからも、宮崎が作戦計画、作戦命令を自分で書いて、部隊の戦闘、運用は一人で切り回していた。

しかし、叩き上げの山口は下士官兵の気持をよく理解し、各部隊の実情を知り、司令部と各隊の連絡、司令部内のまとめなどには独特の才能を発揮して、宮崎を助けた。

副官は、陸士卒業で五十八連隊第十一中隊長からきた増沢中尉で、優秀な青年将校だったが、ナングットにいたとき、陸軍予科士官学校の区隊長に転任して、宮崎を残念がらせた。泣いてビルマ残留、宮崎支隊長の下で戦いたいという増沢を、内地に送り出すときは、豪気な宮崎も涙を流した。

その後任は、歩兵百三十八連隊の機関銃中隊長であった豊田大尉で、特別志願将校で真面目な将校であった。

情報将校は、先述の小猿の世話役の浜哲郎中尉、幹部候補生出身、宮崎が宜昌の旅団長時代の護衛小隊長であった。英語が堪能で、体力もあり積極的で、宮崎は可愛がっていた。

通信隊長の仲良中尉も幹部候補生出身、百二十四連隊の通信隊長で通信に詳しい。

暗号班長の安藤少尉は幹部候補生卒業時、教育総監賞を受けた秀才である。

司令部衛兵小隊長の土田少尉も、五十八連隊から司令部にきた将校で、やはり幹部候補生出身であるが、実直な人柄であった。

インパール作戦のはじまる三月に、幹部候補生出身の二人の少尉が、司令部に着任した。佐藤少尉は国民学校の訓導出身の青年将校で、体もしっかりしていた。長谷川少尉は高商出身だが、体がすこし弱かった。

司令部における宮崎は、「量よりは質、質よりは和」を強調していた。宮崎はインド進攻作戦について、大東亜戦争完遂のために必要な所以を説いた後、つぎのように注意をしていた。

一、装備の優秀な敵に対し劣等装備の寡兵で腹中深く突入するのであるから、精神上はもちろん、編成装備においても尋常一様ではならぬ。歩兵にしても三個大隊が、いずれも同じ編成装備をする必要はない。三個大隊を均等にする必要はない。

二、連隊長の信任する某大隊を極度に増強して、必勝大隊を作るがよい。

三、大隊、中隊、小隊も同様に、各隊長の信任する中隊などの戦力を思いきり増強して、必勝の中隊、小隊、分隊を作れ。もちろん、人員も平等にする必要はない。

四、分隊内にしても、いずれも小銃を持たせる必要はない。手榴弾の巧みな者は、手榴弾を十個以上持たせ、そのかわり小銃を携行する必要はない。

五、これなら勝てるという確信を有するよう思いきって、編成装備を改変せよ。とくに敵中深く突入するのだから、その先鋒の尖鋭無比なるを絶対必要とする。

これも宮崎が幾多の実戦から得た、合理的な戦術である。ノモンハンの敗戦に遭遇しながら、まだ日露戦争時代の歩兵の突撃で勝ちを得ようと考える大本営の参謀連の考え方を、宮崎ははるかに超えようとしていた。大本営に一人の宮崎ありせばと、考えさせられる。

三月十五日、待望のチンドウィン河渡河にあたり、宮崎は仏教の信者らしく、つぎの歌を詠んだ。

待望の好機は来にけり釈迦如来
　我等が誠意いかでこばまん

チンドウィン河の渡河が隠密にできたのは天佑であった。このとき英空軍の猛爆があったら、兵士や武器の損害は、開戦当初にして、相当なものがあったと思われる。(宮崎が後に聞いたところでは、英国の飛行師団長は、この渡河を知らなかったかどで、解任されたという)

左突進隊・中猛進隊を指揮する宮崎は、十八日、印緬国境を突破し、このときチビ公を入れて記念撮影をした。峨々たる山岳地帯で、馬も象もなく全員徒歩である。まもなく、前も左右も絶壁という難所にさしかかった。

将校斥候が、

「前進は不可能です」と報告すると、宮崎は怒った。

「何をいうか、わが歩兵にできぬということがあるか！　いかなる場所といえども、前進し戦闘するのが歩兵の本領ではないか。おれが先頭で前進するからついてこい！」というと、宮崎はチビ公を双眼鏡の上にのせたまま歩きだした。合理主義の反面、彼には果敢なところがあった。しかし、崖の位置に達してみると、彼の足も止まった。三丈（約九メートル）はありそうである。

「こいつはひどい……」

さすがの宮崎もためらったが、引き返すとはいわない。

「おい、縄を使うぞ」

そういうと、彼は三十メートルほどの麻縄を垂らして、この絶壁をすべり降りた。部下もこれにならったが、重機関銃や歩兵砲は苦労した。しかし、旅団長がまっ先にいくので、部下もついてきた。連隊砲や山砲は同じようにはいかない。砲兵はこのアラカン山系で、みな墜落するなどの辛苦をなめたのである。二千メートル下の谷底へおりて、また山頂まで這い上がったことも幾度かあった。

「また富士山の頂上まで登山した」

不屈の宮崎は、そう副官に言って、微笑した。このころ、彼は部下にこう言っていた。

「谷底に下れば清流あり。山頂に至れば涼風あり」

これまさに仏道信仰の境地といえようか。名将を形づくるのは、単なる必勝の信念のみではない。合理的な計算もあれば、仏道による禅僧のような淡々たる境地も必要で、多くの要素の複合体が名将を形成するといわなければならない。

宮崎繁三郎はときに五十二歳であった。

幸いに、アラカン山系の谷底を流れる水はみな清流であった。宮崎はビルマにきて、ここで初めて生水を飲んだ。谷底に清流あり、というのは、あながち風流や負け惜しみではなく実際にうまい水にありついて、ほっとしたのが実情であろう。

こうして中猛進隊は、チンドウィン河渡河後、わずかに六日目の三月二十一日、目標のウクルルに突入した。これで陣容を立てなおしてコヒマに向かうかとみると、宮崎はサンジャックの襲撃を命じたのである。

その経過は冒頭に述べたが、ここで内部の意見の喰い違いが生じた。

筆者は多くの戦記を書いているが、戦闘行動の評価は難しい。防衛庁の『戦史叢書・インパール作戦』によると、この戦闘では、わずかに連隊砲一門が参加しただけで、山砲は山道を人力運搬したために参加しなかった。それは止むを得なかったのであるが、ある本には宮崎が、「山砲は何をしているのか?」と苦情をいったと出ているというのである。

これについて、山砲兵第三十一連隊第二大隊本部の宮田正治氏は、『砲よ愛馬よ戦友よ』(山砲兵第三十一連隊の戦史)で、つぎのように抗議している。

――まず宮崎閣下と大隊長(竜少佐)との間には、最初書いたなにか感情的なものが働いていたのではないかと思います。竜大隊長は元来、口数は少なくお上手をいうのは大きらいな方で、ことに白石連隊長以外の上官の前に出るのを極力避けて、仕事の内容によって上林副官か私が出ていくのが通例であった。

サンジャックの戦闘においても、上級指揮官の判断の甘さが(このためにコヒマの占領が遅れた。その上、第五十八連隊の戦力低下をきたしたことは、いくつかの戦史に述べられている)あった事実にはまちがいないところであるのに、山砲の大隊長は何をしとるのかと、なじったと聞きますが、当時(山砲兵第二大隊へ)の命令は、「万難を排し、砲一門をサンジャックに派遣し歩兵の戦闘に協力せよ」で、大隊主力の任務は、依然、コヒマへの進撃であった。

大隊はこのために古参小隊長坂本中尉に砲一門を搬送し、歩兵の連隊砲と相前後してサンジャックに到着、戦列に加わったのである。弾丸も馬の負担を軽くするために、兵隊は各自の重い背嚢の上に一発ずつ背負い、急進したのである。

この文章にはコヒマ南方高地における戦闘でも、宮崎支隊長が竜大隊の戦闘ぶりに、陣地放棄のかどで軍法会議にかける、といっていることにも異議を唱えているが、それは後に触れるとして、サンジャックの戦闘における山砲の動きを見たいが、その前に、宮崎の『わが輩はチビ公である』によって、彼の見たサンジャックの戦闘を追ってみたい。

情報主任浜中尉の情報によると、サンジャックの陣地にいるのは、砲多数を有する、約一個旅団の兵力だという。（後に判明したところによると、サンジャックには筒型陣地といって、円筒形の陣地から四周を射撃できる全方位射撃可能な陣地が四つあったという）

宮崎は、東方すなわち正面からの福永大佐の左猛進隊に攻撃せしめ、自分がいる長家少佐の中猛進隊は西から攻撃して、この大敵を挟み討ちにする作戦をとった。

またインパール方面からの援軍が来るのを阻止するために、竹田中尉の第一中隊に大隊砲一門、重機関銃二門をつけて、サンジャック西方の四一九一高地に布陣せしめた。戦車が来てもここで阻止せよ、というのが宮崎の命令である。

作戦どおり二十二日朝、宮崎は小猿をつれて、中猛進隊とともにサンジャックの西に潜行した。すでに敵の飛行機が飛んでおり、宮崎はこの企図が発見されはしないかと心配しつつ前進した。(『戦史叢書』の地図では、宮崎は二十四日以降、サンジャック北方高地の司令部にあって、左猛進隊の福永連隊長と行動をともにしたことになっている。『五十八連隊史』でも、「当時〈二十二日〉サンジャックの北方高地に進出していた宮崎少将は、第二〈長家〉大隊に、二十二日の夜襲をもって、いっきょにサンジャックの攻略を命じた」となっている。宮崎は終始、サンジャック北方高地にいて、戦闘を指揮したと思われる)

このとき、第二大隊長と宮崎の間に意見の相違が生じた。宮崎は福永の五十八連隊主力が到着してから、長家大隊と挟み討ちにすることを考えていたが、長家は、いまは大隊の士気が上がったことから、今夜(二十二日夜)夜襲をやらせてくれ、という。

宮崎は、まだ連隊砲も到着していないので、山砲一門でも到着してからにしたい、という意見であったが、大隊長の熱心な闘志に負けて、「夜襲は準備の周到が成功の第一要件だぞ」といって、これを許可した。

この夜襲の指揮官長家少佐は、第八中隊(長・伴正己中尉)を第一線に、第五、第六中隊を第二線として、二十三日午前三時、前進を開始した。この突撃で剣道四段の伴中尉は、愛用の日本刀をふるい、たちまち敵兵数人を斬殺したが、自分も敵弾を受けて壮烈な戦死を遂げ、つづく小隊長馬場正雄少尉も、中隊長とともに奮戦したが倒れた。

この日の夜襲は、ついに成功しなかったが、後にこの陣地を占領したとき、伴中尉の遺体が見つからないので、宮崎が捕虜の言により、この勇敢な日本将校に感心した英軍の大隊長が丁重に葬ったことがわかった。そこを掘ったところ、伴中尉がボロボロになった愛刀を抱いて眠っていたので、思わず宮崎も落涙した。

宮崎は実戦中、いろいろな教訓を残しているが、その中に「朝鮮の役の加藤清正のように武士道を重んぜよ」というのがある。清正は決して勝ちにおごって、敵をさげすむことはしなかった。つねに侍らしくあつかった。それを武士道と考えている宮崎は、この英軍の処置に感心したのであった。

また第六中隊長渡辺一中尉は、外語学校出身で英語の堪能な将校であったが、この日の夜襲で戦死した。

こうしてこの夜の夜襲は失敗し、第二大隊は敵主陣地の前にへばりつく形で、敵の逆襲を阻止する形になった。大隊長は、連隊長の左猛進隊がもうサンジャックの東方に進出するころだと考えて、敵を挟み討ちにするという兵団長の考えを実現するつもりで夜襲を急いだのである。だが、左猛進隊の主力・島之江少佐の第三大隊は、サンジャック東方の七三三八高地の有力な敵と交戦し、第十一中隊長桝谷太郎中尉が重傷（後に死亡）を負うほどの激戦の末、これを攻略するために進度が遅れ、サンジャック到着が二十三日となったので、長家大隊との協力はならなかったのである。

ここには、敵の四つの強力な陣地の戦力に対する宮崎の認識不足があったかも知れない。

二十三日朝、長家大隊長は、司令部に連絡をよこして、「閣下の注意にもかかわらず、準備不十分のまま、無謀に夜襲を実行して多数の将兵を失い、申しわけがない」と詫びをいってきたが、宮崎はその苦悩を思いやった。責任は第二大隊長のみにあるのではない。要するに敵情の偵察が不十分であったのと、左猛進隊が余儀ない戦闘のために遅れたのである。

――夜襲を許可すべきではなかった……。

宮崎は後悔に胸を嚙まれながら、第二大隊長をねぎらう言葉を伝令に託した。

まことに〝五里霧中〟というが、実戦、とくに野戦では敵の状況はもちろん、味方のようすもよくわからない。情報の収集、伝達は、近代戦においてはとくに重要である。このサンジャック陣地の敵情や左猛進隊の前進状況がわかっていたら、宮崎は長家大隊長の夜襲をとめたであろう。〝一寸先は闇〟という言葉を、宮崎は噛みしめた。

二十三日朝、小雨の中、サンジャック北方の司令部に、左猛進隊の福永連隊長がやってきた。宮崎は驚いた。東方から長家の中猛進隊と呼応するはずの左猛進隊が、今ごろ戦場に到着したので、それは無電の連絡の間違いだとわかった。

——戦は誤算の連続だ。それによく対応できなければ、勝利はない……。

宮崎は、いつも自分にいって聞かせている言葉を思い出した。

この日、早速、宮崎は福永に、左猛進隊は北方より南下してサンジャック陣地を攻撃せよと命じた。左猛進隊は、人力で連隊砲一門を携行してきたが、宮崎はその労苦に感謝した。あの難路を、どうやって運んできたのか。

——精神一到何事か成らざらん……。

宮崎はそう口の中で呟いた。この日の夕方、左猛進隊配属の山砲一門（山砲兵第三十一連隊第二大隊のもの）が到着した。宮崎はこの日、薄暮攻撃を命じたが、やはり敵の抵抗は頑強である。（『五十八連隊史』では、連隊砲、山砲ともに射場到着は、二十五日朝となっている）

敵が頑張るのは、制空権を握っていて、補給がいいからである。この日の午後九時、大型機六機が上空にやってきた。

「重爆撃機だ、油断するな」

宮崎がそう注意を与えていると、敵は無数の落下傘を投下した。敵と接近しているので、その落下傘はこちらにもやってくる。相当おこぼれがもらえた。落下傘の赤は弾薬、青は糧食、白は飲料水である。水まで飛行機で補給する英軍の補給力に宮崎は驚いた。この日は小猿まで、ミルクやパン、チョコレート、果物の缶詰のチャーチル給与にあずかった。

二十四日も薄暮攻撃を行なったが、依然として陣地は陥ちない。二十四日朝、森本少佐の右猛進隊がサンジャックに到着した。ここで宮崎は考えた。戦況を有利ならしめるために、十五師団の戦闘区域であるサンジャックの攻略を計ったことはよいが、ここで時間を取られては、肝心の本務であるコヒマ突入が遅れる。そこで宮崎は、森本の第一大隊（速射砲一小隊、工兵一小隊付）に、コヒマ南方のトヘマに直行して、コヒマとインパールの連絡を断つことを命じた。

二十四日朝の第二、第三大隊の夜襲でも、陣地は陥ちないので、宮崎がいささか攻めあぐんでいたところに、本来の攻撃部隊である、十五師団の松村連隊・福島大隊が戦場に到着した。

当然のこととして、福島大隊長は、宮崎に戦線に加わりたい、といってきた。これを「五十八連隊の軍旗の名誉にかけて、この陣地は五八のみにて攻略する。協力は堅くお断わりする」と断わったので、後に十五師団との間で問題が起きるのである。

このあたり、宮崎には岐阜人の頑固さが出ているように思える。攻撃が難航しているのであるから、福島大隊にも攻撃の協力を頼めば、問題はなかったのである。サンジャックが元来、五十八連隊の攻撃目標であるならば、侍の意地にかけても、この陣地は独力で陥としてみせるという言い方も成り立つが、人の縄張りに割りこんだのであるから、本来の部隊が来たなら、その顔を立てるべきであろう。

この点、宮崎のやり方は勇み足であるが、『戦史叢書・インパール作戦』は宮崎に同情的である。すなわち、当時、サンジャック陣地に対する英軍の補給と増強は日増しに強化されており、宮崎が急襲しなければ、十五師団はもっと損害を出したであろう、と叢書は宮崎を弁護している。

こうした曲折があって、宮崎が早急にサンジャックを陥とさねば、本来の任務であるコヒマ突入が遅れないかが問題となってきたが、二十六日から二十七日未明の強襲で、宮崎はついにサンジャックを陥落させ、膨大な戦利品を手に入れ、予定のコヒマへ進軍することになった。

さて、ここで山砲兵大隊の問題に帰ろう。

宮崎は『わが輩はチビ公である』の中に、サンジャックの戦況を書いた後、山砲隊の批判をしている。

「サンジャックの戦闘で、一つ非常に遺憾なことがある。それは山砲兵第二大隊長笠（竜が本当）少佐のことである。彼は陸士出身のパリパリの現役である。それがウクルルに到着していながら、最後まで戦場に顔を出さない。支隊長が、『笠少佐は山砲一門と連隊砲一門とを合わせ指揮し、二十四日昼間攻撃より、第一線両大隊の攻撃に密接に協力すべし』と命令を出しても出てこない。僕は病気かと思ったが、そうではないという。なぜ、病気でもない壮健な指揮官が、自分の部下が死生を超越して奮闘している戦場に駆けつけないのか、まったくその精神がわからない。僕はこの少佐に軍司令官という仇名をつけた。戦場から二里も三里も離れている後方にいるからだ」

サンジャック戦に関してはこのくらいであるが、竜少佐はコヒマ南方陣地の戦闘でも、無断で陣地を撤退したというので、宮崎の勘気に触れている。それは後に述べるが、このときの記述では、宮崎がこの少佐を軍法会議にかけることにした、となっているので、山砲兵第三十一連隊からの反対は余計に激しいものがある。

大体、この『わが輩はチビ公である』はビルマの収容所で書かれたもので、宮崎が発表を考えて書いたものであるかどうかはよくわからない。
しかし、彼ほどの慎重な将軍が発表を予定して書いたものに、明らかに部下を卑怯者と決めつける表現をとることは、少しおかしい。公文書であれば、もっと控え目な表現をしたと思われる。収容所のつれづれに将来の心覚えとして書いたものが、戦後、表面に出たと考えられる。それにしても、宮崎にも不用意なところがあったと思われる節がある。

コヒマの項では、宮崎は竜少佐を軍法会議にかける手続きをしたと書いているが、山砲兵第三十一連隊の、「山砲たより」の宮田正治氏の文章では、竜少佐は軍法会議にかかることなく、戦功により作戦後、中佐に進級、山砲兵第三十三連隊長に転出しているという。

ここで、この攻撃で奮戦した第二、第三大隊のようすを『五十八連隊史』から紹介しておきたい。

「二十五日午前四時、第二大隊の第五中隊（長代理・中村栄助中尉〈戦死〉）は、教会陣地（敵の中央）を西から攻撃したが、中隊は陣地の前で敵の集中砲火を浴び、中村中尉以下の死傷者が続出し、せっかく陣地内に突入した一部も玉砕してしまった。

同じく二十五日、戦車三、四両を先頭にした五、六十台の車両部隊が、インパール方面からサンジャックに向かって来た。かねてこの事あるを予期して、待ち受けていた竹田中尉の第一中隊は、これを至近距離まで引きつけてどっと猛射を浴びせた。敵はあわててインパールの方向に退却した。

この日の朝、連隊砲中隊（長・村井誠中尉）の連隊砲一門（弾薬十六発）が司令部の高地に到着した。山砲兵大隊の砲一門も、同日午後、戦場に到着した。いずれも全行程を人力搬送してきたものである。

待望の砲が到着したので、連隊は、この日の薄暮を期して、砲撃支援のもとに統一攻撃を行なうことにした。その中心は第十一中隊（長・西田将中尉）で、中尉は六中隊（渡辺一中隊長戦死）をも手中に掌握していた。六中隊はかつて西田中尉が小隊長のころにいた中隊で、隊員のことはよく知っていた。兵力は合わせて百五十名ほどである。この両隊は連隊の切り札であるという自信に燃えていた。

薄暮、砲隊は試射をはじめた。

――いよいよ砲撃がはじまるぞ。それから、おれたちの突撃だ……。

中隊長はそう期待した。しかし、それきり弾の音はしなかった。試射ではなく、あれで（七、八発で）弾は終わりだったのだ。怒った中隊長は、独力夜襲体形に切りかえたが、これがかえって隠密突入となり、成功であった。

二十六日午前四時、西田の率いる十一中隊と六中隊は、サンジャック陣地に潜入し、十一中隊は北側陣地を、六中隊は教会陣地を攻撃した。しかし、意外にもその北には西田の知らない東側陣地があり、夜明けとともに激烈な陣地内戦となった。

なにしろ敵は、火砲と弾数が豊かである。こちらは手榴弾はもちろん小銃弾も不足してきた。教会西側の大隊本部も弾雨におおわれ、第一線との連絡は跡絶えている（大隊副官宮路保延中尉、戦死）。それでも九中隊の一部が、弾の中をくぐって山上に駆け上がっていった。

激闘数時間、負傷者が続出する。西田中隊長はすでに重傷、桑原栄吉少尉、浅野清少尉、鳥羽熊五郎曹長の各小隊長はすべて戦死、六中隊も中隊長代理金子啓太郎少尉以下、戦死者が続出し、九中隊も青木少尉戦死、田辺少尉負傷、戦える者二十名そこそことなって、ようやく二十六日の赤い夕陽が山の端に落ちた。

連隊長は最後の総突撃を行なうべく、軍旗とともに第一線に進んできた。そして夜半すぎ、激戦の最中に敵は退却し、サンジャックは五十八連隊のものとなったのである。連隊長が派遣した斥候が、敵がいないことを報告したとき、遅い月がアラカン山系の峰に昇っていた」

かくてサンジャックの戦闘は終わった。五十八連隊の死傷者は約五百名、敵の遺棄死体は千名を越えた。しかし、宮崎の作戦に反対の側は、この戦闘によって後の戦闘に兵力の不足を生じたと、非難したのであった。

コヒマの戦利品

サンジャックにおける他師団の戦闘区域への介入は、早期に敵の抵抗を打破するという名目があったにもかかわらず、宮崎が十五師団および十五軍司令部から注視される原因となった。

「宮崎という指揮官は、満州の熱河やノモンハンで勇名を馳せただけあって、なかなかやるらしい。しかし、問題はこれからだ。サンジャックでの損害と時日の遅れで、コヒマ突入に支障がきたしたら、かえって失敗となるであろう……」

参謀たちはそう考えながら、コヒマを見つめていた。

さて、問題のコヒマ占領である。ここを占領すれば、東インドの基地ディマプール(北のレドと南のチッタゴンに鉄道が通じている)とインパールの交通が遮断されるから、インパール作戦の鍵をにぎる地点といってよい。

コヒマはインパールの北方約百キロ、ディマプールの東南東四十キロの地点にある。

アラカン山系の北西の関門で、三千メートル近い山脈が屏風のように南北に走るアラカン山系の、ここがインド側に出る唯一の切れ目、すなわちコヒマからディマプールまでが大渓谷になっているのである。インパール盆地に自動車を通すならここしかない。箱根の関所のような要害である。

当初、英軍は日本軍があの険しいアラカン山系を越えて、まさかコヒマに進出してこようとは考えていなかった。その意味で牟田口軍司令官が、「ひよどり越えの作戦」といったのは、間違ってはいない。

三月初め、コヒマの兵力は二個大隊程度であったが、日本軍がコヒマを狙っているという情報によって、三月十五日、五十八連隊がチンドウィン河を渡河するころには、第三十三軍団（師団二、旅団三、戦車旅団二）をコヒマに急派することにした。しかし、この大部隊がいつコヒマに到着できるかが問題であった。むしろ英軍の司令部では、この兵力でディマプールを守り、コヒマから出てくる日本軍を迎撃する方が、時間的に間に合う、という考えであったようである。

したがって、この増援軍のコヒマ進出は遅かった。三月二十九日、百六十一旅団がコヒマに向かい、その一個大隊はトヘマに進出して、わが森本（第一）大隊と交戦している。

その後、後続部隊がコヒマに向かい、この旅団は四月五日夜、コヒマの守備についた。

さて、いよいよコヒマの争奪戦であるが、サンジャックで激しい抵抗をしめした英印軍は、コヒマでは最初、抵抗が少なかった。

さて、三月二十八日、ウクルルを発した五十八連隊は得意の強行軍で、先頭は四月一日正午ごろ、トヘマ（コヒマの三十七キロ南、ウクルルからの道はここでインパール道に合する）の手前、二、三キロの峠に達した。

峠に到着した将校は、トヘマの方向を見てあわてた。

「トヘマ方向より、敵が自動車でこちらに来る。機関銃脚下、ただちに撃て！」と彼は命令し、その旨を宮崎に報告した。

急を聞いた宮崎は、馬を飛ばして現場に行き、前方を見て驚いて叫んだ。

「射撃待て！　よく見ろ！　あれは友軍だぞ！」

宮崎に一喝されて、その将校が見ると、近づいてくるのは、確かに日本軍で、自動車には小さな日の丸がついている。しかし、機関銃は射撃寸前である。宮崎は自分の馬を機関銃の前に立てて、同士討ちの危険を未然にふせいだ。そこへ現われたのは、トヘマへ先遣された森本大隊の一部で、自動車から降りた森本少佐は、

「昨日、トヘマに到着、折から敵自動車二、三百台がコヒマからインパールに向かう途中、トヘマで昼飯を食っているところに遭遇、これを奇襲し、自動車約六十両を鹵獲、他を四散させ、インパール道を遮断していたところであります」と勇気凜々と報告した。宮崎は大きくうなずいた。

宮崎は自動車に乗って、コヒマ—インパールの本道に出たが、その立派さに驚いた。幅十五〜二十メートルの広いアスファルト舗装道で、自動車なら四台は並行して走れる。カーブも緩やかであるから、スピードも出る。

現地人に聞くと、この道路は大東亜戦争勃発の直後に、早くもビルマ、インド防衛を考えた英国が、突貫工事で造ったもので、現地人の人夫には、一日五ドル（二十円）という高給を現金で支払ったというから、いかに急いだかがわかる。それを聞いて宮崎は、侵略帝国といわれる英国の遠大な構想に驚いた。

マレーやシンガポールを奪われた英国は、早くも日本軍がビルマに来ると考え、この道路の建設にかかったのである。その道路を、いま宮崎支隊が遮断したことは、十五師団、三十三師団のインパール攻略に大きな貢献をすることであり、三十一師団の作戦目的も半ばが達せられたとみてよかろう。

——これでほかの師団も作戦が楽になるだろう……と宮崎は考えたが、じつは南からインパールを攻める三十三師団、北から攻める十五師団は、途中で英軍の空地《くうち》からの攻撃と、糧食の補給の跡絶のために、結局、インパールには到達することができないのである。

森本少佐の報告によって、このトヘマから北五キロにマオ(マオソンサン)という大きな集落があり、そこに約一個大隊の敵がいることを知った宮崎は、翌二日、この敵を攻撃することにした。

ところが、夜になって、英語のできる浜中尉が現地人から聞いてきたところでは、マオの敵はコヒマの方に退却したというので、宮崎は、早速、コヒマへの進軍を命じた。

この五十八連隊は中国の宜昌以来、宮崎とともに戦っているので、夜行軍といえども疲れた顔もしないで出発する。そのようすを見ながら、

——自分が、平素しっかり教育した部下を引っさげて戦争するくらい、幸福なことはない……と考えた。

二日払暁前、部隊はマオ付近のジャングルの中に集結した。宮崎は例によって集落の近くに野営をさせて、集落の中には一兵も入れない。中国での経験では、兵を集落に入れると、徴発といって、物を取ったり、婦女に暴行したりして、皇軍の威厳にか

かわる事件が起こりやすい。それで慎重な部隊長は集落には兵を入れないのである。（シンガポール攻略のときも、山下将軍は憲兵隊以外は市街に入れなかったという）

マオでも宮崎は、まず集落の入り口に歩哨を立てて、日本兵の出入りを禁止し、つぎに言葉のわかる宣伝班を入れて、村長に日本軍隊のインド進攻の目的を説明させ、「日本軍は決して良民の生命財産を損じない。悪いことをした日本兵がいたら、遠慮なく司令官に言ってこい。その兵士を処罰し、損害の補償を行なう」と言い聞かすのである。

こうして住民を安心させた上で、主計兵を入れて糧食、野菜、鶏などを適当な値段で買い取るのである。このため宮崎支隊の進路上のビルマ人集落では、日本軍に非常な好意を持つようになった。

インパール作戦は補給の戦いといわれ、とくに三十一師団では、そのために佐藤師団長の抗命問題が起きたほどであるが、宮崎支隊は後方から一粒の米も補給がないのに、最後まで糧食には不自由はしなかった。とくにその効果はコヒマ撤退のときに顕著に現われた。これに反して、ある師団では先頭部隊が勝手に集落に入りこみ、糧食や鶏を徴発したので、その後方の主力が、現地人の反感を買い、糧食の入手に非常に困ったのである。

マオは大きな集落で物資も豊富であり、宮崎支隊の軍紀がいいので、村長以下の有力者が豚五頭、鶏十羽、鶏卵百個などを贈ってきたという。宮崎は満州や中国で長い間、特務機関や駐在武官をやっていたが、そのときの住民宣撫の経験をビルマでも活かしていた。

マオに司令部をおいた宮崎は、まずコヒマの敵情偵察を行ない、浜中尉らの偵察によって、コヒマ付近には一個旅団程度の敵しかいないことがわかった。

——よし、ディマプールの敵主力がコヒマに進出する前に、攻略するのだ……。

そう決意すると、宮崎は部下にその部署を命じ、無電で三十一師団司令部に連絡をした。

サンジャックでは、十五師団の戦闘区域に入って非難されたらしいので、こんどは三十一師団の右突進隊や中突進隊を出し抜いたといって、苦情が出ないように、師団長の許可をあらかじめ取っておこうというのである。

佐藤師団長から宮崎支隊の単独コヒマ攻撃の認可がとどいたとき、宮崎支隊は、すでにコヒマに向けて前進を開始していた。その部署はつぎのとおりである。

一、左突進隊主力（第二大隊基幹）は、インパール道をコヒマに向けて前進する。

二、第三大隊は、右攻撃隊として、本道の東八キロを北上し、ケゾマをへてチャカバマの南から西に向かい、コヒマに突入する。

三、第一大隊は左攻撃隊として、本道の西二十キロのプローミをへてコヒマの西四キロのジョツマにいたり、ディマプールからの援軍を阻止する。

四、トヘマには歩兵一個中隊に、サンジャックで鹵獲したマキシム重機関銃二梃をつけ、インパール方面への守備とする。

宮崎はこのとき三つの縦隊による攻撃が、果たしてこちらの計算どおりにいくかどうか疑問に思っていたが、コヒマ突入までは予想以上に順調にいった。東側を前進した島之江少佐の第三大隊は、途中、大きな抵抗もなく、四月五日夜、コヒマに突入した。（中突進隊・歩兵第百三十八連隊の先頭部隊は、七日、コヒマに到着）

本道を進んだ五十八連隊の主力は、四日、アラズラ高地（コヒマの南三キロ）の約百名の敵を駆逐して、その北方高地の線に達した。西を行く第一大隊は、プローミをへて五日、ジョツマに向かっていた。

第三大隊のコヒマ突入を聞いた大本営は、大いに喜んで、八日、つぎのように発表した。

「わが新鋭部隊はインド国民軍とともに、四月六日早朝、インパール―ディマプール道上の要衝コヒマを攻略せり」

宮崎がこれを聞いたら、苦笑したであろう。インド国民軍は確かにビルマ戦線に参加はしていたが、コヒマ突入は島之江大隊のもので、インド国民軍には関係がないのである。

また問題はコヒマの市街突入ではなく、その南西の三叉路陣地にあって、頑強に抵抗している英印軍をどう攻撃するかであることを、宮崎はすでに知っていた。

師団長、軍司令官からはただちに賞詞が送られてくる。また軍司令官からは、コヒマ占領が叡聞に達し、嘉賞を賜わる、という電報もきたが、宮崎はいたずらに喜びはしなかった。

敵はコヒマの一個旅団の先遣隊ではない。数個師団と思われるディマプールの英印軍主力なのである。

——ここで小成に甘んじてはならない……。

彼はそう自分を戒めたが、その予感どおり、これから、二ヵ月にわたる死闘が、三叉路の陣地で待っていたのである。

しかし、これでサンジャックの戦いで道草を食ったから、肝心のコヒマ突入が遅れたと批判されなくてもすんだというので、宮崎もほっとして、つぎの漢詩を作った。

　題印度遠征
破レ踏千山万岳険
忽突破印緬国境
長駆屠サンジャック之要害
反転遮断敵退路
辱達二叡聞一賜二嘉賞一
草莽臣感激不レ堪
在天英霊以可レ瞑

＊

島之江大隊がコヒマ市街に突入すると、宮崎は、ただちに馬で副官と伝令をつれてコヒマを視察した。小猿のチビ公は、ちゃんと主人の肩にのっている。

その途中、アラズラ北方の三叉路陣地の近くを通るとき、宮崎は狙撃された。

——この陣地は、すべて複郭で、相当強化されている。一日攻撃が遅れると、それだけ敵は強くなる……。

そう考えた宮崎は、コヒマ北方のチェズウマを占領する任務をあたえていた島之江少佐の第三大隊を、ただちに三叉路陣地の制圧に向かわせることにした。

市街に入ると宮崎は、島之江大隊長と会って、その迅速な行動をほめ、その案内で市街を視察した。

コヒマは標高二千メートル前後で、軍事的な要地であるとともに、東インドの避暑地でもある。コヒマの街は旧市街と新市街に分かれ、旧市街は現地人（ビルマのナガ族が多い）の街で高い斜面にあり、四月初旬ではまだ寒い。新市街は英軍の駐屯地で兵舎や倉庫が並んでいる。まだ新しいが、おおむね一個師団分はあると宮崎はにらんだ。

暑いチンドウィン河方面から夏服で前進した日本軍は、敵の外套や毛布、衣服をいただいた。宮崎もグルカ（インド）兵の外套を着ることにした。木や草は日本と似ており、ワラビ、ゼンマイ、セリなどが日本兵のお菜になった。

つぎに宮崎は鹵獲品を点検した。サンジャックでもチャーチル給与にあずかったが、コヒマにくらべると九牛の一毛という感じである。コヒマにいて三叉路陣地に逃げた敵は一個旅団そこそこ（三千名くらい）であるが、インパールの大基地への補給地なので、コヒマでは弾薬、糧食、被服などの倉庫は満員である。

弾薬庫には各種の砲弾、信号弾、手榴弾、機関銃、小銃弾などが山積している。被服は純毛の軍服、肌着、靴下、靴、外套、毛布などが山のようにある。糧食庫は数ヵ

所にあって、米、麦粉、砂糖、塩、缶詰、油、煙草などが倉庫に充満している。また
ガソリンもドラム缶に五千本、モビル油が五百本はある。
「これなら三十一師団が贅沢に使っても、本年中は楽にある」と、師団司令部からき
た兵器部員の片岡中尉もほくほくしていた。宮崎は、
「ガソリンは敵の爆撃で焼けやすいから、谷間に隠しておけ」と命令し、片岡中尉は
歩兵団司令部の人員を使って、これらのドラム缶を谷間に隠しはじめた。
しかし、宮崎が三叉路陣地の攻略戦の指揮のために、敵の射撃の中を遮蔽陣地の福
永連隊長のもとに帰った後に、師団の兵器勤務隊長がコヒマにやってきて、ガソリン
の缶の隠匿作業を見ると、
「ガソリンは管理兵器勤務隊の任務だ。お前たちは余計なことをするな!」と一喝し
て作業をやめさせた。縄張り根性を発揮したのであるが、いざその勤務隊がドラム缶
を隠す作業にかかると、敵の長距離砲の砲撃がはじまり、危険だというので、十日あ
まりそれらを放置した。
四月十八日ごろ、昼間、敵の飛行機が爆撃にきて、露出していたドラム缶は全部、
焼夷弾で焼かれた。黒煙が天に沖するのが、宮崎の司令部高地からよく見える。
「畜生! せっかくおれの部下が鹵獲して、谷間に隠すよう言っておいたのに、何を

やっているのか？」

宮崎は怒って、兵器部員を呼んで事情を聞くと、兵器勤務隊長が隠匿を怠ったことが判明した。缶の火災は夕方までつづき、谷間にあった三百本以外は全部焼けてしまった。

怒った宮崎は、みずから電報用紙に向かい、

「師団兵器勤務隊長の怠慢により、五十八連隊が心血をそそいで鹵獲せる五千本近いガソリンを烏有に帰せしは、すこぶる遺憾なり」と書いて師団長あてに発信した。

これを聞いた佐藤師団長は、兵器勤務隊長を呼びつけて叱ったが、もうガソリンは帰ってこなかった。

宮崎は五十八連隊が鹵獲した戦利品といえども、五十八連隊だけで独占する気持はなかった。歩兵団司令部勤務の主計官に、五十八連隊の高級主計と相談させ、とりあえず五十八連隊で実戦に必要なものを、連隊の将兵に分配させ、残りの大部分は師団の高級主計にまかせた。

これでかなりの軍需品が、三十一師団の手に入ったはずであるが、後に英印軍の総反攻のときは、これが置き去りにされて、補給に苦しむことになったのは、宮崎も残念とするところであった。

砲撃の中で

『第五十八連隊史』によって、コヒマ突入の各大隊の戦闘ぶりを見よう。

まず突入をはたした島之江大隊である。

四月三日、マオを出発した第三大隊は、本道東側の稜線を北上し、四日夜半には、早くもコヒマ東南東八キロの地点に進出した。幸いに暗夜であったので、戦闘準備をととのえた尖兵中隊（第十二中隊）は、引きつづき谷間の小道を前進し、五日午前五時、コヒマ集落（ナガ族の集落）の一部に突入した。

村は眠っており、陣地はなかった。夜が明けると、集落の周辺に多くの敵陣地があることがわかった。とくに集落東側の高台は中隊の頭上にあり、中隊の死命を制すると思われた。そこで尖兵中隊長寒河江中尉は、みずから一部を率いて、この台地を奇襲し、この敵を敗走せしめた。

大隊主力は昼すぎ、コヒマの旧市街（現地人の集落）に到着したが、はるか南方のインパール道のあたりで、激しい銃声が聞こえたので、第二大隊が激戦中であると考え、島之江大隊長は、新コヒマ集落（英軍の兵舎地帯）の敵を蹴散らして、三叉路高地に進むことを考えた。

第三大隊は日没後、三叉路高地に進出、その北端稜線上の敵を駆逐してこれを占領した。つづいて六日夜明け前、その南のイヌ高地の攻撃を準備中、突如、宮崎支隊長の、「第三大隊は、ディマプール道のチェズウマを退却中の敵を追撃せよ」という命令が下ったので、反転して、チェズウマに向かった。

ところが、午後になってまた、「反転して三叉路高地を北から攻撃せよ」という命令が出たので、大隊はふたたびコヒマに戻り、七日夜明け前から、イヌ高地の攻撃にかかった。

つぎは長家少佐の第二大隊である。

第二大隊は、三日、マオを出発し、本道をコヒマに向かう。後には連隊長本部、歩兵団司令部が続行した。

四日の夜明けにはコヒマまで十二キロのキグヘマに入る。コスモスの花が美しいが、前方のアラズラの稜線には、敵の強固な陣地があるらしい。

長家大隊長は五中隊の大蔵少尉を長として、将校斥候に出した。大蔵少尉はアラズラの山腹に敵の監視部隊を発見、一名を報告に返し、残りの五名が手榴弾を投げながら突入すると、敵は逃走した。この戦闘のようすは、長家大隊長の双眼鏡に映っていた。

「敵は退却するぞ！　いまこそ突撃だ！」

大隊長先頭で突進し、北方の兵舎高地に進出、敵は兵舎を捨てて、その北西高地（ピンプル丘）に後退し、組織的抵抗に移った。すでに陽は西山に傾き、アラズラの峰々も夜の帳《とばり》につつまれていった。大隊長は翌朝攻撃を考えた。

翌五日払暁、第五（右）、第七（左）中隊は重機、軽機、擲弾筒の支援のもとに、敵陣地めがけて突撃し、まず第一線を突破したが、第二線の敵の抵抗は激しく、両側と後方の敵陣から射撃を受け、苦戦した。だが、徐々に敵の銃眼を潰しつつ前進した。

とくに七中隊の中村（藤栄）少尉の小隊は、敵陣深く突進し、その左側背に脅威をあたえた。しかし、それだけに敵の砲火も集中し、一時は全滅かと思われたが、中村少尉の指揮よろしく、中隊主力もこれを援護したので、最後まで陣地を死守することができた。

大隊長は協力する速射砲中隊に、敵迫撃砲の制圧を頼み、側方の砲火には、機関銃中隊にこれを潰すことを命じ、左側高地は連隊本部から派遣された山本小隊に攻撃させ、右側陣地に対しては、予備隊の第六中隊に攻撃させた。

かくて激戦はつづき、午前九時三十分、第五中隊長代理佐野哲夫少尉は敵前で戦死、十時、機関銃中隊長飯吉正治中尉戦死、そして奮戦していた中村少尉も、十時十五分には敵弾に倒れ、壮烈な戦死を遂げた。

予期していたとはいえ、コヒマ攻略戦の緒戦は、まさに屍山血河の激戦であった。しかし正午すぎには敵の抵抗は弱まり、第六中隊が右側面の陣地を攻略し、山本小隊が左側高地を奪取すると、敵は後退しはじめた。

これを見て大隊長は、残敵の掃討を六中隊に命じ、七中隊には西側渓谷ぞいに突進して、敵の退路を遮断させ、みずからは五中隊とともに正面の敵の追撃にうつった。

ここで三叉路からアラズラにいたる英印軍陣地について、述べておこう。

宮崎はこれらの堅固な陣地に、北の三叉路に近い方から、イヌ、サル、ウシ、ヤギ高地、西に離れた山はネコ高地と名づけた。ヤギの手前がピンプル丘で、その手前が兵舎高地である。

午後の戦いで、寡兵でよく敵の迫撃砲の制圧に奮闘していた速射砲中隊も、中隊長伊藤大二中尉が腕に重傷を負い、大隊副官の亀山中尉が、後退して手当をするようすすめたが、

「いま中隊長が後退することはできない」といって、指揮をつづけ、迫撃砲弾を胸に受けてついに倒れた。

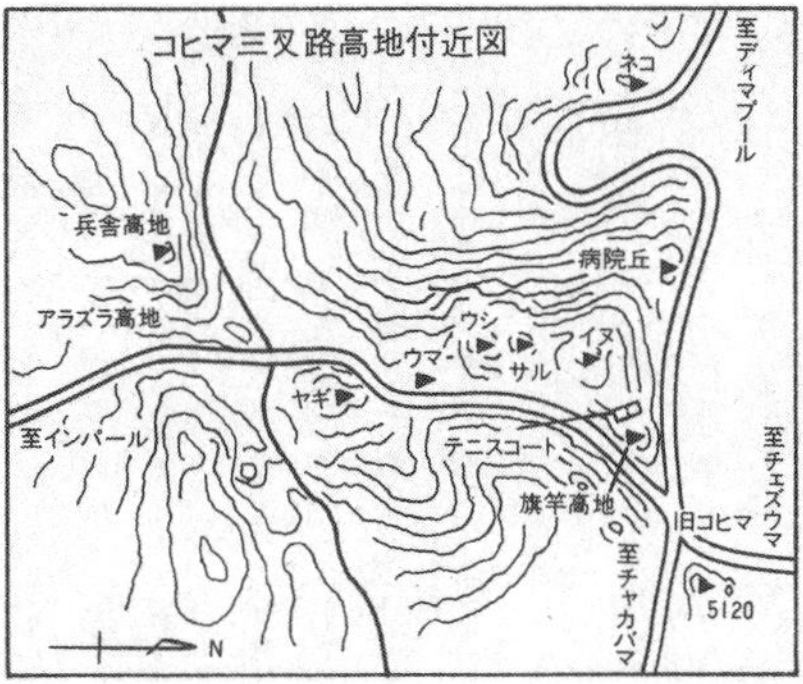

一方、後方から第二大隊の戦況を見ていた福永連隊長は、その地形から北東のヤギ高地の重要性を痛感していたので、六日朝、第二中隊が戦場に到着すると、ただちにこれに攻撃を命じ、連隊本部の佐藤大尉にその戦闘指導を命じた。第二中隊は佐藤大尉の指導もあって、この日のうちにヤギ高地を奪取した。

そこで長家大隊長は、その北方のウマ高地の攻撃を考え、伝令を従えて、午後三時すぎ、偵察に出かけたところ、敵のトーチカの前に出た。大隊長は軍刀をふるって突撃したが、手榴弾のために頭部と腹部を負傷し、六日午後四時四十分、戦死した。

長家少佐の後は、佐藤四郎大尉が大隊長となった。二中隊とともにヤギ高地にいた佐藤大尉は、長家大隊長の遺志を継いで、ウマ高地の西側から攻撃することにした。西側斜面には敵の大倉庫群があり、その手前にも敵陣地があった。

六日夜半、第六中隊は奇襲によって倉庫前の陣地を突破し、ウマ高地の山頂に向かって突進した。その後、第五、第二中隊は奇襲によって、いっきょに倉庫群を奪い、山腹の陣地は、ほとんどがわが手に陥ちた。

しかし、各山頂の攻防はなお難航し、山腹にはりついているわが隊は、ウマ高地からだけではなくその向こうのウシ高地からの側面射撃を受け苦戦におちいった。とくに第六中隊は死傷者が続出し、このままでは全滅は必至というので、中隊長佐藤吉雄中尉はウマ高地の台上めがけて、玉砕突撃を行ない、中隊全員が壮烈な戦死を遂げた。

ここにサンジャック以来第二大隊の中心として奮戦してきた第六中隊は、午前九時すぎ、アラズラ高地で玉砕して果てたのである。遺体の上を吹く風の音にも、悲しみの音色がうかがわれた。

七日も、ウマ高地の争奪をめぐって一日中、一進一退の激戦がつづいたが、第二大隊の損害は大きかった。このままではとても突撃する余力がないとして、この夜、佐藤大隊長はヤギ高地に大隊を集結させた。

この前、第二大隊の苦境を知った福永連隊長は、連隊本部要員を斎藤少尉に指揮させて、第二大隊の支援に行かせていた。もう予備隊もないので、連隊長は、通信中隊(長・渡辺英吉大尉)を突撃中隊として、第二大隊に配属させ、これを第二大隊の主力としたのである。

一方、闘志満々の佐藤大隊長は、この通信中隊が来ると、八日夜、この不落とも思われるウマ高地の攻略を考え、ヤギ高地からの支援射撃にささえられ、通信中隊、第五中隊を先頭として、ウマ高地の南側から突入した。ウマ高地の南側はまさに馬の鼻面のように長い。この陣地は典型的な複郭陣地で、幾重にも障害やトーチカがつづいている。

佐藤大隊長は、天明までにウマ高地の山頂を奪取しようとして、各隊は味方の屍を乗り越え、トーチカを一つずつ潰しながら前進し、夜明けまでに斜面を占領、正午すぎにやっと山頂に到達した。そしてウマ高地の山頂にきてみると、北方のウシ高地が見える。こちらはさらに複雑な幾重もの縦深陣地である。

――うむ、まだ堅固な陣地があるのか……。

双眼鏡を眼にあてたまま、佐藤はうめいた。そしてその北には、さらにサル高地、イヌ高地がつづいて三叉路に面しているのである。

このウマ高地の激戦については、第二大隊副官亀山正作中尉の『三叉路高地の激闘』という手記があるので、これの主な部分（大意）を紹介しておきたい。

「四月七日の戦闘」

ヤギ高地を日本軍に奪われた英印軍は、ウマ高地を死守せんと、陣地前に各種の火器をならべて、猛射をくり返していた。

佐藤大隊長は、ウマ高地の西側からの夜襲を考えた。第六中隊を主力とする第二大隊は、銃剣と手榴弾だけの軽装で、敵の懐に潜入した。敵の話し声が聞こえるまで前進すると、かねてのうち合わせどおり、剣道の達人の佐藤中隊長を先頭に、被服倉庫までの陣地に、飛燕のように突っ込んでいった。精鋭六中隊の早業に、敵は不意を衝かれて、両手を上げる。そこへ大隊長は、すかさず連隊本部からきた斎藤少尉の隊を投入、糧食倉庫、弾薬庫、自動車駐車場を占領させた。奇襲はみごとに成功した。

福永連隊長は原副官以下を従えて、大隊本部の位置まで前進してきた。佐藤大隊長から戦況を聞いている連隊長の頭上には、敵の曳光弾が無気味に尾を引いて、鋭い飛行音とともに飛び散っていった。山上方面の手榴弾の炸裂音が攻防の激しさを物語る。

夜明けが近い……。私は焦りはじめた。天明までに全陣地を奪取できないと、敵の包囲におちいる可能性が強い。

夜明けまでは一時間くらいか……。佐藤大隊長も時計の針を気にしている。

私は大隊副官として、第一線の戦況を把握したいと大隊長に申し出て許可を受け、鉄帽の紐を締めなおすと、第一線に向かった。山頂の敵は窮鼠かえって猫を嚙む、のと見出すこともなく、味方は山腹にはりついたままで、匍匐《ほふく》前進の隙も見出すことができず、戦局は膠着状態である。糧食庫前に陣地を占領して、ウシ高地方面の敵に対抗していた橋口機関銃小隊の陣地にとびこんだ。

ここには十数名のインド兵の捕虜が、うつろな眼をしてうずくまっていた。祖国独立のために戦うべき身が、英軍の指揮下に日本軍と戦うことに、彼らはいかなる意味を見出しているのか……。私は橋口准尉に、この捕虜を逃がさず殺さぬことを厳命した。

夜明けが迫るとともに、撃ち合いが激しくなる。敵はウシ高地からこの陣地にも猛射を送り、その援護のもとに谷間の敵が這い上がり、手榴弾を乱投しながら逆襲してきた。この陣地を奪われると、第一線と大隊本部の連絡が遮断され、第一線中隊は敵の完全包囲におちいってしまう。それにしても、機関銃小隊だけではあまりにも兵力が少ない。私はとりあえず自分もここで陣地死守に協力することにした。

橋口小隊長をはじめ、河瀬、木村の両分隊長はいずれも歴戦の勇士で、部下も戦いに慣れている。敵を引きつけておいては、手榴弾でいっせいに攻撃し、陣地の前は敵の死屍累々となった。しかし、陣頭にあった河瀬分隊長は頭部に銃弾をうけて戦死し、木村分隊長も右脚に重傷をうけて倒れた。

こうして各第一線は、敵の全陣地を攻略できないままに天明を迎えた。ウマ高地山腹の陣地は、ウシ高地の敵から側背の射撃にさらされ、苦戦におちいった。

前夜から大隊の先頭で奮戦していた第六中隊では、佐藤中隊長とともに奮闘していた阿部弥一小隊長が頭部に敵弾をうけて倒れた。中隊の損害は極限に達し、佐藤中隊長は友軍を助けるために玉砕攻撃を企図し、残る部下を集めて悲壮な決意をつたえた。だれにも異議はなく、中隊長を先頭に負傷者までもが突撃し、七日午前九時、第六中隊は完全に玉砕してしまった。

斎藤小隊も、小隊長斎藤少尉が重傷に倒れ、隊員もほとんどが死傷した。第五、第二中隊の状況も同じで、この戦場で中隊を指揮する者は、下士官または兵長となり、兵力は各々二十名前後になってしまった。

午前十時、敵の砲撃は、いっそう激しくなり、被服庫、糧食庫に砲火が集中し、十数名の捕虜とわが監視兵が吹きとばされた。大隊本部、連隊本部がいた被服庫も燃えた。ウマ高地山腹の友軍は玉砕し、ここに敵が進出すると、大隊、連隊本部は、ウマ高地の山腹から蹴落とされてしまう。私はとっさの間に、機関銃小隊の陣地を、まだ火のついていない東糧食庫に移動させて、大隊、連隊本部を守ることを考えた。私は橋口小隊長にこの決心をつたえ、実行を命じた。戦場慣れした兵士たちは、巧妙迅速に負傷者、戦死者も所定の東糧食庫に移動させた。

倉庫の火の手はついに弾薬庫に引火し、大きな爆発で頭を上げることもできない。機関銃小隊はこの火災の現場で奮戦していたが、正午ごろ、橋口小隊長もついに頭部貫通で戦死した。火事の熱でとびだす者は、ウシ高地からの狙い撃ちでやられる。この際、一番必要なのは団結である。私は軍刀を抜くと、

「今後、現在地の指揮は、大隊副官亀山中尉がとる。いまとびだすと敵の餌食だ。苦しくてもここでがんばるんだ。各隊員の生存者は、負傷者をつれておれのそばに集まれ」と命令した。私の周囲には機関銃小隊の生き残り、田中兵長以下の三十名の元気な兵士と、第六中隊斎藤小隊の同数の負傷者が集まってきた。私は東糧食庫の軒下に円陣を作り、負傷者はその中心に収容した。土嚢のかわりに倉庫から砂糖と大豆の袋を出して積み上げた。

——玉砕は近い……。

キナ臭いものが鼻の先をかすめた。この際必要なのは、落ち着くことだ。私は佐藤紅緑の少年小説に、野球の試合でバッター・ボックスに入る選手に先輩が金玉をにぎらせるシーンを思い出した。

「いいか、みんな、あわててはダメだぞ。自分の金玉をにぎってみよ。だらりとして

いたらしめたものだぞ」

　そう叫びながら自分もにぎってみたが、堅く縮んでいる。三十余名の健兵は、みな自分の玉をにぎりながら副官の顔を見ている。私はここで芝居をうった。

「どうだ、お前たちは？　おれのはだらりとしているぞ。堅くなっているのはあがっている証拠だぞ」

　私がそういうと、若い兵士が顔をまっ赤にしながら、

「副官殿、自分の金玉はないであります」といったので、みな笑いだした。

　私はしめた！　と思った。これでみな落ち着いて死地に入ることができる。

「われわれはここを死守して、連隊、大隊本部を守り、決して戦死者を敵の手に渡さないぞ」

　近くの連隊本部では福永連隊長が、いざというときの覚悟として拳銃の安全装置をはずしている。佐藤大隊長は連隊長に、自決はまだ早いことを具申し、壕を深く掘り、その中に兵士と一緒に連隊長を入れて最後の抵抗を試みた。

　私の陣地でも、自動車が燃えるたびにあたりは炎熱地獄である。砂糖や大豆の袋も燃えて異臭が漂う。ミルクが沢山あったので、ミルクで消火につとめる。背中には火の粉が降りかかるが、これでは敵も接近はできない。

やがて火の手が収まると、また敵は前進して糧食庫の屋根越しに手榴弾を投げてくる。攻撃は最良の防御である、というので、私も機関銃分隊長代理の田中兵長に手榴弾を投げることを命令した。田中は、「鎮守の神様、お守りください」と言いながら、屋根越しに手榴弾を投げた。

苦闘の七日が暮れると、健兵の数は十八名に減っていた。私は残りの兵士に、大隊長がかならず救援にきてくれることを説きながら、この倉庫の陣地を死守することにした。夜になると、夜襲を警戒する敵の乱射がはじまる。

ふと、焼け落ちた弾薬庫の方で、私を呼ぶ声がする。射撃音の間に、

「亀山中尉！」と叫ぶ声が聞こえる。まぎれもなく佐藤大隊長の声だ。

「大隊長殿！」と大声で怒鳴ると、その声を頼りに敵が手榴弾を投げてくる。そこでこちらも私が、「大隊長殿！」と叫ぶと同時に、田中兵長が手榴弾を投げることにした。

「大隊長殿！」「ドカーン！」という攻撃がつづく間に、大隊長が匍匐前進で近づいてきた。片手に軍刀、片手には手榴弾をにぎっている。私が手をふると大隊長は走りだした。田中兵長、中村軍曹が援護のために敵に手榴弾を投げる。円陣地の中にとびこんできた大隊長は、

「御苦労、よくがんばってくれたな」と私の手をにぎった。負傷者が多く、わずか十数名になっている小隊の実情を知った大隊長は、後退を決意した。このままで朝を迎えると、全滅の可能性が強い。

私はまず負傷者を後方に下げ、ついで残りの全員で戦死者を運ぶことにした。背中の戦死者は重い。冷たくなった頰が自分の頰にぴったりとつく。それが揺れて私の悲しみをそそった。やっと戦死者を運び終わったときは、八日の夜明けも近く、朝風が肌にしみた。

＊

第六中隊のほとんどを失い、第七中隊を歩兵団の直轄に出した第二大隊は、大蔵少尉以下二十名ほどの第五中隊と、大隊砲小隊、機関銃一個小隊が主力となっていたが、佐藤大隊長は第六中隊の弔い合戦の意味もあって、第二大隊の手で、ウマ高地を奪取しようと考えていた。連隊長は通信中隊を第二大隊に入れた。

五日以来の激戦で、生き残り隊員の疲労ははなはだしいものがあった。大隊長はヤギ高地に引き揚げるや、下士官兵を崖下や壕の中で休養させた。

大隊長は八日の夜襲でウマ高地を攻略しようと考えた。薄暮、機関銃隊、軽機、擲弾筒、速射砲はヤギ高地に進出して、第二大隊に協力することになった。新たに第二大隊に配属された通信中隊長渡辺大尉は、かつて第八中隊で小、中隊長を経験した将校なので気心は知れていた。

大隊長は通信中隊と第五中隊に突撃させることにして、各銃隊に射撃の合図を送った。猛射に敵陣地は沈黙したので、突撃部隊はヤギ高地の北斜面を駆けおりたが、ここに意外な伏兵があった。敵は昼の間にここに鉄条網を張っていたのだ。

しかし、勇敢な渡辺中隊長は、その鉄条網を越えて、崖下の道路にとびおりることを命じた。突撃隊員は血だらけになって、鉄条網を越えて道路にとびおりたが、こんどは三十メートルもある向こうの崖を登らなければならない。用意した梯子をかけてよじ登っていく。断崖の上には、また鉄条網が張ってある。手榴弾を投げて、敵の抵抗を排除しながら、一人、また一人と崖を登って、敵陣地に投入する。

ウマ高地の斜面には、幾重にも陣地が構築されており、突撃隊員はここで死闘をくり返した。これを見ていた大隊長は、火器の指導を私にまかせ、自分は第一線の指導に走った。

わが優勢な火器に、退路を遮断された敵は、迫撃砲によってわが火器陣地を攻撃しはじめた。こちらにも損害が出たが、突撃隊員が味方の屍を踏み越えて突進する勇ましさに励まされ、支援の砲火を送った。そして天明直前、ついにウマ高地の南側斜面を占領することができた。

しかし、この激闘で第五中隊長代理の大蔵少尉は、午前四時三十分、敵の手榴弾片を頭にうけて戦死した。

ウマ高地稜線上の敵は、天明後も頑強に抵抗した。敵は後方からの砲火に支援されて抵抗したが、こちらの砲隊はよく戦った。大隊長は、とくに執拗な敵迫撃砲陣地の攻撃を大隊砲小隊に命じた。小隊長の藤井少尉は、よく敵の迫撃砲を砲撃したが、午前十時、敵の弾を腹部にうけて戦死した。

しかし、この大隊砲の健闘に、敵の迫撃砲は沈黙し、わが第一線中隊は機関銃の援護のもとに、昼ごろ、ついに難攻不落と思われたウマ高地の山頂を占領した。

「とうとう陥としたか。大勢の犠牲者が出たが……」

山頂から、いままでの戦場を眺めている大隊長の両眼にうるむものがあった。

九日、難関のウマ高地が陥落すると、連隊長はその北のウシ高地の攻略を考えた。早くこの三叉路高地全部を攻略しないと、ディマプールの敵主力が到着すると、事は難しくなるという宮崎支隊長の意図によるものである。

しかし、佐藤大隊はその兵力の多くを消耗している。ウシ高地は数段の鉄条網に守られ、山腹から山頂まで無数の火器が設置されている。連隊長は連隊本部の山本少尉の小隊を、第二大隊に配属させ、佐藤大隊長はこの小隊を中心に、十一日、ウシ高地を攻撃したが、敵陣地前の鉄条網と敵の側面射撃にはばまれて、攻撃は失敗した。第二大隊には、もうこの三叉路高地を攻略する力はないのだろうか。

四月十五日、歩兵団の直轄であった七中隊が、大隊に戻ってきた。大隊長は石田中隊長、協力火器部隊の長と協議して、突撃の打ち合わせを行なった。

十六日夜半、ふたたび夜襲が決行された。山砲、速射砲、大隊砲、機関銃は、いっせいにウシ高地の各火砲の拠点を痛撃した。金子軍曹、中川軍曹らの肉弾攻撃班は鉄条網を強行破壊し、いっきょに敵の銃眼に突撃した。この間に中隊主力は石田大尉以下、一体となって、

「ワッショイ！　ワッショイ！」とお祭りの神輿かつぎのような掛け声をかけながら、山頂に駆け登った。敵はこの奇襲に驚き、陣地を放棄して逃走し、中隊は勢いにのって、隣りのサル高地までも、天明前に奪取してしまった。

しかし、敵は天明後は、ウシ高地、サル高地に砲火を集中してきた。とくに五キロ北西のジョツマの砲兵陣地からは、遠雷のような音とともに発射され、それがこちらの陣地にとびこむと、焼夷弾らしくわが陣地は火の海と化し、各第一線はこの消火に

追われ、犠牲が大きくなった。その上、近くのイヌ高地、やや遠くのネコ高地からも射撃が行なわれるので、七中隊の損害は、敵陣地占領時よりも占領後の方が多くなってきた。

そして十九日、恐れていたものが姿を現わした。激しい砲撃がやっとやみ、タコ壺から顔を出したとたん、イヌ高地東端三叉路の屈曲点に一台のM４戦車が顔を出していた。まもなくこの戦車は、ヤギ高地に戦車砲を撃ちはじめた。

「いよいよきたか……」

口をひき締めた大隊長は、かねて用意しておいた速射砲と肉攻班に攻撃を命じた。大隊長は敵弾を脚にうけ、歩行困難なのにもかかわらず、伝令の背に負われて、各陣地を回って、指示をあたえ激励していた。

〝待っていたぞ！〟とばかり速射砲は撃ちはじめた。戦車は三台となり、速射砲はその先頭車を砲撃したが、M４は弾が命中しても平気で前進してくる。もう少し口径の大きい砲でなければ効果がないらしい。

「キャタピラを狙え、キャタピラを！」と若林小隊長が声をからす中を、戦車は縦隊で前進してくる。工兵第一線や第五、第七中隊の肉攻班は、崖の上から火炎瓶を投げつける。別の肉攻班は、布団爆弾（黄色火薬を布団状につつんだもの）を抱いて戦車に体当たりを決行した。戦車は爆煙とともに擱座する。この奇襲に驚いた戦車の敵兵は、天蓋を開けてとび出す。それを肉攻班が射殺する。

この勇敢な攻撃を見た後続の戦車は後退しはじめた。これ以来、敵の戦車は三叉路から南へ進んでくることはなかった。

この後も、第二大隊のイヌ高地の攻防をめぐる死闘がつづくが、しばらくおいて、ほかの大隊の戦闘を見たい。

四月六日、本道の西を進んだ森本少佐の第一大隊は、八日朝、コヒマ―ディマプール道のジョツマ南方に進出したところ、ジョツマに敵の連隊本部があることを察知したので、九日薄暮、第三中隊をもって、これに奇襲をかけた。集落東側台上に敵陣地があり、白兵戦となり、三木中隊長は軍刀を抜いて奮戦し、台上の敵陣地を抑えたが、乱戦の中、敵の壕の中で弾をうけて倒れた。

森本大隊は、その後もジョツマ付近を確保し、ディマプール道を遮断するとともに連隊主力の左側面を援護した。

コヒマ一番乗りの手柄をたてた島之江少佐の第三大隊は、百三十八連隊のコヒマ進出と相まって、七日朝、三叉路高地の北麓のグランド高地に進出し、すぐ西の旗竿高地、テニスコートをへて、敵が最強をほこるイヌ高地を攻撃することになったが、前日よりはるかに敵陣地は強化されているようであった。

偵察を行なった島之江大隊長は、このイヌ高地が長い稜線を挟む縦深の鉄条網を張りめぐらした、大きな複郭陣地であることを知り、白昼の攻撃は不利であると考え、まず夜襲によって、手前の突角（旗竿高地）とつぎの赤屋根宿舎（副弁務官宿舎）を奪取することを企図し、第九中隊を左一線、第十中隊を右第一線として、夜半すぎ、いっきょに旗竿高地に投入した。

突角正面の十中隊は、猛烈な砲火にはばまれて敵陣地の一角を取ったにとどまったが、九中隊が巧みに敵の左側背を衝くと、敵は北斜面の方に退却した。九中隊は引きつづき赤屋根宿舎を占領した。

しかし、天明とともに敵の逆襲が予想されるので、大隊長は機関銃中隊を旗竿高地に進出させ、十一中隊の一部で三叉路を遮断させ、ディマプールからの支援を阻止させた。

果たして夜明けとともに、イヌ高地の斜面に数段に構築された敵陣地からは猛射が行なわれ、赤屋根宿舎は形をとどめぬまでに砲火を浴びた。八日の日中は撃ち合いがつづいたが、夜になると九、十中隊は、また夜襲を行なった。並行する両中隊は、敵の射撃の切れ目をついて、テニスコートの台上陣地にとび上がった。敵は驚いて逃走した。

しかし、テニスコートの向こうは二メートルほどの崖になっており、その向こうはもうイヌ高地の本陣で、敵は崖の向こうから猛射を送り、手榴弾を投げつける。両中隊の左右からも側面射撃が行なわれ、各中隊は崖下におりて、下から手榴弾を投げて戦ったが、戦局はわれわれに不利であった。

このままでは全滅の危険もあるので、両中隊長は、テニスコートの西にある水槽付近に部隊を集結させ、応急の陣地を造って、昼の戦闘に備えた。九日昼は苦戦で、損害も大きく、両中隊は大隊長との連絡も取れなかった。

こうして第二大隊、第三大隊は南と北から三叉路陣地を挟んで苦闘をつづけていた。

〝ゴハチ〟の勇名

コヒマ三叉路における宮崎支隊の苦闘を描く前に、四月五日、島之江大隊がコヒマに突入する当時の各師団の状況に触れておきたい。

まず佐藤中将の三十一師団司令部は、コヒマの東方十五キロのチャカバマに到着し、師団長は、七日、

一、第百三十八連隊の一個大隊を宮崎支隊に増援して、三叉路陣地の攻撃に参加させる。
二、同連隊主力をコヒマ西北でディマプール道の遮断にあたらせる。
三、同連隊の一個大隊をディマプール道のプリヘマに進出させ、この道路を来る予定の敵を迎撃させる。
四、第百二十四連隊は予備隊として、師団司令部と同行する。

という命令を発したが、十日、百三十八連隊主力（連隊長鳥飼大佐）を宮崎歩兵団長の指揮下に入れて、コヒマ方面の敵の攻撃にあたらせることにした。（宮崎はこの第百三十八連隊主力に、ディマプール道を敗走している敵の追撃を命じたが、同連隊はコヒマでの補給に手間取ったのか、進発が遅れ、宮崎はその手記で不満を述べている）

『戦史叢書』によれば、百三十八連隊主力のコヒマ出発は四月十二日で、ディマプール道のズブサ（コヒマの西十キロ）突入は十四日で、すでにディマプールからの英印軍・三十三軍主力が到着しており、戦車、砲多数が堅固な陣地によっていた。このため、同連隊第二大隊第六中隊は、果敢に突入したが、十六日までに生還したのは、わずかに中隊長以下九名にすぎなかった。

一方、その西のプリヘマに向かった百三十八連隊第三大隊は、その北西のカズマ高地で有力な敵と遭遇、十日以降、果敢な夜襲を続行したが、大隊長柴崎兵一少佐は戦死、以後、大隊はこの地点で敵と対峙する形となり、師団長が企図したディマプール道の遮断はならなかった。

ここで三十一師団に対する宮崎の考え方に触れておくと、百三十八連隊は奈良編成で、奈良、京都、大阪の兵士が多く、関西の兵は弱い、という通念が宮崎の頭にもあった。伊藤桂一著『兵隊たちの陸軍史』では、関西の兵が決して弱くはないという実例が引いてあるが、「またも負けたか八連隊（大阪）」という言葉があったのは事実である。

したがって、宮崎は百三十八連隊主力の進出が遅れたときも、奈良連隊への不信があったかも知れない。

百二十四連隊は、熊本、久留米とならんで精鋭をうたわれる福岡の連隊であるが、ガダルカナルで相当な損害を受け、再建日が浅いので、宮崎もその実力のほどはよくわからなかった。佐藤師団長は、コヒマ作戦のとき、この連隊を予備隊として、自分の手元におくことが多かった。

さて、ほかの師団の戦況はいかがであろうか。

南方からインパール攻略をめざす弓兵団（第三十三師団）では、左突進隊（歩兵第二百十五連隊・笹原政彦大佐）が、すぐ北を行く中突進隊（歩兵第二百十四連隊・作間喬宜大佐）と協力して、三月中旬、トンザン（インパールの南百二十五キロ）で英印軍第十七師団を包囲したが、英印軍司令官は戦車部隊を増援させ、二十日すぎには、わが軍の方が苦戦におちいった。

敵主力は囲みを破って脱出し、援軍とともに激しい抵抗に移り、敵の退路遮断を狙ってシンゲル（トンザンの西北十三キロ）に進出した二百十五連隊の第一大隊では、大隊長の入江増彦中佐は戦死、第三大隊でも損害が大きく、中隊長三名が戦死した。第二大隊も、トンザンで敵十七師団と激戦を交え、損害を出していた。

三月二十五日、第三大隊長末木栄少佐は、笹原連隊長に、

「大隊は暗号書を焼き、無線を破壊す。大隊は現在地において玉砕せんとす」と報告してきた。これを聞いた連隊長は、師団長に対し、

「連隊は軍旗を奉焼し、暗号書を焼く準備をなし、全員玉砕の覚悟で任務に邁進す」と報告し、第一、第三大隊に敵の退路遮断をやめて、敵の退却を認めるように命じた。

実際は二百十五連隊の損害は十五パーセントほどであり、この連隊長の報告は、その覚悟を述べたものであるが、もともとインパール作戦に賛成でなかった柳田師団長

は、笹原連隊が全滅の危機に瀕していると考え、つぎのとおり、牟田口軍司令官にインパール作戦の中止を具申した。

一、左突進隊の情報は悲報が多く、三週間をもってインパールを攻略することは絶望的である。雨季の到来と補給の困難は悲惨な結果をまねくであろう。

二、わが編制、装備はきわめて劣弱で、総合戦力は不十分。

三、敵空挺部隊の降下（三月五日、北ビルマ・ミイトキーナ方面にウインゲート兵団が降下していた）は、北ビルマの防衛を危機におとしいれるであろう。（だからインパールにこだわることなく、北ビルマにそなえるべきである）

これを聞いた牟田口は激怒した。彼は柳田師団長が積極的でないのに不満を感じていた。彼はただちに柳田に、速やかにインパールに進攻するように命じた。

しかし、二十六日の柳田の報告は、

一、師団は死力をつくして任務の達成に努力するが、諸般の状況によってご期待にはそいかねる。

二、このような不祥事が軍主力においても生じることを恐れる。

というものであったので、牟田口はますます怒り、

「爾後、三十三師団の指揮は、田中参謀長にまかす」と打電し、柳田師団長の指揮権を解任した。

アメリカでは、前線で指揮官を解任することがあるが、日本ではめずらしい。柳田は宮崎と同期で、陸大を恩賜で卒業した秀才であるが、理知的、合理的で、蛮勇には乏しい点が牟田口には不満であった。田中鉄次郎大佐（三十四期）は豪傑肌で、牟田口とは気が合っていた。

中央を攻めてインパールをめざす十五師団では、本多挺身隊（歩兵第六十七連隊第三大隊長・本多宇喜太郎大尉指揮）が、早くも三月二十八日、コヒマとインパールの中間にあるミッションに進出して、三十三師団が南方からインパールに迫るのを待っていた。

そこで、事実上、田中参謀長の指揮する三十三師団は前面の敵を追って追撃を開始し、四月六日、師団主力（笠原連隊と作間連隊）はインパール平野の南の入り口・トルボンの南十キロのチュラチャンプールに達した。トルボンの北二十キロに要衝ビシエンプールがあり、インパールはその北二十五キロである。

山内十五師団長は病身で、結局、ビルマで命を落とすのであるが、その部下は三十三師団より進度が早く、先の本多挺身隊のほか、その右突進隊（歩兵第六十連隊長・

松村弘大佐指揮、サンジャックで宮崎支隊に、先に攻撃され苦情を言ったことがある）と左突進隊（歩兵第五十一連隊長・尾本喜三雄大佐指揮）も挺身隊の南方のコースを西進し、インパール―コヒマ道に迫った。

四月五日、右突進隊はインパール北方二十キロのカングラトンビの敵と交戦し、付近の高地を占拠したが、敵戦車部隊のために苦戦におちいった。

また左突進隊は、四月六日、インパール北方十キロの三つの高地を占領したが、敵の砲撃が激しく、八日以降は戦車部隊をくり出してきたので、要衝三八三三高地の争奪戦がはじまった。

十三日には、敵飛行機二十機が加わり、日本軍は大隊長の戦死がつづき、ついに師団長は同高地の放棄を認めた。東方四〇五七高地でも敵の反撃が激しく、またアメーバ赤痢の流行で、兵力は一個中隊で戦闘にたえる者が三十名に減っていた。

十五軍司令部では、宮崎支隊が早くも四月五日にはコヒマに突入し、アラズラの高地の大部分を制圧し、インパールの英印軍の北への退路を遮断しているので、この際、十五師団が北から、三十三師団が南からインパールを挟み討ちにすることを期待して、十五師団に前進を催促した。

しかし、十五師団の六十七連隊主力と五十一連隊第一大隊は、十五軍司令部の直轄となっており、十五師団の実力はいちじるしく低下していた。

四月十五日、十五軍司令部から、インパール攻撃の命令がきた。山内師団長は柳田師団長ほど弱気ではなく、

「師団は今や死傷続出し、弾薬僅少なるも、最後の一兵に至るまで奮戦敢闘し、軍の企図達成に邁進す。ご安心を乞う」と返電したが、十五師団の運命はまさに危機に瀕していたのである。

＊

南から佐藤大尉の第二大隊、北から島之江少佐の第三大隊が挟み討ちの形で、とくに佐藤大隊の奮闘はものすごく、四月十六日までにウマ、ウシ、サルの各高地を攻略したが、もっとも堅固な北方のイヌ高地が残るのみとなった。

しかし、第三大隊も北から猛攻するが、このイヌ高地はどうしても抜けない。両大隊が苦戦している間に、英印軍は本格的な反攻に出て、十九日には、戦車がイヌ高地付近の道路に姿を現わし、これは第二大隊の肉攻で一応は撃退したが、飛行機の爆撃は日増しに激しくなり、また砲撃も熾烈で、コヒマ北東五一二〇高地のわが陣地には、一日に一万発の砲弾が撃ち込まれるようになった。

このころ、激戦のコヒマ戦線に一人の新聞記者がいて、貴重なニュースを日本に送

りつつあった。同盟通信の石井記者で、彼は牟田口将軍のいう、天長節までにはコヒマ・インパールを陥落させるという言葉を信じて、七名の記者、カメラマン、電信員とともに三十一師団に配属になったが、彼は無電員一名とともに宮崎歩兵団司令部に同行し、ほかは師団司令部に残った。

したがって、石井記者一人が、連合軍の戦史にも残るコヒマ三叉路の激戦を取材する機会を得たのである。

石井の記憶によると、四月十日ごろから敵の砲撃が激しくなってきた。古ぼけた飛行機が悠々と飛ぶので、何かと思うとこれが観測機で、まもなく正確な射撃が行なわれる。

石井がいた司令部の兵舎でも、一分間に三十ないし八十発の至近弾が飛んでくる。兵舎の屋根が吹き飛んだので、石井も壕の中に入った。宮崎支隊長が当番兵をつけてくれた。この兵が壕を掘り下げようとしていたとき、砲弾の破片で戦死した。連隊副官、隊付の少佐も負傷して、野戦病院に収容された。

——おれも死ぬのかな……? と彼は考えた。

——アラカン越えのときも何度も死にかかったが、こんどが正念場かも知れない……。

しかし、いつも悠々としている宮崎少将のようすを見ると、あわてることもない、と自分を落ち着かせるのである。

四月中旬をすぎると、敵の砲撃は一日に一万発を越えるようになった。夜、石井が壕の中にいると、ウマやウシ高地の方で、「万歳!」「万歳!」という叫びが聞こえる。日本軍の夜襲でこれが日課である。重火器がないので、肉弾突撃で敵陣地を占領するのである。

悲壮ではあるが、最前線の兵士にとっては、これも糧食を求める最後の手段であった。コヒマでは多くの糧食を鹵獲したが、三叉路の前線では不足しているところも多い。輸送力がないのである。飢えをしのぐには、突撃して敵の糧食を奪うよりしかたがない。勇敢でない者は腹が減るということである。

毎夜、午前二時ごろになると、大地を揺るがすような突貫の叫びが聞こえる。つづいて敵の応射の響き、やがて叫び声は静かになる。こうして小隊、中隊が戦力を失っていく。その反面、運のよい者はチャーチル給与の箱入りのクラッカー、チーズ、煙草、粉末ジュース、キャンデーなどにありつくのである。

このころになると、コヒマの戦利品はどこにいったのか(倉庫に放置していたところ、敵の砲爆撃でかなりの量が焼かれたという)、師団の後方より、宮崎支隊の方が分捕り作戦のおかげで食い物があった。

ある日、石井はコヒマの東にある師団司令部に行き、ひさかたぶりに記者やカメラマンと会った。みな衰弱している。佐藤師団長にも会ったが、憔悴して元気がない。

「分捕り品ですよ」と英国の煙草を贈ると、

「どうも前線の方が給与がいいらしい。おれも前線に出してもらおうか」と、伸びた髭をなでながら淋しそうに笑った。

――補給のない戦争は、部下を殺すだけだ……。

掛け声だけの強気の牟田口戦法に、疑問を抱く師団長は、このころから、命令に違反しても、最後には部下を助けたいと考えるようになってきていた。

宮崎は四月十八日、馬をつれて追いついてきた第一大隊の第四中隊に、敵の反攻拠点になっている西方のネコ高地を攻撃させた。この日の夜襲は成功して、四中隊は高地の頂上を占領したが、この高地は岩山で塹壕用の穴が掘れない。夜明けとともに敵の激しい十字砲火を浴びて、兵士の死傷が相ついだ。「夜明けとともに散る」というのが、三叉路高地の合言葉になっていた。

十九日夜、宮崎が同中隊に撤退を命じたときには、中隊は曹長以下十五名に減っていた。

一方、四月二十日、チンドウィン河西岸のインタンギー（インパールの南百八十キロ）に司令部を進めていた牟田口は、依然として、天長節までにはインパールを陥すと豪語することを忘れなかったが、その天長節がきても、アラズラ高地の北の三叉路の戦線は膠着状態のままだった。

その二十九日、上空に十機近くの飛行機が現われるのを見て、石井記者はあわてて壕にとびこんだ。この後はシュルシュルという爆弾の落下音とともに爆発が起こる。ところが、この日はそれがなく、驚いたことには、その飛行機は日の丸を翼につけており、ディマプール方面の敵陣地に痛烈な爆撃を行なった。この日は英軍の砲撃もなかった。

この飛行機の勇ましいようすに、

「バンザイ、バンザイ！」と壕の底にいた重傷者も起き上がって、両手をふった。

「そうか、まだ友軍には、飛行機というものがあったか……」

石井もしばらくは、壕の中から日の丸をつけた飛行機の勇姿を見上げていた。涙が自然に頬をぬらした。

この日、佐藤師団長は、飛行第五師団長田副中将に、

「友軍機のご支援に感謝す。重傷者も這い上がりてバンザイを連呼す」と打電した。

だが、この兵士を歓喜させた飛行機のプレゼントも、この日かぎりで、後は敵の飛行機が乱舞するだけの空に戻った。

無電機の電池がなくなったので、石井はインタンギーの軍司令部に戻ることになった。

宮崎以下の司令部の将兵と、別れの握手をかわす。

「後方にいったら前線が補給に苦しみながら、奮戦していることを書いてくれや」

宮崎が岐阜訛りでそういう。

この人はついに、牟田口軍司令官の悪口を一言もいわなかった。乏しい糧食もすべて部下と分けて、辛苦をともにする。軍司令官の方針がだめなら、自分で工夫を凝らして、敵を押しまくる戦いをやる。

——泣きごとは男らしくないぞ……。

そう自分に言い聞かしているらしい。この人はじつに立派な指揮官であった。

「支隊長閣下も、何分お体にお気をつけになって……」

石井は万感をこめて、宮崎の手をにぎった。

——この人に軍司令官として戦《いくさ》をやらしてみたい。いかに連合軍を苦しめることか……。

「なに、おれには英軍の弾は当たらへんよ。これでも弾には当たらんようには気をつけているんやで……」

そういうと、将軍は肩の小猿をみた。指二本をとばされて、包帯を巻いている。それなのに、親分の宮崎は無傷なのであった。

——この人には敵の弾も避けて通るのだ。体は小さいが仁王様か坂上田村麻呂のような人だ……。

石井はさわやかなものを感じながら、アラズラの司令部高地を後にした。

話が先に進みすぎたが、ふたたび『五十八連隊史』の亀山中尉の手記によって、イヌ高地の激戦を辿ってみたい。

四月十九日、敵戦車の出現にも驚かず、第二大隊の第五、第七中隊、工兵隊は肉攻によってこの戦車群を追い返した。

二十一日、敵はまた新しい戦法を披露してきた。まず敵の砲兵が、イヌ高地付近のわが陣地に発煙弾を撃ち込む。この煙を見て、敵機は爆撃を行なうので、その正確度にはおそるべきものがある。速射砲陣地が直撃をうけて、若林小隊長以下の隊員が、砲もろとも吹きとんだ。しかし、ほかは爆心から数メートル離れていたので、土塊に埋まりながら、被害を局限した。

脚を負傷しながらも、不屈の佐藤大隊長は、伝令に負われて、イヌ高地の戦闘指揮のためにサル高地に前進した。なんとかして敵の主力が三叉路に到着しないうちに、イヌ高地とネコ高地を陥として、三叉路を完全に占領しようという宮崎支隊長の意図によるものである。（しかし、十九日の段階ですでに敵の主力はコヒマに迫っており、その戦車は三叉路陣地を北から攻める島之江少佐の第三大隊に迫っていた）

このころ第五中隊の全兵力は、宮下兵長以下五名で、兵長も負傷していた。第七中隊は中隊長以下三十名である。不敵の第二大隊もこれだけに減っていた。

しかし、あくまでも三叉路を制圧しようという宮崎は、あらたにその指揮下に入った百三十八連隊の一個中隊を第二大隊に配属して、イヌ高地攻撃を命じた。

大隊長は第七中隊でイヌ高地の第一線を奪取し、新しく入った百三十八連隊で、その山頂を占領することを考え、二十三日の夜襲を企図した。山砲隊も残り少ない砲弾数発で協力することになった。いよいよ、その日の日没後、第七中隊は白兵戦によってイヌ高地の第一線陣地を奪取した。

ついで百三十八連隊の中隊は、山頂陣地に突入を開始したが、意外な火災でその前進をはばまれた。敵陣地にあったガソリンの缶に引火して戦場は大火災となり、昼のように明るくなった。このために、突撃する中隊の姿はあかあかと照らし出され、中隊の損害が多くなってきた。このためにさすが不屈の佐藤大隊長も、山頂の占領は断念せざるを得なくなった。

　これ以降、第二大隊は組織的な攻撃を行なう兵力を失う形となり、イヌ高地の第一線陣地を死守するのがやっとということになった。第七中隊長石田大尉は赤痢が重かったが、中隊と運命を共にする考えを変えなかった。イヌ高地の第一線を守る七中隊に対する空地からの砲爆撃は、連日、激しかったが、わが勇猛第七中隊は、わずか十名の健兵でこの陣地を守りぬいた。

　このころ、サンジャックで負傷して入院していた金谷軍曹が、部下二名とともに戦線に加わって石田大尉を喜ばせた。

　連日の砲爆撃でうっそうとしていた三叉路高地のジャングルも、ついに赤肌を露出する禿山と化した。しかし、敵も必死である。糧食、弾薬の補給はすべて飛行機の投下による。それが風向きによって、わが陣地にも流れてくる。昼は危ないから夜出てそれを取りにいくのが、危険ではあるが、ありがたい作業であった。

　五月四日、朝から敵の激しい砲撃がつづいた。午後には飛行機の猛攻も加わってきた。敵はまた何かをやるらしい。わが方の兵力がわずかだと知って、一気にもみ潰そうというのか……。

気がつくとまたしてもM３戦車が五両ほど前進してくる。そしてみな、周囲に金網をめぐらしている。これでは肉攻班も手がでない。頼む速射砲はすでに弾がない。敵戦車はイヌ高地の友軍とサル高地を迂回して、ウシ高地に向かう。

突然、飛行機がやってきて、ウシ高地の断崖を爆撃すると、崖が崩れた。そこから戦車はウシ高地に登ってしまった。ウシ高地にはわが守備兵は少ないが、こうなるとサル高地にいた大隊本部は、敵戦車の猛攻にさらされることになった。

大隊長と亀山中尉の入っていた掩蓋も、敵が接近して手榴弾を投げ入れられると全滅である。そこで、掩蓋の敵の側には手榴弾で防戦し、裏側に出口を作ってイヌ高地の指揮をとることにした。

敵戦車は、わが肉攻をおそれて、ウシ高地の台上から射撃を行なっていたが、夕方になると、轟音とともにディマプール街道に去っていった。

いよいよ兵力は減少して、増強されつつある敵に対抗し、イヌ高地を奪取することは不可能になってきた。宮崎もそれを認め、佐藤大隊長は、わずか中隊長以下九名でイヌ高地の第一線を死守していた第七中隊を後退させ、石田中隊長を入院させて、残余の兵でサル、ウシの高地を死守することにした。

敵戦車は、毎日のように来襲し、わがサル、ウシ、ウマの陣地は寸断されてしまった。

なかでもウマ高地には、大隊の医務室があり患者もいた。この高地には、軍医のほか大隊本部要員がおり、守備隊としては、第五中隊村山伍長以下四名と第七中隊、小山、金谷軍曹以下七名がいて、全員一丸となり、撤退命令の下るまで、よく敵主力の圧倒的な攻撃を押し返し、英軍にもアラズラ高地に歩兵第五十八連隊あり、とその戦史に〝ゴハチ〟の勇名を刻ませたのであった。

五月十三日、撤退命令が出て一ヵ月半にわたった三叉路高地の戦闘は終わりを告げた。この間、敵弾に倒れて死んでいった戦友は、「すまぬ、すまぬ」と言いながら息を引き取っていった。

多くの思いを残して、第二大隊の将兵は、一面赤い禿げた丘となった三叉路高地を後にしたのであった。

挫折への焦慮

四月中旬以降、英印軍は全面的な反攻に出ており、コヒマを占拠していた三十一師団も苦戦におちいった。善戦した宮崎支隊の五十八連隊も、その兵力が減り、敵主力の攻撃を支えることも難しくなってきていた。

一方、南からインパールを攻める三十三師団は、この作戦を困難と考える柳田師団長が、その指揮権を田中参謀長に渡す仕儀となり、四月八日、インパール平野の南の入り口のチュラチャンプールに達したが、その後、インパールの南三十キロのビシェンプール西方のガランジャールの堅固な要塞の攻撃で挫折した。

この複郭陣地の敵は、戦車、飛行機、野砲、重砲の総力を支援として、頑強に抵抗するので、火力の弱い日本軍では、どうしてもこれを攻略することができず、したがってインパールへの突入ができない。笹原連隊長は戦死を覚悟で、前線で部下を督励するが、飛行機、戦車、火器の相違はいかんともしがたい。

折からアラカン山系は雨季に入り、インパール平野は東のログタク湖が氾濫して水びたしとなり、日本軍の兵士はタコ壺の中で腰まで水につかりながら、飢えと寒さと病気に苦しんでいた。すべてが牟田口将軍の裏目に出た。雨季に入ると、インパールの攻略は非常に難しくなる。

北からインパールを攻める十五師団も、インパール道の一部で英印軍の進撃を支えようとしていたが、やはり機械化部隊と火器の優劣が戦場を支配し、後退がつづいた。

このようなインパール作戦の挫折を知った牟田口軍司令官は焦った。このころには、十五軍でどの指揮官が一番実戦に強いのか、牟田口にもわかっていた。それはいち早くコヒマに突入し、三叉路陣地を猛攻して、敵主力の東進を押さえている無敵の宮崎少将が率いる五十八連隊である。牟田口はこれに目をつけた。

宮崎の名前は、大陸の戦線でもすでに聞こえていたが、いまや彼は、ビルマ戦線の名将なのである。

問題は五十八連隊は消耗が激しいし、いま三叉路高地からはずすわけにもいくまいと思われるので、宮崎に新たに三十一師団から抽出した歩兵三個大隊、山砲一個大隊を指揮して、山内中将の十五師団に入り、北からインパールを攻撃する任務をあたえることにして、四月十七日、これを佐藤師団長に命令した。総攻撃は二十一日であるという。

佐藤は怒った。肝心の補給を全然やらないで、宮崎の部隊が強いと聞くと、勝手にこれを出して、山内中将の下に入れてインパールを攻めさせようというのである。いま一番頼みとする宮崎を取られては困るのである。百三十八連隊は行動が遅くて、宮崎の下に入れたが、苦情が師団司令部にきている。百二十四連隊はガダルカナルでの疲労があり、また新しい補充兵も多いので、とても大陸以来の五十八連隊のようなわけにはいかない。

インパールも大事だが、敵の主力は、いまディマプールからコヒマに、ひしひしと詰めかけているのである。いま、三十一師団から宮崎少将と精鋭三個大隊を取られたら、骨抜きになってしまう。総攻撃までは三日しかない。先にサンジャックの戦闘を終わった宮崎支隊がコヒマに前進するのに、八日間かかっている。三日以内にインパールの北に転進するには、どうしても相当の自動車がいる。佐藤師団長は牟田口軍司令官に返電した。

「兵力転用のために至急、自動貨車百両を送られたし」

これを見た牟田口は難しい顔をした。十五軍司令部にそれだけの自動車がないことは、佐藤がよく知っているはずである。わざと無理を言って、命令を断わろうというのか……。牟田口はこう返電した。

「当方に、車両の余裕なし。貴師団の鹵獲自動車によられたい」

その後も軍司令部の督促にたいして、佐藤は、「明日は進発の予定」というような返事をくり返すだけで、一向に実行のようすがない。だいたい、佐藤は牟田口に怒っていた。この作戦のはじまる前、彼は軍司令官に、

「大いに奮戦するから、補給だけは頼む」とくれぐれも頼んでおいた。これにたいし

牟田口が、

「物資は敵の物を取ればよい。シンガポールでは、私の師団はそれでちゃんと入城できたのだ」といったので、佐藤は色をなして補給の重要性を説いた。それで後方参謀も、

「三十一師団には一日十トン、三月二十五日までに二百五十トン送る」と約束したのであった。

しかし、実際に師団がアラカン山系で苦闘しているのに、何の補給もない。コヒマについて、敵の物資を手に入れたが、これもまもなく敵の砲爆撃で、ほとんどが失われている。

一番の問題は砲と弾薬である。飛行機や戦車をくれとはいわない。機関銃、小銃と弾くらいはくれてもいいではないか。飯は現地人の物を食ってもどうにかなるが、武器弾薬がなくては、戦争はできない。佐藤が言いたいのはそのことである。

佐藤は二十日、いったん宮崎に、

「歩兵百二十四連隊主力、百三十八連隊第一大隊、山砲兵第二大隊を指揮して、インパール方面に進出し、十五師団長の指揮を受くべし」という命令を出したが、これをインパールに供出すると、敵の本格的な反撃のときに、師団は全滅の危機に瀕する。

師団の全滅を賭して、軍の非合理な命令を聞くべきか。それとも、補給をかえりみない軍に反発してこの命令を拒否し、三十一師団独自の立場で、この難戦を生きぬくべきか……。軍司令部の命令どおりにしていては、三十一師団の将兵は生きて故国の土を踏むことはできまい……。

まる一日思案した末、佐藤は二十一日、宮崎支隊の転進を取り消し、二十七日、軍司令部に、

「コヒマ方面の敵兵力増強の実情にかんがみ、当師団より兵力を抽出することは不可能となれり」と打電して、拒否の態度を明らかにした。これが後に、師団長の〝抗命〟とみなされるのである。

やるべきことをやってくれない軍司令部にたいする、前戦の師団長の意地のようなものともいえるが、毎日、部下が弾薬もなく飢えて死んでいくのに、後方の軍司令部にはそれがわからないのである。

佐藤の拒否を聞いて、山内師団長は落胆し、牟田口は怒った。彼は、佐藤が師団主力の百二十四連隊を温存していると考えていた。宮崎支隊を十日ほどインパールに転用し、陥落させたらまたコヒマに戻すという案を持っていた牟田口は、大いに憤慨したが、いま、前戦の師団長の首を切るというわけにもいかない。

四月二十九日、天長節の日に、牟田口は宮崎支隊抽出の中止を、三十一師団長と十五師団長に下達した。天長節までにはかならずインパールを取ってみせます、と豪語していた牟田口としては、無念のことであったろう。

転進をまぬがれた宮崎は、予定どおり二十三日から、イヌ高地の攻略に全力をあげたが、先述のとおり、敵の戦車、飛行機、火砲のために、ついにイヌ高地は奪取できず、五十八連隊も持久戦術にでるのである。

いまや四月下旬にいたって、コヒマ・インパールの両戦場において、日本軍は完全に進軍がとまってしまった。退却は許されないので、敵の進攻を抑えるだけである。

この地域の英印軍司令官スコーンズ中将（第四軍司令官）はインパールに第五、第二十、第二十三インド師団、ビシェンプールに第五インド師団の一部、第七師団、カングラトンビに第十七インド師団を配し、コヒマ担当のスリム中将は第百六十一旅団、第二英師団、第七インド師団の一部にＭ３、Ｍ４戦車を増援して、五月以降、反撃に入った。

——あともう一戦やれば、インパールは取れるし、自分の面子も立つ……と、インタンギー前線司令部の牟田口は考えていた。

彼はまだ英印軍の実力、とくにその機械化部隊、飛行機、補給能力を知らなかった。いまだにシンガポール攻略時代の敵の給与で戦争をするという夢を見ていた。

彼は三人の師団長のすべてが気に入らなかった。やる気のないインテリタイプの柳田は牟田口より四期後輩で、陸大を恩賜で出た秀才であるが、幕僚タイプで、牟田口にいわせれば戦争を知らぬ奴である。山内は病弱、佐藤は反抗的である。山内と佐藤は柳田より一期上である。

佐藤は、牟田口と似た実戦派の勇将タイプである。張鼓峯をはじめ、ノモンハン、シナ事変でも、前線で指揮をとっている。しかし、二・二六事件のとき皇道派であった牟田口は、東條と親しかった佐藤と反目した（その後、佐藤は東條とも合わなくなった）。自分の手柄よりも、部下を可愛がる佐藤が、コヒマ進軍のとき、もっとも気をつかったのは補給であった。

――牟田口軍司令部は敵をなめている。シンガポール同様、ビルマでも英軍を鎧袖一触と考えているらしいが、そうはいかない。準備不足のシンガポールを奇襲した緒戦と違って、ビルマでは空挺隊を下ろすなど積極的で、米軍の援助で砲兵、戦車、飛行機と機甲部隊も充実している。シンガポールのときは本国からも遠いし、チャーチルも諦めがちであったが、インパールにはインドというバックがあり、これを取られると、大英帝国の威信にかかわるというので、本格的な反攻に出てきたのである。それは米軍のガダルカナル反攻と同じで、あのときも大本営は偵察の程度だろうとタカをくって、補給を怠り、二万の将兵をジャングルの中に見殺しにした。敵の意図を知らずに猪突すれば、部下を殺すだけだ……。

それが佐藤の反抗の理由であるが、牟田口には、単に兵力を温存して、軍司令部に楯をつくものとしか考えられなかった。

＊

牟田口が懊悩しているうちに、五月一日、参謀次長秦彦三郎中将の一行が、南方視察の一環として、ラングーンにきて河辺ビルマ方面軍司令官と会い、インパールの戦況を聞いた。中央でも、インパールは無理ではないか、という疑念があった。

大本営では、敵がマリアナからフィリピンにくる可能性ありとして、南方軍（通称、南方総軍）司令部をシンガポールからマニラにうつし、第十四軍（フィリピン）、第二方面軍（豪北）、第七方面軍（シンガポール）を含む南方統帥の一元化をはかるため、シンガポールで各兵団長の会合を行なうことにした。このため、秦参謀次長がシンガポールにきて、まずビルマにきたものである。（南方軍にはこのほか第二、第十八、第三十八軍、第三航空軍も入っていた）

　これより先、参謀次長の来訪を聞いた河辺軍司令官は、方面軍補給参謀の後勝《うしろまさる》少佐を、インタンギーの牟田口のところに派遣した。後少佐がインパールの見とおしを聞くと、牟田口は、

「もう少しというところで、各師団長の押しが弱いので、攻略できないでいる」と強気なことを言い、河辺軍司令官あてに、

「霊宝も時利非ず用いるに由なし。はるかに東京（皇居）を思って慙愧に堪えず」と名刺に書いて、後参謀に渡した。そろそろ神がかりがはじまったのか？　と後は牟田口の心理を疑った。

　しかし、各師団の補給の実情を調べた後参謀は、第十五軍の補給が行きづまっていることを知った。ラングーンに帰ると、彼はこう河辺に報告した。

「インパール作戦は、困難で見とおしが立たない。補給と雨季の状況を考えれば、五月に一撃を加えて、月末までに作戦を終了すべきです」

　そこへ、秦次長の一行がきて、後少佐の報告を聞いたが、参謀本部作戦班長の杉田一次大佐は意外そうな顔をした。いままでの報告では、河辺軍司令官はインパール作戦は順調だといっていたのである。

　杉田は方面軍高級参謀青木一枝大佐の顔を見た。青木は難しい顔をしていた。河辺

軍司令官は、「インパールは牟田口にまかせておけばいい」といっていたが、じつはインパールはとても無理だと思っていたのである。

秦次長がシンガポールに戻った後、杉田はラングーンに残って、青木からインパールは見込みがない、という話を聞いたが、うなずくところがあった。杉田は開戦時、山下将軍の第二十五軍情報参謀として、シンガポール作戦に参加し（ブキテマ高地の山下・パーシバルの会見のときは、通訳をつとめた）、ガダルカナル戦のときは、参謀本部から第十七軍参謀に派遣されて、現地を視察して補給なきジャングル戦の悲惨さを経験している。

杉田はシンガポールとインパールの比較をしてみせた。

「シンガポールでは制空権がわれにあり、補給も兵が牛乳を飲みながら、戦をする余裕があったが、それでも約二ヵ月かかった。インパールが三週間で取れるはずがない。シンガポール陥落のときは、軍司令部の一部から、作戦中止の意見が出るほど部隊は疲労していた。それでも第二十五軍の参謀は、各師団の大隊長級にいたるまで状況を把握していた。いまインパールでは、攻撃開始から二ヵ月に近く、補給は一日わずか五トンだという。制空権も敵の手にある。ところが、南方軍の参謀は、だれ一人としてインパールの前線を見ていないという（ソロモンやニューギニアの敗戦をよそに、シンガポールは戦勝ムードで、連日、料亭は参謀や高級将校で満員であったという）。南方軍ではインパールは九十パーセントの成功率ありというが、私は根拠が弱いと思う」

杉田はそう説いたが、青木は了解はしたが自分の力ではどうにもならない、という。

杉田はメイミョーの第三十三軍（四月八日、新設）司令部に飛んで、参謀長の片倉衷少将に会った。片倉はインパール作戦開始時の方面軍参謀長で、その前は第十五軍の高級参謀であったから、牟田口と第十五軍の内幕をよく知っていた。片倉は牟田口に命じられてインパール作戦を計画したが、賛成ではなかった。彼は牟田口と三人の師団長の不仲について、杉田に語った。

シンガポールに帰った杉田は、秦次長とともに兵団長会同に参加すると、五月十四日、帰京した。秦が参謀総長の東條に、「インパール作戦の前途はきわめて困難である」と報告すると、ソロモン、ニューギニアの敗戦で神経をとがらせている東條は、苦い顔をして、「戦争は最後までやってみなければわからない。そんな弱気なことでどうするか」と言い、秦が後参謀の意見を述べると、「若い参謀の言うことを聞くのか？」と東條は意外な表情をしめした。

——総長には何もわかってはいないのだ……。

かたわらにいた杉田はそう考えた。

結局、杉田の反対意見があったにもかかわらず、参謀本部としてはインパール作戦は続行ということになった。〈私見であるが、杉田参謀がメイミョーに行ったとき、なぜインタンギーの第十五軍司令部に行って、牟田口のみならずほかの参謀〈とくに補給〉の意見を叩いてみなかったのか？　あるいは、ビシェンプールの近くで苦戦している柳田師団長に会おうとしなかったのか？　そうしたらもっと切実な死臭を嗅ぐことができたであろう。前線から帰った参謀の話を聞けばそれでよい、という大本営意識が、正しい認識をさまたげたのではないか。可否は別として辻政信〈当時、大佐、支那派遣軍参謀、七月、第三十三軍参謀としてビルマに来る〉なら、前線の師団長のところまで行ったであろう。ガダルカナル戦のときも、彼はガダルカナル島に渡っている〉

大本営がインパール作戦継続を決める前に、牟田口は強権を発動した。五月九日、牟田口はビルマ方面軍司令官、南方軍総司令官、陸軍大臣にあて、柳田の更迭に関する上申の電報を発し、河辺軍司令官も同意したので、中央は、ただちに後任の師団長（心得）として、田中信男少将（在タイ独立混成第二十九旅団長、五月十六日発令、六月二十七日補・師団長、任中将）を内定、赴任を命じた。

田中は歩兵の出身で、旅団長の経験が長い。柳田より二期先輩で陸大は出ていないが、実戦には強いと牟田口は考えていた。非運の柳田は、五月十六日付で参謀本部付となり、終戦時、関東州防衛司令官で、ソ連軍に抑留され、二十七年、モスクワで没する。

かくて、牟田口は気に入らない師団長の一人を刷新して、みずから陣頭指揮の意気ごみでインパールの前門であるビシェンプールの攻略に乗り出すのであるが、こんどは彼が命令違反をおかすのである。

河辺軍司令官は、田中少将がまだ着任しないこともあり、三十三師団主力によるビシェンプールの強行占領は無理と考えて、その東方を、パレルからビシェンプールに向かっている山本支隊（第三十三師団歩兵団長・山本募少将指揮）方面を重点にして、作戦を推進させようと企画し、新たに五十四師団の歩兵百五十四連隊第二大隊、野砲兵五十四連隊第一中隊などを山本支隊に増援することを決め、五月五日、これを下命した。

しかるに十一日、あくまで南方からのビシェンプール攻略に執着する牟田口は、これらの増援軍はもちろん、山本支隊の重砲、戦車部隊も、三十三師団主力の方面に向かわせ、南回りでビシェンプール南方のトルボンに向かうよう命令した。田中少将の着任前にビシェンプールを落とし、あわよくばインパールを陥落させようと、牟田口はひさかたぶりの直接指揮で張り切って、十三日、雨の中をビシェンプールまで二十キロのモロウに、戦闘総司令所を前進させた。

途中、マニプール河（インパール平野から南流する）がすでに雨季の様相で氾濫しているのを見ると、さすがの牟田口も、これからの補給の困難に眉をひそめた。

作戦開始以来二ヵ月で、彼は初めて前戦の難しさに直面したのである。

一方、十一日、牟田口が増援の兵力を三十三師団主力に追加して、南からビシェンプールを攻めるという報告を聞くと、河辺は怒った。彼もだんだん牟田口の強引なやり方に危険を感じはじめていた。彼は早速、攻撃の重点は山本支隊のパレルの方向とせよ、と電令した。牟田口がモロウに着くとその命令がきたので、彼は当惑した。

このすこし前、方面軍の中参謀長がインタンギーにきたとき、牟田口はこんどの作戦方針を中に説明しておいた。しかし、その話は河辺にはとどいていなかった。中はまだインタンギーにいたので、牟田口は中にそれを話し、中は自分は了解していたと、河辺に電報を打った。

河辺はまた怒ったが、すでに、山本支隊の重砲や戦車は南下しているので、止むを得ず牟田口の南からの攻撃に同意した。

十四日、中はラングーンに帰った。河辺は、

「山本支隊のパレルに重点を変更するために、君を第十五軍に派遣したのに、何をしていたのか?」と中を叱った。

中はインタンギーに着いたとき、デングの高熱に倒れ、牟田口の話に反問することもできなかったと弁解した。同行した参謀もいたはずであるから、牟田口の企図を、ラングーンに無電で連絡することくらいはできたはずであるが、第十五軍のみならず、方面軍も内部崩壊がはじまったのであろうか。

前線の師団長は弱気だ、あるいは言うことを聞かない、といって怒っていた牟田口も、牟田口を信頼していたはずの河辺も、実戦に直面すると、エラーが出てくる。そこが机上と実戦の違いであろう。

＊

新任の三十三師団長田中少将は、五月十八日、トルボンの南のチュラチャンプールに着任した。田中は太い髭を生やし、満州で馬占山の馬賊を討伐したというのが、自慢の将軍であるが、着任早々、英軍は奇襲によって新師団長を迎えた。英軍の先遣隊は、トルボンの隘路に進出して、田中の行く手をさえぎった。田中は十五師団、五十四師団から増援にきた部隊のおかげでやっと危地を脱して、牟田口のいるモロウに向

かった。

サド（ビシェンプールの西七キロのガランジャール陣地の南八キロ）に司令部をおく田中大佐（第三十三師団参謀長）は新師団長の到着する前に、ビシェンプールの攻撃をはじめていた。十九日、作間連隊の第一大隊（長・森谷少佐）はビシェンプールに突入したが、三叉路で白兵戦を演じ、大隊長は戦死、第三中隊は玉砕した。

二十四日、第一大隊の追及（遅れて後からくる）してきた七十名が到着したので、連隊長はこれを連隊本部付山守大尉に指揮させて、ビシェンプールに突入させた。

二十六日、山守隊は突入、奮戦の後、全員玉砕した。

この戦況を聞いた英第十四軍司令官スリム中将は、

「日本軍の潜入攻撃の大胆さとその勇気は、驚嘆すべきものがある。三十三師団の行動は史上例を見ない」と、その『回想録』で絶賛している。

しかし、このビシェンプール突入にも劣らぬ壮烈な夜襲は、サンジャック、コヒマなどの宮崎部隊でも、毎夜のようにくり返されていた。

一方、ガランジャールの堅固な複郭陣地を攻撃目標とする笹原連隊は、五月二十八日まで猛攻をかけたが、敵の集中砲火と戦車部隊のために失敗に終わった。

ガランジャールの南端の強力な三つの瘤陣地から、わずか六百メートルのサドに進出した新任の田中師団長は、初めの間は柳田のように弱気ではいけないと、頑張っていたが、ビシェンプールでも、ガランジャールでも、すべて攻撃が失敗し、損害が大きくなってくると、彼我の装備、兵力の差がわかってきて、柳田の意見に同調し、牟田口を批判するようになった。

六月五日、ビシェンプールの戦況を心配した河辺方面軍司令官は、インタンギーにきて、モロウからきた牟田口と会見した。河辺の目的は、牟田口がもうだめだというのなら、作戦中止にしようと考えて、最終的な意見聴取にきたのであった。

しかし、牟田口は、両眼に涙をたたえながら、

「苦しい作戦だが、これ以上心配はかけません」というので、河辺も、

「一歩ずつ前進してもらいたい」というようなことを言うだけである。

牟田口は、山内十五師団長を更迭してもらいたい、と師団長の責任のようなことを言い、河辺もそれを認めた。別れるとき、河辺は、

「ではラングーンに帰るが、何かいうことはないか?」と聞いた。

牟田口は、黙って河辺の顔を見つめた。その顔にはまた涙が見えた。牟田口は後に、

「あのときは、インパール作戦は断念したいと口まで出かかったが、どうしても言えない、自分の顔色で察してもらいたかったのだ」と回想している。

人には強いことをいっても、自分が敗北を認めるということは、難しいということを牟田口も悟ったのであろうか。河辺の方は、

「牟田口軍司令官の面上、なおいわんとして言い得ざるものあるも、余また露骨にこれを窮めんとせずして別る」と手記に書いている。

双方腹芸で応酬しているらしいが、大事なところで司令官が、明確な決断をしないと、余計に部下を死なせることになることは胆に銘じておくべきであろう。

ガダルカナルでは十八年二月に撤退したが、前年十月の総攻撃が失敗した段階で、撤退を実施しておけば、数千人の将兵の命は助かったのである。アッツ島の玉砕でキスカは危険として、無血撤退をしたが、これもあくまで頑張れば、結局、玉砕になったであろう。

佐藤師団長の激怒

同じころ、コヒマ方面では、佐藤師団長が退却の決意をかためつつあった。宮崎支隊は、英軍主力の怒濤のような攻撃に、ついに三叉路陣地から後退して、アラズラに陣地を構築して、わずかな兵力で、敵のインパールへの進軍を阻止していた。それも

十五師団や三十三師団がインパールを陥としてくれると信じて、必死の協力をしているのである。

五月二十五日、佐藤は第十五軍司令部に、

「補給もなく弾薬も尽きたので、六月一日までに、コヒマを撤退して、補給を受けられる地点（ウクルル）まで後退したい」と申し入れた。これにたいし牟田口は、

「補給を理由に、コヒマを放棄するというのは、理解に苦しむ。あと十日維持すれば、インパールを攻略して、貴師団の戦功に報いたい。断じて行なえば鬼神もこれを避く」と返電した。

佐藤は怒った。

「軍司令官の電報はまったく実現性なく、電文非礼なり。威嚇により翻意をせまるものなり」として、独断退却の決意をかためた。

五月三十一日、中地区隊（白石大佐の山砲兵連隊と歩兵第百二十四連隊第三大隊、島之江大隊）はコヒマ北西の五一二〇高地を死守していたが、弾薬がなくなり、白石連隊長は玉砕を覚悟して、師団長に訣別の電報を打った。

佐藤はついに退却を決意して、同夜半、中地区隊と右地区隊（鳥飼連隊、中の北を守備）に、コヒマの二キロ東方のチェデマに後退するよう命じた。師団司令部は、そ

の五キロ東方のチャカバマにあった。宮崎は、左地区隊の指揮官を命じられて、アラズラに司令部をおいていた。

六月一日、佐藤は軍司令官に右の後退を告げ、つぎのように打電した。

「第一線の兵力はいちじるしく減少し、百二十四連隊の有吉中隊のごときは、中隊長以下七名に減ぜり。占領以来、六旬になんなんとし、いまや刀折れ矢尽き、糧絶えコヒマを放棄せざるべからざるになれるは、真に断腸の思いにたえず。いずれの日にかふたたび来りて英霊を慰めん」

いよいよ佐藤師団長は独断退却、すなわち抗命を実施に移したのである。先に宮崎支隊の転用を拒否したときについで、二度目の抗命である。

——ついにきたか……。

牟田口も覚悟をしたが、これをはっきり抗命として処理すると、軍の統帥が乱れるので、「三十一師団は万止むを得ざれば、アラズラ南方の線に後退することを得」と打電して、衝突を避けようとした。

しかし、佐藤はこれに耳をかさず、部下に後退の命令を出しつづけた。

六月二日、軍司令部はつぎの命令を発した。

「三十一師団長は歩兵団長（宮崎少将）の指揮する歩兵四個大隊、砲兵一個大隊の兵力（宮崎支隊として軍直轄とする）をもって、アラズラ、ソジヘマ（コヒマの南東二十五キロ）付近を確保して、北方の敵を阻止せしむるとともに、師団主力は速やかにウクルル付近に転進し、所要の補給を実施したる後、十五師団の左翼に連係し、インパールに向かう攻撃を準備すべし。攻撃準備完了の時期は六月十日とす」

この命令は一応、三十一師団のウクルルへの後退と補給を認めたようであるが、佐藤はまた怒った。コヒマからウクルルまでは、実距離が二百キロある。これを一週間で行軍して、十五師団と合同してインパールを攻撃せよというが、疲労した将兵には、そんな強行軍は不可能である。

また、刀折れ矢尽きた宮崎支隊に、インパール道を遮断せよというが、弾薬はどうするのか。佐藤は牟田口の頭を疑った。この期におよんでまだ補給を無視した命令を出している、と佐藤は考えた。

しかし、牟田口にいわせると、この命令は佐藤に抗命の汚名を着せたくないので出した、と回想している。

「昭和十二年七月の芦溝橋事件のとき、自分が連隊長として中国軍攻撃の命令を出したが、その後、河辺旅団長が攻撃命令を出したようにつくろってくれたので、非常に感謝したことがある」と牟田口はいう。

しかし、すでに反感を抱いている佐藤には、そのようには受け取られなかった。

六月二日、佐藤は三十一師団主力にウクルルへの転進を命じた。それは補給の後、十五師団とともにインパールに向かうためではなく、ただ補給をしつつ後退するためであった。そして佐藤は、百三十八連隊や百二十四連隊には後退を命じたが、アラズラ高地で英軍主力と死闘を交えつつあった宮崎支隊は、第十五軍命令に従って、そのままその陣地に残し、自分たちだけ後退したのである。

さきに牟田口が、宮崎支隊をインパールに回すように命令したとき、牟田口は佐藤が師団主力として、百二十四連隊を予備隊としてコヒマ東方に温存していることを指摘した。もちろん、百二十四連隊も、後半ではコヒマの激戦に参加しているが、牟田口の眼から見ると、佐藤は精強な宮崎支隊を酷使して、百二十四連隊を大切にしているように見えたかも知れない。

佐藤が直率する師団主力は、豪雨やぬかるみの中を飢餓と戦いながら、六月二十日、やっとウクルルに着いたが、そこにはあてにしていた糧食はなかった。

コヒマに向かうとき、三十一師団は、ここの糧秣廠に十トン以上の糧食を残しておいた。しかし、廠長の話では、待っていたが三十一師団が取りにこないので、取りにきた十五師団に渡してしまったという。佐藤は激怒した。

「何をいうか！　三十一師団は糧食を取りにくる時間がないほど激戦をつづけていたのだ。糧食を取りにくる暇のある十五師団などに、くれてやる必要はない」

しかし、いかに筋が違うといっても、ないものはもはや取ることはできない。佐藤は怒りながら、さらに五十キロ南方のフミネに向かうことにした。フミネは第十五軍の補給点である。

すると、六月二十一日、第十五軍参謀長の久野村桃代中将（昭和十九年三月、進級）がウクルルにやってきた。佐藤が会う必要はないというので、久野村は、まず加藤三十一師団参謀長に会って、軍命令を伝達した。

一、歩兵二個大隊（アラズラにいる宮崎支隊への増援分）のほか、さらに連隊長の指揮する歩兵一個大隊、砲兵一個大隊を宮崎支隊に増援すること。

二、右支隊に補給のために、人員九百名をもってフミネから糧食弾薬を送ること。

三、師団長は爾余の部隊を率いて、第十五師団の左翼に展開し、サンジャックからインパールを攻撃すること。

これを聞いた加藤は、いま師団が攻撃に出ることは思いもよらぬ、また宮崎支隊は六月十九日、コヒマ南方四十キロのマラムで、英軍に陣地を突破され位置がわからない、と答えたが、久野村が、なおも佐藤との会見を求めるので、二人はテントの中で会った。

佐藤は恨みのこもった眼つきで、久野村に同行した補給担当の薄井参謀をにらみ、

「ウクルルには三十一師団の糧食がなかった。師団と軍の約束はどうなっているのか！」と怒鳴りつけた。薄井は答える言葉がなかった。久野村は、

「軍も、方面軍も、三十一師団がインパール攻撃に参加することを希望している」と述べたが、佐藤は、

「補給のない戦はできない」というばかりである。久野村はフミネに行けば糧食があるといって、軍命令を実行することを要求したが、佐藤は、

「まず食うことが先だ」という。最後に久野村は、

「佐藤師団長は、軍命令を実行する意志があるのか！」と大きな声を出すと、佐藤は、

「実行しないとはいわんが、まず食うことだ！」と答え、喧嘩わかれとなった。

このとき、軍司令部はクンタン（インパールの南東七十キロ）に移っていた。司令部に戻った久野村は、「三十一師団はもう軍紀が破壊されている」と牟田口に報告した。牟田口は佐藤罷免の手続きをとった。

一方、コヒマ南方に置き去りにされた宮崎支隊は、苦戦を続けていた。佐藤が宮崎

支隊に残してくれたのは、百二十四連隊第一大隊（長・石堂恵二少佐以下三百五十名）、五十八連隊第一中隊（長・竹田正信中尉以下七十名）、第五中隊（将校なし、三十名）、工兵三十一連隊本部および第一中隊（百二十名）、山砲二門、弾なし、であった。

これは第十五軍が命令した、歩兵四個大隊、砲兵一個大隊よりだいぶ少ない。

しかし、後に陸軍きっての名将と呼ばれるようになる宮崎は、師団長をも、軍司令官をも恨まず、黙々とあたえられた任務を果たすことに努力した。名将の名将たる所以は敵に勝つだけではない。苦境のとき受け身に立ってなお、たじろがぬのが真の名将ではなかろうか。

四月下旬、第十五軍は三十一師団に、ただ一回だけ山砲弾五百発を補給した。佐藤はこれを一発も宮崎支隊にわたさず、師団主力に補給したが、宮崎はそんなことは知らなかった。宮崎は、配属された山砲隊に弾がないことを知ると、これを第十五軍に返してしまった。

佐藤は師団主力とともにウクルルに退却するとき、電話で宮崎に、

「これで別れる、死ぬなよ」といった。それがあえて抗命の罪をかぶりながら後退する司令官が、戦場に残す部下にたいする別れの言葉であった。宮崎は、

「このような小兵力で敵を阻止せよといわれたとき、とくに無茶だと憤慨もしなかった。いよいよ最期のときがきた。ただ、命《めい》のままに戦って死ぬのだと思い、部下全員に必死奉公の覚悟を徹底させた」と回想している。まさに、明鏡止《し》水《すい》の心境というべきか（その後の宮崎支隊の奮戦ぶりは、宮崎の手記によって、後述する）。

一方、インパール北方では十五師団が苦戦していたが、山内師団長は六月十日付で罷免され、参謀本部付となり、かわりに柴田卯一中将が任命された。（山内中将は高熱で病床にあり、この年八月五日、メイミョーで死去する）

北方からインパールを攻める任務をもって、四二四一高地を攻めていた十五師団の松村連隊も、六月二十日、宮崎支隊がマラムでついに敵戦車部隊の通過をゆるすと、二十二日、敵の猛攻に押されて東方に転進し、英軍はついに、コヒマ—インパール街道を打通した。

南方からインパールを攻める三十三師団も、ガランジャール南方の三つ瘤陣地が抜けず、田中師団長（代理）も苦悩していた。六月七日、砂子田大隊と末木大隊の挟み討ちによって、やっとこの陣地を占領したが、ビシェンプールはまだ取れず、インパールは遙かであった。六月二十七日、田中少将は中将に進級、三十三師団長となった。クンタンの司令部にいた牟田口軍司令官は、降りつづく雨の中で苦悶していた。すでに柳田、山内と、二人の師団長が解任され、残る佐藤は、軍法会議にかかるような抗命問題を起こしながら、ウクルルからフミネに後退しつつある。インパール街道は、敵の自由な往来にまかせている。

もはや彼我兵力の差は歴然としている。河辺方面軍司令官も、インパール街道の封鎖が破られてからは、作戦中止を考えていた。宮崎の阻止作戦が破綻したときが、インパール作戦断念のときなのである。

六月末、第十五軍からインパール作戦中止の意見電報がとどくと、河辺は南方軍に参謀を派遣し、中止の意見を具申した。南方軍はこれを大本営にはかり、七月三日、ついに南方軍からビルマ方面軍につぎの命令がとどいた。

「ビルマ方面軍司令官は爾今マニプール方面の敵に対し、おおむねチンドウィン河以西地区において、持久を策しつつ、怒江西岸地区および北ビルマにおいて、敵の印支地上連絡企図を破砕封殺すべし」

この命令が出たとき、河辺はラングーンで病床にあった。

――長い苦悩と忍耐と迷いの四ヵ月であった。六月五日、インタンギーで牟田口と会ったときに中止すれば、多くの将兵の命を救うことができたのだ……。

軍司令官の眼から熱いものが流れた。作戦中止はただちにクンタンの牟田口にも知らされた。

――ついに中止か……結局、おれの負けか、シンガポールの手柄もこれで水の泡、おれは今日から敗軍の将なのだ……。

牟田口は瞑目した。

――陛下の部下を大勢死なせた。自分は腹を切ってお詫びをしなければならない……。

彼は、バナナの葉で屋根を葺《ふ》いた小屋の床に座ると呻いた。

こうして、死傷者五万といわれたインパール作戦は中止となり、各師団は退却に移るが、抗命問題を起こした佐藤中将は、七月五日付で三十一師団長を解任されて、ビルマ方面軍付となった。後任は河田槌太郎中将である。佐藤はクンタンの司令部で久野村参謀長に会ってその作戦指導を難詰しようとしたが、会ってくれないので、木下高級参謀を叱りつけた後、七月二十日、ラングーンに着いた。

東京ではサイパン失陥の責任を追及されて、東條内閣が総辞職し、小磯内閣が発足したところであった。

ラングーンに着いた佐藤は、当然、軍法会議を覚悟していた。

「陸軍刑法第四十二条　司令官敵前において、その尽くすべきところを尽くさずして、隊兵を率い逃避したるときは死刑に処す」

彼は軍法会議の法廷で牟田口と対決し、その補給を考えない無謀な作戦指導を難詰し、抱き合い心中をする意気込みであった。二十三日、方面軍司令部に出頭した佐藤は、牟田口と第十五軍司令部を罵倒した。予期していた河辺は、じっと佐藤の顔を見つめていたが、やがて佐藤に、「健康診断を受けるように」と言った。

方面軍司令部の考えは、佐藤を精神異常として処理することであった。それが無難なやり方である。牟田口と対決して、牟田口が非難されれば、方面軍司令部にも波がおよぶ。抗命問題を起こしたということは、師団長がよくないと同時に、上層部の指導、統帥にもいたらぬところがあったということである。

牟田口は、「情状酌量の余地なし。厳重に処断せよ」と主張したが、それは通らず、八月三十日、第十五軍司令官を解かれて、参謀本部付となった。佐藤は処分保留のまま、十一月二十四日、予備役編入となる。

抗命問題は、戦後『インパール』（高木俊朗著）という本がでるまで、国民には知らされなかった。

牟田口は十九年十二月、予備役編入となったが、その後、応召して予科陸軍士官学校長として、終戦を迎えた。彼は昭和四十一年（宮崎の没後一年）まで生きていて、宮崎の葬儀にも姿を現わした。新聞記者に、インパールで大勢の将兵を殺したことについての感想を聞かれると、「私の作戦遂行には間違いはなかったと信じている」と答えていたという。

激戦の中の采配

以上は主として『戦史叢書』によってコヒマ・インパール戦の概要を追ったのであるが、宮崎の手記によって、コヒマ南方三叉路陣地（宮崎はこのトーチカでおおわれた陣地を〝蜂の巣陣地〟と名づけていた）の激戦の指揮ぶりを描いてみよう。

まず四月初旬、三叉路陣地の南方の高地攻撃のようすを見よう。宮崎は、この攻撃を、五十八連隊第二大隊の第五中隊（長代理は予備将校の少尉である）に命じた。宮崎は、まず中隊長を敵陣地のよく見える高台にまねいた。ジャングルの間に二十ほどの敵のトーチカが見える。

「中隊長、この陣地を昼間どう攻めるか？」と聞いた。

従来の攻撃は夜襲が大部分であったが、この日は敵の裏をかいて、昼間の強襲を企図したのである。敵は日本軍の夜襲と突撃を極度に恐れて、夜は寝ないで、昼間寝ていることを、宮崎は偵察の結果、知っていた。

「配属機関銃小隊を、あの左方の小高いところにおいて、援護射撃を行なわしめ、中隊はこの正面に、まっしぐらにあの頂上へ突進します」

中隊長は元気にそう答えた。

「よし！　この正面から突撃するものとして、中隊長が一番気にかかるものは何か？」

「はい、両側からの敵の機関銃の十字砲火であります」

「そのとおりだ。現在ここからは見えぬが、敵はこの正面にたいして、あの右の高い木のところと、左の赤く見える岩の陰あたりに、側防機関銃を準備していると考えるべきである。そう敵陣地を判断するとき、この正面から突撃するのが至当であるか？」

「はい、それは拙《まず》くあります」

「では、どうしたらよいか？」

「はい、あの敵の側防機関銃のあると思われる南方の稜線から中隊は突撃し、あの敵の機関銃は、この正面からのわが機関銃で制圧させます」

「同意！　ところで、どういう隊形で突入するか？」

「第一、第二小隊を第一線とし、第三小隊を中央後の予備隊として、突入します」

「それは拙い。こういう数線にある敵陣地をいっきょに突破するのは、いくら敵の不意を襲っても、後方の敵はかならず察知して待っているものだ。とおり一遍の隊形で突入してはいけない。中隊長のもっとも信頼する小隊を第一線とし、つぎが第二線、第三線として、三段がまえで一気に突入するのだ。中隊長は、第二突撃波と一緒に突入せよ。第一突撃波たる先頭小隊が前進頓挫したら、ただちに第二突撃波はこれを超越して、最高地点めがけて、まっしぐらに突入するのだ。第二突撃波が頓挫したら、最後の第三突撃波がさらにこれをとびこしてやるのだ。重機小隊は、中隊長の意見どおり、あの地点で援護させるのだ。わかったか?」

「わかりました」

「では、第一突撃波は、どの小隊を使うのか?」

「はい斎藤准尉を使います」

「よろしい!」

宮崎は大きくうなずいた。

斎藤准尉は、いままでの戦闘で、その勇敢さでよく知られていた。

「では、まず各分隊長以上を、敵に遮蔽してこの付近に集め、以上の結果を、現地で説明して敵情地形をよく見させよ。ついで各小分隊ごとに隠密に、一兵残らず攻撃準備を徹底させよ。充分準備したら突撃を実施せよ。準備ができたら、おれに報告せよ」

宮崎は、このように若い中隊長を懇切に指導した。軍隊の精強は、まず将校による。したがって将校の教育に力をいれるべきである、というのが、宮崎の部下教育の理念であった。

三時間ほどして昼食の後、中隊長が準備完了を報告してきた。宮崎は中隊の前に立つと、

「この高地奪取は、わが師団がコヒマを確保するか、敵に奪回されるかの関ヶ原である。諸子は従来の五十八連隊の軍旗の名誉にかけて必成を期せよ。歩兵団長宮崎少将は、この高地で諸子の奪戦ぶりを終始、見ているぞ」

と激励した。

中隊長は身の引き締まる思いで、厳として攻撃命令を下した。後に戦闘の講評のとき、宮崎はこのときの中隊長の攻撃命令をほめた。

「あのときの中隊攻撃命令は、じつに模範的によくできた。現役の中隊長でも、なかなかあれほど明確な中隊攻撃命令は下されまい」

こうして高地南方陣地の攻撃がはじまった。相つぐ波のような小隊の反復攻撃、機関銃による制圧、一時間後にはこの高地を占領することができたが、中隊長と先頭小

隊長は戦死して、宮崎を悲しませた。初代の中隊長はサンジャックで戦死し、二代目もこの蜂の巣陣地の緒戦で壮烈な戦死を遂げたのであった。

まもなく、三叉路陣地の戦線は膠着した。敵はジョッマ陣地の砲兵が、雨のような砲撃をつづける。山の稜線に二十五門の砲を四列に並べて、三十分間に三千発から五千発を発射する。これがわがヤギ、ウマ高地にザーッと落ちてくる。宮崎はこれにスコールと命名した。

宮崎は状況判断とともに、長い戦場の経験から動物的なカンを働かせ、

「おい、スコールがやってくるころだぞ、各隊、用心せいよ」と注意をあたえる。

すると無数の太鼓や鐘を鳴らすように、ドンドンガンガンという音が聞こえ、砲弾が雨のように降ってくるのである。

一ヵ月の間に高地の大部分は禿山となった。

「あのスコールの一回分の弾薬がわが方にあったらなあ」

禿山を眺めながら、宮崎は爪を嚙んだ。

宮崎は三叉路高地と南方のアラズラ高地の中間にある司令部高地で指揮をとっていたが、終始、前線に出かけて敵情を探り、指揮をとった。

前線に出かけるときは、伝令を一人つれて行くだけであるが、浜中尉や通信班長の

仲良中尉が後からこっそり護衛していくのがつねであった。敵の第一線とこちらの第一線は、近いところでは二十メートルしかないし、途中は敵の砲兵に露出しているので危険であるが、宮崎はよく自分で前線を視察した。

ある日、「敵の洞窟火点が頑強で奪取できない」という報告を聞き、宮崎は、「そいつは初耳だ。田村、ついてこい」と伝令一人をつれて出かけた。浜中尉が心配して福永連隊長に言ったので、連隊長も後を追った。岩の陰から見ると、前方にそれらしい穴が見える。

「ああ、あれか……」と宮崎が言ったとき、連隊長が顔を出した。そこへ敵弾が飛んできて岩にあたり、はね返って連隊長の顎に命中して、前歯を三本とばした。生命は大丈夫であったが、

「わし一人でええというのについて来るからだよ」と宮崎は笑っていた。

ある日、連隊長に明夜、夜襲で前方の陣地を奪取する、というと、まもなく、「今夜やらせてもらいたい」といってきた。理由を聞くと、第七中隊長の仇を討つのだから、ぜひ今日やらせてくれ、といっているのだという。第七中隊といっても、将校は全部戦死して、いまは安達軍曹が指揮する十二名であるという。

宮崎はしばらく思案したが、

「十二名で、あの最高の陣地を夜襲奪取するというのは、さすがに五八《ゴハチ》だが、歩兵団長はこれを許可しないよ」といった。

「なぜですか?」

「第七中隊には、『たとえあの高地は奪取できても、少ない兵力では、たちまち長く確保することはできない。今夜は中止して、明夜半の統一夜襲に全力をそそげ』といって、中止させよ。なお第七中隊は、わずか十二名になっても、闘魂烈々たることは、歩兵団長はとてもうれしい。師団長閣下にも、そう報告すると伝えてくれ」

宮崎はそういうと、その旨を佐藤師団長に報告した。

佐藤は、おれの師団にも、かかる十二名でも突撃しようという部下がいるのか、と感激した。

このように宮崎支隊は寡兵ながら、よく戦ったが、三叉路陣地は陥ちない。ここで宮崎は〝三人組戦法〟というものを考案した。これは一人は手榴弾手、一人は銃剣術手、一人は小銃援護射撃手である。銃手が射撃している間に、手榴弾と銃剣術でトーチカの中の敵を倒すという戦術で、これは相当な戦果を上げた。

このほか宮崎は、ガソリン攻撃やいぶし攻撃などを工夫して、連日、敵の最後の拠点のイヌとネコの高地を攻撃させたが、この二つはついに陥ちなかった。

コヒマ市街の攻略では、わずかに五百名の犠牲しかはらわなかったのに、三叉路陣地で千余名の損害を出したのは、終生の恨事であった。これは、敵がますます兵力を増強してくるのに、味方の補給が遅く、火砲と弾薬が欠乏したためである。

しかし、敵の損害はもっと大きかったと思われる。毎日三十人乗りの大型病院自動車十五台ないし二十台で、折り返し死傷者をディマプールに送っていたというから、全部で三千名くらいの損害は出ていたと思われる。

つぎに宮崎は、先に述べた山砲隊への不満を述べている。

宮崎は弾を失った山砲隊を迫撃砲隊に改編せしめ、これを歩兵部隊と同じ扱いで前線に出した。しかし、小銃を多く持たぬ山砲隊は、敵戦車が出現すると、宮崎に断わりなしに後退した。（と宮崎はいう）

宮崎は怒って、この大隊長を軍法会議にかけるよう師団長に申請したと、手記には書いているが、実際には、そういうことはなかったようである。

宮崎が直接指揮した五十八連隊は、現役ばかりの精鋭であったが、百のつく連隊は、補充兵や応召の兵が多かったと思われる。宮崎の焦燥はわかるが、自分の考えだけで部下を批判するのは、問題があるのではないか。

四月中旬、先述の宮崎に、「歩兵三個大隊と山砲兵一個大隊を指揮して、インパー

ル攻撃に向かわせよ」という命令が十五軍から出た。宮崎は、

「軍司令官は焦りだしたな。おれは命令のままにどこへでも行くが、後の師団は大丈夫なのか？」と心配しながら、半日で準備を完了した。

ところが、師団長の方では、「速やかに前進」といっておいて、また「出発は別命する」といってくる。

――師団長は迷っているな……と宮崎は思った。

――わが隊をインパールに送ったら、コヒマの防衛はどうなるのか……？

それを心配していると、結局、師団長がこれを断わり、宮崎も師団長の方がもっともだと思った。

それから間もなく宮崎の司令部で、浜中尉が、

「インパールはいつごろ陥ちるでしょうか？」と宮崎にたずねた。

「そうだな、もう先が見えているよ」と宮崎は答えた。

「えっ、ではいつですか？」

「いや、悪い方に先が見えているというのだよ」

「悪い方とは？」

「残念ながら、インパールは陥落しないよ」

「それはどういう理由からですか？」

「理由はたくさんあるが、まず第一に、軍で一番大切な南方主力方面の師団長をクビにしたことだ。柳田師団長は、私の陸士の同期生で、一年半机を並べていた男だが、陸大は軍刀組だ。多少、人に誤解されるところはあるが、じつは一番価値のある立派な将軍なのだ。それをインパール攻略がうまくいかないというので、主力方面を担当している師団長の首を斬るなんて、これだけでもインパール攻略はだめだな。戦闘の最中に、軍の主力方面の師団長を首斬った例を私は知らないな。

つぎにインパール攻略が予定どおりに進行しないのは、柳田師団長一人の責任ではない。その一半は、軍司令官が負うべきものだと思う。師団長のみに責任を負わせるようでは、先が見えるというものだ。また、軍の重点を南方から山本支隊の方に変更したことも問題がある（後に南方に戻ったが）。大隊くらいならともかく、戦略単位の師団を戦闘中に移動させよといっても、敵に遅れをとる恐れがある。

つぎに軍司令官と各師団長たちの不和だよ。これは君たちも、うすうす気づいているだろうから詳しくは説明せぬが、和のないところに成功はない。そのほかこのコヒマ方面から三分の一の兵力をインパール方面に抽出しようとしたり、軍司令官の作戦指導は行きあたりばったりだ。これじゃあ、要塞化しているインパールが陥落するものか、もう大概わかっただろう」

これを聞いた浜中尉は落胆した。

「では、軍はどうしたらよいのでしょうか?」

「速やかにビルマに退却することだよ」

「退却ですか」

浜中尉は自分の耳を疑った。五十八連隊ではアラカン山系に入ったころから、名将・宮崎少将を歌にしていた。

〽おいらの隊長、日本一よ、ドッコイショ
戦つよくて情深い、チョイナチョイナ
この頑張り屋の名将が、速やかに退却、とは信じられない。

「ほんとうに退却ですか?」

「うむ、雨季の最盛期にならないうちに、一日も早くチンドウィン河の線に後退して、後図を策するのだよ」

「そうですか。せっかくここまで来たのに、退却とは残念ですな」

「残念とか、しゃくに触るというような段階ではない。敵はもう本格的反攻に入っている。インパールは見込みがない。たとえ一時は占領できても、雨季で、こちらの補給が跡絶えれば、飛行機や戦車をもつ大部隊の敵に押し返されてしまう。軍の戦力があまり減少せぬうちに、後退して再挙をはかるのが良策だよ。進退は戦場のかけひきだ。退却もつぎには勝利を得る一手段だ。古今の名将大楠公ですら、京都をも放棄する意見を持っていたんだ。こうなったら、このインド国境の猫の額くらいの土地を放棄するくらい、なんだ。『過ち改むるにはばかることなかれ』だよ。一兵でも損しないで後図を策するのが一番だな」

「でも軍司令部が簡単にそうするでしょうか？」

「わからん、普通の人間なら、面子とか責任上とか小節にこだわって、だめだと知りつつ、無理やりに攻撃を続行して、戦力をすっかりなくしてから、人事を尽くしたがどうにもならなかったと、申し訳の材料をつくるのが関の山だ。まあ蜂の巣陣地の攻撃と似たりよったりかな」

宮崎は手記にはこう書いているが、実際に公式の場で、上部を批判したり、不満を述べたりすることはなかった。あたえられた命令の中で自分の最善を尽くす。そこには人事を尽くして天命を待つ、という東洋的な世界があった。

宮崎の偉さは、単なる戦術家ではなく、仏教の勉強と老荘的な世界の交錯する境地に入っていたことであろう。岐阜の宮崎家に残る『諸法無我』という書は宮崎の一番好きな言葉だったというが、この無我という境地から、無手勝流の宮崎式戦術が湧いてくるのであろう。

宮崎の司令部は、最前線に劣らぬくらい、敵の砲火にさらされ、五月四日には小猿のチビ公も指二本をとばされる負傷をした。司令部付の山口少佐は負傷入院、豊田副官は入院後戦死、護衛小隊長土田少尉も負傷、と司令部将校九名のうち五名の死傷者を出し、下士官兵では三分の二を失った。

宮崎は寡兵をもって多勢の敵に対抗するため、多くの欺瞞行動を行なったが、その例を上げてみよう。

司令部高地の右前方二百メートルの稜線は、敵が先に占領していた陣地線である。この線に宮崎は、開戦前から準備していたインド国民軍の大旗を二百メートル間隔に十本ばかり、夜間のうちに刺しておいた。

これに対して、翌朝からジョツマの敵砲兵陣地から猛烈な射撃が行なわれ、二、三時間の間に、この旗のすべてが吹き飛んでしまった。また夜の間に刺しておくと、翌日も猛射がつづく。ただし、司令部から二百メートルくらいしか離れていないので、ときどきそれ弾が飛んでくる。安藤少尉が、

「もうだいぶ効果があったし、司令部も危険のおそれがあるので、止めたらどうです

か」と進言しても、

「いや、あれだけの砲弾を吸収するのは、それだけ五十八連隊が楽になることだ。司令部が危険なことくらいは、我慢しなければならない」といって、宮崎は準備してきたすべての旗が終わるまでこの作戦をつづけた。後に判明したが、この敵砲兵の総攻撃のために消費した砲弾は、数万発といわれる。

また、ある暗夜に、宮崎は安藤少尉を敵陣地に潜入させ、塹壕の上に大日章旗を掲げさせた。翌早朝から、敵砲兵の味方陣地への猛射がはじまった。宮崎は、司令部高地から手を叩きながら、これを見物していた。後に捕虜に聞いたところでは、この砲撃で、英軍は三十二名の死傷者を出したという。

また、ある霧の日、敵の輸送機六機が空中輸送にやってきた。霧のために味方の位置がわからないらしく、低空で旋回している。これを見た宮崎は、司令部の佐藤軍曹に、

「敵から鹵獲した信号拳銃を数発発射しろ」と命じた。佐藤が発射すると、たちまち輸送機から、ビスケット、ハム、ソーセージ、チーズ、クラッカー、煙草、砂糖、紅茶などの入った缶が落下傘とともにゆらゆらと落ちてきた。「そらチャーチル給与だぞ！」というので、日本兵はこのプレゼントにとびついた。

つぎに宮崎は、このコヒマ地域の村落について書いている。このへんの村は二千メートル以上の山の上にあるのが多い。その理由は、その昔、部族間の争いが多かったころ、砦を山の上に作ったものらしいが、高地にはマラリアが少ないということにもよるらしい。

高地民族の問題は、谷間の水をくみに降りることである。現地人はこのへんの特産の太い竹に水をくんでおく。常時、数十本の竹に水を準備しておく。宮崎はこれに目をつけて、戦闘の合間に兵士に竹を切らせ、水の容器とさせていた。

村では南京虫や蚤、しらみが多く、それが陣地の中にも進入してきて、英軍よりも始末に悪いときがあった。

この虫はチビ公にも取りついた。宮崎はこれを取ってやったが、仏教の信者であるから殺しはしない。取って捨てるだけである。また、雨季に入ると、大きな山蛭が陣地にやってきた。これが血を吸うが、宮崎はやはりこれも取って捨てるだけで、殺しはしなかった。

五十八連隊かく戦えり

六月二日、十五軍司令官は、インパール総攻撃を実施するので、三十一師団は一週間以内にウクルルに集結した後、十五師団の左翼に連係して、六月中旬、インパールを攻撃せよ。宮崎支隊はコヒマ―インパール道を確保せよ。宮崎支隊は軍の直轄とする――という命令を下した。

これを聞いた佐藤師団長は、烈火のごとくに怒った。前から言っていた補給はくれないで何をいうか、というわけである。

前にも書いたが、ウクルルまで二百キロの道を、負傷者を抱えて一週間では行けないのである。佐藤はこの命令を拒否したが、とりあえず補給のために、ウクルルに行くことになった。宮崎支隊は軍命令のままに、コヒマ南方の陣地に残置された。

百二十四連隊の一個大隊、五十八連隊の二個中隊（といっても実兵は百名に足りない）、少数の工兵、山砲兵などをもって宮崎は、インパールが陥落するまで、この陣地で持久することになった。宮崎は部下の隊長を集めると、「主力のためにわれわれは犠牲になる。諸官は支隊長と運命を共にしてもらいたい」と告げた。

このころ、佐藤師団長は、「牟田口という男は鬼のような男だ」と罵倒していたが、宮崎は、「軍司令官の立場になってみれば、止むを得ない点もあろう。しかし、部下将兵はまことに気の毒である」といっていた。

沈黙の名将・宮崎は千名足らずの寡兵で、よく三叉路南方の陣地を持ちこたえて、三十一師団主力のウクルルへの転進を援護した。しかし、その後もインパール陥落まではインパール道を確保するというと、これは大問題である。味方はわずか千名、敵は四個師団と戦車一個師団、それに優勢な空軍である。

押し寄せる敵に対して、宮崎は奇術のかぎりを尽くした。各所に小夜襲をくり返して、部隊が多いように見せかけたり、あちらこちらに炊事の煙を上げる、戦国時代の故智を見習ったりして、敵の前進をさまたげた。

このとき宮崎は、徐々に後退しつつ敵の戦力をけずることを考えた。宮崎の持つ歩兵は五個中隊で、宮崎はこれを二つに分けて、第一線陣地で第一隊が奮戦している間に、第二隊が第二線陣地を確保するというやり方をした。

工兵は、道路と橋の破壊に従事させたほか、肉攻にも出した。歩兵一個中隊が守前線を五百メートルとして、最大三個中隊しか前線には出せないから、その守備正面はわずか千五百メートルにすぎない。どんなによい地形を利用しても、二、三時間後には絶対優勢な敵に包囲されてしまう。とくにインドのグルカ兵は、いかに雨が降っていても、険峻な山地でも、テクテクとやってくる。

宮崎支隊はアラズラを去って以来、懐かしいマオで持久し、ついで馴染みの深いトヘマ―マラムと、玉砕直前まで頑張っては後退するという形で、じわじわ下がっていった。この不屈な頑張りには、英軍の司令官もつくづく感心したらしく、向こうの戦史にも、このときの宮崎支隊の戦いぶりが特筆されている。

師団主力が撤退するとき、輓馬が倒れて運搬できなくなった連隊砲が二門あったので、宮崎支隊はこれを使った。これがずいぶん活躍したが、マオからトヘマに後退するとき、敵の圧倒的な砲撃と戦車砲のために破壊されてしまった。工兵隊が一日かかって破壊した道路や橋も、機械力を持つ敵は、二、三時間で修理してしまう。彼らは修理のときは戦車を先頭に立て、起重機車と修理資材を満載したトラックがつづいて、迅速に作業をすすめる。

この困難な状況で、宮崎は、面白いことを考えていた。それは、なんとか一ヵ月、このインパール道で持久できないかということである。この寡兵で一ヵ月持久できれば、日本軍の壮挙として、世界の戦史に残るだろうというのである。しかし、それを実行するには、あまりにも敵は膨大すぎた。

トヘマからマラムに後退したとき、宮崎はそんなことを考えていた。この陣地は宮崎みずから偵察、設計して、数ヵ所の要点に工事をして、ここで一週間は死闘を継続する計画であった。

——ここが、おれの最後の陣地だ。つまり死にどころだ……。

宮崎はそう覚悟していたが、つぎのカロン鉄橋北方地区に工兵隊を派遣して、陣地を造らせることも忘れてはいなかった。そしてマラムにも敵の主力は肉薄してきた。例によって、宮崎支隊は奇策縦横、神出鬼没の働きをして、敵に二個連隊くらいはいるだろう、と疑惑を持たせたほどであるが、六日目には、これ以上頑張っていると、玉砕のほかはない、というところまできたので、この夜、カロンの陣地に後退することになった。暗号班長安藤少尉は、この命令を百二十四連隊の石堂大隊長にとどけに行く途中、壮烈な戦死を遂げた。

そしてこの日、午後三時ごろ、突如、敵のM４戦車十五両、つづいて無数の歩兵満載の敵自動車が、司令部のすぐ左二十メートルくらいの自動車道を突破して、南に向かった。あっという暇もなかった。日本兵が射撃するが、彼らのスピードは、それも受けつけない。チビ公が目を丸くしている間に、敵は宮崎支隊の虚を衝いて、ついにインパール道を突破したのだ。

もちろん、前線の守備兵はこれを阻止しようとしたが、とても抵抗ができない。

——ついに突破されたか……。

宮崎は丘の上の司令部からこれを眺めて、大きく上げた両手で尻を打った。チビ公がそれを真似したが、宮崎は笑えなかった。六月二日、宮崎支隊がこのインパール道を確保せよ、という命令を受けてから二十日目のことである。

――ついに予定していた一ヵ月の持久はならなかったか……。

宮崎の胸の中を、風のようなものが吹き抜けていった。いかに権謀をたくましくしても、小部隊では抵抗するといっても限度があるのだ、それにしても、部下たちはよくやってくれた。遠ざかっていく英軍の戦車隊を見送る宮崎の両眼に、白く光るものがあった。

抵抗もむなしく敵の通行を許した宮崎は、部隊を自動車道路東側山地に集結させ、後図をはかることにした。敵の機械化兵団は、わが工兵隊に一日は阻止されたが、つぎの日はこれも突破して、南進をつづけた。

これでインパールは完全に陥落しなくなったわけである。インパール作戦は、事実上、終わった。

山地に集結させるといっても、散りぢりになって戦っているので、急には集まらない。雨季の深い川を渡ったり、ジャングルをかき分けて、あるいは峻険な崖をよじ登ってポツリポツリ集まってくる。そのうちに、優勢な敵が山の上にいる宮崎支隊を発見して攻撃をはじめた。豊田大尉戦死後、副官となった浜中尉が、三、四十名の生き残りを集めて集成中隊を編成して防戦につとめる。

サンジャックでの戦闘で負傷して、入院していた西田中尉（元十一中隊長、宮崎が第十六連隊長時代の士官候補生）が退院していたので、彼に負傷者を集めてウクルルに戻るように先発させている。

ここで、宮崎を真の名将と評価させる一つの要素が現われた。宮崎はつねに、「支隊が全滅の危機に瀕しても、負傷者を放置してはならぬ」と強調していた。連隊の名誉のために戦った負傷者を戦場に置き去りにするようでは、日本陸軍は成り立たないと彼は考えていた。

兵士たちが集まって六百名ほどになると、元司令部付で入院していた山口少佐が、集成大隊長としてこれを率い、防戦に、あるいは小出撃を行なった。

このころ、宮崎は軍司令部との連絡を考えた。佐藤師団長は牟田口軍司令官とたもとを分かったようであるが、宮崎はあくまでも軍律を守る気持に変わりはなかった。昔の言葉に、「君、君たらずとも臣、臣たり」というのがあるが、たとえ上官が無理な命令を出そうとも、自分はできるだけのことをやって、後は天命に任せよう、というのが、東洋的な宮崎の『諸法無我』の境地なのである。

宮崎は山口少佐に護衛の一個分隊をつけて、ウクルルに行かせた。ここなら軍司令部と連絡できると、彼は考えたのである。彼は支隊の現在までの経過、将来の企図などを詳細に書いて、最後には、「軍司令官閣下のご期待にそいえなかったことを、深くお詫びをする」と締めくくった報告書を、山口少佐に託した。

それから十日ばかりは、宮崎支隊の生き残りは、優勢な敵と小戦闘をまじえていた。これは機動力を発揮して、敵の糧食を分捕るためである。

山口少佐をウクルルに派遣してから十日目、司令部の高地の左方五千メートルほどのところの川に敵が架橋して、長蛇のごとき大部隊がウクルル方面に前進するのが見えた。

――こいつはまずいな。この敵をウクルルに行かしては、友軍が損害を受けるぞ……。

宮崎はこの夜、この敵を夜襲することにした。その夜、中隊長の指揮する三十名ほどの部隊の後を宮崎は続行することにした。歩一つをつれて王将が、敵中深く突進する形である。

――いよいよこれが最後の戦闘となるらしい、自分たちも今夜が最後だろう……。兵士たちもそう覚悟を決めた。出発は午前三時である。すると零時ごろ、浜副官が軍命令の書き付けを持ってきた。それはウクルルにいる十五師団が受信した軍命令を、松村連隊の曹長が持参したものである。

「宮崎支隊は寡兵をもって、よく絶対優勢なる敵を長時日拒否し、刀折れ矢尽きてなお、闘魂烈々たるものありたるは、軍司令官の深く満足するところである。宮崎支隊は速やかにウクルルに前進し、同地にある松村連隊を併せ指揮し、同地付近を確保し、軍の右側を援護せよ」

――そうか、ついに来たか……。

宮崎は溜めていた息を大きく吐き出した。長い間の疲れが、いっぺんに出てきたようである。三月中旬にチンドウィン河を渡ってから、長い戦いであった。敵との戦いも大変だったが、飢えや補給の不足との戦いも苦しかった。しかし、部下たちもよく戦ってくれた。とくに五十八連隊の熟練した下士官兵には、感嘆のほかはない。

宮崎の頰に熱いものが流れた。

「部隊は予定のごとく、午前三時、ウクルルに出発。ただし、寝ている者には、出発のため整列したときに伝える」

こう命令したとき、宮崎は浜中尉に、

「牟田口軍司令官は、師団長の言われるように、血も涙もない人ではないな。やはり情もある将軍だよ」といった。

——不合理な命令に反抗することは易しい。しかし、それでも命のままに戦うことは難しい。うちの指揮官が抗命をやらないでよかった……と浜中尉は思った。

浜は図嚢の中の書類のことを思った。宮崎はいかなる戦闘中でも、寸暇を求めて、開戦以来の戦闘詳報、部隊の功績、序列などを丹念に記録していた。用紙は敵の戦車から取った地図の裏面を利用したものである。これと将校考課表を浜はあずかっていた。宮崎はいつ戦死してもよい覚悟と準備をととのえていた。これも名将の一つの資格といってよいであろう。

こうして、宮崎支隊の長い戦いは終わった。それから三日目、敵中を突破して、ウクルル北方集落に到着したが、予想に反してウクルルには糧食も弾薬もなかった。それに、ウクルルの中央部は敵に占領されて、北方と南方の友軍は連絡も取れないしまつである。これには戦術の大家の宮崎もこまった。集落の中はそこここに敵弾が落ちて来る。だいいち、宮崎の指揮下に入るべき松村連隊がわからない。浜副官の捜索で、連隊本部は、南部ウクルルの東南方のジャングルの中にいるということがわかった。

そのころ、司令部がわりの民家の中で、宮崎は浜としみじみと語り合った。

「浜中尉、昔からのわが支隊司令部の将校も、ほとんどが戦死傷して、満足なのは僕と君だけになった。僕は君を片腕どころか、両腕、両足とも頼りにしているのだから、今後は自重してくれ。もし不思議に命をながらえて、ぶじ内地に帰ることができたならば、僕はぜひ越後に行って、亡き忠勇な部下将兵の遺族を訪問し、その英霊にお参りしたいと思っている。そのときはかならず柏崎に君をたずねる。そして、このインド進攻作戦の話でも昔語りにしようじゃないか。もうほかにも話し相手がいないからな」

「まったくそうですな。もう閣下と浜だけになりましたな。乗馬も、不思議に生きているのは、閣下と浜のと二頭きりです。ここまできたのですから、閣下こそご自重くださ い。いつもはらはらすることばかりです」

屋外では、依然として砲弾の炸烈する音が聞こえる。

二人はいろいろと語りあったが、まもなく宮崎は隣りの部屋にきてチビ公に戯れながら、しらみを取りはじめた。浜中尉も、革脚絆を解いてしらみ退治をはじめたとき、砲弾が部屋の隅に落ちた。宮崎は無事であったが、浜は頭に命中した。左の頭蓋骨が拳大くらいに吹きとんで、白い脳漿が出ている。喉がゴクゴクしている。宮崎は浜の左手を堅くにぎって、

「しっかりしろ！　おい、浜副官！」と、耳に口を寄せて叫んだが、喉がゴクゴクい

うだけである。いつもかけている近眼鏡も吹き飛んで、両眼の瞳はもう開いている。

「当番！　だれかおらぬかっ！　浜副官が負傷したぞ、すぐ軍医を呼べ！」と、宮崎は叫んだ。田村伍長が駆けつけて、すぐに軍医を呼びに行った。

——ああ、ついに浜中尉もいけないのか……と宮崎は浜の手をにぎったまま、

「浜副官、長い間、本当によくやってくれた……。ありがとう」と、ポロポロと涙をこぼした。小猿のチビ公もそばにきて心配そうである。間もなく軍医がきたが、

「残念ですが、もうだめです」といって、頭に丁寧に包帯をした。長谷川少尉がきて、

「閣下、ここは危険ですから、あちらに現地人が作った防空壕がありますから、来てください」といったが、宮崎は浜副官の遺骸を運び出すまで、合掌して佇立していた。

午後一時三十分であった。

宮崎がもっとも信頼し、ビルマで一番長くつき合った浜中尉は、インパール道からの撤退命令が出た後、ウクルルで戦死した。埋葬のとき、宮崎は、「頭を敵の方に向けて埋葬せよ」といった。支隊長になったとき、宮崎は作戦計画も戦闘命令も、みずから起案していたが、浜が副官になってからは、彼にまかせていた。

「あの男があんなに優秀な能力があるとは知らなかった」と宮崎は後に語ったことがある。

それにしても、なぜ弾が浜中尉の部屋に落ちて、宮崎は無傷であったのか不思議である。

「死んだ人には悪いが、生死はくじ引きだよ」と、宮崎はつねに言っていた。生死を超越した者は、弾も避けて行くのであろうか。

浜中尉の後には西田中尉が副官となった。翌日の夕方、浜中尉の葬儀をささやかにすましてから、宮崎は松村連隊本部に移った。ここで宮崎は、六月二十七日に中将に進級していることを知った。しかし、それを聞いても宮崎は喜ばなかった。彼の胸は、浜中尉をはじめ、多くの戦死した部下のことでいっぱいであった。

まもなく、軍司令部から、「宮崎支隊は爾今、十五師団長の指揮を受けよ」といってきた。つづいて、十五師団長からは、「宮崎支隊長は、従来の兵力のほか百三十八連隊の二個大隊を指揮して、十五師団の転進を援護しつつ師団の後方を後退すべし」といってきた。

この地方の雨季は、いうまでもなく本格的になってきていた。またもや殿軍である。十五師団の前には、三十一師団がチンドウィン河めがけて後退しつつある。問題は沿道の糧食である。二個師団が徴発した後には、ほとんど余分の糧食はないとみなければならない。雨と河の氾濫で、道路は膝を没せんばかりの泥濘である。

行進がはじまると、先行した師団が置き去りにした餓死者や、瀕死の将兵が道端に倒れている。その惨状は目もあてられない。これを見た宮崎は、厳然として命令した。

「遺体や負傷者を置き去りにすることは、帝国陸軍の名誉にかけて許されない。遺体は部隊、姓名をひかえておき、道路から見えないところに深く埋めておけ。日本軍の退却は、かくのごとくに立派であったということを敵に知らせよ。決して餓死者の写真を、敵に撮られるようなことはするな。また負傷者はかならず担架に載せて帰れ。国のために戦った者を見殺しにすることは許されないぞ」

　宮崎の厳命で、宮崎支隊の将兵は、遺体を処理し、疲れた体で負傷者を担いで後退した（この命令で、名将宮崎の名はますます高くなるのである）。退却するにしたがって、遺体や負傷者の数は激増してきた。

　ある日の午後のことである。宮崎が歩いていると、路傍で休んでいた痩せた二人の兵士が、

「閣下、米があったらすこし下さい。もう三日も水以外、何も食べていません」と哀れな声で哀願した。

「何部隊の者か？」

「十五師団であります」

「よし、田村伍長、おれの夕食があったろう。あれを二人にやれ。そして、お前の米の半分を分けてやれ」

この命令で田村は、宮崎の夕食と自分の米の半分（四合くらい）を二人にくれてやった。

「おい！　飯を食ったら、元気を出してきっとついてこいよ」

そういうと、宮崎は前方に急いだ。

宮崎支隊がウクルルを撤退した翌日、七月九日、チンドウィン河に向かう路傍に、左脚を股から切断された兵士が青い顔をして、うずくまっていた。それを見ると、田村伍長が、「あっ、班長殿だ！」と駆け寄った。三月二十二日のサンジャックの戦いで重傷のため入院した第五中隊の軍曹である。田村もそのときは第五中隊であった。サンジャックで負傷した者が、どうしていま、こんなところにいるのか？　宮崎は不審に思って訊いてみると、ウクルルの野戦病院にいたところ、十日ほど前、歩行のできぬ重症患者がこの付近の谷間に移された。その後、食事も治療もないので、四、五日たってこの路上に這い上がり、兵士に訊いたところ、その病院は退却してだれもいないという。

軍曹以外のある兵士は、手榴弾で自決し、ほかの者は餓死し、あるいは路上を這って東に向かった。

これを聞いた宮崎は怒った。

——お国のために戦って重傷を負った兵士を、谷間に置き去りにするとは何ごとか……。

さらに事情を聞くと、彼らを収容していた兵站病院では、後方から糧食を前送してきたトラックが、この重傷者を収容して後送する手はずになっていたのに、そのトラックが帰ってしまったので、困った病院は、患者を谷間に放置して、かってに後退してしまったというのである。

宮崎は烈火のごとくに怒った。後に軍司令部に到着したとき、彼はこの兵站自動車隊と兵站病院を軍法会議にかけるよう要求した。その軍曹は担架に収容されたが、四、五日ほどで死亡した。彼は死ぬ前に両手を合わせ、

「原隊に収容されて、戦友に介抱されて、これで死んでも思い残すことはない」といって、死んでいった。

それからしばらくして、ある日の午後、先頭を行く中隊長が、戻ってきて、

「閣下、この前方三百メートルのところに、小銃弾三十箱、重機弾十五箱がありま す」と喜んで報告した。

この三月の開戦以来、初めての友軍の弾薬である。長い間、チャーチル給与で戦ってきたものである。宮崎が、「全部つぎの予定露営地まで運べ」というと、「患者を携行していますので、全部は運べません」と中隊長はいう。

「よし、それではつぎの露営地までは四キロだから、二、三回、往復して運べ」ということで、兵士たちは張り切って運搬をはじめた。

ところが、一キロほど行くと、道の両側には、各種の砲弾、銃弾、手榴弾の箱が無数に放棄してある。

「畜生！　前線に輸送しないで、ここで放棄して後退したのだな……」

宮崎は唇を噛んだ。

——前線で弾を浴びている友軍のことを考えたら、いかに苦しくても弾ぐらいは運んでくれるべきではないか……。

牟田口将軍といえども、補給の命令は出して、物資は送るよう命令していたのだ。それを輸送の部隊が放棄したのである。それでも戦友といえるのか。

「これだけの弾薬がコヒマの陣地に来ていたら、むざむざ英軍をインパールに行かせはしなかったのに……」

そう考えながら、宮崎が前進して行くと、弾薬ばかりではなく、重機、迫撃砲、山砲などがゴロゴロしている。

「なんたることだ！」

宮崎は、怒るよりあきれた。コヒマの前線から、何度補給の催促をしても、軍司令部からは、「すでに何百ほど前送した」という返事がくるだけで物はこない。輸送担当の後方部隊が、前進困難とみて、このへんに捨てて、軍には適当に報告して、後方に帰ってしまったのだ。これでは前線がいかに士気旺盛で戦闘をつづけていても、弾がなくては戦ができないわけだ。

――じつに後方部隊の不軍紀、不熱意、無責任、言語道断、インパールは負けるべくして負けたのだ……。

「軍の参謀は、どうして命令の実行を確認しないのか？　自分はいつも、命令はかならずその実行を確認せよ、と参謀教育をしているのに……」

そういうと、宮崎はまた唇を噛んだ。

こうして宮崎支隊は後退していったが、行くにしたがって、十五師団や三十一師団の落伍兵が道に点々とつらなっている。彼らはもう軍人としての誇りも戦意もなく、ただ考えているのは、飯のことだけである。露営していると、よく背嚢や飯盒がなくなる。米やせっかく炊いた飯もなくなる。なかには一人で三、四十キロの米を大事に背負っていて、それで歩けぬようになり、道端で休んでいる兵士もいる。

「こら、元気を出して歩け。この部隊が最後尾だぞ、ぐずぐずしていると敵に捕まるぞ」

宮崎はそう落伍兵を激励した。しかし、彼らの中には、すでに頭のおかしい者もいた。

「いいから先に行ってくれ。おれはこの米の重さで倒れるかも知れんが、お前たちのように餓死はしないぞ」と、宮崎支隊の兵士をにらむ者もいる。憤慨した副官が殴ろうとすると、

「いいから、ほっておけ。あんな餓鬼のようになって、軍紀を忘れたやつはもう人間ではない。獣になっているのだ」

宮崎はそう言いながらも、怒りを抑えかねた。彼らは前線に行かないで、このあたりで放置された米を着服して、戦闘もしないで後退しつつあるのだ。どうりで前線には米がこないわけだ。

さらに宮崎を怒らせる話が耳に入った。この餓鬼部隊は、宮崎支隊の将兵に、その米を一合五十円、六十円で売りつけようとしていたのである。帝国軍人も堕落したものである。

――それにしてもうちの部隊は、ろくな補給もないのに、よく戦ってくれた……。

宮崎は、帝国軍人にもいろいろあるという感じを禁じ得なかった。

憤慨しながら、宮崎がさらに進むと、道端にはすでに白骨化した死骸が累々と倒れている。これらは前進のときに倒れた兵士もあり、早く後退して倒れた兵士もある。

――インパールからの撤退道は、まさに白骨街道だ……。

宮崎は先を急ぎながらも、これら無名の戦死者を道端に埋め、花をそえることを忘れなかった。

七月十三日、印緬国境までもう三、四日というところで、宮崎は三十一師団長代理を命じられ、ただちに三十一師団司令部に出頭するよう軍司令部から命令された。すでに佐藤師団長は罷免と決まり、後任は河田中将であるが、スマトラにいて着任が遅れるので、宮崎が臨時に代理を仰せつかったのである。

すでに、チンドウィン河の近くまで後退しているという三十一師団司令部を追っているとき、英軍の飛行機がきては、落伍兵を銃撃、爆撃した。

「人間、落ち目になりたくねえなあ……」

河の中にとびこんで、崖下から水に飛沫を上げる敵弾を見つめながら宮崎はそう呟いた。歩兵部隊なら一戦やってもいいが、飛行機ではどうにもならない。激しくなった雨が救いで、飛行機は西の方に去るが、雨が晴れるとまたやって来る。シンガポールの恨みをここで晴らそうというのか。

その後も雨中の白骨街道を困難な行軍をつづけて、三十一師団司令部に到着したが、すでに佐藤師団長は、インタンギーからラングーンに向かっていない。加藤参謀長から、師団の現状を聞いて、宮崎は師団長代理に就任した。

さて、師団はマンダレー方面に後退するのであるが、増水しているチンドウィン河を渡る舟が、すべて英軍の爆撃で破壊されているので、筏を作りながら部隊の集結を待ち、糧食を集めた。この作戦開始当時の物価、鶏一羽十銭だったのが、いまは三十円に暴騰していて、宮崎に敗戦の厳しさを思い知らせた。

八月二日、インターバンに師団司令部が着いたとき、河田新師団長が着任した。宮崎が申し送りをすると、三期先輩の河田は、

「貴様、苦労したろう。大変だったなあ……」

肩を叩き、海苔の缶詰をくれた。

「こんなにうまい海苔を食べたことははじめてだ」と宮崎は副官に感想をもらした。

ここで河田が困ったことは、宮崎の処遇である。本来、佐藤師団長の代わりは宮崎が至当なのであるが、インパール道で戦っていて行方がわからないので、河田が任命

されたと、彼は聞いていた。

「おい、宮崎、中将で歩兵団長のままということはない。きっと中央では、貴様に重要な任務を発令しているはずだぞ。早く軍司令部に行ってみろよ」

河田がそういってくれたが、宮崎は腰を上げようとはしなかった。

「転勤の通知があったとき、困難な状況のところから楽なところには、遅く行け。楽なところから困難なところには早く行け」というのが、宮崎の考え方であった。

後方に下がるよりは、一日も多く旧部下の顔を見ていたいというのが宮崎の心理であり、部下たちもこの名将と離れたくはなかった。二度とこのような名将の下で戦うことができるであろうか。それが、旧宮崎支隊の将兵の考えであったのだ。

しかし、宮崎のために河田師団長が、「宮崎中将は速やかに軍司令部に出頭して師団の現状を報告すべし」という命令を出したので、宮崎も止むを得ず、懐かしい歩兵団司令部の部下たちと別れを告げ、軍司令部に向かった。

この後、宮崎はシェボーの軍司令部に着く前ウントーで、「八月二十九日付で牟田口中将が参謀本部付となり、その後任が五十四師団長片村中将、その後任に宮崎中将が決定した。至急、シェボーの軍司令部に出頭すべし」という命令を受け取った。

そこでシェボーで憔悴した牟田口軍司令官に会って報告を終わり、新しい戦闘に入るのである。

＊

こうして昭和十九年秋、新しく第五十四師団長となった宮崎繁三郎は、南ビルマでふたたび激戦の采配をふるうのであるが、それを描く前に、彼と辛苦をともにした五十八連隊の兵士たちの戦闘ぶりを、『五十八連隊史』によって紹介しておこう。

まず佐藤師団長のことを回想した文章を見たい。

三叉路陣地の攻防が激しくなったころ、連隊本部の吉田軍曹は、コヒマ東方の師団司令部に連絡に行った。敵の側射にさらされながら、司令部について連絡をすませると、司令部暗号連絡班で、特別接待食だというので、飯盒の玄米食を腹いっぱい食べたところへ、師団長がお呼びだという。渓流の大きな岩の上に、佐藤師団長はどっかと腰を下ろしていた。

「おう、五十八連隊の吉田軍曹か、連絡ご苦労、五八はじつに強いな。よくやってくれるな。苦労したろう」

ごつい風貌にかかわらず、師団長はそう優しくねぎらってくれる。吉田は緊張して返事をする。

「連隊長が、負傷されたそうだが、どんなようすか？　長家（第二大隊長）も戦死したなあ、惜しい男を殺してしまった。島之江（第三大隊長）も、よく頑張ってくれてるのう」

師団長は、しきりに五十八連隊の奮戦をほめ、その労を称《たた》えてくれる。吉田軍曹は涙が頬をつたうのを止めることができない。

「泣くやつがあるか、髭面をして……。よし帰ったら、みなによろしく言ってくれい。それから、このタバコは少ないがこれで全部だ。みなで分けて飲んでくれい」

そういうと、師団長はスリーキャッスルを二十本、吉田にくれた。

「よし、涙を拭いて行け。命はくれぐれも大事にするんだぞ」

師団長のその声を聞いて、吉田は連隊に戻った。吉田がそのタバコを連隊長に渡すと、

「おれは吸わないから、みなで飲んでくれ」というので、分けて飲んだ。吉田が佐藤師団長の抗命問題を聞いたのはかなり後のことである。しかし、彼は佐藤がそんな精神異常の人物ではないし、あの勇断が三十一師団の多くの命を救ってくれたと信じている。

つぎに第十一中隊長西田将中尉の『宮崎歩兵団長の思い出』を紹介したい。

六月二十日、わがマラムの持久陣地は、ついに英軍の突破するところとなったが、そのころ、西田は第五中隊と第二中隊の生存者を合わせて臨時編成中隊長（兵力三十五名）となり、百二十四連隊の石堂大隊長の下で、英軍の大軍を相手に戦っていた。二十日の午後三時ごろ、英軍の大部隊がふいに現われ、幾百幾千の車両が日本軍の前を風のようにインパールに突進していった。このため宮崎支隊はばらばらになり、二十一日朝、マラム東方の河の合流点に集結した石堂大隊は、宮崎支隊長がソルボンに集結するといっていたことにしたがって、ソルボンに向かった。

ところが、西田の中隊は大隊の全担送患者を輸送する任務を受けて、大隊の後尾を行軍していたところ、敵の襲撃を受けて大隊主力と別れてしまった。中隊は患者を合わせて六十名ほどいたが、大部分は半病人で、有力な敵を追って前進することは難しい。

そこで西田中隊長は、まず山稜のジャングルを突破して東に向かい、安全圏内に入ったところで、患者をウクルルに送り、その後、健兵だけでソルボンに迂回して潜入することを考えた。

このため行動は多くの日数を要し、やっと患者をウクルルに送って、ソルボンに向かったときは、すでに一週間がたっていた。それでも西田は、宮崎支隊長がソルボンで待ってくれることを疑わなかった。

——あの部下思いの支隊長が、おれたちを捨てて、後退するはずはない……と西田は堅く信じていた。

マラム撤退から十一日目、七月一日、西田中隊がソルボンに到着したとき、支隊は英軍の激しい攻撃をうけており、中将に進級した宮崎支隊長は、弾の雨飛する中を一歩も退かずに頑張っていた。聞いたところでは、宮崎は西田の中隊が行方不明になったと聞き、

「あいつの中隊を掌握するまでは、全滅してもこのソルボンを撤退しないぞ」と頑張っていたという。これを聞いた西田は、

「この歩兵団長の下でなら、いつでも命を捨てて戦える」と考えた。

それが五十八連隊全員の考え方であったのだろう。

つぎに、島之江大隊の小隊長であった戸川少尉の、三叉路高地における「組み討ち」である。

「中隊の兵力も減って私の小隊も二十名足らずなので、この際、いっきょに前方の陣地を奪取することを中隊長に進言し、十六名の部下を率いて、夜半、突入を強行した。

ところが、（テニスコート南方の）敵の警戒壕に落ちてしまった。数名の敵兵がとびつき、私の十文字にかけた肩の双眼鏡の紐と水筒の紐をつかまれてしまった。急いで軍刀を抜こうとしたが、両手をつかまれている。敵は棒でなぐった。鉄帽のおかげで、あまり痛くはなかったが、捕虜になっては一大事と考えた。捕虜は戦死よりもつらいことであった。

もみ合っている間に、軍刀が抜けた。来るか！と軍刀をかざすと、月光のなかで、刀身がキラリと光った。敵は驚いて逃げたが、勇敢な一人が組みついてきた。壕の中で二人は無我夢中でとっ組んだ。私の正面刺突に、相手はあっけなくうつぶせになった。

友軍の突撃を知った敵は、射撃をはじめていた。味方も撃っている。手榴弾が頭の上を飛んでいく。私はいまの格闘でくたくたに疲れていたので、死角に身を寄せて呼吸をととのえた。

突然、グワーンという炸裂音、閃光とともに私は喉に衝撃を受け、右手首をやられ軍刀は叩きつけられた。手榴弾らしく、左すねと右股もやられた。左手に抜身の血刀を持って、敵の銃撃の間を縫って部下のようすを見ようと後退した。しかし、部下に助けられて軍医の前に運ばれたときは、身動きできない重傷になっていた。

『腹をやられているな』というので、腹の血は敵を刺したときの返り血だ、と言いたいのだが、喉をやられているので、声が出ない。とうとう上着と襟をずたずたに切られて手当を受けたのち、野戦病院に送られた」

つぎに、第七中隊の小隊長斉藤茂少尉の回想『五八精神』である。

「私は東部第六部隊から五八に転属になった。当時の六部隊は東京人が多く、一般社会のように濁った空気が充満して、我慢がならなかったので、みずから第一線行きを志願したのである。チンドウィン河畔で着任したとき、大作戦を前にして、これまでの六部隊とはまったく違った暖かいものを感じた。これは金谷軍曹の人柄と心遣いによるものである。

私は着任したとき、五八のことはなにも知らない新品少尉で、重機出身で小銃隊戦は指揮したことがなく、実戦経験もまったくない。それに対し、五八は十七次の古参以下、現役のバリバリばかりで、中支以来の長い実戦の猛者が多く、正直なところが私は不安であった。そんな私を支えてくれたのは、髭の金谷鬼軍曹で、私に対し誠をもって仕えてくれた。私は救われた気持と感謝でいっぱいであった。

私はサンジャックで、生まれて初めて敵弾を経験した。わが小隊は敵の火力集中地点に入ったらしく、迫撃砲の猛射を受けた。弾の飛ぶ音と炸裂音、軽機関銃手が私のすぐ後ろで負傷、一発は私に向かってきて、土砂が私の顔を埋めた。このとき、右側で金谷軍曹が、

『やりゃがったな！』と叫んだ。破片が軍曹の背中に命中したらしい。

彼はいきなり膝で立ち上がると、上着を脱ぎ、弾が飛んでくるなかで、

『隊長殿、私の背中を見てください。私は突撃して一人でも多く殺してから死にます』といった。

私は一瞬、いままでの温厚な金谷軍曹とは、まったく別人の軍曹をそこに見た。私は五八精神を目のあたりに見、かつ知らされたのである」

つぎに、アラカン山系退却の悲劇の代名詞である〝白骨街道〟のようすを、第十一中隊の中村孝三氏の手記で見たい。部隊はチンドウィン河渡河のころである。

「夜が明けてみると、道筋は友軍の行き倒れた死体が敷きつめられたようにつづいていた。うじが小山のようにたかり、早い者は白骨寸前になっていた。まず骨と皮ばかりになって、力尽きてゴロリと横になる。それで終わりである。一日、二日たつとガスが充満して皮が破れんばかりに膨れ上がり、目、鼻、口にうじが入りこむ。みるみ

るうちにそれが増えて死体が見えなくなるまでつつんでしまう。三日も小山のように盛り上がってうごめいているうちに、人間の方は骨だけになってしまう。生きている戦友でも、しばらく会わないでいるうちに、容貌が変わるのに、こうして倒れている者は識別のつけようがない。

手榴弾も帯剣もない。大部分は行けるところまで行こうとして、倒れてしまった負傷者か病人である。

平坦地に出ると、ほかの部隊に追い越されても、何の感情もしめさずよろよろと歩いている者が多い。みんな裸足で、ボロボロの布片をかぶり、杖を持ち、飯盒をぶら下げ、髭ぼうぼうで目はくぼみ、ゴロリと横になれば、立派に死体となれる寸前の者ばかりである。

ときどき、雨空をふるわせて手榴弾の爆発音がする。自決する者だろう。

『兵隊さん』

泥の中から、死んでいると思った兵士が声をかけた。

『手榴弾をください。お願いします』

『そんなことをいうもんじゃない。米をやろうか』

『飯は炊けません。手榴弾をください』

『馬鹿、それじゃ飯を少しやろうか？』

『飯はいりません。手榴弾をください』

『だめだ。これはおれが死ぬときにいるのだ』

『あんたは大丈夫、生きられます。その手榴弾を私にください。頼みますよ、兵隊さん……』


自分では、すでに兵隊ではなくなってしまっていた。隣りの死体を食い尽くしたうじが、彼の手足に這い登りはじめていた。……まさに鬼哭啾々、地獄絵巻そのものであった。やっと敵から逃れてここまできたのに、それが何のためになったのだろうか。ああ……」

五十八連隊の奮戦の記録を締めくくる意味で、第二大隊副官亀山中尉が作った「コヒマ戦記」（第五十八連隊奮戦の歌）の一部を紹介しておこう。

一、七三七八　ウクルール
　サンジャックトへマ　またコヒマ
　息をもつかずに　蹴散らせば
　五八になびかぬ　草もなし

二、ほんとにほんとに　御苦労ね
翠《みどり》したたる　ジャングルも
砲爆撃の　スコールに
草木も散りて　田と化せば
来りて唄う　鳥もなし

三、昼は飛行機　夜は迫
雨と降りくる　弾の中
今日も出ていく　肉攻班
お国のためとは　言いながら

六、山砲一門　三発じゃ
いかに五八の　兵じゃとて
コヒマをもてる　はずはなし
弾さえあればと　血を流す

七、雨のアラカン　どこまでも
担架かついで　さまよえど
米の補給は　更になし

糧を求めて　移動する
八、マラリア　脚気に悩まされ
フミネフミネと　きたものの
興亜一本　三人で
米が一合で　七日分
九、戦友《とも》よ眠れよ　安らかに
君が武勲は　永久《とこしえ》に
祖国を護る　のみならず
九段の桜に　移り咲く

名指揮官の誉れ

新しく宮崎が率いることになった第五十四師団は兵《つわもの》兵団と呼ばれた。百十一連隊（姫路）、百二十一連隊（鳥取）、百五十四連隊（岡山）が宮崎の隷下に入った。

九月上旬、ウントーからシェボーに着いた宮崎は、牟田口軍司令官に師団の戦況と軍状を報告し、自動車でマンダレーをへてラングーンに向かった。ラングーンに到着すると、宮崎は、新ビルマ方面軍司令官木村兵太郎中将に新任務を報告し、軍司令部幕僚にコヒマ作戦の戦訓を講話して、戦場訓練の必要を強調し、次期作戦準備に資料とした。

翌日、宮崎は第二十八軍司令部に行き、軍司令官桜井省三中将に着任の挨拶をした。軍参謀長の岩畔豪雄少将（三十期）は、宮崎と同じ十六連隊の出身なので話が合った。

さて、今回、宮崎の五十四師団の戦闘担当区域は、アラカン山系の東の海岸地区で、チンドウィン河の東に撤退した日本軍としては、このあたりが最前線である。

日本軍が苦心の結果打通したアラカン山道を通って、ベンガル湾に近いモーの司令部に着いたのは九月二十一日で、アラカン山系の西はいまや雨季の最中である。このアラカン越えは、昼間は敵の空襲が激しいので、夜行軍のため、小猿をつれた宮崎もさすがに疲労した。

着任すると宮崎は疲れをふりはらって、小林参謀長以下司令部将兵を集めて訓示をした。

一、部隊あっての司令部である。決して司令部あっての部隊ではない。部隊のためには誠意をもって、骨身惜しまず努力せねばならぬ。

部隊からの要求や希望があったり、または意見具申などがあったら、できるだけ速やかにその可否の判決をあたえて返答すること。絶対に無意味に長く放置してはならぬ。

二、司令部内の人の和を考えること。量よりは質、質よりは和である。ゴタゴタしているようでは、決して的確なる部隊の指揮はできぬ。

三、司令部将兵は隷下各部隊将兵の活模範たるべきこと。

四、各部隊にはきわめて公平に処理すること。自己の出身の関係や感情をもって厚《こう》薄《はく》を生じてはならぬ。

五、臨時配属部隊は、本属部隊よりも可愛がり、面倒をみてやること。〝頼りになる司令部〟たることが絶対条件である。

宮崎が、この地区の師団長に着任したときは、敵もインパール作戦の打撃から立ちなおるのに時間を要し、この年（昭和十九年）いっぱいは、両軍とも補給と訓練に追われていた。宮崎はこれ幸いと、新しい部下の訓練にはげんだ。彼が各部隊の訓練において、強調した点はつぎのとおりである。

一、幹部教育の重視。

これは歩兵団長のときと同様、強い将校を養成しなければ、強い軍隊はできぬ、というのが彼の信念である。

二、積極的任務の達成、消極、退嬰は亡国である。

三、各部隊長は大隊長、中隊長を過信することなく、干渉に過ぎても詳細にその意図を明示し、かつ教育すること。

四、攻撃は最良の防御なること。

五、師団は師団長以下看護兵にいたるまで、ことごとく突撃兵たること。

六、兵器、弾薬、資材、糧食など、すべての軍需品は十二分にその能力を発揮せしむること。決して死蔵してはならぬ。

七、対戦車戦闘の訓練を精到にすること。

地上戦闘の命取りは戦車である。これには「初一発必中」と、肉薄攻撃班のたくみなる地形地物の利用と必死の体当たりである。

八、蜂の巣陣地（トーチカの集合体）の攻撃法——三人組戦法。（三叉路陣地の項で説明した）

九、戦場は自己の箱庭のごとく、偵察を行なう際、的確にしておくこと。

十、工事の励行。優勢なる敵飛行機、砲兵に対するための絶対条件である。

十一、兵器、弾薬、器具の節約、愛護のこと。今後は絶対に一発の小銃弾、一本の小円匙（スコップ）も補給なきことを覚悟せよ。

宮崎は幕僚と小猿をつれて、五十四師団の守備範囲を視察激励した。ベンガル湾に面した要衝・アキャブの南にあるラムレ島とその対岸に師団主力は展開して、敵の進出に備えている。

ラムレ島には猪股少佐の大隊、ミエボンには中村中佐の捜索連隊、ミヨホンには木庭少将指揮する百十一連隊（長・矢木大佐）、カンゴウには村山大佐の百五十四連隊、テイド河畔には長沢大佐の百二十一連隊、タマンドには田中部隊がいて、逐次、師団長によって、その教育訓練の状態が検閲されていた。

二十八軍司令部では、訓練には実弾を使用しないように指示されていたが、実戦主義の宮崎は、

「実戦で敵に命中せぬような弾は役に立たぬ。一発必中が確信できるまでドンドン使用させろ。それが真の作戦準備である」と実弾射撃を励行した。そして、いざ英軍がくると、五十四師団の命中率は上がった。

また宮崎は、輜重兵でも衛生兵でも、実弾射撃を行なわせ、銃剣突撃もやらせて、戦力の増加をはかった。

年末近くになると、英軍は動きはじめた。中部のイラワジ河中流で、敵の攻勢が見られるというので、五十四師団の北にいて、英軍の南下を抑えていた桜井徳太郎少将の桜支隊（歩兵三個大隊基幹）が後退することになり、このために、ミヨホン平野で糧食収拾を行なっていた五十四師団は車両を取られて困惑した。

そして十九年の大晦日に、敵は猛烈な艦砲射撃の後、アキャブに上陸してきた。当時、ベンガル湾は敵の制海権のもとにあった。アキャブにはわずか二個中隊がいただけなので、司令部の指示どおり、抵抗しながら後退した。

昭和二十年が明けると、敵はアキャブの南のミエボン半島に上陸してきた。中村中佐の捜索連隊は、寡兵よく大敵を支えたが、圧迫されてくる。宮崎は、ただちにカンゴウの百五十四連隊から一個中隊を救援させたが、これでは敵が多すぎる。ミエボンの北のミヨホンの正面にも優勢な敵が現われ、知将といわれる木庭少将の適切な戦闘指揮にもかかわらず、敵は漸次、両翼に戦線を拡大して、わが軍を包囲する態勢をとりはじめた。

二月に入ると、敵は予想どおりラムレ島に上陸してきた。こうして、師団司令部のあるタンガップ、ニイド河の正面をのぞく師団の全正面にわたり激戦が展開された。

二月下旬、宮崎は予定の作戦計画にもとづき、ミヨホン、ミエボンの部隊をカンゴウの線に後退せしめた。この後退は敵に追撃されながら、徒渉不可能な河川がたくさんあって、非常に苦労をした。しかし、ラムレ島にいた猪股大隊の撤退はもっと困難であった。

宮崎は予定日より二日早く、本土への撤退を指示したが、すでに英海軍は、ひしひしとこの南北八十キロ、東西六十キロの島をとり巻き、わが大隊が用意した民舟数十隻をことごとく破壊したので、しばらくの間、ラムレ島からの撤退は不可能となった。

その後、軍命令で、師団がこのアラカン地域を撤退するまで、島民の援助で、夜間、民舟でポツリポツリと脱出できたのは奇跡であった。現地民は舟の中で仏像を拝みながら、必死に漕いだという。これはわが宮崎師団の宣撫のよろしきを得たことにあるが、その献身的な努力に宮崎は感心して、つぎの歌を詠んだ。

禱るかな仏拝みつつ舟を漕ぐラムレの人に幸あれかしと

カンゴウ（ミエボンの東方三十キロ）の激戦はものすごかった。わが方（村山大佐の第百五十四連隊）はかねて築いた陣地で、猛烈に抵抗した。わが師団がこの方面で消耗した砲弾の数は、ここが一番多い。敵は西アフリカの黒人師団を、この東の山岳地帯から前進せしめた。カンゴウ地区指揮官の木庭少将は、百十一連隊の横田大尉を混成百五十名の臨時中隊長として、この敵を攻撃させた。

師団司令部にいて、熱望して前線に出た横田大尉は、張り切って、この敵の機先を制して奇襲を行なった。黒人部隊はこういう実戦は初めてであったのか、驚きあわてて敗走した。手柄をたてた横田大尉は戦死し、後に軍司令官から個人感状をもらった。

このカンゴウの戦闘の間に、敵はタマンド南方のドコカン付近に上陸してきた。三月に入ると、宮崎は予定どおり、カンゴウの部隊をダレー河の線に後退を命じた。それと同時に軍司令部から、「木庭少将の指揮する歩兵六個大隊、砲兵一中隊を基幹とする部隊を、イラワジ河上流方面に派遣し、貫徹部隊長の指揮下に入らしめよ」という命令がきた。

いよいよ英軍はマンダレー方面で本格的攻勢に出てきたので、ビルマ方面軍司令部ではイラワジ河の中流地域で決戦を行なって、ビルマ戦のケリをつけようというのであるらしい。

宮崎は、かねてこのような命令がくるだろうと覚悟していたので、少しも驚かず、小林参謀長と相談して、木庭少将に所定の部隊を指揮させて、エナンジョン方面に急行させた。

宮崎は残った兵員を率いて、タマンド、そのそばを流れるダレー河畔、ドケカン方面で英軍と戦ったが、敵は数個師団に近く、対抗するのは容易ではない。例によって、宮崎はみずから前線に出て督戦したが、多勢に無勢で戦況は好転しない。

三月五日ごろ、五十四師団司令部の後方約十キロほどの本道（タマンド～アン道）付近にあった、わが十榴弾砲中隊の陣地が敵に占領されたという報告がきたので、宮崎は驚いた。この道を遮断されたら、両側は峻険な崖と山岳地帯で、師団の補給や後退は不可能に近くなる。後退のときは、兵員だけがやっとで、砲や自動車は放棄しなければならないのである。

宮崎は、この方面担当の矢木大佐の百十一連隊に、「連隊全滅を賭して奪回せよ」と、彼にしては厳しい命令を下した。師団唯一の後方連絡路を遮断され、十榴中隊と砲三門を敵手にゆだねるのは、日露戦争万宝山以来の国軍の大恥辱だと宮崎は考えたのである。

百十一連隊だけでは不安だというので、宮崎はダレー戦線から歩兵一中隊を抜いて、自動車でこの十榴陣地に急行せしめた。この中隊の出発にあたって宮崎は、直接、この重要性について説明した。

そこへ師団副官妹島大尉と師団司令部付高橋大尉が、その十榴陣地で戦死したという報告がとどいた。この二人はその陣地が危ないというので、状況視察に出したのであるが、わが陣地危うしとみて、つれていった伝令十数名とともに敵中に突入して、壮烈な戦死を遂げたのである。

――戦死しろとは言わなかったぞ。なぜ状況報告の任務に徹しなかったのか……。

宮崎は腹の底ではそう思ったが、友軍の危機をみて突入せざるを得なかった二人の気持を思って瞑目した。

――いよいよこの陣地の運命は風前の灯か……と宮崎が覚悟したとき、意外な報告が入った。敵が退却しはじめたというのである。十榴三門も使用できるという。わが軍の抵抗があまりにも激しかったので、敵はこの地点の重要性に気づかず、後退したものであろう。

――二人の大尉の戦死は、無駄ではなかったのだ……と宮崎はあらためて感謝した。

一方、敵は元師団司令部に近いタンガップ（タマンドの南十八キロ）方面にもやってきて、全面的激戦となった。

三月中旬、小林参謀長は東部軍司令部付、後任は倉沢大佐、長沢大佐は五十五歩兵団長、後任は馬場中佐などの異動が通達された。激戦の最中の異動で、宮崎も困惑した。三月下旬になり、新任の倉沢参謀長と村田参謀（第二十八軍司令部より転任）が着任した。

それから間もなく、軍司令部から五十四師団はイラワジ河流域に転用するからその準備をせよ、という命令がきた。このころビルマ方面軍主力は、マンダレーで英軍主力と対戦し敗退をつづけていた。ここにおいて、宮崎はアラカン山系を撤退する以前に、敵に一大打撃をあたえる必要を感じ、四月五日から一週間の予定で、大攻勢を実施した。

これがビルマ戦史に残る「レモーの大殲滅戦」である。

戦術家・宮崎は、アラカン山系を撤退してイラワジ河流域に向かうには、前面の敵に強烈な一撃を加えておかないと、無事には撤退できないことを知っていた。軍司令部の命令は「撤退の準備をせよ」であったが、宮崎の撤退の準備は、まず敵に一撃をあたえて、追撃の余地をなからしめることであった。

＊

レモーの戦闘は、アン西方の九九〇高地にたいする敵の攻撃ではじまる。この方面にきた敵は、砲十数門を有する約二千で、アフリカ師団とインド師団の一部であった。

宮崎中将はこの際、敵に一大打撃を加える必要があると考えて、つぎの命令（要点）を下した。

「師団は、前進陣地（九九〇高地）に攻撃しきたれる敵にたいし、使用し得る全兵力を、これに果敢なる攻撃を加え、レモー平地（アン西方二十キロ）において、捕捉撃滅す。攻勢発起は四月八日とす。作戦は約一週間をもって終結するを目途とす。
一、前進陣地占領部をして極力敵を陣地前に牽制せしむ。
二、各隊は七日夜、企図を秘匿しつつ八日夜までに九九〇高地南北の線に前進し攻勢を準備す。
三、八日夜、一斉に攻撃準備の線を進発し、九日午前六時を期してシンチャン（レモー東方八キロ）の敵の側背を急襲す。
四、つづいてレモー南方の敵を撃破せば、引きつづきシャッコン（レモー西方二十キロ）をへてタマンド方向に追撃す。
五、参加部隊
右翼隊（長・歩兵第百五十四連隊長村山一馬大佐）＝歩兵第百五十四連隊第三大隊、第百十一連隊第七中隊、第百二十一連隊第九中隊、捜索第五十四連隊、野砲兵第五十四連隊の一中隊ほか。

左翼隊（長・歩兵第百十一連隊長矢木孝治大佐）＝歩兵第百十一連隊第一大隊、第二大隊、野砲兵第五十四連隊の一中隊ほか」

前進陣地前の敵は、八日いっぱい執拗な攻撃をくり返していたが、九日、師団の両翼隊が攻撃を開始すると、退却に移った。宮崎はただちに追撃命令を下した。右翼隊は、その日、レモー東側隘路の敵を撃破し、捜索連隊は十日朝、レモーを占領した。

しかし、レモー北側と西側の敵は頑強で、捜索連隊長中村忠雄中佐は戦死し、死傷者が続出した。頼みとする砲兵は進出が遅れていた。左翼隊の先鋒百十一連隊第三大隊は急進して十二日、シャッコンに進出して、敵の退路を遮断する形となったが、左翼隊主力の進出は遅れた。

この間、レモー北東側高地（この高地は敵の側面陣地の支持点）を力攻していた右翼隊は、ついに同高地を奪取し、敵は潰走をはじめた。

右翼隊はただちに追撃に移り、十一日、コーランをへて、シャッコンに進出したが、コーランに残った敵約千は、なおも頑強に抵抗をつづけた。

右翼隊は十三日、反転してコーランの敵を攻撃し、退却しはじめた敵を追撃して、十四日未明、シャッコンを占領した。

これより先、シャッコン西側から深く突進した百十一連隊第二大隊（長・島田忠彦少佐、陸士五十二期）は、約四千の敵の退路をシャッコン北側で遮断し、その道路が隘路となっている地点を占領して、敵の殲滅をはかった。

まさにレモー平野の西の出口を扼した第二大隊によって、数千の敵を包囲殲滅する絶好の機会が到来したのである。島田大隊は勇躍して、後退してくる敵に猛攻を浴びせた。こうなると敵も必死である。敵の指揮官は、いかなる犠牲を払うともこの隘路を突破して、北のタマンド方向に脱出することを厳命した。

十三日いっぱいは激戦がつづいた。奇襲を受けて狼狽した敵の損害は大きかった。ここで退路を遮断されれば、包囲されて戦死するか、捕虜となるほか道はない。島田大隊は、隘路の出口を背にして、一兵も逃すな、と奮戦したが、敵は、われに十倍以上の多勢である。こちらも損害が大きくなって、十三日夜、ついに敵の退却を許した。

「長蛇を逸したか！」

これを聞いた宮崎は歯噛みをした。アラカン山系の戦闘の思い出に敵を痛撃して、今後の作戦を有利に導こうと彼は考えていたのである。

彼はただちに、全軍にタマンド方向に敵を追撃するよう命令したが、ときすでに遅く、イラワジ河流域を撤して、東に作戦地域を変更しようとしつつあった軍司令部は、十四日夜、「五十四師団は主力をもって、速やかにアラカン山系以東に転進すべし」と命令してきたので、宮崎も心を残しつつレモーを去ることにした。

惜しくも敵一個師団を全滅することはできなかったが、作戦を果敢に実施すれば、数倍の敵を撃破し得ることを証明した点で、このレモーの殲滅戦は、五十四師団の将兵に自信をつけ、またわれらの師団長は評判どおり名指揮官だという信頼を、部下に植えつけることになった。

宮崎の回想によれば、終戦後、捕虜収容所にいたとき、両軍の幹部が会合して戦史を研究したことがあった。そのとき、レモーで危うく命びろいした英軍の師団長が、第二大隊長にたいして、

「私が今日生きているのは、貴官があのとき退路を開放してくれたおかげである」と感謝したという。

こうしてインド第二十五師団をはじめ、四個師団を相手に対等に戦って、英軍司令官の胆を冷やし、宮崎戦術を十二分に発揮したアラカン守備作戦は終わりを告げ、宮崎師団は、イラワジ河流域に去ったのである。

＊

マンダレーとラングーンの間には、北からエナンジョン、アランミョウ、ブロームというような要衝がある。

アラカン山系を撤退することになった宮崎の五十四師団が受けた命令は、

「五十四師団長は、アランミョウ付近に前進し、同地方東北方地区を守備しつつある敢威部隊（第五十五師団の捜索連隊と歩兵一個大隊）およびエナンジョン方面より撤退中の勝部隊（武田中佐の指揮する第百五十三連隊）を併せ指揮し、イラワジ河左岸（東岸）を前進する敵を拒止すべし。目下、エナンジョン方面にある貫徹兵団は五十四師団の転進を援護する。アランミョウ付近の部隊の五十四師団長への指揮転移の時期は五月一日とす。爾後の作戦指導に関する指示をするにつき、参謀長をブロームに派遣すべし」である。

そこで宮崎は、村山大佐の指揮する百五十四連隊の第二大隊および百十一連隊第一大隊をアランミョウに先遣し、倉沢参謀長をこれに同行せしめた。

このころ英軍はすでにイラワジ河の両岸に進出しており、エナンジョン―アランミョウ道の中間にあるミンブ（イラワジ河に面する）の東岸も敵に占領されている。宮崎は三叉路に町野参謀を連絡に残し、自分は司令部と通信要員をつれて、アランミョウに急いだ。しかし、この移動も困難であった。

五月一日、アランミョウ付近に到着すると、待っているべきはずの貫徹兵団は、敵に突破されている。アランミョウはイラワジ河の東岸にあるので、渡河しなければならない。宮崎は、すこしもあわてず、前進中に掌握した勝部隊の武田連隊長に、

「速やかにカマ付近において、イラワジ河を渡河し、同河東岸要地を占領して、師団主力の渡河を援護すべし」と命令した。勇敢な武田連隊長は、勇躍して、任務についた。

宮崎は司令部を率いてアランミョウの対岸タエトミョウで小休止をした後、カマに向かって前進した。このとき無線通信のために遅れた通信隊と暗号班は、タエトミョウを出るとまもなく、ビルマ反乱軍の奇襲を受け、大損害を受けた。

その翌日、宮崎はカマ付近で荷物を整理した。無線隊が奇襲されて能力を失ってから、通信隊主力が到着するまで、司令部は長い間、軍や先遣隊と連絡が跡絶えた。ビルマ反乱軍（英軍の指揮を受けてゲリラ化していた）は、すでにこの付近を根拠地として、猛威を逞しゅうしていたのだが、情報が全然なくて、宮崎はこれを知らなかった。

英軍には驚かぬ宮崎も、戦友のように思っていたビルマ軍が敵に寝返ったことを知ったときはショックであった。

——生きてイラワジ河は渡れぬかも知れない……。

彼はそう覚悟を決めた。テントの中は暗かった。宮崎の決意を知ったのか、風に揺れるテントを眺めながら、小猿のチビ公も心配そうである。苦難はなおもつづき、その夜、暴風のためにテントが吹き飛ばされ、宮崎はふんどしまでずぶ濡れになった。

カマに着くと、宮崎はすぐに将校斥候を対岸に派遣した。対岸のアランミョウ方面では、盛んに銃声が聞こえる。勝部隊が命令どおり渡河して、敵を追いはらうべく戦っているのである。宮崎の司令部は、渡河する民舟を探した。貫徹部隊の小部隊に聞いてみると、幹部がほとんどの舟を集めて対岸に渡り、その舟を返すことをせずに行ってしまったのだという。

チベットに源を発して、全長二千百六十キロのイラワジ河（このあたりは河口から五百キロ近い）は雨季の最中で増水し、とても泳いでは渡れない。宮崎は貫徹兵団のやり方に憤慨しながら舟を集めた。後続の部隊も反乱軍に悩まされているのか、なかなか集まってこない。

五月三日には、南の要衝プロームが敵の手に陥ったという知らせが入り、宮崎は暗い顔をしたが、師団主力が集結するまでは自分は絶対に渡河しない、という決意を固めていた。英軍の十七師団も、付近に進出してきているという。

村田参謀がしきりに、

「司令部だけでも先に渡河してもらいたい」と要請するが、

「部下が苦戦しているのに、これを放棄して、渡河できるか」と宮崎の表情は固い。

このころ、師団主力は敵十七師団とビルマ反乱軍に妨害され、太田輜重兵連隊長、師団通信隊長らの犠牲を出しながら、迂回をかさねて悪路を急いでいたのであった。

宮崎は約三週間、このイラワジ河畔で部隊の集結を待ち、その後十日間かかって部隊の渡河を終わったが、これが非常な難事業であった。

すでに敵機が跳梁し、昼は渡河ができない。日没後できるだけの兵力を渡河させ、翌朝午前三時ごろ、これを中止すると、舟は爆撃を避けるため、いったん川底に沈め、翌日没後またこれを浮かべて渡河を開始するのであるから、大部隊を渡河させるには時間がかかった。

増水したイラワジ河は、河幅が千五百メートルもあったが、レモーの殲滅戦で、宮崎師団長の力量を知っている部下将兵は、整然とこの困難に直面し、一万余の軍隊が一兵も損せず渡河に成功し、馬も山砲も自動車も兵力のすべてが、イラワジ河の対岸に渡河したのであった。渡河に成功すると、宮崎は先遣隊を指揮していた倉沢参謀長と握手をした。

宮崎は軍司令部の意図によって、パウカン平野（イラワジ河と東のペグー山系の間）を南下占領する作戦をたてた。すでに英軍は、各所でイラワジ河を渡河しており、南ビルマの穀倉であるパウカン平野の占領は、今後の糧食収集に大きな影響を持つとみられた。　肥沃なこの平野で、師団将兵はひさかたぶりに砂糖にありつき、舌鼓をうった。

まもなく軍司令部から予定どおり、「ペグー山系内に転進せよ」という命令がきたとき、宮崎はコヒマ戦の戦訓を思い出して、各部隊に「糧食は四十日分を携行せよ」と命令した。そのため山中に入っても、兵士たちはインパール戦のように白骨になる者は少なかった。

このパウカン平野を撤退するに、宮崎は例によって右翼方面に肉薄していた敵にたいし、一大打撃を加えることを忘れなかった。これが宮崎流なのである。ただし、この反撃戦で百十一連隊の島倉大隊長を失ったのは、痛手であった。島倉大尉は宮崎の岐阜中学校の後輩であった。

ペグー山系内の進軍は予想どおり困難をきわめた。このとき、宮崎の指示どおり、四十日分の糧食を携行した隊は、飢えることはなかったが、

「なに師団長がそういっても、地図を見れば山中にも集落が点々とある。重い思いをして携行することもあるまい」とずるけた隊は非常に飢えに苦しんだ。それらの地図は古いので、もう山地には集落は全然ないのであった。

進軍の途中、宮崎は野砲連隊から軍司令部へ将校斥候を出した。師団の現状、将来

の企図を細々と書いた後、「わが師団将兵は、ビルマ唯一の不敗兵団たるの矜持を堅持し、闘志満々たるにつき、ご安心を乞う」と結んだ。

これを知った軍司令官は非常に喜んだ。「宮崎中将は自信家だ」と批判する参謀もいたが、「大部隊を率いて困難な作戦に従事する師団長は、これくらいの意気込みを持つべきだ。それが、指揮官というものだ」と賞賛する声も高かった。

この連絡によって、軍司令官は、塚本大尉に無線を携行させて、宮崎の司令部に急行させた。

この到着は宮崎を非常に喜ばせた。近代戦を知る宮崎は、片方で気勢を上げながら、片方では情報の重要性を、だれよりもよく知っていた。塚本大尉が、つぎのシッタン河渡河転進の指示をもたらしたので、村田参謀が塚本とともにペグーの軍司令部まで急行した。

いよいよビルマ方面軍も、東へ東へと後退の一途である。これも、インパールの貴重な経験の賜物で、制空権なく、戦車、機械化部隊なく、飢える兵士をかかえる部隊が、猪突すべきではない。勝利の成算がなければ、後退して兵を養うべきだ。

すでにサイパン、フィリピンを制した連合軍は、四月一日、沖縄に上陸し、島の大半は連合軍に占領されていた。詳しい情報は入らぬが、宮崎はこの大戦の前途を見通し、無為に部下を殺すことなきよう、自分をいましめていた。

宮崎の五十四師団がシッタン河を渡河して、ドーナ山系を越え、タイに向かうのは、すでに連合国の指導者がドイツのポツダムで、日本の無条件降服の計画を練っているころであった。

恨みは深しシッタン河

いずれビルマ軍は東へ退却する。これを防ぐことはできない。それならば、このアラカン山系南方西側の海岸地区（いまやこの地区がビルマ戦線の最前線であった）で、敵に痛烈な一撃をあたえて、撤退したいものだ。

宮崎五十四師団長がそう考えて、タンガップ、アン、シャッコン方面で、英軍の八十二師団（英十五軍団のうち）に痛撃をあたえているうちに（宮崎はここでも不敗であった）、ビルマ方面軍司令部は、マンダレー周辺で英軍主力との決戦を考えていた。

これは、昨年のインパール作戦失敗の後、大本営と南方軍の方針が変化し、方面軍はビルマ北方におけるインド―中国の連絡を遮断する任務を放棄し、軍の南方前線を守るためにビルマ南部を確保すべし、ということになったので、そのためにはマンダレー方面に兵力を集中して、敵に一撃をあたえる必要があるという田中新一方面軍参謀長の考えによるものであった。

昭和二十年三月、方面軍は十五軍と三十三軍の主力をマンダレー周辺に結集して、イラワジ会戦、メークテーラ会戦（メークテーラ飛行場〈マンダレー南方百二十キロ〉奪回作戦）を敢行したが、時利あらず、その結果は思わしくなく、軍司令部の大勢は、ビルマ撤退に傾きつつあった。

三月下旬、方面軍はメークテーラ会戦を打ち切って、トングー（メークテーラ南方二百二十キロ）会戦を企図した。これは兵力を徐々に後退させ、ビルマ最南端に近い都市モールメンに方面軍司令部を後退させ、その後、タイに入って持久するほかはないという最終撤退案を土台にした上での作戦であった。

このために、方面軍司令部は、三十三軍にマンダレー―ラングーン街道を持久させ、その間にトングーに十五軍を集結させて、一戦を交えようと企図し、兵力転用の命令を下した。

既述のように、四月下旬、第二十八軍司令官桜井省三中将は、軍に東方のペグー山系への移動を命じ、宮崎の五十四師団は殿軍をうけたまわって、イラワジ河を渡河し、パウカン平野に出た。

そして、いよいよ困難なシッタン河渡河作戦がはじまる。

シッタン河はビルマの東方、タイ国境に近い地域を南流する流長二百キロあまりの河で、チンドウィン河やイラワジ河ほど大きくはないが、この河を渡らないと、タイへは脱出できないので、後退をつづける方面軍にとっては重要な河であった。

七月下旬、二十八軍司令部は、シッタン河渡河の命令を下した。

ペグー山中に入ったとき、軍の兵力は三万四千名であった。それがペグー山中やシッタン河平野突破作戦で、英軍の迎撃や飢餓、疾病のために大きな損害を受けて、渡河にかかったときは二万五千名に減少していた。

渡河地点は、トングー南方六十キロのオクピュ地区から南へ、五十四師団、軍司令部、振武兵団、敢威兵団の順になっていた。

折柄、雨季の最中で、シッタン河平野は、沼のように冠水し、シッタン河は、平時の三倍以上に河幅がひろがり、濁流が渦を巻いていた。

宮崎の五十四師団は、辛苦の末に、シッタン河平野を踏破し、マンダレー街道を越えてシッタン河に向かった。

ペグー山中を出発するとき、宮崎は五十四師団をつぎの編制に分けていた。

木庭支隊（この支隊はトングーの南でシッタン河を渡河することになっていた）

右突破縦隊（長・野砲兵第五十四連隊長湯屋繁治大佐）＝捜索第五十四連隊、野砲兵第五十四連隊

中突破縦隊（長・第五十四師団参謀町野誠雄中佐）＝師団司令部、歩兵第百二十一連隊第三大隊、師団衛生隊、輜重第五十四連隊の一中隊、歩兵第百四十三連隊の一中隊、防疫給水部、第二野戦病院、自動車隊

左突破縦隊（長・歩兵第百十一連隊長矢木孝治大佐〈矢木大佐は、シッタン河西方四十キロのマンダレー街道突破の際戦死、連隊付山本源丈少佐が指揮をとる〉）＝歩兵第百十一連隊、野砲兵第五十四連隊第二大隊、輜重兵第五十四連隊の一中隊

渡河作業隊（長・工兵第五十四連隊長代理畑欽二少佐）＝工兵第五十四連隊主力、第百一野戦道路隊、架橋材料二十六中隊、自動車隊

七月二十二日、師団の渡河援護隊（中突破縦隊の歩兵第百二十一連隊第三大隊、長

・山根大尉）は、オクピュの前面に達し、二十三日夜、その一部は渡河にかかった。この方面にもすでに敵が先行していて抵抗するので、山根大隊は、増水のために、まず一中隊を渡河せしめた。

二十三日夜は、各突破縦隊も、敵の抵抗を排して小舟で渡河をはじめた。渡河は北のオクピュから左突破縦隊、中突破縦隊、右突破縦隊の順で実施された。

シッタン河平野には、すでに戦車多数をともなう英軍が充満しており、師団将兵たちは疲弊の極に達していたが、名将・宮崎を信じて、果敢に増水しているシッタン河に挑んだ。

中突破縦隊と行動をともにした工兵五十四連隊主力と、左突破縦隊の歩兵百十一連隊、第一、第二大隊は進路を見失い、右突破縦隊の地区で渡河した。右の地区が渡河がはかどり、中に属した師団の衛生隊や防疫給水部もこちらで渡河した。

中突破縦隊と同行した師団司令部も、河岸で迎撃した土民軍（ビルマ兵の軍隊は反乱を起こしていた）の抵抗を撃退して、二十四、二十五の両日、渡河を決行した。

このとき、オクピュの西のウエジ付近で、敵の大部隊を相手に渡河援護のために奮戦していた歩兵百十一連隊本部と第三大隊は、大きな損害を受けながら、師団の渡河が終わるまでその位置で敵の攻撃を阻止していた。このときの戦いで、連隊長代理山本少佐も、連隊長の後を追って戦死、第一大隊長芦原保二少佐が連隊長代理となった。

師団主力の渡河終了をみた師団長は、渡河援護部隊に殿軍としての渡河を命じた。芦原少佐の指揮する援護部隊は、二十六日から二十七日朝にかけて、軍旗を奉じてオクピュの南のヤネザでシッタン河を渡河した。渡河後、師団主力は北東のニヤンビンサに集結した。

また、五十四師団の左縦隊として行動した勝部隊（歩兵第百五十三連隊）主力も、苦戦の末、二十二日以降、オクピュの北でシッタン河を渡河して、ニヤンビンサに向かい、ここで五十四師団司令部と合同し、東方のカナビゾン（シャン高原の麓、その東がサルウィン河、タイ国境である）に向かった。この渡河作戦で、同連隊の連隊長代理野田倭文雄中佐は戦死、第三大隊長森田保二大尉が連隊長代理となった。

また、北方の進路をとった木庭支隊は、トングーの東のシッタン河とカバウン河が合流する地点で、渡河することになった。支隊の主力は、歩兵第百五十四連隊（長・村山一馬大佐）と野砲兵第一大隊である。このうち野砲兵大隊は二十一日、マンダレー街道突破の激戦で、連隊本部との連絡を失った。

苦戦の中で、木庭支隊長は、もう一つの任務を遂行しなければならなかった。それはトングーからラングーンに向かう鉄道のカバウン河鉄橋を爆破して、英軍の進撃をはばむことであった。

二十日、支隊長は歩兵百五十四連隊第二大隊と工兵の一部に命じて、敵の抵抗する中で、この橋を爆破した。泥濘の中を木庭支隊は、二十一日、渡河地点のワディに進出した。

木庭知時少将は、陸士二十五期、宮崎より一期先輩であるが、陸大を出ていないので進級が遅く、昭和十九年初め、五十四師団の歩兵第百十一連隊長として、ビルマに到着したときはまだ大佐であった。（八月一日、少将進級）

同年二月、木庭は自分の連隊を中心とする木庭支隊を編制してその支隊長となり、アラカン山系の西の要衝アキャブの北のカラダン河谷の作戦でビルマ作戦に参加し、緒戦からその卓越した統帥力を発揮し、ビルマ軍の名将として、名を知られるようになった。

熊本生まれの木庭は、宮崎とは反対に長身であるが、猛訓練と部下を愛すること、適切な判断、攻めにも受けにも強い指導力で、後には宮崎と並ぶビルマ戦の名将として、ジャングル戦に名前を刻むことになる。

木庭は八月一日、少将となり、宮崎が五十四師団長（昭和十九年八月三十日付）となった後も、勇猛で強靱な木庭支隊を率いて、別働隊として活躍しながら、よく宮崎を助けた。宮崎の手記には、「木庭支隊長の適切なる指導により」という言葉がよく出てくる。

このシッタン河渡河作戦でも、木庭は、その攻めながら渡河を行なうという受けの作戦をよく成功させて、名将の名を恥ずかしめなかった。

予定の渡河期日の二十日夜、敵の攻撃と豪雨、泥濘のために、さすがの木庭支隊も集結が遅い。渡河は夜間の予定であったが、二十一日の天明になっても、部隊の集結はままにならない。止むを得ず支隊長は、集結した分からまとめて渡河させることにした。

五十四師団のもっとも北を渡河して、主力の殿軍として南下する予定の木庭支隊の渡河が遅れることは、師団の作戦に大きな影響をあたえることになる。まず先遣隊として、村山連隊の第三大隊が渡河する。渡河といっても、舟はろくにないから、竹製の筏に抱きついて濁流を泳ぎ渡るのである。

「よし、行くぞ!」

大隊長の阿部俊次大尉が、真っ先に濁流のなかにとびこんだ。このあたりの河幅は二百メートルほどで、雨季としては狭い方である。

第三大隊が無事渡河を終わると、木庭はつぎの部隊も渡河させようとしたが、すでに夜は明けはなたれ、敵の飛行機や砲兵の射撃がはじまる懸念があった。渡河中に狙撃されると、損害が多い。木庭は、主力の渡河を二十二日に延ばした。

二十二日の昼間、支隊はジャングルのなかで待機していたが、突然、英軍の戦車をともなう部隊の攻撃を受けた。二十台のトラックに歩兵を満載したかなりの兵力であったが、

「よく敵を引きつけてから撃て！　弾を無駄にするな」

落ち着いた木庭の指揮で、村山連隊主力は、この敵を至近距離で猛射を浴びせ撃退した。

二十二日は暮れ、支隊は渡河にかかった。木庭は河岸に立って凝然として、部下の泳ぐ姿を眺めていた。

やがて二十三日の午前一時、支隊長も渡河することになった。そのとき船舶工兵が、物陰にたった一艘の小舟を発見して、支隊長に乗船をすすめた。

「いや、私は泳げる。軍旗が大切だ。軍旗と連隊長に乗ってもらおう」

そういうと、木庭は、長身を躍らせてシッタン河にとびこみ、抜き手を切って濁流に飛沫を散らした。

軍旗では宮崎を心配させたことがあった。

渡河援護部隊の歩兵百十一連隊の軍旗が、行方不明になったことがあった。この連隊は二十一日、マンダレー街道の戦闘で、矢木連隊長が狙撃されて戦死した。連隊長代理の山本少佐が指揮して、渡河援護の任務についたが、二十四日から第三大隊の陣地（ウエジ）に砲弾が落下しはじめ、本部にも落下した。

二十五日、敵機の銃爆撃で山本少佐、片山中尉、夜に入って岩本大尉が戦死し、損害は甚大となった。地上部隊も来襲し、その兵力はますます増加してくる。このとき臨時連隊長代理関野義治大尉は、第三大隊にその陣地を死守することを命じ、自分は軍旗を奉じて、連隊本部とともにシッタン河の渡河地点に向かうことにした。

敵機の攻撃の中を、二十七日、田圃の中を進んだとき、敵の伏兵に会って四名が戦死、さらに五十名の敵に遭遇した。しかし、三十分の交戦の後、これを撃退、二十八日午前三時、渡河地点付近に達したが、また敵の砲撃を受け、歩兵部隊も接近してきた。

関野大尉は、田圃の中を河の方に前進して渡河しようと、旗手に軍旗を腹に巻かせて、一同、匍匐《ほふく》前進しはじめた。

旗手が真っ先に敵弾を受けて倒れたので、旗手はつぎつぎに交替して渡河点に向かった。

百十一連隊の将兵は、激戦の中に散りぢりとなり、軍旗も軍曹以下六名が奉じて、二十七日朝、ヤネザ付近で渡河し、同地点にあった野砲兵五十四連隊第二大隊が護衛して、師団司令部に合同したのであった。

このようにして、二十八軍の各部隊は難儀の末、シッタン河を渡河したが、その兵力は、渡河前の二万五千名にくらべて一万五千名に減少していた。

当時、シッタン平地およびシッタン方面の作戦を担当した英十四軍司令官は、戦後、つぎのように回想している。

「まずシッタン河東岸にいた三十三軍の攻勢から、このシッタン河渡河作戦ははじまった。(第三十三軍は二十八軍の渡河を支援するために、七月初旬から、この方面で攻勢に出ていた)

泥田の中で、両軍は苦しい戦いをつづけた。泥海の中に浮かぶのは、鉄道の土手と島のような集落だけであった。

七月下旬近く、北方で二十八軍のペグー山系からの脱出がはじまった。日本軍は三十三軍の攻勢を陽動として、英軍の注意をそらそうとしていたらしいが、英軍は押収した日本軍の命令書によって、二十八軍の脱出計画を知っていたので、二十八軍の各脱出路に警戒部隊を配置し、また、V部隊（謀略部隊）の挺身斥候を、ペグー山中に放って二十八軍の動静を偵察していた。

七月十九日から脱出ははじまり、日本軍は英軍の攻撃を排除しながら、シッタン河に向かった。シッタン河の渡河は、日本軍にたいする厳しい最悪の試練であった。

彼らは、筏に乗ろうとすると奇襲され、彼らが泳ぎ、または丸太にすがっているところを狙撃された。河岸のある哨所で見ていると、上流の日本軍の主力渡河が行なわれたところでは、数日間に、約六百の死体が流れてくるのを数えた。

ビルマにあった日本海軍部隊は総計千二百で、七月三十一日、単独で突破をこころみたが、英軍の集中攻撃をこうむって、大損害を受けた。付近一帯は冠水状態で、わが大隊はこの日本軍を撃滅するのに一週間かかった。（陸戦隊の深見部隊は、シッタン河に移動の途中、玉砕した）

八月四日、英軍から逃れ得た二十八軍の部隊は、シッタン河東岸に達した。そのとき、ビルマでの戦いは終わった。二十八軍司令官桜井中将は、輸送力もない、あのような部隊をもって、組織的な脱出を行なったが、まことによくやったと賛辞を呈すべきであった。

二十八軍の損害は正確に見積もることは困難であるが、六千以上の死体が英軍によって発見された。さらに多くの者が、水中や水草の中で、発見されずにいたはずである。

この作戦を通じて、二つの驚くべき顕著な特長が認められた。その第一は、日本軍の降服の割合の増加である。第四軍団の発見した六千の死体に対して、日本軍は七百四十名の捕虜を出した。この比率は、これまでより十倍も多いものである。

一般に認められている日本軍の一万二千名の戦死および行方不明（シッタン河作戦のみ）に対し、英軍はわずかに戦死九十五名、戦傷三百三十二名であった。

本作戦は、単に二十八軍を撃破したにとどまらず、ビルマにある全二十八軍の敢闘精神に対して、致命的な打撃をあたえたものであった」

＊

終戦近いビルマで、苦戦の末、シッタン河を渡河した宮崎師団長は、シャン高原の入り口のカナビゾンに前進して部隊の集結を待った。中突破縦隊は、ほぼ師団主力と行動をともにしたが、右と左の突破縦隊主力の状況は、なお不明であった。

そこで南十キロのパンゼイクに斥候を派遣したところ、右の部隊は、この地点を通過したことが判明したので、師団主力も、八月七日、カナビゾンを出発して、南四十キロのイワガレ（集結予定地）に向かった。

その行軍序列はつぎのとおりである。
先遣隊＝歩兵第百四十三連隊の一部、中心
第一梯団＝師団司令部、歩兵第百二十一連隊第三大隊
第二梯団＝野砲兵第五十四連隊第二大隊
第三梯団＝勝部隊
先遣隊は、各地に出没する土民軍を撃退しつつ、八月十五日、パダ河の谷間の予定地点に進出した。すでに日本では、終戦ということで、天皇の玉音放送が行なわれていたが、宮崎師団は何も知らずに、ビルマの山中で強行軍をつづけていた。
十六日、宮崎は全師団を掌握して、イワガレに向かった。
一方、トングー方面で渡河した木庭支隊は、激しい砲爆撃をうけながら、東のラングエ（シャン高原の入り口）に向かった。
シャン高原は、ペグー山系よりはるかに山が険しく、将兵の多くは象皮病にかかり、足首が腫れあがり、靴がはけないので裸足でジャングルの中を歩き、ついに前進不能となって、自決を考える者も出てきた。
しかし、木庭支隊長は、よく部下を激励して、八月二日、やっとシッタン平地を遠望するタイクドウに出た。

五日、タイクドウを出発、はじめの予定集結地パプンに行こうとしたが、山がいかにも険しく、疲労した部隊には無理なので、支隊長はシャン山系の西側に沿って南下し、十三日、キャクピヤ（カナビゾンのすぐ東）に到着したところ、師団司令部が前方を行軍していることがわかった。

支隊長は、ただちに師団長と連絡を取り、最初のパプン経由のシャン高原越えはとりやめとなり、師団主力とともにシッタン河東岸をシュエジン（トングーの南百二十キロ）に向かって南下することになった。

十九日、宮崎はつぎの序列で南下することにした。ビルマ作戦最後の戦闘のための行軍である。

第一梯団＝歩兵団司令部（元木庭支隊司令部）、歩兵第百二十一連隊、師団工兵隊、高射砲七十一大隊ほか
第二梯団＝師団司令部、捜索第五十四連隊、歩兵第百四十三連隊の一中隊ほか
第三梯団＝師団衛生隊、歩兵第百十一連隊基幹
第四梯団＝野砲兵第五十四連隊基幹
第五梯団＝勝部隊基幹
第六梯団＝歩兵第百五十四連隊基幹

第一梯団は十九日、イワガレ西方十キロの地点を出発、各梯団は、それぞれ一日をおいて出発した。

第二梯団に属する宮崎は、八月二十一日、カニで終戦の情報を聞き、ついで二十三日、二十八軍司令部から終戦の大詔、南方軍司令官の訓示、「シュエジンに集結せよ」という二十八軍命令を受領した。(このときの第五十四師団の兵力は四千三百名であった)

「ついに終わったか……」

宮崎はシャン高原の麓に近いジャングルの中で、その通知を受け取り、大きく息を吐くと空を仰いだ。雨季の終わりを思わせる雲の間に、青い空が、のぞいていた。

師団司令部と歩兵連隊らの将兵を集めると、宮崎は戦争が終わったことを告げた。

兵士たちは泣き出した。

「師団長閣下、日本はどうなるのでありますか?」

「祖国は? 皇室は安泰でありますか?」

そういって、心配そうに聞く兵士もいた。

「南方軍やビルマ方面軍は、このまま無条件降服に応じるつもりでありますか?」

「最後の一戦は、どうなったのですか?」

そう詰め寄る若い将校もいた。

「まだわからん。しかし、妄動は許さん。あくまで軍の命令どおりに動くのだ」

泣いている部下たちを眺めながら、宮崎は、不思議に涙が出てこなかった。

——いま泣いて、何になるか。こうなることは、ビルマに兵を入れたときからわかっていたはずだ。補給なしに、戦争はやれない。それは、日本という国家も同じことだろう。しかし、おれはやるだけはやった。思い残すことはない……。

宮崎はそう考えながら、空を仰いでいた。

収容所の閑日月

宮崎の五十四師団は、ビルマ東端のモールメン付近で、終戦を迎えた。収容所に到着して一週間ほどすると、敗戦で落胆していた将兵の間に歓声が湧いた。内地から手紙がとどいたのである。古いのは一年半ほど前で、新しいのは、この年の天長節（四月二十九日）の日付のものもある。国民学校一年生の繁忠の手紙を見て、宮崎は破顔した。

「お父さま、お元気ですか

チビがお父さまのポケットの中でねるそうですね
チビはいいですね　ぼくはうらやましく思います
お父さまのおしやしんは　しやしんぶつくでよく見ますがぼくはほんとうのお父さまが見たいです
お父さまが日本におかえりの時は　きつとチビをつれてきて下さい
ぼくは毎日元気でがつかうにかよつています
お父さまもがんばつて下さい
さようなら」

日本の開闢以来の敗戦を聞いたときから、宮崎は何か深く考えこんでいた。その行軍の間に、彼はつぎの歌を作った。

一、恨みは深し　アノソ連野郎
ソレモソウジャナイカ
不信不法
不可侵条約　踏み破り
火事場泥棒を

アノ忘れられよか　ナントナント
二、恨みは積もる　アノ洋鬼《ヤンキー》野郎
ソレモソウジャナイカ
原子爆弾
無辜の同胞　打ち斃る
暴虐非道を
アノ忘れられよか　ナントナント
三、恨みは深し　アノ英国野郎
ソレモソウジャナイカ
苛斂誅求
アジアの十億　血を吸われ
飢えに泣くのを
アノ見てられよか　ナントナント
四、恨みは積もる　アノ皇土削減
ソレモソウジャナイカ
開闢以来

幾多の先輩　血を流し
獲たる宝庫を
アノ忘れられよか　ナントナント
五、恨みを晴らせ　アノ御国の敗戦
ソレモソウジャナイカ
有史以来
未だ受けない　大恥辱
仇討たずに
アノ済まされよか　ナントナント

〝敗戦音頭〟ともいうべきか。戦犯裁判が始まると聞いて、義憤に燃える日本人の気持が表われている。ただし、ビルマの現地ではまだ皇軍健在というムードであったらしいが、マッカーサーの軍隊に占領されている内地では、虚脱とあきらめムードが強く、宮崎のように仇を討とうと考えている余裕すらなかった。

名将・宮崎繁三郎の真価は、敗戦後、収容所に入るころから、ますますその頭角を現わしてくる。

まず第一に、収容所に入る前、師団が大きな寺院に集結したとき、宮崎は将校全員を集めて、今次敗戦の原因を逐一箇条ごとに述べ、ようするに一億臣民の誠忠心の不足である、と結んだ。

さらに彼は、われわれはこれらの諸欠点を克服して、かならず日本の復興を計らねばならない。祖国の復興こそはわれわれの義務であり、これが本当の仇討ちである。このためにもっとも重要なことは軍紀の厳正である、と彼は主張し、部下の各部隊に徹底させた。

第二に、彼は各連隊のいままでの編制を改変して、各都市別に再編成を断行し、各都市ごとに兵会（のちの戦友会）を作った。これは学校のクラス会、同窓会のようなもので、小学校卒の多い兵士の間に、日本に帰って復員後も横のつながり、すなわち連帯感を持たせて、よく団結して祖国の復興にあたらせようという企画である。

これを見ると、宮崎は一介の武弁ではなく、組織づくりと経営を考えていた点で、武田信玄や徳川家康に似たところがある。彼が少ない兵力でよく戦ったという裏には、単なる突撃的な蛮勇ではなく、計算された企画があったのである。宮崎は実戦の指揮官として優秀であっただけでなく、社会に出て会社の経営をやっても、立派にやっていける近代的感覚を持っていた。

不幸にして、戦後の日本社会は、彼のような復員将軍に会社の経営をゆだねる余裕を持たなかったのである。

宮崎は各隊を回って、消耗した部下を前に、「戦場生き残りのわれら将兵が、祖国再建、復興の礎石たらずして、だれがこれをなしえるか」と絶叫した。

多くの将軍、参謀が、あるいは虚脱し、あるいは敗戦の責任や戦犯容疑を逃れようとして汲々としているときに、宮崎はビルマの田舎にどっかりと腰を据えて、日本の将来を考えていた。ある参謀は、インパール作戦の敗北を牟田口軍司令官の責任だと、罵ったが、宮崎は耳を藉《か》さなかった。

――過去にこだわっているときではない、いまこそ祖国の急なのだ……。

宮崎はそう考えていた。人間の真価は、その全盛期に現われるのではなく、その窮乏のときにこそ光を放つものである。

第三に、彼は各隊を巡視したとき、詩吟を奨励し、将校の弁論大会をも実施した。これは士気を鼓舞し、新しい事態に適応する柔軟な頭脳を養うためである。またこの大戦で貴重な体験をした将校に、毎日、二時間ずつ講演をさせた。したがって宮崎の部隊では、虚脱や自暴自棄はみられず、前向きの姿勢が日増しに顕著になっていった。

このような新方策で、宮崎は部下から慕われたが、その部下とも別れるときがきた。

十一月三十日（昭和二十年）、連合軍から、将官はラングーンに軟禁する、という指示が出た。これからがますます名将・宮崎が真骨頂を現わすときである。

はじめ、英軍では将官は当番一名を同伴することができる、というお達示であったが、宮崎は五十歳以上の将官が十七名もいるのに、軍医が一人もいないのは非人道的だ、と強く抗議をした。それで多胡軍医が同行することになった。そのほか錦見副官が、「自分は宮崎中将の当番である。兵士の待遇でよいから同行したい」と主張し、豊福伍長が軍医の当番として同行することになった。

錦見少尉は宮崎が五十四師団長になったとき、百五十四連隊旗手から選抜されて、師団長の副官となったもので、若いに似合わず、戦闘、行軍、駐屯とを問わず、よく宮崎の世話をし、しかも勇敢であった。

宮崎はそれまでも感謝していたが、敗戦と決まってなお主人の身を案じてくれる若い将校の誠実に感じ入っていた。錦見副官は、その後、インセン収容所に移った後も、ずーっと宮崎の面倒をみた。

宮崎の真価は、このインセン収容所でも、十分に発揮された。収容所で部下が英軍の兵士に殴られると、宮崎は、

「そんな馬鹿なことがあるか、殴られたら殴りかえせ」と部下に言った。

そこで部下が英軍兵を殴りかえすと、英軍は怒って、その兵士を逮捕すると言いだした。

宮崎は怒って、英軍の収容所指揮官に会って、

「聞くところによると、連合軍はジュネーブ条約によって、連合軍捕虜に暴行をはたらいた日本兵を裁判にかけているそうだ。しからば連合軍の方も模範をしめして、日本兵に暴行をはたらいた兵士を裁判にかけてもらいたい。もし、日本兵のみを裁くというこことならば、私が代わりに法廷に立ちたい。日本兵を裁く代わりに、その日本兵を殴った英軍兵士を裁いてもらいたい。私はジュネーブ条約が、英軍と日本軍に公平に適用されることを望むものである」と強く主張したので、日本兵の裁判は沙汰止みになった。

また、収容所で日本兵の血液を採取して、英軍の負傷者の輸血に使うという事態が起こった。これも宮崎を怒らせた。彼は早速、収容所指揮官に会ってねじこんだ。

「日本兵にも負傷兵は大勢いる。ジャングルの中で補給もなく苦戦したので、栄養は極度に悪い。元気のよい日本兵の血液は、日本兵の負傷者にまわすべきだ。それを本人の許可もなく、英軍兵士のみにまわすというのは、人道上の問題で、場合によっては、捕虜虐待でスイスなどの中立国の領事に告訴しなければならない」

宮崎のこの勢いに驚いた英軍指揮官は、爾今、日本兵の血液は日本兵の輸血のときのみに使うことを認めた。

このころには、英軍の間でも、この小柄でいつも小猿を肩にのせた風采の上がらない老人が、あのコヒマの三叉路の激戦で、数個師団にのぼる英印軍を一手に引き受けて、わずか一個連隊足らずの寡兵で、三ヵ月も持ちこたえた鬼将軍であることが知られてきた。

〝ジェネラル・ミヤザキ〟の名前は、収容所の中の英軍将兵の中でも、有名になってきた。皮肉なことにそのころ、日本では、まだビルマの苦戦でどのくらいの将兵が戦死したかもわからず、まして名将・宮崎の名は、まだ無名に近かった。

昭和二十一年六月四日、宮崎はインセンからマンダレーに近いメークテーラに移された。こちらは狭いインセンにくらべて広いし、マンゴーやバナナなどもあって快適であった。小猿のチビ公は水潜りをやって、ビルマ人やインド兵を面白がらせた。チビ公もいつの間にか二年六ヵ月になり、もうポケットには入らない。股のぞきのような芸も覚えて、ますます人気者である。

七月上旬、シンガポールから南方軍の沼田総参謀長がこの収容所にきた。そのとき、宮崎が収容所で書いた彼の統率の方針を見せると、非常に感心して、「ぜひ、その写しをくれ」と頼んだ。そのついでに参謀長が持参した東京爆撃の地図を見ると、宮崎の代田の家は焼けたらしいので、彼もがっかりした。

そのうちに、内地からの手紙がとどいて宮崎を喜ばせた。長男から葉書が二枚きている。一枚はまだ終戦前のもので、「この八月一日に任官の予定で、本年中には中隊長になるというので、一生懸命頑張っている」とある。つぎは終戦後、この年の一月元日付で、「終戦後の内地の堕落、出鱈目の状況を憤慨し、日本再興の必要、ならびにこれにたいする決心」が書いてある。

家のことは何も書いてないが、その住所は長女の嫁入り先になっているので、やはり家が焼けたらしいと、宮崎は考えた。

――古今未曾有の国家の大事に、家が焼けたことくらいは問題ではない。長男が生きていてくれれば、帰ったときには話し相手くらいにはなってくれるだろう……と宮崎は考えていた。

このメークテーラには、宮崎の部下のほか、烈、狼兵団や軍の将兵が大勢いたので、宮崎はよく、「米国の対日大謀略」「日本内地の思想の動向」と題して、講演を行なった。

その内容は、世界の趨勢や対支政策、日本再建の具体策、将来の教育問題、人口問題、米英の植民地政策などで、宮崎はこれらを紙に書いて将校に回覧させたり、討論会を開いたりした。

宮崎は、収容所でこのような論文のほか戯曲、小説も書いて、その多才ぶりをしめした。用紙がないので、便所の紙に鉛筆で書いた。後にはある将校や下士官が絵が上手で、英軍兵士から上等の紙をもらうようになったので、これを使ったこともある。

収容所では、下士官兵に労務が課せられた。英軍の下で働くのはいやだ、と下士官兵が苦情をいうと、

「日々の労務は、これが将来、日本が復讐をする種子を蒔《ま》いているのだ。軍紀厳正にやれ。英軍やインド人やビルマ人に、日本国は負けても、さすがは日本軍隊だ。じつにしっかりしているという印象を持たせるのと、不軍紀でやはり日本はもうだめだ、と考えさせるのとでは、将来、日本が復興、すなわち仇討ちをするのに、大きな関係を持つのだ」と説明した。

宮崎が英兵の殴打にたいし、断固反撃せよ、輸血用の採血にも反対という決然とした態度は、ここでも同じであった。

またかつてコヒマ作戦で辛苦をともにした、三十一歩兵団の部下とも、ここで再会した。コヒマ撤退時、二百二十一名いた五十八連隊らの将兵は、ここでは、わずか二

十一名に減っており、

「苦労させたなあ……」と宮崎は涙を流して懐かしがった。

将兵の健康を考える宮崎は、メークテーラでもマージャンなどよりも室外の野球、バレーボール、そして演芸会を奨励した。毎月、各キャンプのリーグ戦を実施し、その優勝チームを、英軍と交渉して、マンダレーの日本軍キャンプまで遠征させることもあった。演芸も五つのキャンプが腕を競い、ほかのキャンプまで慰問に行くようになった。

こうして乏しいながらも、明るい収容所生活の中に帰国の日を待っていたが、この年（昭和二十一年）十一月二十七日、意外な事態が宮崎を襲った。宮崎が木庭少将と入れ代わりに、ラングーン監獄に収容されることになったのである。

――おれは戦犯にされるようなことは、絶対にやっていないぞ……。

宮崎はそう自分に言って聞かせたが、勝利者のやることは一方的であるから、どうなるかわからない。

木庭少将は、二十六日、ラングーン監獄にいたが、前線で実戦に従事していた少将は、何の罪もなくメークテーラに帰ってきた。木庭少将に申し継ぎをすると、宮崎はラングーンにいくことになった。各キャンプの司令官を集めると、宮崎は、

「最後まで、日本軍隊の真価を発揮すること。部下将兵にこの上も祖国復興の精神を叩きこむこと」を強調し、別れることになった。将校の中にはこの際、非常手段（決起、暴動）をとって、宮崎の収監を喰いとめる案をだしたが、宮崎はこれを一蹴した。

十二月三日、宮崎は小猿のチビ公とも別れをつげて、当番の豊福伍長をつれて、メークテーラを後にした。出発にあたり、彼はつぎの感慨をノートに書き残した。

「国のため犠牲になれとはかねてより　老います母の教訓なりけり

いざさらば永のかしづき有り難う　もの得言われぬいとしきチビよ」

チビ公は、なぜ主人が自分をおいて姿を消したのかわけがわからず、狂気のように主人を探した結果、鎖を切ってキャンプを抜け出し、ついに行方不明となり、宮崎と永の別れをつげてしまった。

一方、ラングーンのアロー収容所に収容された宮崎は、もちろん戦犯の容疑もなく、宮崎の戦功とその抜群の指揮統帥ぶりを知る英軍が、いろいろと宮崎にコヒマ戦やレモー戦の作戦について質問しただけで、とくに咎めはなかった。

しかし、ほかの捕虜虐待関係の容疑者には、英軍の憲兵隊や裁判官はきわめて厳しく、当初は拷問も行なわれたようである。また宮崎には戦犯容疑はなかったが、ほかの容疑者についての情報をしつこく要求された。しかし、終始、前線で激戦の中にいた宮崎に、捕虜を扱う余裕があったはずはない。

アロー収容所の待遇は、メークテーラにくらべると雲泥の差で、宮崎の記録によると、つぎのとおりである。

この監獄がわりの収容所に、戦犯容疑者として拘禁された者、およびその状況はつぎのとおりである。
一、憲兵、および捕虜収容所関係の者全員、ある事件の関係者、以上の者と同姓の者、何の罪も理由もなく拘禁された者。
二、拘禁の状況は、手錠、足枷をはめ、某大尉のごとく何の理由もなく、殺人犯のインド兵とともに鎖でつながれ、一晩中、顔を電灯で煌々と照らされた者もあった。
三、食事はきわめて粗末で、英国兵より粗末なインド兵のものを減らしたもので、一般捕虜の半分くらいである。食事の不良と運動ができぬため、脚気になる者が多かった。
四、鉄条網より五メートル離れたところに、つねに装塡した機関銃一梃を据えつけ、射手一名を配していた。
六、歩哨は概して親日的であるが、グルカ兵（インド）は非常に日本兵に悪かった。

七、蚊がたくさんいたが、拘禁された者には蚊帳はなく、一晩中、蚊に悩まされた。
宮崎はここで厳しい、そして謀略的な訊問を受けたが、なんら戦犯的な事実が出るわけはなく、英軍の狙いは宮崎を通じて、ほかの将兵の戦犯的事実を探知するためにあった。しかし、それも何もなく、やがて一般捕虜のキャンプに移されて、帰国を待つことになった。

ここで宮崎は収容所の内容を題材とした戯曲を書いたり、貴重な戦訓と半生を盛りこんだ『回想記』を多く書いた。幸いその部分は、日本に持ち帰ることができた。

ラングーンからアロー収容所に移ったとき、宮崎は連絡にきた錦見副官から、チビ公がメークテーラの収容所で主人を追って、鎖を切って逃げ出したことを聞かされて、非常に悲しんだ。いずれチビ公と一緒になる日もあるかと、彼は特配された果物やミルクの缶詰を残して待っていたのであった。

『回想記』の最後に、彼はこう書いて、チビ公のことを偲んでいる。

「いまなおチビがメークテーラ周辺を、私を探してさまよっているかと思うと、可哀そうでなりません。

ああ、いとしきチビ坊よ、

いまの私の身の上ではどうにもならない無力を許しておくれ。

私の入獄で最大の損失は、チビよ、お前を失ったことだよ。

ああ、可愛ゆきチビ坊よ、
主人なしとて永久に達者なれ。たとえこの世でもう会われなくとも、おれは死ぬまでけっしてチビ坊を忘れはせぬぞ」

智略縦横、豪勇無双、コヒマ数万の英軍を驚嘆せしめた名将も、その反面は涙もろく、一匹の小猿にもあふれるような愛情を惜しみなくそそぐ、春の海のような優しさを抱く人の子であった。

＊

昭和二十二年六月、宮崎は無事、日本に帰還し、東京・代田の自宅で、秋子夫人や長男繁樹、長女道子、次男繁忠らと涙の再会をした。ビルマで行方不明になったという話もあったので、心配していた家族たちは、痩せ衰えてはいたが、元気な宮崎の顔を見て喜んだ。立派に成長した子供たちの姿を見て、宮崎はあらためて妻に感謝した。

代田の家は焼けたので、ここにバラックを建てたが、折からのインフレで生活が苦しい。不屈の名将もインフレには勝てない。宮崎は近くの下北沢の駅前に、一軒の店を買って岐阜屋と名づけ、岐阜の名産、焼き物、傘などを取り寄せ、慣れぬ商売をはじめた。英軍を夜襲するのと違って、品物を売るのは難しかったが、宮崎は悠々と店番をしていた。

そのうちに昔の部下も聞きつけて、「支隊長殿」「師団長殿」と、懐かしそうに訪れてくるようになった。

昭和三十年ごろ、戦記物ブームが起こると、百戦不敗、ビルマの名将・宮崎繁三郎の名前もクローズアップされるようになった。

しかし、宮崎は驕り高ぶることもなく、新しくできた自衛隊の招きに応じることもなく、戦史室の調査に答えることはあったが、ビルマ戦記を書くこともなかった。ひたすら戦死した部下の冥福を祈ることと、孫の成長と日本国の復興を確かめることが、老後の宮崎の仕事であった。

昭和四十年八月三十日、元陸軍中将・宮崎繁三郎は、東京御茶の水の東京医科歯科大学付属病院で、腎臓病悪化のため七十三歳で世を去った。

元五十四師団参謀村田中佐は、その臨終に間にあった。宮崎は、もう昏睡状態に近くうわごとのように言っていた。

「参謀、敵中突破で、分離した部隊をまちがいなく掌握したか？」

これが名将の最後の言葉である。彼は死の間際まで、部下のことを思い、それが天成の名将の胸の中を現わしていた。
これこそ名将の条件でなくしてなんであろうか。

わが名将論　――名将の条件

豊田　穣

古来、洋の東西に名将と呼ばれる武将は数多い。古くはギリシアのアレクサンドル大王から第二次大戦のロンメルまで、多くの武将がその戦略、戦術で名を残している。ここで名将の条件を端的に分類してみるならば、まず智・仁・勇の三つの要素が考えられる。

たとえばジャワからラバウルに転戦して、部下と同様、敵にも人道的で、仁将といわれた今村均大将の場合である。

今村が戦後もっとも有名になったのは、戦犯裁判で部下の多くがラバウル北方のマヌス島の収容所に収容されていたとき、巣鴨の刑務所で服役中の今村は、マッカーサーの総司令部に陳情して、みずから気候や給与の悪いマヌス島行きを志願し、部下と辛苦をともにしたことであろう。

このほか、今村には、ジャワを攻略したとき、温情をもってオランダ軍を遇したこと、第八方面軍司令官として、ラバウル方面を護ることになったとき、よく自活態勢をとって、連合軍の上陸を防いだことなどが上げられる。

もちろん、今村は第五師団長のとき、中国の南寧でも善戦して、作戦の上でもすぐれた資質を示しているが、彼の本質は仁将あるいは徳将で、まさにその人の人柄、人徳によって高く評価されているので、その作戦、戦術に多くをいう人は少ない。

名将の条件は、キャラクター(性格、人柄)も大切であるが、武将である以上、仁慈のほかに智恵、勇気を兼ね備えた智、仁、勇兼備でなければならない。名将たるまた難しきかな……である。

私(筆者)は、今村大将が立派な将軍であったことを認めるのにやぶさかではないが、今村は昭和十七年十一月からラバウルで第八方面軍司令官であったのであるから、あの悲惨なガダルカナルの敗戦の締めくくりに、もっと配慮をすべきではなかったかと考える。

彼が着任して二ヵ月後にガダルカナルの引き揚げが実施されるが、その後の連合軍のニュージョージアの北上においても、今村司令官がとくに戦略、戦術の腕をふるったという話は少ないようだ。

もっとも、このような退却戦では、戦術的な腕をふるえといわれても、無理かも知れないし、また方面軍司令官というものは、作戦の全体を決定するもので、部分的な戦闘で腕を示すものではない、という意見も成り立つかも知れない。それはそれとして、今村は仁将として大きなキャラクターを示しているが、智将としての腕は未知数であったということになろうか。

一、征服王としての名将（いわゆる英雄）

古くはアレクサンドル、ペルシアのダリウス大王、ローマのシーザー、紀元以後ではイスラム教の始祖・マホメット、中世紀では草原の王者・ジンギスカン、その後裔だと称する中央アジアのチムール、東ローマ帝国を倒したトルコの征服王・メフメット二世、プロシアのフレデリック大王、そしてナポレオンまで、多くの武将は、じつは侵略王であり、征服王なのである。そしてその大部分は、文明の先進国の王が、未開の国へ行って新しい兵器で、現地の住民を侵略、支配したものが多い。

アレクサンドルもジンギスカンも、その行く手には、彼らよりも進んでいた国はほとんど見当たらなかった。その点、十六世紀にメキシコやインカ帝国を侵略したコルテスやピサロも、この系統に属する。

もちろん、アレクサンドルもジンギスカンも、その傑出した人柄で英雄とされているが、彼らが真の戦略、戦術の名将であったかは、よくわからない。名将の一つの条件は、新しい戦術を用いて、寡兵よく大敵を倒す、ということであるが、アレクサンドルは、かなり高度の文明を持っていたペルシアを破ったが、インドでは象の大軍に出会って、後退している。若くて果敢な将軍で、織田信長に似た積極性があるが、戦術のほどはよくわからないところがある。

これがフレデリック大王になると、時代もそう古くはなく、日本でも石原莞爾のフレデリック大王の戦術の研究などがあって、なかなかの戦術家だったということになっている。

またオスマン・トルコの征服王・メフメット二世になると、自分より高度の文明を持っていたはずの東ローマ帝国を滅亡させただけあって、斬新な戦術を考えている。当時のコンスタンチノープル（今のイスタンブール）は、三重の城壁をめぐらし、その艦隊は金角湾の中に潜んで、その入口を鉄の鎖で封鎖し、優勢なトルコの艦隊との決戦を避けていた。

メフメット二世は、まず、この城壁を破るため、直径一メートルの大砲を造らせて、これで三重の城壁を破壊することに成功した。つぎに彼は、鉄の鎖で封鎖された湾内の東ローマ艦隊を攻撃するため、湾を見下ろす丘の上に牛や人力で艦隊を引っ張り上げ、湾の中に下ろして、敵の艦隊を砲撃してこれを撃破し、ついに東ローマ帝国を滅亡せしめた。十五世紀半ばのことであるが、日本の室町時代の中期で、そのころとしては卓抜した戦術であると思われる。

ナポレオンは英雄であり、大政治家であり、戦術の面でも名将とされている。確かにその初期にツーロンで果敢な攻撃を行ない、その後も彼の砲兵をうまく使い、中央突破で敵陣を攪乱するという戦法は、当時のヨーロッパの多くの国の軍隊を撃破することに成功した。

しかし、戦略の面で問題があった。ナポレオンは陸戦では名将といえたが、海軍に対する理解が乏しかった。彼はフランス海軍の弱体を補うために、スペインの艦隊と連合させて、英国の艦隊に対抗させたが、掛け値なしの名将・ネルソンに鼻面を引き回された。

二、作戦、戦術の名将・ネルソン

ネルソンとナポレオンの艦隊の決戦は、トラファルガーの海戦（一八〇五・一〇・

二一）が有名であるが、その七年前のナイル河口・アブキール湾の海戦（一七九八・八・一）でも、ナポレオンは苦杯をなめている。このとき、ナポレオンは大部隊を率いて、エジプトに上陸し、

「諸君、エジプト四千年の歴史が君たちを見ているぞ」と有名な言葉を吐いた。

しかし、彼をエジプトに運んだフランス艦隊は、薄暮に乗じて湾内に侵入したネルソンの艦隊のために、殲滅に近い打撃を受けるのである。陸に取り残されたナポレオンは、それからしばらくの間、フランスにも帰れず、放浪するのである。

ネルソンこそは、生まれついての海の名将であった。十二歳で英国海軍に入ったネルソンは、二十歳で中佐に進級、まもなく大佐となって、戦艦の艦長となり、一七九三年秋、フランスの軍港・ツーロンを封鎖する。しかし、ここに若き砲兵大尉・ナポレオンが砲兵を指揮して、英軍と戦い、二人の英雄は初めて干戈の間に見えた。

ネルソンは翌九四年七月、コルシカ攻略に功を立てたが、戦傷で右眼を失明、九七年、イベリア半島西岸沖のセント・ヴィンセント沖海戦でフランス・スペイン連合艦隊を撃破し、少将に進級、まもなく北アフリカ沖のカナリア諸島の攻撃で、右腕を負傷切断、以後隻眼、隻手の提督として、海で戦うことになった。

そして九七年八月一日、ナイル河口アブキール湾の戦いで、ナポレオンの艦隊を撃

滅して武勲を輝かす。以後、地中海の制海権は英国の手に入る。

やがて一八〇五年十月二十一日朝、ネルソンの艦隊は、フランス・スペイン連合艦隊と、イベリア半島東のトラファルガー沖で、遭遇した。仏西艦隊は、戦艦三十三隻、フリゲート艦七、計四十。英国艦隊は戦艦二十七、フリゲート艦五、計三十二。数においては明らかに連合軍が有利である。しかし、ネルソンは百戦錬磨の猛訓練による、英国艦隊の技量と士気に自信があった。

この朝、午前六時、ネルソンの座乗する旗艦・ヴィクトリィ号の見張りは、東の水平線に大艦隊の船影を認めた。

「よし、敵は東の海面だ。朝日を背にした艦隊は視認されやすいぞ」

ネルソンはそういって、部下を激励した。巨艦・ビュセンタウル号に座乗する仏西艦隊の司令官・ヴィルヌーブ提督は、東に向かっていたが、北に進路を変えて、ネルソンの艦隊を迎え討つ隊形を取った。

ネルソンの旗艦・ヴィクトリィ号の前面には、ビュセンタウル号を中心とする連合艦隊が横一文字に展開していた。このとき、ネルソンの戦法は〝ネルソンズタッチ〟といって、敵の真ん中に突入し、両舷の大砲を発射しつつ（このころの戦艦は両舷に主砲を装備しており、敵の中に突入したほうが、その砲を全幅的に活用できた）敵の旗艦に横づけして、これに飛び移り、その提督を倒す、という海賊的なやり方であった。

午前十一時、敵旗艦ビュセンタウル号に肉薄しつつあるヴィクトリィ号のメインマストに、三十一旒の旗信号が上がった。

「英国は各人がその義務を尽くすことを期待する」

有名な信号である。

正午過ぎ、両軍は砲撃を始めた。射撃の技術は英軍のほうがまさっていた。ビュセンタウル号はヴィクトリィ号の第一斉射で、マストに直撃弾を受け、提督・ヴィルヌーブは肩に負傷した。ネルソンは一直線にビュセンタウル号に突進し、午後一時、逃走するビュセンタウル号の砲二十門が一斉射で吹き飛んだ。

午後一時すぎ、英軍は仏西艦隊の十二隻を撃破し、七隻を捕獲にかかっていた。旗艦・ビュセンタウル号が大破していたので、ネルソンは無傷のレドウタブル号に、ヴィクトリィ号を横づけするよう命じた。

このとき、ネルソンは白の海軍中将の制服を着ていた。

「提督、目立ちますから、着替えて下さい」

ハーディ艦長がそう進言しても、ネルソンは、

「いや、私はいいんだよ」とそのままの服装でいた。

まもなくヴィクトリィ号は、レドウタブル号に横づけして、乗組員が敵艦に乗り移り、壮烈な肉弾戦が始まった。ネルソンは後部のクォーターデッキ（のちの艦橋）で、満足そうに部下の奮戦ぶりを眺めていた。

しかし、このとき、レドウタブル号のマストの上では、二人のマスケッティヤー（狙撃兵）が、ネルソンに小銃の狙いをつけていた。二人は白服を着て四つの勲章をつけた提督に目をつけた。（ネルソンは愛人エンマ・ハミルトンと妻の間に挟まれて自殺を考えていたという説がある）二人は提督の真上から発射し、一弾はネルソンの背中を縦に貫通して、致命傷をあたえた。

ネルソンは脊髄を折られ、動脈を破られ、虫の息であった。

「神に感謝す。吾、義務を果たせり」

これが海戦の天才・ホレイシオ・ネルソンの最期の言葉であった。時に四十七歳。

ここに名将の典型として、ネルソンの戦闘ぶりの一端を紹介したが、ネルソンは徹底的に攻めの名将である。

名将の条件には、先見の明ある状況判断、先制攻撃による果敢な決行、中央突破、各個撃破、連続攻撃などによって、敵に休息をあたえない息をつかせぬ追撃などがまず言えるが、ネルソンは、今から百八十年前に、これらが勝利の要素であることを知っていた。

これに対して、〝受け〟の名将もいる。武田信玄、徳川家康らは、どちらかといえば、この〝受け〟の名将のほうに入るであろうか。昭和の名将・宮崎は、攻めにも受けにも強い、オール・ラウンドの名将といえる。

三、〝攻め〟の名将東郷

宮崎の戦術を解剖する前に、ネルソンと対比される日露戦争の名将・東郷平八郎の戦闘ぶりを見てみよう。

東郷元帥といえば、日本海海戦の圧倒的な殲滅戦で、戦前は〝神将〟〝聖将〟と崇められた。戦後は評価が変わって、日本海海戦の戦術は、ほとんどが秋山真之参謀が立案したものだ、という説も出ている。しかし、私は東郷の統率力、判断力、実行力を高くかう者である。とくに敵弾雨飛の中での日本海海戦のT字戦法の決断は、この戦いの勝利への大きな決断であったと考えている。

もちろん、あの場合、旗艦「三笠」に敵弾が集中したので、「三笠」が大破したら、後の戦いはどうなったか？　という心配もあった。しかし、前年夏の黄海の海戦で、同航戦で旅順艦隊を逸した東郷は、深く決するところがあり、今度はバルチック艦隊の出鼻を制する形で決戦を挑んだのである。もちろん、多くの作戦は参謀が立案することが多いが、その決を取り、その責任を負うのは、連合艦隊司令長官である。やはり東郷には、非凡な提督としての才能があったというべきであろう。

東郷は大佐のとき「浪速」艦長として、問題を起こした。ハワイにいたとき脱走してきた日本人の刑事犯をかくまったり、日清戦争開戦のとき英国船・高陞号を撃沈したりして、国際的な問題となった。しかし、英国で国際法の研究をしてきた東郷の判断が過《あやま》っていないことが、間もなく判明している。

それと東郷は将官になるころから、大きく成長してきたことを忘れてはなるまい。軍政の名将・山本権兵衛（日露戦争時海相）は、明治三十六年末、東郷を連合艦隊司令長官に推すとき、

「東郷は運のよい男でございます」と明治天皇に言ったと伝えられる。その真意は、今一人の候補者・日高壮之丞は、海兵で山本の同期生で、気性の激しい男で、中央の山本のいうことを聞かないという恐れが山本にあったので、東郷のほうが操縦しやすかろうという判断が山本にあったと思われる。

しかし、大きく成長していた東郷は、バルチック艦隊がどの水道に来るかという判

定でも、究極的には対馬海峡に来るという結論を出して、見事にこれを撃滅した。参謀の手柄だけではあるまい。

また日本海海戦の翌日、朝鮮東岸近くで、ロシアの第三艦隊を発見して、砲撃を加えたとき、敵の旗艦は白旗を掲げた。しかし、東郷は、「打ち方止め」をかけない。たまりかねた秋山参謀が、「長官、砲撃を止めて下さい。武士の情けです」といったとき、「敵はまだ走っておりもす」と煙突から出ている煙を指差したという。東郷は好判断とともに〝攻め〟の名将といえようか。

四、軍政の名将・山本五十六の場合

軍政の名将・山本権兵衛の名前が出たが、日本海軍には軍政の名将が多い。(東郷は軍令の名将としておきたい)山本が日清戦争後の日本海軍を建設した話は有名である。

山本につづく軍政の名将は、ワシントン軍縮条約を締結した加藤友三郎であろう。加藤は大正時代、五代の内閣に海相を勤め、最初は山本の志を継いで八八艦隊の予算を通すが、アメリカから軍縮会議の提案があると、すかさず首相の原と組んでこれに応じ、五・五・三の比率で、軍縮に持ち込んだ。以後十数年間、海軍は〝ネイバル・

ホリデー〟がつづいた。加藤は、日本海海戦のときも参謀長として、よく東郷を補佐したが、軍政の名将として、今も歴史に名をとどめている。

加藤につづく軍政の名将としては、米内光政、山本五十六が挙げられる。この二人は昭和十四年夏、陸軍が三国同盟を強く主張したとき、海相、次官で軍務局長の井上成美と組んで激しく反対し、ついにこれを流産させた。山本は、軍政的に優れた才能を持ち、統率力もあった。十五年秋、松岡外相が三国同盟を結ぶと、日米開戦必至とみて、真珠湾攻撃を立案して、一か八かの決戦に持ち込むという軍令的な判断力もあった。その結果はともかく、山本を軍政だけの提督とするのは、不当であろう。

しかし、山本には部分的な海戦を指揮して、その戦術を世に問うという機会はなかった。ミッドウェー海戦の敗戦を山本の責任にする評家も多いが、長官としての総合的な責任はあるが、実際の戦術上の責任は、前線にあって、敵の位置を偵察できず、敵空母はいないと判断した機動部隊司令部にあると見るべきであろう。

もし長官としての山本の作戦、戦略、戦術の能力を評価するならば、まずそのメリットとしては、いち早く航空の重要性を強調したこと、アメリカの工業力を高く評価したことなどが挙げられよう。山本はアメリカにいたことがあり、国際法的な考慮もしていて、真珠湾攻撃のときも、最後までワシントンへの最後通牒が、爆撃後に届くことを憂慮していた。

山本に注文をつけるとすれば、情報とエレクトロニクスにもっと力を入れてもらいたかった、ということであろう。ミッドウェー海戦の敗因は情報の不足である。アメリカはワシントンやハワイに強力な暗号解読班を作っていた。ミッドウェーでも逐一、日本海軍の暗号を解読していた。山本が乗機を撃墜されて戦死するときも、敵は山本の前線行きを細かくキャッチしていた。

また、連合艦隊はエレクトロニクスをもっと開発すべきであった。暗号解読もそうであるが、昭和十七年秋以降の米軍のレーダーの進歩は目覚ましいものがある。十一月中旬の第三次ソロモン海戦では、戦艦「霧島」が戦艦ワシントンのレーダー射撃で、一方的に命中弾を受けている。翌年のニュージョージア付近の夜戦では、このレーダー射撃で闇の中から射撃され、撃沈された日本艦艇も少なくない。

日本海軍には、日本海海戦以来の大艦巨砲主義が根強く残っていた。夜戦の見張りにおける見張員の視力は大したものであったが、そのためにレーダーが出現したとき、なに人間の眼のほうが確かだ、という自信を捨て切れぬ将兵も多かったのではないか。そのような古い伝統を切り捨てて、新しい体制に持って行くのが、近代的提督山本に課せられた任務ではなかったのではあるまいか。

部下の統率、果敢な判断などで、山本はやはり日本海軍史に残る名提督であると思われるが、その作戦、戦術には不満が残る。

五、名将の資質・宮崎繁三郎

さて懸案の将軍・宮崎繁三郎の名将としての資質を分析してみたい。

日本海軍には残念ながら、宮崎のような百戦不敗という強力な名将は、見当たらない。その猛訓練と部下からの信頼に関して、宮崎と匹敵するのは、第二航空戦隊司令官の山口多聞が挙げられるが、この智将兼猛将であった山口は、惜しいことにミッドウェー海戦で「飛龍」と運命を共にしてしまった。

先に述べた智・仁・勇の三つの条件からみて、宮崎はどれにも当てはまる名将の条件を満たしている。

まず智恵の面からいこう。それには、あの戦術の粋を尽くした三叉路の戦闘を思い起こしてもらいたい。潜入して敵の陣地に日章旗を立て、英軍に味方を射撃させる、あるいは多くの旗を用意して、日本軍を大軍に見せる……など、大坂の役の真田幸村を思わせる。

仁慈の面でも、彼は部下を非常に可愛がったほか、その愛情は現地人に親切で、小猿のチビ公にまでおよんでいる。

また、宮崎の偉いところは、牟田口軍司令官がいかに無謀な補給を無視した作戦をやろうとも、また佐藤師団長が宮崎支隊を後詰めに残した形で、補給地に撤退しても、絶対に上官の悪口を言わず、反抗の態度を示さなかったことである。自分が上官を悪くいえば、その報いは自分に帰ってきて、部下も自分を批判するようになる。日本国の軍人は、決して上官の命令を批判すべきではない……と宮崎は深く胸に決していた。その思いは後に『回想記』を書くときに噴き出してはいるが、実戦のときには絶対にそれはなかった。これも彼が部下だけではなく、上官にも思いやりの心をもって接していたということであろう。

勇気の面では、彼より勇敢に突撃した将校は多くいたかも知れない。しかし、宮崎の突撃は、つねに勝利という計算に支えられていた。勝利のない攻撃は彼はやらない。昭和八年の熱河の多くの戦闘でも、宮崎は果敢に攻撃を命令したが、かならず最後の勝利を目算していた。この点、悲壮な特攻作戦は宮崎の取らざるところであった。

宮崎は決死隊を募ったことはあるが、玉砕のための作戦をやったことはない。つねに将兵の命を重んじ、マラムで英軍の通過を許したときでも、これに突撃して玉砕することは避けている。宮崎の任務はできるだけ敵のインパールへの進撃を遅らせることで、その任務は、寡兵によって十分に果たされたと見るべきであろう。

智・仁・勇の三つの美徳は、知・情・意と置きかえてもよい。智――知、仁――情、勇――意……となる。意志の強さはすなわち勇気とみてよかろう。いずれにしても、宮崎は智勇兼備の上に人徳を備えた名将といってよいであろう。

もう一つ、宮崎は攻めにも受けにも強い、オールラウンドの名将だといえる。織田信長や謙信の攻めに対して、信玄や家康は受け、と見られる。フランスのナポレオンの攻めに対して、ロシアの将軍・クツーゾフの受け、という図式も考えられる。

攻めに強い将軍が、かならずしも受けに強いとは限らない。そのいい例はナポレオンで、ヨーロッパでは勝ったが、モスクワでは粘り強いロシア人の受けに負けて退却している。

しかし、宮崎はサンジャック戦のような果敢な攻めを見せるかと思うと、三叉路以降、アラズラ陣地からインパール道にかけて、十分な粘りのある持久作戦を行なって、英軍を感嘆せしめた。彼の狙いは、千名ほどの寡兵で四個師団の英軍主力を一ヵ月阻止することであった。二十日しか持久できなかったと、彼は残念がっているが、普通の戦闘指揮では、三日ももたないところかも知れない。

彼のは単に守るのではなく、周到な計算のもとに、もっとも効果的に敵を消耗させながらの退却である。三月中旬以来の長い苦戦の後、わずかに生き残った将兵を率いて、数十倍にのぼる敵に対してその前進を阻むという難作戦を、組織的にやれるということは、彼の並々ならぬ戦術はもちろん、精神的に強靱なものを示しているのである。

また、宮崎の偉さは終生前線の戦闘を目標とし、いわゆる赤煉瓦の陸軍省や参謀本部で、肩章を吊る中央の幹部になりたがらなかったことである。山本五十六の座右の銘は、『常在戦場』であった。宮崎の考えも、「終始前線の指揮官」というところにあったらしい。

ここで、どこからこの宮崎の名指揮官としての素質がきたのか、検討してみたい。私は岐阜人のよいところが、彼に大きく影響していると考える。

六、美濃人の特色

岐阜県人といってもさまざまで、大きく分けて、北の飛驒、東美濃、西美濃では、それぞれ風土的にも気質が違う。飛驒人は雪国の人らしく東北人に似ておっとりとしていて、粘り強い。

東美濃は山が多く、耕地が少なく、その気質は近くの信州と飛驒をミックスしたようなところがある。寒冷で閉鎖的な地域からよそへ出て、何か仕事をやろうという進取の気性に富んでいる。とくに進歩的な政治家が多く出ている。また信州に近いせいで、向学心が強く、学者、教育家が多く出ていて、文化的であるといえる。

岐阜市を中心とする西美濃地方は、古来、中仙道など街道筋の要所が多かった。また土地は肥沃で、産物が多く、東西交易の中心でもあった。したがって商売が盛んである。勉強はできなくても、うまく立ち回れば、利益を上げることはむずかしくはなかった。目先の利く人間が多くなり、その性質は合理的、功利的である。その反面、東美濃人のような粘りやしつこさも備えている。

このような気質が、宮崎にうまく働いているのである。宮崎の作戦、戦術は、非常に合理的かつ実利的である。つねに計算を忘れていない。近代戦において、計算を忘れて猪突すれば、破滅が待っているのみである。宮崎が現場の戦闘に強かった一つの理由は、この緻密な計算であると私は考える。その点、彼はしっかり者の母の血を兄弟中でもっとも多く受け継いでいると見てよかろう。

西美濃の人間は、東美濃にくらべて、目先の利益にさとく功利的であると言われるが、宮崎はその功利主義を、実戦における実利主義に置き換えて、つねに醒めた作戦を行なった。商人の功利主義は時に醜く映るが、戦場における指揮官の功利主義は、勝利のために冷静な計算を必要とし、突進だけでなく補給を大きな要素とする近代戦では、粗雑なエゴイズムではなく、苛烈な戦術となるべきであろう。

太平洋戦争で終始、日本海軍を悩ました米機動部隊の指揮官・ハルゼーは、レイテ沖海戦のとき、「俺は汚ない戦争をやるんだ」といっていた。その意味は、どんなことをやってでも、敵を倒すということであろう。

宮崎は汚ない戦争をやったことはなく、その指揮はつねに水際だっていたが、その計算の緻密さにおいて、ハルゼーの汚ない戦争に優るものを持っていた。ハルゼーはその豪語にもかかわらず、レイテ沖では小沢機動部隊指揮官の陽動に引っかかって北上し、いま少しで栗田艦隊のレイテ湾突入を許すところであった。

宮崎は、昭和八年の熱河作戦以来、敵に裏を掻かれたことはない。

宮崎の生い立ちを調べて不思議なのは、実利的な西美濃出身なのに、非常に情に厚いことである。筆者は自分の郷里ではあるが、少年時代、岐阜市周辺の人間のあまりにも功利的で近隣互いにせめぐという友情や隣人愛の乏しさに呆れたことがあった。

ある学者は、それを江戸時代の幕府の政策のせいにする。岐阜市周辺には幕府直轄の天領が多かった。幕府は京に対する西の備えである尾張藩を大切にするため、美濃の天領の農民たちに、互いに争うように仕向けたのだという。そうすれば、天領の農民が団結して、お上に楯突くようなことはあるまい、という政策なのだという。

北美濃の郡上八幡（青山藩の城下町）では、有名な郡上一揆が起きているが、西美濃の穀倉地帯は、幕府の締めつけが厳しかったためか、一揆が多く起きたという話は聞かない。ということは団結が弱くて、決起するにいたらないということであったのだろうか？

大体、西美濃は古来戦乱が多く、遠くは天武天皇の壬申の乱から、承久の乱、源平合戦、戦国時代（土岐氏、斎藤道三の戦い）、そして関ガ原合戦と、無数の戦乱の舞台となっている。それはこの木曾、長良の川が、京都に上る重要な通路に当たっているからで、多くの武将はこの西美濃を制することは天下を制することだと考えたのであった。

したがって、つねに兵乱の巷におかれた住民の性質は、隣人を倒しても自分は生き残ろうという酷薄なものを帯びてくる。宮崎一族が生活の基盤とした岐阜の北の島一帯も、その例外ではない。

長良川の古川と新川の間に挟まれたこの中洲は、長い間、洪水に悩まされてきた。自然の前に人の運命ははかない、というような宿命感を、この地区の人が身につけたとしても、無理はなかったであろう。その中にあって、宮崎家の人々はきわめて情に厚かった。それは侍出身のこの家系が、この一帯の庄屋として、つねに住民を支配し、かつその生活の面倒を見たということが理由の一つと見てよかろう。

繁三郎の母ときは、つねに自分の家の使用人のことは大事にして、その身の上を気づかっていた。その教えは子供たちにもよく浸透していた。繁三郎の妹わきゑさんの話でも、家の女中が結婚してもよく遊びにきたという。それは宮崎家で使っていた大勢の男女が、ときの支配の下で決して気分の悪い生活をしていなかったということを示すものであろう。ときは非常に遣り手であったが、使用人に反感を持たれるような使い方はしなかったということであろう。

この侍の血を引き、遣り手の母のもとで育ったということが、宮崎の優れた指揮官としての素質を養う意味で、大きく働いていたといっても、大きな間違いではなかろう。

また、功利的ではあるが、働き者の多い岐阜市近在の農家の人の勤勉な人柄も、繁三郎に遺伝していると考えてもいいのではないか。このように筆者は、郷里・岐阜県の悪口を言いながら、結果として、そのメリットと宮崎を結びつけることになったようである。

もし、宮崎が陸海軍人の多い長州や薩摩の人間であったなら、あのような名将ぶりをしめすことができたかどうか疑問である。

長州はすぐに派閥を作り、その世渡りは陰謀と術数が多いといわれる。宮崎のような派閥に乗ることの下手な人間は、派閥抗争の波の下に埋まったかも知れない。

——あいつが参謀から参謀長になったから、俺も中央で偉くなろう、というような野心を持っていたら、部下を愛し、状況判断を勉強する将校には育たなかったであろう。派閥や出世から縁の遠い岐阜県人であったために、超然と名将の道を歩むことができた、といえるかも知れない。

宮崎が薩摩人のように豪快を気取る人物であったら、人におだてられて表に立ち、派手な素振りを示して、地味に指揮官としての勉強をすることができなかったかも知れない。あるいは陸軍の多い佐賀人であったならば、国を憂える国士の仲間に入って、国家改造運動にのめりこんで、二・二六事件あたりで予備役になっていたかも知れない。

立身出世にも派閥、政治にも無縁のところで、宮崎は、ひそかに名指揮官としての道を歩んだのである。孤独な、そして忍耐と努力の三十年であった。しかし、彼が人知れず歩んだ名将への道は、戦後四十年の今も、この激動の世界に生きる日本人が、よりよく生きるための前途を照らす灯標となるであろう。

参考文献＊「歩兵第五十八連隊史」第五十八連隊戦友会＊「砲よ愛馬よ戦友よ――鯨烈山砲戦誌」鯨烈山砲戦友会事務局＊「新発田連隊史」大東亜戦争戦没者平和記念碑建設期成会＊「歩兵三十一連隊史」＊「満州事変史」＊戦史叢書「関東軍2」防衛庁防衛研修所戦史部編・朝雲新聞社＊同「インパール作戦」＊同「イラワジ会戦」＊同「シッタン・明号作戦」＊「桜と剣」村上兵衛・光人社＊「陸軍士官学校」秋田書店＊「岐阜高校百年史」＊「最後の帝国軍人」土門周平・講談社宮崎家（秋子夫人、長男繁樹氏）より＊戦闘詳報「九〇四高地（ノモンハン、ドロト湖西南方二十四キロ）付近戦闘」＊同「劉河口の夜襲」＊講演「新開嶺の夜襲」＊「回想記」＊「獄中記」ほかを、また岐阜市北島の宮崎中将本家（宮崎定一氏ほか）からも多くの文献資料の提供を受けました。

宮崎繁三郎　年譜

年号 年齢	年譜	国内情勢	国際情勢
明治25年 (1892)0歳	1・4　岐阜県厚見郡北島村（現在・岐阜市北島）四二番戸で、宮崎専松、ときの三男として生まれる	第二回衆議院総選挙 海軍技師下瀬雅允、強力爆薬（いわゆる下瀬火薬）を発明 露国東洋艦隊、横浜に来航	シベリア鉄道の起工式 露仏軍同盟成る
明治26年 (1893)1歳		天皇、内廷費から六年間、毎年三十万円を下付、文武官僚も俸給の一割を製艦費に充つべしと下命 ハワイ在留邦人保護のため軍艦浪速を派遣	ハワイに革命、臨時政府が樹立される 仏、ラオスを保護国とする 仏とシャムが戦う
明治27年 (1894)2歳		朝鮮に東学党の乱が起こり、清国まず出兵、日本も派兵す 清国に対し宣戦布告 海軍省霞ヶ関の庁舎に移る	日英通商航海条約調印 各国と条約改正
明治28年 (1895)3歳		清国北洋艦隊水師提督・丁汝昌が投降す 日清講和条約調印 露独仏は日清講和条約に干渉、	独皇帝、露皇帝に黄禍論を述べる 韓国に乙未政変（閔妃殺害事件）起こる

		遼東半島を清国に還付せよと日本に勧告す	マルコニー、無線電信を発明
明治29年(1896)4歳		進歩党結成、党首は大隈重信 日本郵船会社、欧州航路を開く 三陸地方に津波（死者三万余人）	露清間に東清鉄道密約 朝鮮で列国の利権獲得がさかんになる 仏、マダガスカルを植民地とす
明治30年(1897)5歳		新貨幣法の実施（金本位の確立） 全国に赤痢大流行（死亡者二万二千余人）	トルコ、ギリシアに宣戦 米のハワイ併合条約成立 ドイツ艦隊、中国の膠州湾を占領 第一回国際オリンピック（アテネ）
明治31年(1898)6歳		元帥府を設置 自由、進歩両党を合同して憲政党を結成	独、膠州湾を租借 露、旅順と大連を租借 英、九竜を租借 仏、広州湾を租借
明治32年(1899)7歳	島小学校に入学	陸海軍大臣現役大・中将制確立 改正条約実施（外国人の内地雑居の許可、税権、法権の回復および新関税の実施）	清国山東省に義和団事件起こる 米国、列国に支那の門戸開放、機会均等主義を提言 南阿戦争発生
		東郷平八郎、常備艦隊司令長官	ケットラー・ドイツ公使、北京

明治33年(1900)8歳		に任命 清国義和団事件のため軍艦笠置を天津に覇権	で義和団に殺される 各国連合軍、北京入城 清国、列国に陳謝し和平休戦を提議
明治34年(1901)9歳		皇孫（昭和天皇）御誕生 京都、大阪財界に恐慌起こり銀行取り付け起こる 星亨、刺客伊庭想太郎のため暗殺される	連合国、義和団事件講和議定書調印 マッキンレー米大統領暗殺、ルーズベルト大統領就任 モロッコは仏領となる
明治35年(1902)10歳		日英同盟条約調印 英皇帝戴冠式参列のため軍艦浅間、高砂を派遣 英国で建造の三笠、横須賀着 海軍拡張案を議会に提出	シベリア鉄道完成 露仏協同宣言（日英同盟に対応） 英皇帝戴冠式 露、満州より一部撤兵
明治36年(1903)11歳		小学校教科書の国定制公布 衆議院、海軍拡張案六六艦隊を可決 七博士、対露強硬意見書を発表 専門学校令公布 東北の大凶作	ライト兄弟、飛行機を発明 露軍、満州に南下し、旅順に極東総督府設置 露の社会民主労働党がボルシェヴィキとメンシェヴィキに分裂 米、パナマ運河地帯を永久租借す

明治37年 (1904)12歳	明治38年 (1905)13歳	明治39年 (1906)14歳	
		岐阜中学入学	陸軍士官学校志願を決める
対露宣戦布告 旅順口閉塞作戦 東郷司令長官、遼東半島封鎖宣言 黄海海戦 遼陽会戦	旅順開城 奉天会戦 日本海海戦 日露講和条約成立 韓国保護条約調印 日清満州条約調印	海軍記念日を五月二十七日と制定 日露講和条約により北緯五十度以南の南樺太を領有 鉄道を国有化 南満州鉄道株式会社を設立	株式市場大暴落、財界恐慌起こる 足尾銅山暴動起こる
各国局外中立宣言 日韓攻守同盟調印 米、パナマ運河起工 バルチック艦隊リバウ軍港出発	ロシア第一革命 露ウィッテ和平を上奏 ノルウェー、スウェーデンより独立 ルーズベルト米大統領、日露両国に和平勧告 孫文、中国革命同盟を結成	アルジェシラス列国会議、モロッコ問題を討議 英戦艦ドレッドノート進水 米国サンフランシスコに日本学童排斥問題起こる キューバに反乱起こる	米国の日本移民制限法成立 ハーグ第二回万国平和会議 英露協商調印

明治40年(1907)15歳		韓国の内政監督に関する日韓協約調印 日露協約（満州における勢力範囲協定）調印	ニュージーランド自治宣言 サンフランシスコで排日暴動
明治41年(1908)16歳		日米紳士協約（移民制限） 日露樺太島境界劃定書調印 戊申詔書発布 高平・ルート協約（中国の門戸開放機会均等に関する日米協約）成立	トルコに青年トルコ党反乱 ブルガリア独立宣言 澳、ボスニアを併合 ベルギー、コンゴ自由国を併合 ロンドン海軍国際会議
明治42年(1909)17歳		対韓方針（併合）を閣議決定 伊藤博文暗殺	米、真珠湾を海軍根拠地に指定 米国務長官が満鉄の六ヵ国共同管理を提議、日露両国の反対で不成立
明治43年(1910)18歳	12・　陸士を受験する	幸徳秋水らの大逆事件 韓国併合の詔書発布、韓国を朝鮮と改む 徳川好敏大尉、代々木練兵場で試験飛行	南阿連邦成立 日露第二次協約（満州の現状維持）調印 ポルトガル革命、共和制となる
明治44年(1911)19歳	2・11　陸士に合格 12・1　士官候補生として歩兵第十六連隊（新発田）に配属	大逆事件判決（幸徳秋水ら二十四名死刑） 南北朝正閏問題起こる	米国カリフォルニア州に排日問題起こる 英皇室ジョージ五世戴冠式

	される		武昌に革命軍蜂起、辛亥革命発生、南京に革命政府樹立
明治45年 大正元年 (1912)20歳	12・1 陸軍士官学校に入校（第二十六期生）	米価暴騰新記録（正米相場一升三十一銭八厘） 明治天皇崩御、大正と改元 乃木希典夫妻殉死	清国、中華民国と改む、孫文が大総統に就任 第一次バルカン戦争 伊土ローザンヌ条約成立
大正2年 (1913) 21歳		立憲同志会（桂首相の新政党）結成 桂内閣反対の民衆騒乱	第二次バルカン戦争 中国南北戦争始まる 袁世凱、大総統に就任
大正3年 (1914)22歳	12・25 陸士を卒業（七百三十七人のうち二百三十番）、陸軍少尉任官（歩兵第十六連隊・新発田）	シーメンス事件 対独宣戦布告、第二艦隊司令長官加藤定吉、膠州湾封鎖を宣言、日本軍、独領南洋群島を占領、青島を攻略	米、メキシコ国交断絶 第一次世界大戦始まる パナマ運河完成 英、エジプトを保護領に編入
大正4年 (1915)23歳		対支二十一ヵ条要求 追浜で海軍機墜落、安達大尉と武部中尉殉職（海軍機最初の事故） 大正天皇即位式 日本郵船八坂丸、地中海で独潜水艦に撃沈さる	独飛行船、対英空襲開始 ルシタニア号、独潜水艦に撃沈さる ベルダン陥落 ジョッフル元帥、連合軍総司令官となる 独潜水艦、対英封鎖開始

大正5年 (1916)24歳		中国動乱の拡大に備え第三艦隊を上海に派遣 憲政会発足 独の講和提議の報に市場惨落	ジュットランド沖英独海戦 黎元洪、中国大総統に就任 ポーランド独立宣言
大正6年 (1917)25歳	夏、連隊旗手を命じられる	石井・ランシング協定成立	独、無制限潜水艦戦宣言 米、対独宣戦 ロシアに十月革命起こり労農政府成立、レーニン首班となる ソ連、独と単独講和
大正7年 (1918)26歳	7・8　陸軍中尉（第四中隊付） 9・　天津駐屯軍派遣、初の大陸勤務	米騒動（東京の白米小売価格は一升五十銭を突破〔前年同期の二倍〕、騒動は全国に波及、ついに軍隊出動す） チェコ軍援助のためにシベリア出兵	エストニア、ラトビア独立を宣言 露国の廃帝、皇后、皇太子、皇女が銃殺される ハンガリー、独立宣言 独に革命起こる 連合国、独と休戦条約調印
大正8年 (1919)27歳	8・10　新発田に帰着	シベリア撤兵 普選運動ひろがる ベルサイユ講和条約により山東省と膠州湾にドイツが有した権利を日本に引き渡し、赤道以北の旧独領の委任統治国を日本に	パリ平和会議開く コミュンテルン結成 イタリアにムッソリーニのファシスト党結成 中国各地に日貨排斥運動 ベルサイユ条約調印

		指定	国際連盟規約締結
大正9年 (1920)28歳	シベリア出兵従軍 10・陸軍大学校受験のために帰国	平和克復の大詔発布 衆議院、普選案を審議中に解散 尼港事件起こる 株式市場大暴落、財界大恐慌 第一回国勢調査 明治神宮鎮座祭	国際連盟成立 独ナチス党結成ヒトラー党首となる 米上院、国際連盟規約の批准拒否 中国共産党創立 ギリシア、トルコと開戦 中国の安直戦争 北京政府、南北統一を宣言、孫文これを否認
大正10年 (1921)29歳	12・陸軍大学校合格（第三十六期）	第一回国勢調査発表（内地人口五五九六万一一四〇人） 皇太子、欧州各国巡遊のため軍艦香取で三月三日出発（九月三日帰朝） 原敬首相、東京駅で暗殺される 皇太子、摂政に御就任	パリ国際最高会議、独賠償金二二六〇億金貨マルクと決定 日英米仏四国協約成立、日英同盟を解消 ワシントン海軍条約調印（日本の主力艦保有量は英、米、の六割に制限）
大正11年 (1922)30歳		軍縮により戦艦尾張など七隻に工事中止命令 ワシントン海軍条約成立（八八艦隊の建造中止）	九ヵ国条約調印 張作霖、東三省独立宣言 伊ファシスト党員がローマに進軍、ムッソリーニ政権獲得

		犬養毅ら革新倶楽部を結成	米最高法院、日本人の帰化禁止を宣言 ソビエト社会主義共和国連邦樹立を宣言
大正 12 年 (1923) 31 歳	1・2 小島米三郎、孝子の三女秋子と結婚	軍縮により舞鶴鎮守府廃止 日本共産党第一次検挙 第七十号潜水艦、淡路島仮屋沖で沈没 関東大震災 大杉栄らが憲兵に殺される 虎ノ門事件（難波大助の大逆事件）	仏軍ルール占領 独マルク大暴落（一ポンド対一九〇億マルク） トルコ共和国、建国宣言、ケマルパシャ大統領となる ヒトラーのドイツ国民革命失敗
大正 13 年 (1924) 32 歳	2・9 長女道子出生 3・ 陸軍大尉に進級 12・ 陸大卒業、歩兵第十六連隊（新発田）第七中隊長	政友本党を結成 皇太子裕仁親王、久邇宮良子女王と御成婚式 海軍第一期廃艦名を発表 埴原駐米大使、排日問題につき米国政府に「重大なる結果」を警告	中国国民党第一回全国大会、国共合作を採択 レーニン死去 米大統領、排日法案に署名 北京で馮玉祥のクーデター
	10・21 長男繁樹出生 12・1 参謀本部（支那班）に転勤、大久保百人町に居住	東京放送局（JOAK）開設 普選法案、貴衆両院を通過 治安維持法公布	ムッソリーニ内閣改造、全閣僚にファシスト党員を任命 孫文死去

年			
大正14年 (1925)33歳		新空母赤城進水 貴衆両院議事堂全廃 労働農民党結成、即日結社禁止となる	独、ヒンデンブルグ大統領となる 上海に反帝学生デモ（五・三〇事件） 各国は陸戦隊を揚陸 ペルシャ革命
大正15年 昭和元年 (1926)34歳	8・ 北京駐在を命じられ、田中隆吉大尉とともに出発	政友会総裁田中義一、三百万円訴訟事件起こる 社会民衆党結成 政友会と政友本党の提携成立 大正天皇崩御、昭和と改元	ブラジル、国際連盟脱退 中国国民軍、太沽で日本駆逐艦を砲撃 ポーランドに革命起こる 蔣介石、国民革命軍総司令に就任、北伐開始 中国北伐軍、漢口を占領
昭和2年 (1927)35歳	この年から翌年まで、北京駐在支那研究員（留守宅は岐阜市鷹	金融恐慌 中国革命軍、南京の日本領事館襲撃 山東出兵 在満部隊に出動命令 第十六回衆議院総選挙（わが国最初の普通選挙）	中国革命軍上海占領、各国陸戦隊揚陸 蔣介石、南京政府を樹立 日英米軍縮会議決裂 南京政府、北伐を命令 南京政府、不平等条約の無効を宣言 米、不戦条約提議 済南にて日中両軍交戦（済南事

昭和3年 (1928)36歳	昭和4年 (1929)37歳	昭和5年 (1930)38歳	
見町）、一時、上海にも駐在	8・1　参謀本部部員となり東京に帰る。四谷区右京町に居住	3・　陸軍少佐 同年5月から8年3月まで満州ハルビン特務機関員（家族同行）	
第二次日本共産党大検挙 第二次山東出兵決定 第三次山東出兵断交 パリ不戦条約（ケロック不戦条約）調印 御即位の大礼式挙行	鈴木貫太郎を侍従長に、加藤寛治を軍令部長に任命 旧労働党代議士山本宣治刺殺さる 朝鮮疑獄事件 私鉄疑獄事件 勲章疑獄事件	金輸出解禁 統帥権干犯問題（海軍部内の分裂） 米価大暴落（大正六年来の安値） 陸軍青年将校、桜会を結成 枢密院、ロンドン条約諮詢案を可決 浜口首相狙撃事件	陸軍のクーデター（三月事件、
件） 中国国民政府、治外法権撤廃を宣言 張作霖爆死事件 蒋介石、主席に就任 国民政府、東三省を合併	漢口の排日運動激化 東支鉄道に関する中ソ協定成立 英国、日米仏伊に対し海軍軍縮会議の招請状を発送 ニューヨーク株式暴落、恐慌起こる	ロンドン海軍軍縮会議 英、威海衛を中国に返還 間島に朝鮮人暴動起こる 済南事件対策に関する日英米三国会議 長沙（中国）の日本領事館焼き払わる 米、大建艦案を発表	英仏伊三国海軍協定

昭和6年 (1931)39歳		不発） 柳条湖事件（満州事変）起こる 陸軍青年将校のクーデター（十月事件、不発） 金輸出再禁止	スペイン革命 ソ仏不可侵条約 中国政府、国際連盟に日華紛争調停要求 国際連盟理事会、期限付で満州撤兵勧告案を可決 米国務長官、日本の錦州攻撃に抗議
昭和7年 (1932)40歳		桜田門大逆事件 血盟団事件、前蔵相井上準之助暗殺さる 五・一五事件（海軍）、犬養首相射殺さる 満州国を承認 松岡洋右を国際連盟総会日本代表に任命	上海事変起こる スチムソン米国務長官、対日声明発表 満州国建国宣言 独、ナチス第一党となる 日中紛争に関し連盟臨時総会開かる 日中両軍、山海関付近で衝突
昭和8年 (1933)41歳	3・15 熱河作戦に歩兵第三十一連隊（弘前）第二大隊長として従軍	対連盟国民大会、日本の即時連盟脱退を決議 国際連盟脱退通告 神兵隊事件発覚 五・一五事件海軍側被告に求刑 海軍青年将校、水交社に会合し	米、満州国不承認を通告 ヒトラー内閣成立 国際連盟総会、日中紛争調停勧告案を四十二対一で可決、日本代表退席 米の金融恐慌、金輸出禁止

		五・一五事件求刑に反対を決議す 海軍軍令部条例廃止（軍令部と改称、海軍軍令部長は軍令部総長となる） 陸・海軍省、軍民離間運動につき声明書発表	F・D・ルーズベルト、米大統領となる ヒトラーの独裁なる 国際連盟、満州国不承認報告書を採択 独、連盟および軍縮会議より脱退
昭和9年 (1934)42歳	4・　弘前に凱旋 4・29　功三級金鵄勲章受章 5・9　勲三位景雲章受賞 参謀本部（支那課暗号班）に転勤、青山二丁目に居住 8・1　陸軍中佐 8・10　世田谷区代田二丁目居住（以後、留守宅となる）	帝人疑獄事件 貴族院議長近衛文麿、親善使節として訪米 東郷平八郎元帥国葬 十一月事件（陸軍、不発）	米大統領、海軍拡張法案に署名 ヒトラー、独総統となる 日英軍縮予備会議 伊軍、エチオピア侵入 日本、ワシントン海軍条約廃棄を通告
昭和10年 (1935)43歳	6・21　次男繁忠出生 9・末　熱河旅行	天皇機関説問題化す 参議院、国体明徴決議案を可決 日本の国際連盟脱退の効力発生す 政府、国体明徴声明 陸軍省軍務局長永田鉄山、相沢三郎中佐に惨殺さる	独、再軍備宣言 仏ソ相互援助条約調印 中国共産党、抗日救国を宣言 伊、エチオピア開戦 英、日米仏伊を海軍軍縮会議に招請 蔣介石、行政院長に就任

昭和11年 (1936)44歳	8・1 広東駐在武官	ロンドン軍縮会議脱退 二・二六事件 軍部大臣現役制復活 日独防共協定調印	独軍、ラインランド侵入 ソ蒙相互援助条約成立 伊、エチオピア併合宣言 フランコ将軍、スペインにて軍事独裁を声明 上海にて日本海軍陸戦隊狙撃事件 西安事件（蒋介石監禁）
昭和12年 (1937)45歳	この年、「妻秋子に対する遺言」を認める 5・ 仏印トンキン視察 8・2 台湾軍高級参謀	1・23 広田内閣総辞職 1・29 宇垣内閣流産 2・2 林内閣成立 3・22 閣議、英国の軍縮会議招請拒絶を決定 5・31 林内閣総辞職 9・4 第一次近衛内閣成立（米内海相留任） 7・7 日華（盧溝橋）事変起こる 8・13 上海にて日華両軍衝突	6・10 ソ連政府、トハチェフスキー元帥らの逮捕を発表 7・28 通州事件 7・29 蒋介石、挙国一致民族抗戦を声明 9・28 国際連盟総会、日本非難決議案を全会一致で可決 12・2 スペインに新政権成立 12・11 伊、国際連盟脱退 12・13 日本軍、南京を占領
	7・15 陸軍大佐に進級 9・19 第二十一軍（広東派遣軍）第三課長兼広東特務機関	1・11 対支最高方針決定（大本営御前会議） 3・24 国家総動員法成立	1・10 日本海軍陸戦隊、青島を占領 2・10 独、満州国を承認

昭和13年 (1938)46歳	昭和14年 (1939)47歳
長 10・　バイヤス湾上陸に参加 10・21　広東に入城	3・7　歩兵第十六連隊長就任、満州・牡丹江省穆陵に赴任 8・　ノモンハン作戦に参加
5・26　近衛内閣改造（外相宇垣一成、蔵相兼商相池田成彬、文相荒木貞夫） 6・3　杉山陸相辞任、後任板垣征四郎 7・14　張鼓峯事件（8・10日ソ停戦協定成立） 9・30　宇垣外相辞任（10・29後任有田八郎） 10・8　大島浩を駐独大使に任命	1・4　近衛内閣総辞職 1・5　平沼内閣成立（板垣陸相、米内海相留任） 4・12　米穀配給統制法公布 5・11　ノモンハン事件（9・15停戦協定成立） 7・26　米、日米通商航海条約廃棄を通告 8・28　平沼内閣総辞職 8・30　阿部内閣成立（陸相畑俊六、海相吉田善吾） 9・4　政府、欧州戦争不介入
3・13　独墺合併宣言 5・18　徐州会戦 6・9　蔣介石、列国に援助要請 9・26　英仏独伊四国巨頭、ミュンヘン会議 10・22　日本軍武漢三鎮を占領 12・20　汪兆銘、重慶よりハノイに脱出	1・20　国際連盟、中国援助を決議 3・15　独、チェコ併合 3・23　独、スロバキアを保護国とす 4・5　米陸軍長官、日独伊制裁を演説 5・22　独伊軍事同盟成立 8・19　独ソ通商協定 8・23　独ソ不可侵条約調印 9・1　独軍、ポーランド進駐 9・3　英仏、対独宣戦布告

	昭和15年 (1940) 48歳	
	10・28 新発田に凱旋 12・2 陸軍少将に進級、第十三軍司令部付兼上海特務機関長	
を声明 9・25 外相に野村吉三郎を任命 11・1 舞鶴鎮守府設置	1・14 阿部内閣総辞職 1・16 米内内閣成立（陸相畑俊六、海相吉田善吾留任） 1・21 浅間丸臨検事件 1・26 日米通商航海条約失効 7・5 七・五事件 7・7 近衛文麿、新体制の所信発表 7・16 米内内閣総辞職 7・22 第二次近衛内閣成立 8・1 政府、基本国策公表 9・5 吉田海相辞任、後任及川古志郎 10・12 大政翼賛会発足 11・27 駐米大使に野村吉三郎を任命 12・6 内閣情報局設置	3・12 独伊訪問のため松岡外
9・5 米、中立宣言 9・17 赤軍、ポーランド進駐 11・8 ヒトラー暗殺未遂事件	3・12 ソ連、フィンランド和平協定締結 3・30 汪兆銘の南京政府成立 4・9 独軍、白蘭ルクセンブルグに進撃開始 5・10 英チャーチル内閣成立 5・15 オランダ、独に降伏 5・17 独軍、マジノ線突破 5・28 ベルギー、独に降伏 6・10 伊、対英仏宣戦 6・14 独軍、パリ入城 9・23 日本軍、北部仏印進駐 9・27 日独伊三国同盟署名 10・12 米大統領、援英蒋援継続を宣言 10・28 伊、ギリシアと開戦	1・10 独ソ友好協定成立

昭和16年 (1941)49歳	
	3・10 勲二等瑞宝章受章 8・17 第十三師団第二十六旅団長
相東京発 4・12 日ソ中立条約妥結 7・2 国策要綱決定（御前会議） 7・16 近衛内閣総辞職 7・18 第三次近衛内閣成立 7・25 米、在米日本資産凍結 7・26 英、在英日本資産凍結 7・28 日本軍、南部仏印進駐 9・6 帝国国策遂行要領決定 10・8 英米蘭、対日全面禁油協定発表 10・16 近衛内閣総辞職 10・18 東條内閣成立 12・1 御前会議、対米英蘭開戦を決定 12・8 対米英宣戦布告真珠湾攻撃 12・10 日本軍ルソン、グアム上陸。マレー沖海戦	1・3 マニラ占領 1・20 衣料切符制実施 2・15 シンガポール占領
3・11 米、武器貸与法成立 5・6 スターリン、ソ連首相に就任 6・14 米、独伊の在米資産凍結 6・22 独、対ソ宣戦布告 6・24 米大統領、対ソ援助を言明 8・14 米英首脳大西洋上会談、大西洋憲章を発表 9・20 独軍、キエフ占領 10・24 独軍、ハリコフ占領 12・8 米・英・蘭・蔣・豪・中米諸国、対日宣戦布告 12・11 独伊、対米宣戦 12・23 米英首脳戦争指導会議（ワシントン） 12・26 米英蔣、軍事同盟締結発表	2・6 米英連合参謀本部設置 3・17 マッカーサー比島脱出豪州着

	昭和17年 (1942)50歳	昭和18年 (1943)51歳
		3・25 第三十一師団（烈兵団）三十一歩兵団長として宜昌、シンガポール、マレーをへてビルマに進み、コヒマ、インパール作戦に参加 11・ インパール作戦で終始行動をともにする「チビ公」を飼う
	2・27 スラバヤ沖海戦 3・7 戦争指導大綱決定（大本営・政府連絡会議） 3・9 蘭印軍降伏、ジャワ占領 4・18 米機、日本本土空襲 5・7 コレヒドール占領、サンゴ海海戦 6・5 ミッドウェー海戦 8・7 米軍ガダルカナル上陸 10・25 南太平洋海戦 11・1 大東亜省設置（拓務省廃止） 12・31 大本営、ガダルカナル撤退を決定	2・7 ガダルカナルの日本軍撤退 4・18 連合艦隊司令長官山本五十六戦死 4・20 外相に重光葵を任命 5・30 アッツ島守備隊玉砕発表 9・22 キスカ守備隊撤退発表
	3・30 米英豪中ワシントン軍事会議 4・19 マッカーサー、南西太平洋反枢軸軍司令官に就任 5・26 英ソ相互援助条約 6・11 米ソ相互援助条約 6・25 独軍エジプト進攻 8・12 英ソ首脳会談（モスクワ） 9・15 独軍、スターリングラード市内突入 11・8 連合軍北アフリカ進攻 11・20 スターリングラードのソ連軍反攻	1・4 米英首脳カサブランカ会談 2・2 スターリングラードの独パウルス軍降伏 2・14 独軍、ロストフ撤収 4・12 独軍、レニングラード攻撃開始 5・12 北アフリカ戦線の独伊

年		昭和19年 (1944)52歳
宮崎繁三郎		6・27 陸軍中将に進級 8・30 第五十四師団（兵＝つわもの＝兵団）師団長としてビルマ、アキャブ作戦に参加 10・12 第一等瑞宝章受賞
日本	9・15 日独伊、三国同盟を再確認 9・30 御前会議にて絶対防衛線をマリアナ、カロリン、西ニューギニアに後退を決定 12・24 徴兵適齢を満十九歳に引き下げ決定 12・25 マキン、タラワ両島守備隊全滅	2・21 東條陸相と嶋田海相、それぞれ参謀総長、軍令部総長を兼任 2・29 決戦非常措置要綱発表 3・18 女子挺身隊の強化方策決定 3・29 中学生の勤労動員決定 3・31 古賀連合艦隊司令長官殉職 6・19 マリアナ沖海戦 7・7 サイパン島守備隊全滅 7・18 東條内閣総辞職 7・22 小磯・米内内閣成立
世界	降伏 7・10 連合軍シシリー島上陸 7・25 伊首相ムッソリーニ失脚 9・2 連合軍イタリア本土上陸開始 9・8 イタリア無条件降伏 11・22 米英支首脳カイロ会談 11・28 米英ソ首脳テヘラン会談	1・9 東部戦線でソ連軍攻撃開始 4・2 ソ連軍、ルーマニアに進攻 6・4 米英軍ローマ占領 6・6 連合軍ノルマンディー上陸 7・3 ソ連軍ミンスク奪回 7・20 ヒトラー暗殺未遂事件 8・15 連合軍、南仏上陸 8・25 連合軍、パリに進入 9・4 ソ連軍、ハンガリー進入

		9・18 満十八歳以上を兵役に編入 10・20 米軍レイテ島上陸 10・23~26 フィリピン沖海戦 10・25 神風特別攻撃隊敷島隊出撃 11・24 サイパンのB29による東京発空襲	9・19 ソ連、フィンランド休戦協定 10・9 チャーチル訪ソ、スターリンと会談 10・28 ブルガリア、連合軍と休戦条約締結 12・16 独軍、アルデンヌで反攻
昭和20年 (1945) 53歳	モールメンで終戦を迎える	1・9 米軍ルソン島上陸 2・19 米軍、硫黄島に来攻 3・10 米軍機の東京大空襲 4・1 米軍、沖縄に来攻 4・5 小磯内閣総辞職、ソ連、日ソ中立条約の不延長を通告 4・7 鈴木内閣成立 7・12 天皇、近衛に和平斡旋のため訪ソを下命 8・6 米軍、広島に原爆投下 8・9 米軍、長崎に原爆投下 8・10 ポツダム宣言受諾の聖断 8・14 連合国の回答に対する	1・17 ソ連軍、ワルシャワ奪回 2・4 米英ソ首脳のヤルタ会談 2・28 ソ連軍、ダンチヒ突入 3・6 ユーゴにチトー政権成立、ベトナム独立宣言 4・12 ルーズベルト米大統領死去 4・28 伊ムッソリーニ処刑される 5・1 ヒトラー自決、デーニッツ独総統となる 5・2 ベルリン陥落 5・7 独、無条件降伏

	昭和21年 (1946) 54歳
最後の御前会議、第二回の聖断にて受諾の回答、終戦の詔書発布、終戦阻止の兵変頻発 8・15 玉音放送、鈴木内閣総辞職 9・2 ミズーリ艦上にて降伏文書署名	1・1 天皇、年頭詔書で神格を否定 1・4 総司令部、軍国主義指導者の公職追放を命令 2・25 新旧円の交換実施 3・6 憲法改正の詔書 4・10 戦後第一回の衆議院総選挙初の婦人代議士三十九名当選 4・22 幣原内閣総辞職 5・3 極東国際軍事裁判、東京法廷で開かる 5・22 吉田茂内閣成立
7・26 ポツダム宣言発表 7・27 英アトリー内閣成立 8・8 ソ連、対日宣戦布告 8・9 トルーマン、全米放送で日本の即時降伏勧告 8・14 マッカーサー、連合軍最高司令官に任命さる 8・28 連合軍、日本進駐開始 8・30 マッカーサー、厚木進駐	1・10 国際連合第一回総会ロンドンで開かる 2・19 ソ連最高会議、千島、南樺太の領有宣言 2・20 北朝鮮平壌に人民政府樹立 7・4 フィリピン共和国、独立を宣言 7・27 パリ平和会議開かる 9・30 ニュールンベルグ国際軍事裁判最終判決

	昭和22年 （1947）54歳	昭和40年 （1965）73歳
	6・収容所生活をへて復員、帰国	8・30 東京医科歯科大学付属病院で腎臓病悪化のために死亡。「参謀、敵中突破で、分離した部隊をまちがいなく掌握したか?」——これが臨終の床でうわ言のようにいった最後の言葉であった
11・3 日本国憲法公布	5・3 日本国憲法施行 5・20 吉田内閣総辞職 5・31 片山内閣成立 10・14 十四宮家、皇族を離籍 11・2 総司令部、財閥解体を指令 12・29 内務省を廃止	1・12 佐藤首相、米国訪問 6・22 日韓基本条約調印 8・19 佐藤首相、戦後の首相として初の沖縄訪問 10・2 朝永振一郎、ノーベル物理学賞を受賞
	3・12 トルーマン・ドクトリン（ギリシア、トルコ援助）発表 6・5 マーシャル・プラン（米国の欧州復興援助計画）発表 9・2 米州共同防衛条約調印（地域的安全保障体制のさきがけ） 10・5 コミンフォルム結成 11・6 モロトフ・ソ連外相、原爆は秘密兵器でないと言明	1・24 チャーチル元英首相死す 2・7 米、北ベトナム爆撃を開始 3・18 ソ連、初の宇宙遊泳に成功

解説

軍事史研究家／ライター　宮永忠将

宮崎繁三郎という人間

ノモンハン、インパール作戦、そして沖縄戦は日本帝国陸軍にとって申し訳の立たない三大敗北である。ところが、このうち二つの戦いで最前線に立って善戦するどころか、局地的勝利まで実現していた将軍がいた。それが本書の主人公、宮崎繁三郎である。

ノモンハンでは第十六連隊長としてソ連の大戦車部隊を迎え撃ち、これを食い止めて唯一の「不敗部隊」として名を馳せた。またインパール作戦では北進担当の第三十一師団にあって歩兵団長を務めると同時に、左突進隊を直接指揮した宮崎は、コヒマを陥落させて唯一、作戦目標を達成している。

陸軍中将、第五十四師団長として戦争を終えた宮崎は、ついに軍司令官として一作戦を指揮する立場にはならなかったため、現在の知名度はそれほど高くはない。しかし不敗の最前線指揮官として、大東亜戦争期の日本陸軍を語る上では、非常に重要な人物である。

本書『名将宮崎繁三郎』は、その宮崎の活躍をつぶさに描いた唯一の伝記、戦記本である。そんな本書の理解を助けるため、ここでは宮崎の陸軍でのキャリアや、彼が指揮した戦場について簡単な解説を加えたい。

明治二十五年、現在の岐阜市北島町の豪農に生まれた繁三郎は、岐阜中学を卒業後、陸軍士官学校に入学。陸士二十六期で卒業している。この期は宮崎を含む四十九人の中将を輩出、また硫黄島で米軍に大打撃を与えて玉砕した栗林忠道大将も同期で、陸軍大将を出した最後の期としても知られる。大東亜戦争末期に重責を負わされた世代とも言えるだろう。この中で宮崎は試験の成績では目立たず、新潟県新発田の歩兵第十六連隊という、出世コースとは言えない配属であったが、それを気にしていた様子はない。候補生時代の宮崎は訓練に励んで心身を鍛え、立派な帝国軍人になるというシンプルな目標の実現に邁進していたようだ。本書にも名指揮官に連想されがちな、候補生時代の破天荒なエピソードはほとんどない。

ノモンハンで唯一の不敗指揮官

そんな宮崎だが、中尉に昇進した大正七年には支那駐屯軍に派遣され、翌々年にはシベリア出兵に従軍して、大陸での戦いを肌で経験する機会を得る。そして陸大卒業後は参謀本部第二部支那課支那班員を経て、ハルピン特務機関員を務めるなど、中国本土における諜報、情報畑での勤務がキャリアの中心となった。

本人は部隊指揮こそ我が本領と信じており、特務機関での目立った働きは見られない。しかし長期化する不況の世相を背景に、大陸進出による国運の伸張を唱えて陸軍の一部が過激に政治化、思想化してゆく状況の下で、このような運動には距離を置き、軍人としての務めに集中している宮崎の安定感が、人事的には重宝したのだろう。実際、こうした諜報活動にのめりこんだ多くの同僚が、天下国家を一身に背負った気分に任せたスタンドプレーに走り、戦争犯罪行為にまで手を染めて、戦後に戦犯として処分されたのに対し、宮崎にはそうした活動の痕跡は見当たらない。

だが昭和六年の満洲事変を機に、宮崎は歩兵第三十一連隊歩兵第二大隊長に着任。熱河作戦に投入されると、長城線の突破から燕河営、新開嶺と、各地の戦闘で卓越した前線指揮官としての冴えを見せる。熱河作戦自体が短く、日本にとっては勝ち戦であったため、宮崎の戦功も「元気の良い大隊長」のような見方に留まっている。しかし佐官でも上級者に適格とされる功三級金鵄勲章を少佐になったばかりで授与されたように、同時代にあっても宮崎の指揮能力の高さは正しく認められていた。なにより戦況の変化に応じて、柔軟に戦い方を変えて臨み、一貫して「兵を浪費しない」という方針で攻勢を続けた宮崎流の戦闘指揮は、この大隊長時代に確立したのであった。

以後、大佐に昇進した昭和十三年まで暗号班長や陸大教官、大陸と台湾の駐在武官など、後方勤務が続くが、昭和十四年三月、原隊の新発田第十六連隊長に着任すると、ノモンハン事件に投入されることになる。

これは満洲とモンゴル人（ソ連の衛星国）の国境紛争に端を発し、昭和十四年五月には日本とソ連との軍事衝突にまで拡大したもの。日本は敵情の見積もりの甘さと戦力の逐次投入によって苦戦に陥り、八月二十日に始まるソ連軍の反撃では第二十三師団が壊滅。連隊長および連隊長代理の四人が戦死ないし自決するほどの損害を受けた。

宮崎指揮の第十六連隊が投入されたのは戦役の最終盤であったが、ドロト湖付近の敵高地を夜襲してソ連軍を退却に追い込み、戦車百両を超える反撃を撃退して、唯一、宮崎は局地的ながら勝利を収めた部隊となった。その結果、第十六連隊の担当戦区のみ日本側に有利な境界を策定できたのであった。

インパールの再評価に繋がる名指揮官

ノモンハンのあと陸軍少将に昇進した宮崎は、本来であればノモンハンの戦訓を装備や戦術に反映できるポジションに就くべきであった。しかし硬直した陸軍人事の中で彼にそうした役割は与えられず、上海特務機関長に置かれている。そして太平洋戦争が勃発して間もなく部隊勤務となるが、前線指揮には投入されなかった。しかし戦争も後半となる昭和十八年三月には第三十一師団の歩兵団長に補され、翌年、インパールの戦いに投入されるのである。

本書の後半分はこのインパール作戦に充てられている。この大作戦については様々な立場、角度からの分析、記述がある。しかしいずれも、第十五軍司令官の牟田口廉也中将の「無謀」な作戦指揮と、戦役の終盤で独断退却を実施して作戦を崩壊させた第三十一師団長の佐藤幸徳中将の「抗命」をどう見るかという問題に行き当たる。この辺は、あまりにも日本に特有の宿痾と評すべき問題が多すぎるため、ミクロには牟田口廉也という個人の問題と見る人物研究から、マクロには日本軍の組織的な問題として捉え、現代でも日本政府の数多の失政への批判と関連付けて引用され続けている。

だが、この二人の上官の狭間で善戦していた宮崎もまた、インパール作戦における重要なプレイヤーであった。宮崎は歩兵団長として師団隷下の三個連隊を指揮する立場ながら、この作戦では第五十八連隊と一個山砲大隊を加えた約三千の兵で、インパール北方のコヒマ攻略を命ぜられていた。そして宮崎は英軍の予想を超える急進を実現してコヒマの攻略に成功。英軍の策源地であるディマプールとインパールの分断に成功している。

ここからのインパール攻略が進まなかったのは、兵站の崩壊が主要因であり、もっとも突出した第三十一師団がわりを食う形になって佐藤師団長の独断撤退に繋がる。しかし宮崎の立場からすれば、前線部隊への指揮や兵站努力を放棄して逃げ出した佐藤の行為は、裏切りと同じであった。

日本陸軍最大の失敗とも評されるインパール作戦については、当事者とその直接の遺族がほぼ鬼籍に入った現在になり、ようやく歴史的研究の題材となって再検証が始まっている。この場合、宮崎のような敵の矢弾に身をさらした前線指揮官がどのように考え、行動していたのかという視点は、戦役全体を立体的に見る上で不可欠だ。今こそ日本陸軍研究において再評価、再注目されるべき将官なのである。

無論、安易なアナロジーは慎むべきだろう。しかし、こうした組織崩壊の末端で重責を担い現場を支えた宮崎の立場は、現在、制度疲労の極みにある日本社会の津々浦々の中間管理職の物語とあまりにも符合するところが多い。本書に活写される宮崎繁三郎の事績は「名指揮官」とは何かという問い以上の課題を我々に気付かせてくれるのではないだろうか。

単行本　昭和六十一年五月　光人社刊

NF文庫

名将宮崎繁三郎　新装解説版

二〇二三年十月二十三日　第一刷発行

著者　豊田穣

発行者　赤堀正卓

発行所　株式会社　潮書房光人新社

〒100-8077　東京都千代田区大手町一-七-二

電話／〇三-六二八一-九八九一(代)

印刷・製本　中央精版印刷株式会社

定価はカバーに表示してあります
乱丁・落丁のものはお取りかえ
致します。本文は中性紙を使用

ISBN978-4-7698-3331-4　C0195

http://www.kojinsha.co.jp

NF文庫

刊行のことば

第二次世界大戦の戦火が熄《や》んで五〇年――その間、小社は夥しい数の戦争の記録を渉猟し、発掘し、常に公正なる立場を貫いて書誌とし、大方の絶讃を博して今日に及ぶが、その源は、散華された世代への熱き思い入れであり、同時に、その記録を誌して平和の礎とし、後世に伝えんとするにある。

小社の出版物は、戦記、伝記、文学、エッセイ、写真集、その他、すでに一、〇〇〇点を越え、加えて戦後五〇年になんなんとするを契機として、「光人社NF（ノンフィクション）文庫」を創刊して、読者諸賢の熱烈要望におこたえする次第である。人生のバイブルとして、心弱きときの活性の糧《かて》として、散華の世代からの感動の肉声に、あなたもぜひ、耳を傾けて下さい。